U0554691

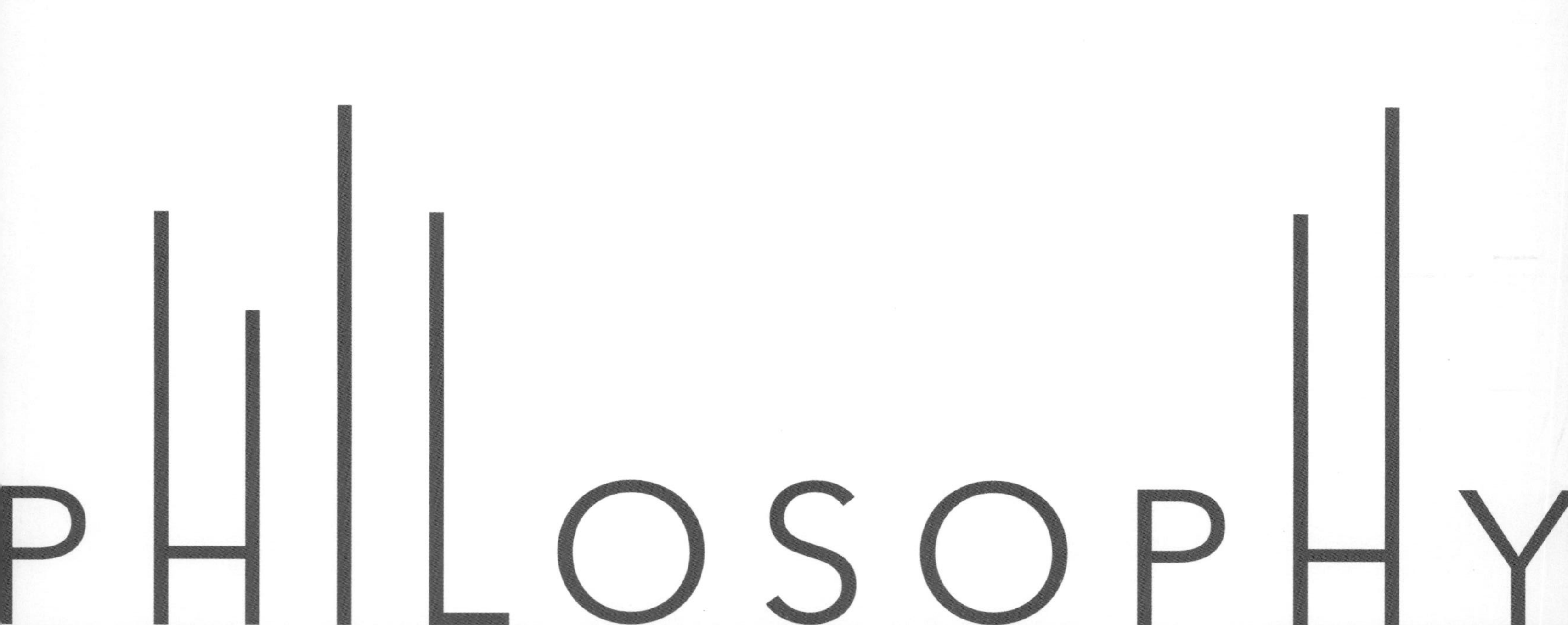
PHILOSOPHY

哲学课
ZHEXUEKE

# 形而上学导论

阿莉莎·奈伊（Alyssa Ney） 著
谢沛宏 译

# Metaphysics: An Introduction

中国人民大学出版社
·北京·

**谨以此书纪念我的父亲**

**加勒特·威廉·奈伊（Garrent William Ney）**

# 目　录

# 图表目录

## 图

## 表

# 全书网址一览*

1. 本书配套网站（见劳特利奇出版社广告页）：www. routledge. com/cw/ney

2. 《斯坦福哲学百科》（见“序”第XIV页）：http：//plato. stanford. edu/

3. 《网络哲学百科》（见“序”第XIV页）：http：//www. iep. utm. edu/

4. 哲学文献检索网站（见“序”第XIV页）：www. philpapers. org

5. 《哲学指南针》期刊网址（见“序”第XIV页）：http：//onlinelibrary. wiley. com/journal/10. 1111/（ISSN）1747－9991

6. 逻辑学家阿隆佐·丘奇的讲稿（见第45页）：http：//www. jfsowa. com/ontology/church. htm

7. 基特·法恩的访谈（见第52页）：http：//www. 3ammagazine. com/3am/metaphysical-kit/

8. 关于人体细胞循环的科普文章（见第172页）：

http：//www. nytimes. com/2005/08/02/science/02cell. html？pagewanted＝all&_r＝0

* 英文原书中出现的所有网址皆收录于此。其中，有些网址在英文原书中是以页边注的形式出现的，故而未在本中译本的正文中出现。括号中的页码为英文原书页码，即本书边码，以备读者查阅。——译者注（本书所有页下注均为译者注，此后不再标明。）

# 序

形而上学家的独到使命是理解实在的结构：有哪些种类的物项存在 XIII
呢？存在物最基础也最一般的特性和关系又是什么呢？自然科学和社会科学力求描述某特殊种类的物项及其模样，如物理事物或生物、特定的文明或文化等，但形而上学家可不一样，他们问的是有关事物怎样、宇宙是何模样等最一般的问题。

我们在接下来的章节里，会不厌其详地探讨形而上学如今有哪些主要议题，形而上学和研究世界面貌的其他手段（如科学和神学）又有何关系。这篇序的用意是，向读者简要地介绍一下本教科书的全貌，并推荐一些进阶资源，供读者使用本书时参考。

本书介绍当代分析的形而上学，旨在为初窥堂奥的学子提供便利；高年级学生或许早就在大一的哲学课上见识过一些形而上学主题了，可要是捧卷阅读，也会觉得本书引人深思，又不失趣味。我说本书介绍当代*分析的*（analytical）形而上学，意味着本书侧重于以清晰明了、逻辑准确的方式陈说观点和论证。于是，全书有多处用到了现代符号逻辑工具。在理想的情况下，研读本书的学子已经上过了一阶谓词逻辑基础的入门课。可要是读者还没上过这样的课程，本书也提供了一个预备章节，读者想必也跟得上。已经明了其中内容的学生拿这一章来温习，倒也不无裨益；也可以略读一下，找出贯穿全书其余各章的逻辑记号。

有些初学者可能第一次碰到这样多的概念，本教科书有若干特征可以帮上他们的忙。书末附有术语释义表，每章末也都提供了推荐读物的清单。还请读者注意：术语释义表不旨在对术语或观点进行哲学分析。在很多情况下，那些术语和观点还有待当代形而上学的研讨。术语释义表无非是为相关的术语或观点提供注解，帮读者熟悉状况。书中凡是在术语释义表里有词条的术语，都以**粗体字**标出。

XIV 除了每章篇末的推荐读物外，还有若干出色的一般资源可用。学生要是计划就书中任何主题撰写论文，最好查阅下列网站和手册：

> 《斯坦福哲学百科》（*Stanford Encyclopedia of Philosophy*）和《网络哲学百科》（*Internet Encyclopedia of Philosophy*）是两部免费的网络百科全书。所有篇章都是由专业哲学家撰写的。
>
> www.philpapers.org 是一个免费网站，为哲学领域已出版和未出版的文章与书籍编了目次。该网站不但有一个可检索的哲学作品数据库，还为各式各样的主题提供了实用的参考文献。
>
> 期刊《哲学指南针》（*Philosophy Compass*）刊发了当代哲学多主题的综述文章，这些文章是面向高年级本科生或低年级研究生读者的。

除了上述网络资源，最近还有两本形而上学的书籍，也为书内外的许多主题提供了有益的介绍：

> 《牛津形而上学手册》(*Oxford Handbook of Metaphysics*)，编者为迈克尔·路克斯（Michael Loux）和迪安·齐默尔曼(Dean Zimmerman)。
>
> 布莱克韦尔公司（Blackwell）出版的《形而上学当代论争》(*Contemporary Debates in Metaphysics*)，编者为约翰·霍索恩(John Hawthorne)、西奥多·赛德（Theodore Sider）和迪安·齐默尔曼。

本书还有一个配套网站，为本书各章节谈到过的许多文章，还有进阶阅读清单上的选文，都附上了网址链接。

当代形而上学、当今探讨得最热烈的主题和论争，以及如今最常见的各式方法论，构成了本书的大部分内容。不过，承认过去的哲学家和科学家的贡献，往往是有益的。本书采取了一个约定：全书正文讨论过的所有哲学家，凡是已故的，都标上了生卒年。倘若某位哲学家的生卒年没有标出，读者应该假定这位哲学家依然健在，仍在著书立说。

# 致　谢

我想对若干友人表示感谢，承他们帮忙我才能完成本书的写作。首先， XV
我要感谢劳特利奇出版社（Routledge）的托尼·布鲁斯（Tony Bruce）先生，他最早动念，邀我写这本书。蒙他鼓励，又蒙他关照这项计划直至完成，我很感激。也要感谢同社的亚历山德拉·麦格雷戈（Alexandra McGregor）女士，她在这些章节的写作和审阅期间不厌其烦地为我提了不少明智的建议。又承艾伦·黑兹利特（Allan Hazelett，爱丁堡大学哲学系教授）先生贡献了有关种族和社会本体论的材料，使本书更为充实。章节的草稿还蒙多位非常慷慨的匿名审稿人拨冗阅读，提了很多实用的意见，不胜感荷。我还想感谢卡伦·贝内特（Karen Bennett）、萨姆·考林（Sam Cowling）、丹尼尔·诺兰（Daniel Nolan）和艾莉森·彼得曼（Alison Peterman）对书稿的指点。在这个领域，与如此多才华横溢、为人慷慨的同事共事，我深感荣幸。上了我形而上学课的罗切斯特大学学生读了本书早些时候的草稿，提供了反馈；还有一些老师唤起了我对形而上学的热情，把我从逻辑实证主义的魔咒中解救了出来，尤其是何塞·贝纳尔德特（José Benardete），他教了我第一门形而上学课，还有特德·赛德（Ted Sider）[1] 和金在权（Jaegwon Kim）两位先生。在此对这些学生和老师一并致谢。总有

① “特德”（Ted）是“西奥多”（Theodore）的简称，这里的特德·赛德其实就是捍卫四维主义的哲学家西奥多·赛德。

学生恍然大悟，原以为是物理课的问题，竟有如此多是形而上学的问题，最后发觉哲学系才是自己的归宿！这样的学生，我不是第一个，自然也不会是最后一个。约翰·康代特（John Komdat）先生为本书的配套网站出了不少力，我对此心怀感激。最后，还得感谢迈克尔·戈德堡（Michael Goldberg）拾掇出温馨的居所，备好咖啡和巧克力，不断鼓励我，最终让我得以写就此书。

# 《形而上学导论》全书导览

## 撮　要

每章篇首设有“撮要”，罗列数点，学生可以清楚了解本章内容。 XVII

## 加粗的释义表术语

书末设有“术语释义表”，以帮助读者了解新术语及其定义。新术语若在书中首次用到，会以粗体字标出，读者不难发现。

## 练　习

每章包含若干“练习”，方便学生在课堂内外使用。这些习题让学生评估自己对所学材料理解了多少。

## 注解阅读

每章末设有“进阶阅读建议”，内含注解，解释了相关语境。

# 形而上学的逻辑准备



**撮　要**

■ 介绍论证的概念，以及可用于评估论证是否有效或可靠的 1
方法。

■ 把辨别不完整论证（省略论证）、运用厚道原则的办法教给学生。

■ 展示命题逻辑和一阶谓词逻辑的基本记号，介绍两种逻辑的有效推理形式。

## 论　证

就像在多数其他哲学分支和科学门类中所做的一样，我们想在形而上学中找到某些主题的真理。因此，要是有合理又可靠的求真方法，就再好不过了。我们求真，既不想像瞎猫碰死耗子一样，也不想学盲人摸象。我们也不认为，要在哲学中求索真理，最好的办法是不加分辨地相信自己自小领受、习以为常的观念（尽管常识应该在某种程度上得到尊重）。我们更不相信，有一群长者手握真理，乃至于躬身谛听他们的教诲，居然是求真的不二法门。[1]我们的作风恰恰相反。我们要寻找捍卫不同观点的论证，也就是合理支持特定观点的一系列陈述，好让我们明白那种观点为什么是正确的。正是由于哲学家想要可靠的求真方法，所以他们才花那么多时间去寻找好的论证。

“论证”（argument）一词在哲学中有一种特别的意义，这与它的日常用法不大相同。我们所说的“论证”，不是指两人互相吵骂。还要强调一点（因为这个混淆很常见），我们所说的“论证”并不只意谓某人的立场或观点。① 相反，**论证**一般是为了捍卫某个论断而提供理由的一系列陈述。多数论证有两个组成部分。第一，论证有**前提**（premises）。前提作
2 为陈述，是我们接受某个论断的理由。第二，论证有一个**结论**（conclusion）。结论是论证所主张的且得到理由支持的陈述。这里给出几例形而上学论证，你也许已经在第一堂哲学课上见识过了：

> 设计论证［支持**有神论**（theism），即上帝存在的论题］
>
> 宇宙的复杂性和组织性表明，它必定是被设计出来的。但是，如果没有设计师，就不可能有被设计出来的东西。所以，宇宙必定有设计师。因此，上帝存在。
>
> 恶的问题［支持**无神论**（atheism），即上帝不存在的论题］
>
> 如果有一个上帝，那么他不会允许恶在这个世界上存在。但是，这个世界上确实有恶。因此，上帝不存在。

以上每一集陈述都构成一个论证，因为它们都有一个得到捍卫的论断（结论），还有为捍卫结论而提出的几个理由（前提）。本书为了更好地显示论证的结构，经常会以如下形式呈现论证，也就是为它们的前提和结论编号。我们把这种形式称为**“编号前提形式”**（numbered premise form）。设计论证可用编号前提形式呈现如下：

> 设计论证
>
> 1. 宇宙的复杂性和组织性表明，它必定是被设计出来的。
> 2. 但是，如果没有设计师，就不可能有被设计出来的东西。
> 3. 所以，宇宙必定有设计师。

---

① “argument”在英文中至少有三重意思：（1）论证；（2）争论；（3）论点。作者写这段话的用意是把“argument”的第一重意思与第二、三重意思区分开。

因此，

4. 上帝存在。

恶的问题可用类似的方式表示为：

恶的问题

1. 如果有一个上帝，那么他不会允许恶在这个世界上存在。

2. 但是，这个世界上确实有恶。

因此，

3. 上帝不存在。

如此这般呈现论证，我们就能很容易地回溯论证的前提；要是我们还想对论证进行批判，找出那些有问题的或者需要进一步捍卫的前提也不难。在刚才考虑的两个例子中，要弄清楚哪些陈述是前提，哪个陈述是结论，是 3
相当容易的。但有时候，要在文本中弄清哪个是哪个，或者搞懂前提的陈述顺序，却困难得多。以下练习会助你应付一些更棘手的案例。

把论证整理成编号前提形式，有一个技巧，就是查找通常标示前提或结论的那些语词。

通常标示前提的词项短语有：由于（since）、因为（for）、因为（because）、原因在于（due to the fact that）……

通常标示结论的词项短语有：因此（hence）、因此（thus）、所以（so）、因此（therefore）、情况必定是（it must be the case that）……

然后，你要用编号前提形式组织前提，这样一来，就自然而然地从前提中推导出结论来。

**练习 0.1　辨别前提和结论**

2009 年，美国国内就医保国有化问题产生过热烈争论。以下文段呈现了当时用以支持或反对国有医保的两种论证。请就每个案例判定哪些句子是前提，哪个句子是结论，并用编号前提形式来陈述整个论证。

注意：结论可能不会在论证的最后出现。

A. 美国人应该拒绝国有医保。这是因为身处国有医保的体系之中，一家老小都得直面政府的死亡小组，好让官僚决定他们是否享受医保待遇。任何这样的体系都是非常邪恶的。

B. 如果我们不把医保收归国有，那么也许有不少人，特别是健康的年轻人，甘冒健康不得保障的风险也不买医保。再者，如果我们不把医保收归国有，有一些公司还会拒绝为员工投保。如果有人没有医保，那么其他国民都将替他们埋单。所以，如果有健康的年轻人或员工没有医保，那么其他国民就不得不多交税。但谁也不该多交税。因此，我们应该把医保收归国有。

## 有效性

我们在哲学中的目标是要找到好论证，它们给予我们相信其结论的有力理由。这一目标可归结为两个要点：第一，我们想找到包含独立可信的
4 前提的论证。第二，我们还想找到其前提逻辑蕴涵（logically imply）结论的论证。

本章的第一部分会向你提供一些方法，好让你说清一个论证怎样才算好，怎样才算坏。只会说“那个论证好”“我喜欢那个论证”，或者“那是一个坏论证”“我不喜欢那个论证”，是远远不够的。后几节还会教你一些进阶词汇，好让你在辩论高级别的重要主题时有办法把论证的好坏说得更清楚。[2]

好论证是有效的论证，这是我们从好论证中找到的第一个重要特征。“有效性”是一个专业术语，是指论证具有的一个逻辑特性。根据定义，论证是（**演绎**[3]）（deductively）**有效的**（valid），仅当不可能出现前提全为真但结论却为假的情况。换言之，在有效论证中，如果前提全为真，那么结论必定也为真。这时我们就会说，结论是从前提“演绎推导出来的”。论证是（**演绎**）（deductively）**无效的**（invalid），如果论证的前提全为真、结论却为假的情况有可能出现。在无效论证中，前提为真不担保结论也为真。

说起有效性，我得再次强调，这是论证的逻辑特性。有效性只与结论可不可以说成是从前提逻辑推导出的有关，而与论证的前提是否实际为真无关。也就是说，有效性只涉及一点：如果前提为真，结论是否也必定为真。前提的真假问题当然很重要，我们会在下一节予以讨论。不过，我们

要是只对有效性感兴趣，前提的真假就不是我们该在意的。好了，为了阐明有效性的定义，我们还是来看看几例论证吧。

论证 1

1. 如果宇宙在明天终结，我们永远不会知道外星生命是否存在。

2. 宇宙不在明天终结。

因此，

3. 我们会知道外星生命是否存在。

我们应该对这个论证说点什么呢？这是有效论证吗？要评估论证的有效与否，只需扪心自问：论证的前提全为真、结论却为假的情况有可能出现吗？每当你需要评估论证的有效性时，你都应该问自己这样一个问题。有效性的关键就在于此。如果的确有一种可能的情况，一种我们能无矛盾地设想的情况，其中前提全为真但结论却为假，那么我们自然就知道这是个无效论证了。我们谈论的不是有概率发生的情形，而是我们可以理解的情形，我们无需为此承诺任何形如“P 和非 P”的陈述［也就是所谓的“矛 5
盾式”（contradiction）］。如果前提可以全为真但结论却为假，那么结论就不是从前提逻辑推导出来的。所以，根据定义，论证是无效的。

于是，我们为了评估论证 1 是否有效，应该动动脑筋，看看自己是否可以理解下述情形何以能无矛盾地成立：

真：如果宇宙在明天终结，我们永远不会知道外星生命是否存在。

真：宇宙不在明天终结。

假：我们会知道外星生命是否存在。

我们能讲一个如此这般的故事吗？有没有可能头两个陈述均为真，但第三个陈述却为假？当然，这很容易设想。我们首先假设（1）为真。我们至今仍未发现外星生命，所以要是宇宙在明天终结，我们永远不会知道有没有外星生命了。然后，我们再设想，宇宙不在明天终结这一点也为真。但结论为假的可能性并未由此而被排除：即便宇宙不在明天终结，我们还是没法知道外星生命是否存在。或许，我们之所以没法知道，是因为宇宙虽然不在明天，但却在下周终结。既然前提全为真但结论却为假的融贯

(coherent) 情形存在，那么论证 1 就是无效的。

一般来讲，要是你提出的例子表明论证的前提为真但结论却为假，那么你就给出了论证的**反例**（counterexample）。

我们不妨拿另一例论证来试试这招：

> 论证 2
> 1. 一切事件（events）均有原因。
> 2. 宇宙大爆炸（Big Bang）是事件。
> 因此，
> 3. 宇宙大爆炸有原因。

我们该如何评估该论证是否有效呢？记住：有效性是论证的逻辑属性。有效性不涉及论证的前提是否实际为真，只涉及前提在逻辑上是否演绎蕴涵结论。我们也许会怀疑那些前提是否实际为真，但为了评估论证的有效与否，还是该暂且搁置怀疑。我们只想知道，在前提都为真的可能的（尽管也许不是现实的）情形中，结论能否为假。

那么，这是有效论证吗？我们要再次解决问题，只需想一想，有没有
6 前提全为真但结论却为假的可能情形。“可能的”一词的意思还是“逻辑可能的”（logically possible）。我们问：前提全为真但结论却为假，这是一个我们能设想的无矛盾情形吗？

这一次的结果是：否。该论证的前提全为真但结论却为假，没有这样的可能情形。

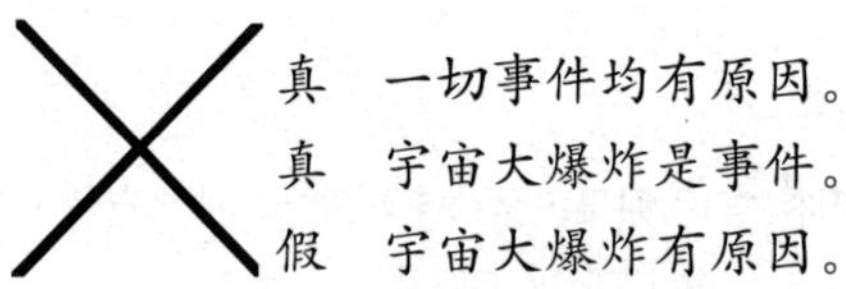

真 一切事件均有原因。
真 宇宙大爆炸是事件。
假 宇宙大爆炸有原因。


一旦我们确立了上述前提并使它们为真，结论也一定为真。如果一切事件均有原因，并且宇宙大爆炸是事件，那么宇宙大爆炸必有原因。假设结论为假，就是在假设宇宙大爆炸没有原因。所以，在前提真而结论假的情形中，宇宙大爆炸既是事件，又不是事件——这是个矛盾。既然前提真而结论假的可能情形不存在，那么上述论证就是有效的。但这并不意味着上述论证就尽善尽美了。我们可以对它另做批评。例如，你可以怀疑它的一个或多个

前提实际为真。不过，至少从逻辑来看，这是个好论证，是个有效论证。

表 0.1 显示了一个你应该从本节推出的要点：论证的有效性问题独立于其前提和结论的实际真假。可能有一些无效论证，它们的前提和结论全都实际为真；也可能有一些有效论证，它们的前提和结论全都实际为假。有效性的要害在于前提和结论之间的逻辑关联；评估逻辑关联的诀窍则是考虑从可能情形中能推出什么。

表 0.1 列出了前提和结论的四种可能组合。如你所见，只有一种组合
是不可能出现的。前提全都实际为真、结论却实际为假的有效论证，你永 7
远都找不着。这不过是有效性的题中之义：毕竟，有效论证就是前提全为真、结论却为假的情况不可能出现的论证。

**表 0.1　有效论证和无效论证的例子**

| | |
|---|---|
| **前提：全都为真**<br>**结论：真** | **前提：全都为真**<br>**结论：假** |
| 有效论证<br>1. 如果巴黎位于法国，那么它位于欧洲。<br>2. 巴黎位于法国。<br>因此，<br>3. 巴黎位于欧洲。 | 有效论证<br>包含真前提和假结论的有效论证不可能有。 |
| 无效论证<br>1. 如果巴黎位于法国，那么它位于欧洲。<br>2. 巴黎位于欧洲。<br>因此，<br>3. 巴黎位于法国。 | 无效论证<br>1. 如果巴黎位于西班牙，那么它位于欧洲。<br>2. 巴黎位于欧洲。<br>因此，<br>3. 巴黎位于西班牙。 |
| **前提：至少一个为假**<br>**结论：真** | **前提：至少一个为假**<br>**结论：假** |
| 有效论证<br>1. 如果巴黎位于中国，那么它位于欧洲。<br>2. 巴黎位于中国。<br>因此，<br>3. 巴黎位于欧洲。 | 有效论证<br>1. 如果巴黎位于西班牙，那么它位于亚洲。<br>2. 巴黎位于西班牙。<br>因此，<br>3. 巴黎位于亚洲。 |
| 无效论证<br>1. 如果巴黎位于法国，那么它位于亚洲。<br>2. 巴黎位于亚洲。<br>因此，<br>3. 巴黎位于法国。 | 无效论证<br>1. 如果巴黎位于西班牙，那么它位于亚洲。<br>2. 巴黎位于亚洲。<br>因此，<br>3. 巴黎位于西班牙。 |

**练习 0.2　检验论证的有效性**

以下论证是否有效？

A. 所有律师都喜欢篮球。贝拉克·奥巴马（Barack Obama）是律师。因此，贝拉克·奥巴马喜欢篮球。

B. 有些蛇吃老鼠。老鼠是哺乳动物。因此，有些蛇吃某些哺乳动物。

C. 所有鸟都能飞。企鹅是鸟，但企鹅不能飞。因此，有些鸟不能飞。

## 可靠性

如果说哲学家找好论证只为了找一样东西，多数人可能会说，他们找
的那样东西就是可靠性。一个论证是**可靠的**（sound），仅当它有两个特
征：第一，在上文界定的意义上，它必须是有效论证；第二，它的全部前
8 提必须实际为真。[①] 可靠论证给了我们相信其结论的好理由。因为我们只
要知道了一个论证可靠，就知道（i）如果它的前提为真，它的结论也一
定为真，并且（ii）它的前提实际上是真的。

上一节探讨有效性时考察过两个论证。我们现在可以评估它们可靠与否。我们考虑过的第一个论证涉及宇宙明天终结和外星生命，因为无效，所以不可靠。第二个事关宇宙大爆炸的论证也有人觉得不可靠，不过无效性不再成为理由。相反，他们觉得第二个论证不可靠的理由是，前提至少有一个为假。下面是一例可靠论证：

论证 3

1. 希腊是欧盟的成员国。
2. 欧盟的全部成员国都位于赤道以北。

① 除了本书采用的含义外，“有效性”和“可靠性”这两个术语在现代数理逻辑中还有另外的含义。一方面，某一阶形式语言中的一个公式 $\phi$ 是有效的，当且仅当 $\phi$ 被所有的赋值满足。另一方面，逻辑学家也经常提到某个公理系统的“可靠性”，但他们的意思不过是：该系统的定理都是系统的语言中的逻辑真理。若读者对更多的逻辑细节感兴趣，请查阅：徐明．符号逻辑讲义．武汉：武汉大学出版社，2008。

因此，

3. 希腊位于赤道以北。

这是一个可靠论证，因为它同时满足了两个条件：（i）它是有效的，并且（ii）它的前提全为真。我们可以运用上一节的方法，检查它的有效性，看看是否能融贯地设想一个情形，其中所有前提均为真，但结论却为假：

真　希腊是欧盟的成员国。

真　欧盟的全部成员国都位于赤道以北。

假　希腊位于赤道以北。

可是，我们想不出来。设想那样一个情形，就得设想一个矛盾：希腊既在赤道以北，又不在赤道以北。所以，该论证是有效的。既然它的两个前提实际上都为真，那么它也是可靠的。

我们多数时候感兴趣的是，支持或反对某观点的论证可不可靠。所以，一般当需要评估本课程的某个论证时，你应该首先检查如下事项：

1. 该论证的所有前提均为真吗？如果不是，你认为哪一个前提为假，为什么？

2. 结论是从前提推导出来的吗？换言之，该论证有效吗？

如果两个问题的答案都是肯定的，那么该论证就是可靠的。前提均为真，结论又是从前提逻辑推导出来的。于是，你就有理由相信结论也为真。

**练习 0.3　评估论证的可靠性**

请回到上节末尾的练习 0.2，评估那些论证可不可靠。 9

## 对论证进行批判

我们只要明白在形而上学中要找的东西（支持我们感兴趣的观点的可靠论证），就能知道怎样合理地评估论证。要批判对手的论证，总有两个办法。你可以（i）质疑论证的某个前提，也可以（ii）质疑论证是否有效。我们就简单地依次讨论这两个办法吧。

首先，我们不妨再考虑一下第一节呈现的设计论证：

> 设计论证
>
> 1. 宇宙的复杂性和组织性表明，它必定是被设计出来的。
> 2. 但是，如果没有设计师，就不可能有被设计出来的东西。
> 3. 所以，宇宙必定有设计师。
>
> 因此，
>
> 4. 上帝存在。

我们要是乐意，现在就有办法来批判这一论证。我们可以批判前提（1），宣称宇宙的复杂性和组织性要么（a）与设不设计无关，要么（b）或许表明了宇宙压根儿就没有什么设计师（设计师也许更喜欢简单的、不这么复杂的宇宙呢）。我们也可以批判前提（2），宣称“某物是被设计出来的”这一事实不蕴涵设计师存在。这样一来，我们就不得不围绕“某物是被设计出来的”这一说法的意义展开争论。无论走哪条路，只要有人想说设计论证不可靠是由于前提（1）或（2）为假，那么他就得拿出有力的理由，说明那个有问题的前提的的确确为假。另外，既然（3）应该是在引出结论（4）的过程中，只从（1）和（2）推导出来的，那么我们就叫它**“小结论”**（minor conclusion）吧；为了与（3）
10 有所区分，我们就把（4）叫作论证的**“大结论”**（major conclusion）好了。倘若（3）是看来最有问题的前提，那么我们真正该反对的，要么是（1）或（2），要么就是从（1）和（2）到（3）之推理的有效性。

设计论证包含了两步推理。首先是从（1）和（2）到（3）的推理，然后是从（3）到最后的大结论（4）的推理。我们可以设法从这两处对论证发起批判。我们应该在此检查这两步推理是否有效。首先，有可能（1）和（2）为真，但（3）为假吗？不可能。（1）和（2）看起来确实逻辑蕴涵（3）。所以，并非这一步的有效性出了差错。从（3）到（4）的推理是否有效，这是可以质疑的。你可能会想，假设（3）为真（宇宙有设计师），又假设（4）为假（上帝不存在），不会导致矛盾。也许设计出宇宙的是上帝以外的什么人呢。这个可能情形构成了设计论证的反例。

如果设计论证所含的推理并非全都有效，又或者设计论证有前提为假，无论是哪种情况，论证都不可靠。这样一来，设计论证就提供不了有力的理由，好叫人相信它的结论。还请读者注意，就算我们确实相信一个论证的结论，也可以这样来批判它。毕竟，不是结论为真的每个论证都一定是个好论证。

**练习 0.4　对论证进行批判**

请思考以上帝存在作为结论的下述论证：

宇宙论论证

1. 宇宙中发生的一切事物必有原因。
2. 没有哪个事物可以是自身的原因。
3. 所以，必定有一个第一因（first cause）。
4. 如果有一个第一因，那么这个第一因就是上帝。
5. 因此，上帝存在。

请鉴别哪些前提是从论证中更前面的前提推导出来的前提（即小结论或大结论）。也请标出独立的前提（即既非大结论又非小结论的前提）。如果有理由怀疑任何独立的前提为真，那么请陈述这些理由。然后，还请评估那些引出小结论和大结论的推理是否全都显得有效。宇宙论论证可靠吗？为什么可靠，或者为什么不可靠呢？

## 厚道原则和省略论证

你只要着手评估形而上学中的论证，就必须谨记：我们所有人都是一 *11*
项共同事业的一分子，为了求索真理而共同奋斗。有鉴于此，哲学论争中有一个约定：我们要秉持所谓的**“厚道原则”**（principle of charity）。该原则的意思是说，我们在合理的情况下，应该设法把对手的论断解释为真的，把其论证解释为有效的。比方说，你正在阅读一份文献，又或者在参与一场哲学讨论，这时有人提出了一个论断，该论断不难以多种方式进行解释：根据某些解释，该论断为真；根据另一些解释，该论断显然为假。厚道原则推荐你在解释时，应采取使论断为真的解释方式。

你还会发现，有时候作者在文献中提出了论证，但提出来的论证却不完整。也就是说，作者提出了所谓的**“省略论证”**（enthymeme）。[①] 省略论证是表述不完整且无效的论证；可是，尽管所述的前提没有逻辑蕴涵结论，但我们仍有理由相信，作者想表达的论证的确是有效的。作者用到省略论证，略去某些前提，无非是因为这些前提明显得过分了，自然无须多言。明白说出也许会惹烦读者，或者侮辱读者的才智。于是作者干脆就略去不表。要是缺失的前提显然是作者想表达的，又为论证的有效性所需，碰到这般情形，厚道原则便逼我们替作者补全了事。

下文提供了一例省略论证。假设你读一份文献，发现作者说了如下的话：

> 反堕胎论证
>
> 不管什么时候，终结人的生命都是谋杀。堕胎终结了胎儿的生命。所以，堕胎是谋杀。因此，堕胎是错的。

起初，你可能设法用编号前提形式，把该论证表述如下：

> 反堕胎论证
>
> 1. 不管什么时候，终结人的生命都是谋杀。
> 2. 堕胎终结了胎儿的生命。
> 3. 所以，堕胎是谋杀。
>
> 因此，
>
> 4. 堕胎是错的。

然后，你就可以批判该论证，说它无效。反堕胎论证含有两个推理：第一个推理是从（1）和（2）推到小结论（3）：

12 推理 1

> 1. 不管什么时候，终结人的生命都是谋杀。
> 2. 堕胎终结了胎儿的生命。

---

① “enthymeme”原指三段论中的省略式，但在本书中，不妨用“省略论证”这个更一般的译名。

3. 所以，堕胎是谋杀。（小结论）

第二个推理是从（3）推到（4）：

推理 2

3. 堕胎是谋杀。

因此，

4. 堕胎是错的。（大结论）

但是，两个推理中没有一个是演绎有效的。在第一个推理中，（1）和（2）可以为真，但（3）依然为假，因为虽然终结人的生命是谋杀，堕胎也确实终结了胎儿的生命，但毕竟胎儿不是人，所以堕胎算不上谋杀。第二个推理也是无效的，有可能堕胎是谋杀但却没错，因为谋杀本身就没错。（设想有一个与我们的世界截然不同的世界，人类生命在那里是瘟疫般的存在，因此谋杀竟是一件彻底的好事。这个世界可能迥异于我们的世界，但这个世界的可能性不含任何矛盾。）

到了这里，你也许已经得出结论：这个反堕胎论证不但无效，还不可靠，所以给不了有力的理由，让我们相信堕胎是错的。然而，这种回应错失了要点。理由在于，要填补该论证的两个推理，有一个非常简单的办法，虽然用到了补充前提，但我们可以合理地认为作者已经假定了它们。于是，更好的办法就是为作者补充她想表达的明显的中间步骤，让论证变得有效。如此我们方能确信，自己已竭尽所能地善待这个论证了。

那么，从上述的前提到结论，究竟缺失了哪些让论证有效的环节呢？试试这样来补：

反堕胎论证

1. 不管什么时候，终结人的生命都是谋杀。

2. 堕胎终结了胎儿的生命。

  *2.5 胎儿是人。（修复推理 1 的有效性）

3. 所以，堕胎是谋杀。

  *3.5 谋杀是错的。（修复推理 2 的有效性）

因此，

4. 堕胎是错的。

13 我们可以为作者补上前提（2.5）和（3.5），事实上厚道原则也的确逼我们这样做，无非是因为这两个前提显然是作者想表达的论断。我们说作者的原论证其实是省略论证，道理不过如此。该论证如其所述是无效的，但要转为有效论证却容易得很，只要补上作者明显想表达的前提就行。这些前提或许在作者眼里太过明显，所以她干脆略过不提。

值得注意的是，虽然把作者的论证如此这般地重构为有效论证常常是合理的做法，但这并不意味着我们就非得接受在文献中碰到的任何论证。要反对一个论证，办法总是有的。比方说，我们现在即便看出上述论证是有效的，也还是可以说，有几个前提恐怕有点儿问题，其中就包含原来没有明说、为了使论证有效才加上的前提（2.5 和 3.5）。总之，一切皆可怀疑，一切皆有合理的分歧。

随着我们处理的哲学论证越来越多，我们运用厚道原则、识别省略论证的技巧会日渐纯熟。以下练习会助你发展这个技巧。

**练习 0.5　补充缺失的前提**

有人把古希腊哲学家泰勒斯（Thales，公元前 624—约前 547）称为“哲学家之祖”。泰勒斯因主张万物皆水而声誉卓著。请思考以下文段，它们给出了反对泰勒斯论题的论证。然后请提供缺失的前提，好让论证变得有效。

A. 土星上没有水。因此，并非万物皆水。

B. 宇宙大爆炸后的最初几秒钟就有东西存在。但水直到宇宙大爆炸后的几十万年才产生。所以，并非万物皆水。

## 命题逻辑

我们已经明白，判定有效性是评估论证强度的重要手段。可论证有时有许多前提，或者有复杂的推理，运用我们在“有效性”一节介绍的方法，就很难评估论证是否有效了。有鉴于此，哲学家发展出了多种形式逻辑系统，多种判定论证形式是否有效的严格方法。[4] 本节只涵盖一些基础

知识，提供若干方法，教你辨别哪些论证形式是可信的，是能产生有效论 14
证的。这些论证形式会在全书的讨论中反复出现。

首先，我们得说明“论证形式”是什么意思。我们谈论论证的*形式*(form)，无非是在说论证具有的那种形式或结构，这是独立于论证的具体主题的。例如，请思考如下两个论证：

论证 4

1. 如果萨利是人，那么她终有一死。
2. 萨利是人。

因此，

3. 她终有一死。

论证 5

1. 如果决定论为真，那么谁也没有自由意志。
2. 决定论为真。

因此，

3. 谁也没有自由意志。

这两个论证涉及相当不同的主题，它们的主题是有区别的。但是，它们有个共同点：形式。逻辑学家为了看得最清楚，用符号替换了论证的前提和结论。我们目前考虑的逻辑系统是命题逻辑：在命题逻辑中，我们选用大写或小写字母来表示个体陈述或命题。比如说，我们不妨引入下列符号，把组成了论证 4、论证 5 的前提和结论的那些基本命题表示出来。

H：萨利是人（human)。

M：萨利终有一死（mortal)。

D：决定论（determinism）为真。

N：谁也没有（no one）自由意志。

在命题逻辑中，论证的前提和结论要么由单个字母（适用于基本命题或“原子”命题）来表示，要么由复合符号来表示，复合符号是单个字母加上一些联结符号——**逻辑联结词**（logical connectives）——而形成的。我们用逻辑联结词从更简单的命题中构造出复合命题。

命题逻辑公认的逻辑联结词有“并且”（and）、“如果……那么”（if... then）、“或者”（or）、“并非”（not）和“当且仅当”（if and only if）；这些联结词经常可用符号来代替。表 0.2 列举了一些符号，在用逻辑记号法表示逻辑联结词时，这些符号相当常用。

**表 0.2　逻辑联结词**

15

| 中文 | 逻辑符号化 |
|---|---|
| 并且 | ∧，& |
| 萨利是人并且萨利终有一死。 | H∧M |
| | H &M |
| 或者（包容性的“或者”，意思是：要么命题 a 和 b 仅有一真，要么 a 和 b 均为真） | ∨ |
| 或者萨利是人或者萨利终有一死。 | H∨M |
| 如果……那么 | →，⊃ |
| 如果萨利是人，那么她终有一死。 | H→M |
| | H⊃M |
| 并非 | ~，¬ |
| 萨利并非人。 | ~H |
| | ¬H |
| 当且仅当 | ↔，≡ |
| 萨利是人，当且仅当她终有一死。 | H↔M |
| | H≡M |

本书始终用“∧”表示“并且”，用“∨”表示“或者”，用“⊃”表示“如果……那么”，用“¬”表示“并非”，用“≡”表示“当且仅当”。

我们运用这种记号法，现在就可以把论证 4、论证 5 符号化：

论证 4

1. H⊃M

2. H

因此，

3. M

论证 5

1. D⊃N

2. D

因此，

3. N

一旦把这两个论证符号化，它们的逻辑结构就展现得更清楚了，我们也就可以看出它们的逻辑形式是相同的。

**练习 0.6　命题逻辑的翻译**

请借助以下词典，用逻辑记号把下列句子符号化。 16

**词典：**

I：宇宙是无穷的（infinite）。

U：未来是未知的（unknown）。

O：未来是开放的（open）。

F：人有自由意志（free will）。

A. 或者宇宙是无穷的，或者宇宙不是无穷的。

B. 如果人有自由意志并且未来是开放的，那么未来是未知的。

C. 人有自由意志，当且仅当未来是开放的。

D. 情况并非如此：或者宇宙是无穷的，或者未来是开放的。

我们可以看到，运用命题逻辑的表征工具，就能轻松知晓论证 4 和论证 5 有相同的逻辑形式。这两个论证的逻辑形式叫**“肯定前件”**（modus ponens）。

肯定前件

1. 如果 A，那么 B

2. A

因此，

3. B

或者，运用命题逻辑的记号法，可表示为：

1. $A \supset B$
2. A

因此，

3. B

17 前提的排列顺序无关紧要。肯定前件是一种有效的论证形式，这一点几乎得到了逻辑学家的公认。

下面是三种再常见不过的有效论证形式。注意在每种情况中，A 和 B 表示任意命题，无论命题有多复杂。

简化（simplification）[①]

| | | |
|---|---|---|
| 1. $A \wedge B$ | | 1. $A \wedge B$ |
| 因此， | 或者 | 因此， |
| 2. A | | 2. B |

否定后件（modus tollens）

1. $A \supset B$
2. $\neg B$

因此，

3. $\neg A$

选言三段论（disjunctive syllogism）

| | | |
|---|---|---|
| 1. $A \vee B$ | | 1. $A \vee B$ |
| 2. $\neg A$ | | 2. $\neg B$ |
| 因此， | 或者 | 因此， |
| 3. B | | 3. A |

以上均为有效的推理形式。如果你发现一个论证用到了以上形式之一，那

① 该逻辑形式又叫“合取消去”（conjunction elimination）。

么你就可以确定它是有效的。

**练习 0.7　识别命题逻辑的有效论证形式**

请先用命题逻辑的记号和上个练习中的词典，把以下论证符号化。然后，请判定论证的逻辑形式究竟是（a）肯定前件、（b）简化、（c）否定后件、（d）选言三段论，还是（e）以上都不对。

A. 或者未来是开放的，或者宇宙不是无穷的。未来不是开放的。 18
因此，宇宙不是无穷的。

B. 如果人有自由意志，那么未来是开放的。未来不是开放的。因此，人没有自由意志。

C. 如果人有自由意志，那么未来是开放的。未来是开放的。因此，人有自由意志。

D. 如果人有自由意志，那么未来是开放的。人有自由意志。因此，未来是开放的。

E. 未来是开放的，并且未来是未知的。所以，未来是未知的。



## 一阶谓词逻辑

上一节考察了命题逻辑的一些有效推理形式。逻辑学家以命题逻辑为基础，建立了很多更强大的逻辑。这些逻辑比单独的命题逻辑承认了更多有效的论证形式，还更深入地探究了陈述的结构。因此，要表征我们在当代形而上学中遇到的观点和论证，这些逻辑会是不可或缺的表征工具。

本章余下的部分会考察一阶谓词逻辑，它最早由戈特洛布·弗雷格（Gottlob Frege，1848—1925）发展出来。一阶谓词逻辑为后三章的本体论讨论提供了有用的工具。后续章节还会在一阶谓词逻辑的基础上加入模态算子和时态算子。不过，我们还是先易后难好了。请考虑下述论证：

论证 6

1. 亚历克斯尊重每个热爱披头士乐队的人。

2. 贝蒂热爱披头士乐队。

因此，

3. 亚历克斯尊重贝蒂。

只用上一节的命题逻辑工具，是无法证明这是个有效论证的。毕竟，我们只认得出该论证有如下形式：

1. A
2. B
因此，
3. C

19 这当然不是有效的论证形式。我们之所以不得不这样来符号化，是因为命题（1）、（2）和（3）各不相同，并且其中没有任何命题部分允许我们用上前一节引入的联结词。

不过，上述论证从直观上看是有效的。因此，我们为了用符号逻辑揭示论证 6 的有效性，就得用更多的逻辑工具对该论证做符号化处理。[5]一阶谓词逻辑恰好提供了相应的工具。该逻辑的核心洞见是，我们得意识到，命题一般可划分为主词（或名词短语）和谓词。

试举简单一例，请考虑以下句子：

沙克（Shaq）是高的（tall）。

在谓词逻辑中，表示谓词（“是高的”）的符号总是一个大写字母。在这个例句中，我们就用大写字母“T”。表示谓词的符号需置于表示主词（“沙克”）的符号前。我们用“s”表示“沙克”。于是，整个句子或命题在谓词逻辑中的符号化如下：

Ts

同样，“路德维希（Ludwig）是哲学家（philosopher）”可符号化为：

Pl

我们也想把以下句子符号化：

沙克欣赏（admires）路德维希。

符号化的结果是：

Asl

请读者再次注意：表示谓词（在该例句中是“欣赏”）的符号总是放在前面的。该句的谓词“欣赏”是个**二元谓词**（two-placed predicate），因为它的输入项是两个名词短语。当然，还有输入项多于两个的谓词。比方说，要是你玩过游戏《妙探寻凶》（*Clue*）①，那么，用到如下谓词的句子你很可能说过：

“________ 用 ________ 在 ________ 里谋杀了 ________”（________ murdered ________ in the ________ using the ________）

例如，你可能会说：

普拉姆（Plum）教授用蜡烛架（candlestick）在厨房（kitchen）里谋杀了博迪（Body）先生。

这个句子可表示为：

Mpbkc 20

在接下来的章节里，有件事特别重要：指涉某（些）人或某（些）对象的语句，我们不用到名字也能表示出来。这些语句是一般（general）语句，例如：

---

① 《妙探寻凶》（*Clue*）是颇受美国家庭欢迎的一款桌面解谜游戏。普拉姆教授是游戏中最后才动的角色。

某人是高的。

某人用蜡烛架在厨房里谋杀了博迪先生。

又或者：

没有什么人是高的。

普拉姆教授什么东西也没用，就在厨房里谋杀了博迪先生。

一阶谓词逻辑要表示一般语句，会用到**变项**（variables，诸如 x、y、z 等符号）和所谓的**存在量词**（existential quantifier）。我们用符号“∃”表示存在量词。于是，请考虑以下例句：

某人是高的。

该句可符号化为：

$\exists xTx$

我们可用下列任意一种方式读出该句：

存在一个 x，x 是高的。

至少有一个 x，x 是高的。

某个 x 是高的。

某物是高的。

又或者，倘若我们知道量化论域仅包含人（我们马上会介绍到量化论域），该句子可直接读作：

某人是高的。

我们也可以用变项和存在量词翻译以下句子：

某人用蜡烛架在厨房里谋杀了博迪先生。

翻译的结果为：

$\exists xMxbkc$

该句可读成：“存在一个 x，x 用蜡烛架在厨房里谋杀了博迪先生。”

我们还可以用符号表示如下句子： 21

普拉姆教授用某物在厨房里谋杀了博迪先生。

结果是：

$\exists xMpbkx$

注意：变项“x”替换的是我们正在量化的对象——量词短语“某物”或“某人”的所指（referent）——的名字。在第一个例句中，“某人”指的是谋杀犯 x，所以变项得放在谓词 M 后边的第一位。在第二个例句中，“某物”指的是凶器 x，所以变项得放在谓词 M 后边的最后一位。①

我们还可用存在量词表示更复杂的语句。例如，句子“没有什么东西是高的”可符号化为：

$\neg\exists xTx$

为了说“有某个又高又友好（friendly）的东西”，可使用如下翻译：

$\exists x\,(Tx \land Fx)$

其中，“Tx”的意思是，x 是高的；而“Fx”的意思是，x 是友好的。

---

① 由于中英文的表意顺序不同，读者要想理解作者的这段话，还请考虑谓词“……用……在……里谋杀了……”的英文表达：“... murdered... in the... using the...”。

再举一例：

那座山（mountain）上至少有一只雏鹰（baby eagle）。

符号化的结果是：

$$\exists x((Bx \wedge Ex) \wedge Mx)$$

最后，在某些情况下，我们会发现有些句子需要的量化变项不止一个。例如，你或许想用谓词逻辑表达这样的句子：

有些猫（cats）爱（love）某些狗（dogs）。

该句有两个量词短语。它说的是：*存在某个* x，x 是猫；*存在某个* y，y 是狗；那只猫（那个 x）爱那条狗（那个 y）。① 为了不把指称那只猫的变项和指称那只狗的变项搞混，我们会用两个不同的变项 x 和 y 来符号化这个句子：

$$\exists x \exists y((Cx \wedge Dy) \wedge Lxy)$$

我们可以把这个符号化结果读成中文："存在一个 x 和一个 y，x 是猫，y 是狗，并且那个 x 爱那个 y。"

22 注意：变项（x、y、z 等）凡是作为完整句子的一部分而出现，总是应该出现在某个量词的**辖域**（scope）内。要么该变项出现在句中那个量词的右边，要么在那个量词后面有一对括号，括住了该变项的出现。请考虑以下两句中的变项：

$$Fx$$

$$\exists xFx \wedge Gx$$

① "有些猫爱某些狗"和"有只猫爱某条狗"的符号化结果是一模一样的。

在第一个句子里，x 没有出现在任何量词的辖域内，因而该语句没有表达出完整的思想。它的确说了“x 是 F”，但 x 却无任何明确的意义。在第二个句子中，在短语“Gx”中出现的那个 x 也没有出现在任何量词的辖域内，因此，这个“x”的指称也是不清楚的。这个是 G 的 x 应该和那个是 F 的 x 相同吗？我们不清楚。引入括号就可以处理这个问题：

$$\exists x\ (Fx \wedge Gx)$$

现在，句中的所有变项都位于量词“∃”的辖域内了。我们也终于明白，这个句子是在说：“有某个既是 F 又是 G 的东西。”当一个变项位于某量词的辖域内时，该变项就是**约束变项**（bound variable）。用谓词逻辑来符号化完整的语句，关键就在于所有的变项都要受到量词的约束。

我们提出一个存在量化论断，一般想说的是：存在某物，该物是某个样子。至于我们心中想的是哪样东西，这一般取决于语境。逻辑学家的说法是：这取决于**量化论域**（domain of quantification），即量词取为值的物项（entities）[①] 的集合。例如，假设我们用“Bx”对句子“x 是有福的（blessed）”做符号化，那么请看下面的句子：

$$\exists xBx$$

这个句子表示的内容取决于相关的量化论域。量化论域可能为：

> 所有存在物的集合，于是该句可读作：“某物是有福的”。
> 所有存在的人的集合，于是该句可读作：“某人是有福的”。
> 正在讨论的特定群体中的全部人（例如，在这座房子里的人）的集合。那么，“∃xBx”的意思就会是：“这座房子里的某人是有福的。”

① “entity”目前在学界可见的译法有：“实体”“实存物”“存在物”“事体”“东西”，等等。考虑到“实体”一般也用于翻译“substance”，且“entity”的范围要比“substance”的宽广（本体论所推设的一切均可称为“entity”），因此，除了奥卡姆剃刀原理这个例外，译者决定将“实体”及相关的译名通通留给“substance”，并视情况把“entity”译为“东西”、“物”或“物项”。

我们在后几章中会看到，哲学家时不时地提到一个事实：语境确定了相关的量化论域。他们也会明确利用一个事实：量词有时是受限的（restrict-
23 ed），只能从有限的对象集中取值。可在其他时候，哲学家还会用到另一个事实：量词有时又是"敞开的"（wide open），意思是说，它们从可能的最大量化论域中取值，无论什么物项都被囊括在内了。

我们现在可以区分一阶谓词逻辑用到的三类字母符号了。[6]

谓词，符号化为大写字母：F，G，H…

名字，符号化为字母表开头的小写字母：a，b，c…

变项，符号化为字母表末尾的小写字母：x，y，z，w，u，v…

在存在量词之外，还有另一个量词，即**全称量词**（universal quantifier）。我们要把含有"所有"或"每个"的论断符号化，就得用到全称量词。例如，

每个人都开心（happy）

可符号化为：

$$\forall xHx$$

我们可以读成：

对所有 x，x 开心。

每个 x 都开心。

每个人都开心。

（注意：如果我们通常认为拥有开心等情绪状态的物项只有人这一类，那么相关的量化论域就是所有人的集合。）

另举一例，"每个人都是开心的哲学家"可以翻译为：

$$\forall x(Hx \wedge Px)$$

又或者读作：每个 x 既开心，又是哲学家。

可是，句子“所有哲学家都开心”要如何符号化呢？这个句子并不是在说，每个人既开心，又是哲学家（$\forall x(Hx \wedge Px)$）。使用表示“如果……那么”的符号“⊃”，句子“所有哲学家都开心”可符号化为：

$$\forall x(Px \supset Hx)$$

这个符号化结果可读成中文：“对所有 x，如果 x 是哲学家，那么 x 开心。”这与原句“所有哲学家都开心”说的是一回事。当然，“有些哲学家开心”说的就不是一回事了，该句在一阶逻辑中表示为：

$$\exists x(Px \wedge Hx)$$

或者读作：“存在一个 x，x 是哲学家，并且 x 开心。”

**练习 0.8　把语句翻译为一阶谓词逻辑**

请用以下词典，把下列语句翻译为一阶谓词逻辑的语言。

**词典：**

a：亚历克斯（Alex）

b：巴尼（Barney）

Cx：x 是聪明的（clever）

Sx：x 是学生（student）

Tx：x 是教师（teacher）

Rxy：x 尊重（respect）y

1. 亚历克斯是学生。
2. 亚历克斯是聪明的学生。
3. 某人是学生。
4. 某人是聪明的学生。
5. 亚历克斯尊重巴尼。

6. 亚历克斯尊重某人。

7. 某人尊重亚历克斯。

8. 有些教师尊重某些学生。

9. 每个人都是教师。

10. 所有学生都聪明。

在下一章乃至在全书中，我们会发现，用一阶谓词逻辑的语言来表述论题及论证，这样做往往是必不可少的。特别在思考有关存在的议题时，我们得用谓词逻辑来表述相关的陈述。只有这样，我们才能弄懂那些陈述有什么推论。有鉴于此，我们得吃透一些涉及存在量化陈述和全称量化陈述的基本推理规则。

表 0.3 总结了四个基本规则，其中有几个还稍显复杂。但就本书的目的而言，最常用的规则便是存在引入（EI）和全称消去（UE）。我们不妨用这些推理规则来简单地想想一些例子。

**表 0.3　谓词逻辑四规则**

| | | |
|---|---|---|
| 25 | **存在引入**（Existential Introduction，EI） | **全称引入**（Universal Introduction，UI） |
| | 从任意形如 Fa 的公式 | 如果一个新的项“a”已经作为任意的名字引入，并且表明有：Fa |
| | 可推出：∃xFx | 那么可推出：∀xFx |
| | **存在消去**（Existential Elimination，EE） | **全称消去**（Universal Elimination，UE） |
| | 如果已确立：∃xFx | 从任意形如∀xFx 的公式 |
| | 那么，可在语言中引入一个新的项“a”，该项指称量化论域中满足“是 F”这一描述的无论什么对象，并推断出：Fa | 使用在相关的量化论域中指称某物的任意名字“a”，就可推出：Fa |

以下是一例量化推理，这种推理第二章也用得到。假设你相信下面这句话：

谦虚（humility）是美德（virtue）。

用一阶谓词逻辑可符号化为：

Vh

我们运用 EI 规则，可推断出：

∃xVx

读成中文就是：存在某个 x，x 是美德。

再考虑另一例。假如我们有理由相信如下命题：

> 柏拉图（Plato）是教过（taught）亚里士多德（Aristotle）的哲学家。

我们可把它符号化为：

Pp∧Tpa（柏拉图是哲学家并且柏拉图教过亚里士多德。）

然后，我们使用 EI 规则，可推出：

∃x(Px∧Txa)

在这两个应用了 EI 的场合，我们所做的无非是引入一个变项 x 来代替特定的主词。

请注意，如果你已确立了一个存在量化句（不管它有多复杂），并且
存在量词∃还位于句中任何括号的外边，那么你就会明白：在相关的量化 26
论域内，有某个东西具有相关的那些特性。于是，我们可以从存在量化句推出：在量化论域内，有某个具有相关特性的东西存在。也就是说，有某个 x 可作为变项的值，使句子为真。对于以下句子：

∃x(Px∧Txa)

能作为变项的值、使句子为真的对象，我们已经见识过了，就是柏拉图。

在结束对以上要点的说明之前，还有一点值得注意：并非所有包含存在量词的语句都能让我们推出，存在某个具有某些特性的东西。一般来讲，哪怕句子含有一个存在量词，可只要该量词不位于句中所有括号的外边，那么我们也是推断不出任何具有相关特征的东西存在的。比如，请考虑一阶逻辑中的下列语句：

$Fa \supset \exists xPx$　（读作：如果 a 是 F，那么某物是 P。）
$\exists xPx \vee \exists x Qx$　（读作：或者某物是 P，或者某物是 Q。）
$\neg \exists xPx$　（读作：并非某物是 P。）

这些句子没有一个蕴涵了任何是 P 的东西存在。你可以立即答道，这是因为存在量词不在整个句子的外边。

最后，我们还应强调全称量化句和存在量化句的区别。这个区别一般可以这样想：存在量化句告诉你某物存在，而全称量化句（“∀”位于所有括号外边的句子）则是说所有东西都是某个样子。全称量化句本身不蕴涵任何东西的存在。所以，比方说要是你看到“所有电子（electrons）都是带负电的（negatively charged）”这样的论断，我们可以用一阶逻辑中把它写成：

$$\forall x(Ex \supset Nx)$$

该句本身不蕴涵电子存在。它只是说，如果有电子存在，那么它们是带负电的。不过，以下句子倒是蕴涵了电子的存在：

$$\exists xEx$$

还有一个句子也蕴涵了电子的存在：

$$\exists x(Ex \wedge Nx)$$

27 该句是“至少存在一个电子并且它是带负电的”这个陈述的符号化结果。有鉴于此，我们要想在形而上学中把蕴涵某物存在的论断找出来，那么就该把注意力转向存在量化论断，而不是全称量化论断。

全称量化句另有用处。你要想陈述普遍原则的话，全称量化句就特别有用。在形而上学论争中找得到的普遍原则有：

唯名论（nominalism）：一切都是具体的（concrete）。$\forall xCx$

观念论（idealism）：一切都是心灵中的观念（idea）。$\forall xIx$

当下论（presentism）：唯有当下的（present）对象存在。$\forall x(\neg Px \supset \neg \exists y(x=y))$

现实论（actualism）：一切都是现实的（actual）。$\forall xAx$

一旦确立了如此这般的全称论断，再用上全称消去（UE）规则，就可以下结论说：量化论域内的特定对象具有相关特性。例如，观念论者总想让他们的论题无所不包，成为一条关乎存在万物之本性的论断。这意味着与观念论者相关的量化论域，就是所有存在物的集合。所以，如果有人信奉观念论，并因此相信存在的一切（无论什么）都是心灵中的观念，那么，他就可以运用全称消去规则，从命题：

$\forall xIx$，

以及（比方说）［贝拉克·奥巴马存在］这一事实：

$\exists x\ x=o$（存在某个 x，x 同一于奥巴马），

推断出：

$Io$

读出来就是：奥巴马是心灵中的观念。

我们表述前面的某些论断，用到了符号“＝”来表示同一关系，这一点还请读者注意。同一与欣赏关系（之前的符号化结果是“Axy”）一样，也是二元关系。同一关系令形而上学家特别着迷，并且在表述形而上学论题时也格外有用。从下一章起，我们将介绍更多关于同一性的内容。

**练习 0.9　识别谓词逻辑的有效论证形式**

28 请说出在下列例子中，各论证分别例示了四种有效论证形式中的哪一种，是 EI、EE、UI，还是 UE？又或者答案其实是“以上都不对”？

A. 每个人都终有一死。因此，贝拉克·奥巴马终有一死。

B. 有些人有自由意志。因此，贝拉克·奥巴马有自由意志。

C. 苏格拉底（Socrates，公元前 469—前 399）活在过去。因此，有某个东西活在过去。



## 进阶阅读建议

市面上有不少批判性思考和逻辑入门的好教材，可以进一步拓展本章介绍的材料。好的批判性思考教材有：理查德·费尔德曼（Richard Feldman）的《理由和论证》（*Reason and Argument*），以及托马斯·麦凯（Thomas McKay）的《理由、解释与决策：批判性思考指南》（*Reasons, Explanations, and Decisions: Guidelines for Critical Thinking*）。好的逻辑入门教材有：梅里·伯格曼（Merrie Bergmann）、詹姆斯·穆尔（James Moor）和杰克·纳尔逊（Jack Nelson）合著的《逻辑之书》（*The Logic Book*），以及加里·哈迪格里（Gary Hardegree）的《符号逻辑第一课》（*Symbolic Logic: A First Course*）。

## 注　释

[1] 参见 C. S. 皮尔士（C. S. Peirce）的《信念的确定》（“The Fixation of Belief”）一文。我们会在第一章进一步探讨常识在形而上学中扮演的角色。

[2] 大多数大学的哲学系都开设了以“批判性推理与逻辑”为题的课程，进一步拓展了本节谈到的材料。

[3] 演绎有效性是哲学家默认的有效性概念。至于在演绎有效性之外，有效性是否还有任何其他的真含义，倒颇有争议。幸好我添加了修饰语“演绎的”，也就把这里的有效性概念，与有时叫“归纳有效性”（in-

ductive validity）的概念明确区分开了。归纳有效的论证是这样的：它的前提不逻辑蕴涵结论，却在某种更弱的“出示证据”的意义上使我们可以合理地相信结论。例如，我们从“太阳至今每天升起”这一前提中可推出结论：太阳明天升起。（你也许会主张）这个论证是归纳有效的，但不是演绎有效的。

［4］“有效性”一节介绍的评估论证有效性的方法，是以前提和结论的意义（meanings）为基础的，所以这是一种语义的（semantic）方法。 29
最后这几节还会引入从语法层面（syntactically）评估有效性的方法。语法的方法不考虑具体的意义，只以前提和结论的形式（forms）为依据。

［5］当然，要证明论证 6 是有效的，我们也可以用“有效性”一节介绍的方法。

［6］我们现在可以解释这种逻辑为什么叫“一阶逻辑”了。在我们谈论的这种谓词逻辑中，变项是用来在物项（人、猫、狗、手机，等等）的范围内取值的。换言之，变项可用于替换名字：就像我们从 Ts（沙克是高的）推导出∃xTx（某人是高的）一样。在二阶逻辑中，我们也引入变项来表示属性或特性（attributes），即物项所是的样子。如此一来，变项就可以替换谓词：例如，我们可以从 Ts（沙克是高的），推导出∃FFs（沙克是某个样子）。不过，二阶逻辑的地位尚有争论。这场争论直接牵涉到诸如属性或特性等抽象物之地位的形而上学议题，第二章会进一步予以探讨。目前，我们还是继续用一阶逻辑好了。

# 第一章　本体论入门


## 撮　要

30 ■ 介绍形而上学的核心子领域：本体论。

■ 展示蒯因式本体论承诺判定法，包括改述法在内。

■ 考察用于本体论判定的各类资料。

■ 介绍基础形而上学的概念，以及理解本体依赖关系的若干办法。


## 本体论：形而上学的核心子领域

本章将要介绍形而上学在20世纪里屈指可数的核心子领域：本体论。**本体论**（ontology）是关于何物存在的研究。我们想在形而上学中了解的主要事项之一，就是世界上有何种事物存在；其实，我们在科学中想了解的也不过如此。[1]当然，各门科学的讨论通常局限于特殊的实在领域：生物学关注何种生物存在，而物理学则关注物质的亚原子成分。但是，我们想透过形而上学，在一种甚至宽泛得多的意义上知道有何种事物存在。

假设物理学告诉我们，物质的基本成分是轻子和夸克。形而上学家紧接着会问：只有这些物理对象吗？换个问法就是：还有其他类型的东西吗？比方说，除了电子和夸克，还有心灵之类的非物理物项吗？数或性质（qualities）之类的抽象物也存在吗？除了（抽象的和具体的）对象之外，还有其他范畴（categories）的物项吗？——有没有事件、过程和时空流形（manifolds）①？凡此种种皆为本体论问题，即有关哪类物项存在的问题。

20 世纪中叶，蒯因（W. V. O. Quine，1908—2000）等一批哲学家从形式逻辑的蓬勃发展中得到启发，提出了一种处理本体论问题的新方法。
该方法后来成为形而上学的标准方法，这也是本章的主题。[2]后两章会用 31
这种方法处理两次具体的形而上学论争。

1948 年，蒯因发表了一篇影响极为深远的论文《论何物存在》（“On What There Is”），论述了他的主要观点。蒯因在这篇论文中开展了两项计划。首先，他宣称许多哲学家前辈都在本体论问题上受到了误导。从数和性质（例如德、美、善）等抽象物，一直到甚至是非存在的对象［例如珀伽索斯（Pegasus）和奥兹国（Land of OZ）②］，过去的形而上学家太急于相信这种种有争议之物了。[3]蒯因认为，对逻辑的无知是大量哲学错误的根源所在。因此，考察语句的逻辑结构，在蒯因的批判中发挥了很大的作用。以上是《论何物存在》的否定性部分。随后，蒯因在论文的肯定性部分发展了一种他以为是正确的方法，这种方法可以判定我们应该相信哪些东西；换言之，它可以判定我们的**本体论承诺**（ontological commitments）。

## 非存在对象之谜

在《论何物存在》中，蒯因首先批判了一种他认为明显有误的本体论观点——该观点宣称，有（there are）非存在对象。③ 这对我们来说也是

---

① 流形（manifolds），数学概念，指可以局部欧几里得空间化的拓扑空间，可用于表征物理时空的几何结构。

② 珀伽索斯（Pegasus），希腊神话中的双翼飞马，为英雄柏勒洛丰（Bellerophon）所获，是飞马座的神话起源。奥兹国（Land of OZ），美国作家弗兰克·鲍姆（Frank Baum，1856—1919）在童话《绿野仙踪》（*The Wizard of OZ*）中虚构出的一个地点。

③ “be”向来是哲学翻译的难点。当语境不要求区分“exist”和“be”时，译者径直把“be”译为“存在”；但在更细致的语境下，译者会酌情把“be”译为更一般的“（存）有”或“是”。

一个好的起点：我们如果知道该观点错在哪里，就能很好地领会到，什么才是确定我们应该相信哪类事物的好方法。

首先，我们不妨想想，为什么有人会相信有非存在对象。欲知晓这一惊人观点的动机，请思考如下两个句子：

> 珀伽索斯不存在。
>
> 圣诞老人不存在。

这两个句子均为真。可要是一个句子为真，它起码得有意义。倘若一个句子有意义，那么它的每个部分也必须有自身的意义。由此可得，词语“珀伽索斯”有某某意义，而短语“圣诞老人”也有某某意义。可它们的意义是什么呢？“珀伽索斯”和“圣诞老人”都是名字（它们不是形容词，也不是谓词），所以，它们的意义必定牵涉到它们所命名的对象。“珀伽索斯”命名了某物，即珀伽索斯；“圣诞老人”也命名了某物，即圣诞老人。因此，有某个是珀伽索斯的东西，也有某个是圣诞老人的东西。于是，我们一开始给出的句子为真（这两句说的是珀伽索斯和圣诞老人不存在），这是个平凡的事实，却逼着我们相信这两个东西是（are），因此我们似乎得对这两个东西做出本体论承诺。也就是说，鉴于这些句子我们信以为真，我们就该相信有这些东西。

蒯因把“有非存在对象”的观点一直追溯到柏拉图（公元前427—前347）。[4]我们只要接受了某物不存在的论断，似乎就得承认该物之是（be-
32 ing）。蒯因在《论何物存在》中说：“不是者（nonbeing）必定在某种意义上是，否则，那不是之物是什么呢？”（Quine 1948，pp. 1 - 2）我们都说珀伽索斯和圣诞老人不存在，可要是没有珀伽索斯和圣诞老人，那么我们在谈论什么呢？

**工具箱1.1　使用和提及的区分**

你会注意到，我们采用了一个约定，就是“词或短语有时得置于双引号①内”。采用这一约定是哲学的标准做法，为的是尊重蒯因指出的一

① 原文为“单引号”（single quotes），这里依中文的习惯改为“双引号”，特此说明。

个区分：**使用和提及的区分**（use/mention distinction）。这是对语言项（词、短语或句子）的两种出现方式所做的区分。句子可能会使用语言项，让它发挥自身的典型语义作用（是名字，就命名某个对象；是形容词，就修饰某个对象；诸如此类）。又或者，句子可能会提及语言项，让它指向自身。在提及而非使用语言项的场合，有一个哲学约定，就是把相关的词或短语置于双引号内。下表左列给出了使用词或短语的例子，右列则给出了提及词或短语的例子：

| 使用 | 提及 |
| --- | --- |
| 那本书在桌子上。 | “书”（book）一词有一个音节。 |
| 圣诞老人不存在。 | “圣诞老人”（Santa Claus）这一名字所指的东西不存在。 |
| 请关上地下室的门。 | 人们认为“地下室的门”（cellar door）是英语中最动听的词。 |

这个结论乍一看很荒唐。非存在物如何能在某种意义上存有呢？然而，蒯因认为，要让这个论题变得更好懂，有几种观点哲学家都可以在这里说一说。于是，蒯因捏造了两位哲学家，给一人起名叫“麦克西”（McX），另一人起名叫“怀曼”（Wyman）[5]，还让二人就这些非存在物可能是什么的问题，分别考虑两种立场：

> 观点 1（麦克西）：珀伽索斯、圣诞老人及其他非存在物都不是存在于世界上某处的具体对象；相反，它们都是心灵中的观念。例如，珀伽索斯不是活的、物理的有翼马，而是有翼马的观念。
>
> 观点 2（怀曼）：珀伽索斯、圣诞老人及其他非存在物都是“未现实化的可能物”（unactualized possibles）。它们就和任何其他东西一样，只是缺少了现实性和存在性等属性。例如，珀伽索斯是一匹实在的、物理的有翼马；它只是不存在于我们的现实空间和时间中而已。

我们在谈论非存在物时究竟谈了些什么，稍加反思，这两种观点似乎都像是很自然的思路；可蒯因还是对两种观点都提出了反驳。蒯因针对麦克西 33
的立场说，要说珀伽索斯和圣诞老人仅仅是心灵中的观念，这是不尽如人意的。原因在于（请回想一下），正是我们一开始指出诸如“珀伽索斯不存在”和“圣诞老人不存在”等句子为真，才引发了这整个有关非存在物的问题。当然，关于珀伽索斯和圣诞老人二者的观念都存在，倒是珀伽索斯（那匹飞马）和圣诞老人（那个快乐的送礼人）不存在。所以，麦克西的观点一定错了。

蒯因针对怀曼的观点提出了若干反驳，这些反驳颇为巧妙。首先，我们应该设法更好地理解怀曼的观点说了些什么。怀曼在诉诸现实对象和纯可能（merely possible）对象的区分。我们在日常生活中一般都会认为，有许许多多的可能物，例如摄像手机、火星生命、飞行汽车及世界和平等，但只有一些可能物是现实的。

怀曼认为，我们说珀伽索斯和圣诞老人不存在，并不是说没有这样的东西。相反，我们只是在说，这两个东西是纯可能物——可能的但不是现实的事物（比起摄像手机，它们与世界和平更近似）——群体的成员。这样一来，怀曼就把存在理解成专属于现实存在物的属性了。一方面，有一个广泛得多的物项类，其中的物项都存有，都是。另一方面，那些存在的物项不过是现实的存有物而已。

针对“非存在物是未现实化的可能物”的观点，蒯因的第一个反驳便要否认存有（being）和存在（existence）的区分。他说：

> 怀曼……就是那些联手糟蹋“存在”这一历史悠久的好词的哲学家中的一员……就我们对“存在”的常识用法而言，我们都倾向于说珀伽索斯不存在，但我们的意思不过是：根本没有这样的东西。
>
> （Quine 1980，p. 3）

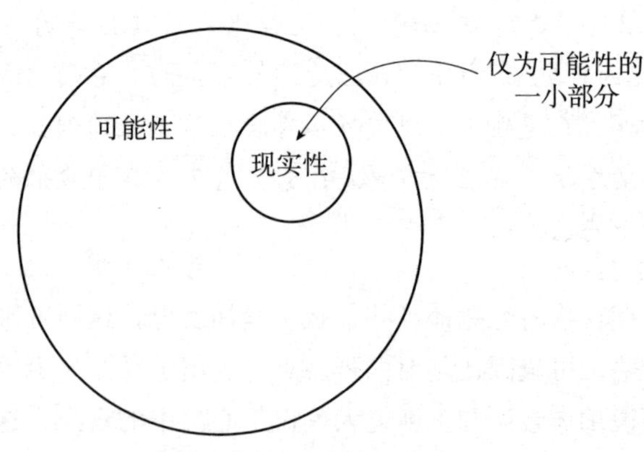


**图 1.1　可能性与现实性**

**图 1.2　怀曼的观点**

存在和存有究竟有何不同呢？似乎也没什么不同。任何存有的东西都存 34
在。任何存在的东西都存有。存在不是某些对象有、另一些对象就没有的特色。蒯因指出，起码我们这些说英语的人一般是这么来使用“存在”的。像怀曼那样把存在和现实性混为一谈，反倒歪曲了“存在”的意义。

存有和存在是一回事，蒯因之后的分析哲学家都把这个简单的论点当成基本的假定。这条假定也暗含于哲学家（逻辑学家和形而上学家）处理一阶逻辑的存在量词∃的方式中（见“形而上学的逻辑准备”的最后一节）。一般认为，“∃x”的意思是“存在一个 x”或“有一个 x”。这不过是对同一事件的不同说法罢了。哲学家彼得·范因瓦根（Peter van Inwagen）把源于蒯因的当代存在观归结为五大论题。第五论题需要做进一步的讨论方能引入。前四个论题则是：

> 论题 1：**存有不是活动**。存有与跳舞或打盹儿不同，不是由什么东西做出的事情。
>
> 论题 2：**存有和存在是一回事**。没有什么东西存有却不存在，也没有什么东西存在却不存有。
>
> 论题 3：**存在是单义的**。换言之，“存在”这一概念无论应用于何种物项，意思都一样。椅子和数或许是不同类型的物项——椅子是具体的，数是抽象的——但它们并不参与不同种类 35
> 的存在。椅子存在，数也存在：“存在”在这两个情形中同义。因此，椅子和数的不同，不在于存在方式的差异，倒在于属性——

也有人称为“本性”（natures）——的不同。我们说“这枚硬币是圆的”，又说“这个板球场是圆的”，都是在相同的单一含义上使用“圆的”一词；同理，我们说“这张椅子存在”，又说“这个数存在”，也是在相同的单一含义上使用“存在”一词的。

论题 4：一阶谓词逻辑的存在量词恰如其分地刻画了存有或存在的单一含义。

我们要是说“这个房间（room）里有一张桌子（table）”，或者说“这个房间里存在一张桌子”，那么用一阶逻辑的记号，尤其是存在量词，就可以把我们说的话刻画成：$\exists x(Tx \wedge Rx)$。[6]



因此，怀曼歪曲了“存在”一词的意义，这便是蒯因对怀曼的第一个反驳。蒯因对怀曼的观点还有另一个批判。[7]第二个批判的宗旨可以表达成著名的蒯因式口号：无同一性则无物（no entity without identity）。蒯因为了捍卫这个论断，要求读者思考两个例子，我们可能会把这两例当成未现实化的可能物。请读者看向最近的门口，想象在那个门口有个胖子，再想象在那个门口有个秃子。蒯因提出了如下问题：

> 举个例子好了，请想想在那个门口的可能的胖子，还有在那个门口的可能的秃子。他们是同一个可能的人，还是两个可能的人？我们要如何判定呢？那个门口有多少个可能的人？可能的瘦子比可能的胖子多吗？他们有多少人彼此相似？他们的相似性会让他们成为同一个人吗？难道就没有两个彼此相似的可能物吗？……最后，还是说同一性的概念压根儿就不适用于未现实化的可能物呢？
>
> （Quine 1948，p. 4）

蒯因“无同一性则无物”的口号的意思是，如果某物存在，如果有这样一个东西，那么，它同一于某某，以及它不同于某某，必定有相关的客观事实。想想任意明显存在的东西吧，比方说美国篮球运动员科比·布莱恩特（Kobe Bryant）。既然科比存在，也就是说，既然有科比·布莱恩特这个人，那么，科比同一于某物或某人，以及科比不同于某物或某人，就会有相关的事实。科比·布莱恩特同一于 2009 年和 2010 年美国职业篮球联赛（NBA）总决赛的 MVP（最有价值球员）。科比·布莱恩特不同于比利时现任国王。[8]可是，如果相关事实是模糊的，或者没有科比同一于某人的事实，又或者他有可能同一于比利时现任国王，再或者根本就没有任何事实，那么，根据蒯因的学说，我们就应该怀疑科比存在这回事。

以上是蒯因针对“珀伽索斯等非存在物是未现实化的可能物”这一观点，提出的第二个批判。蒯因主张，我们不该相信有任何未现实化的可能
物，因为就未现实化的可能物（比如在那个门口的可能的胖子）而言，同 36
一性问题并无确定的、精确的答案。在门口的可能的人有没有两个，还是仅有一个，又或者有一千个，根本就没有任何相关的事实。在门口的可能的胖子是否同一于在门口的可能的秃子，关于这一点也没有相关的事实。既然如此，我们从一开始就该怀疑任何未现实化的可能物存在。

**工具箱 1.2　数字同一性与定性同一性**

在本书中讨论同一性，请始终牢记一点：形而上学家想到的是一种非常特别的同一性，通常称作**“数字同一性”**（numerical identity）或**“严格同一性”**（identity in the strict sense）。

要是你看到有人在形而上学领域宣称，对于某些对象 a 和 b，a 同一于 b（或 a=b），那么他通常要说的是，a 和 b 是数字同一的。意思是说，a 和 b 是同一个对象。我们在这里可以有两个名字（“a”和“b”），但对象却只有一个。这种同一关系之所以叫作“数字同一性”，就是因为它是“是一个”（being one）这种数字意义上的同一性。

我们日常说话，有时也用“同一性”一词，或者说某 x“同一于”某 y，来表达某种比严格同一性更弱的关系。例如，我们可能说“这两辆小汽车是同一的”，或者说“这两件衣服是同一的”。在这些场合，我们不是在说衣服或小汽车是数字同一的。那倒是在说，看起来是两辆小汽车的，其实只是一辆小汽车；看起来是两件衣服的，其实只是一件衣服了。这样的说法也许很有意思，但我们在说这些话的日常情形中，往往不是把数字同一性归予衣服或小汽车，而是把哲学家称为**“定性同一性”**（qualitative identity）的一种较弱的关系归予它们。对象 a 和 b 是定性同一的，仅当 a 和 b 共享所有的相同性质（同色、同形状、同大小，等等）。哲学家常常会说，定性同一性（在同一性的严格意义上）不是同一性；它是一种比真同一性更弱的关系。

就“非存在物（如果有）可以是什么”这一问题，可以想见还有其他可行的解答。不过，多数人认为，蒯因批判了该主题的两种最自然的立场——麦克西和怀曼二人的立场，就足以叫人怀疑“我们的本体论应该少不了非存在物”的论点了。

**练习 1.1　赞成非存在物的论证**

37 请把本节第二段给出的赞成非存在物的论证，整理为编号前提形式。先别考虑蒯因自己对该论证的回应，（假设我们想否认该论证的结论，）你认为否认该论证的哪一条或哪些前提是我们应该考虑的呢？



## 找出本体论承诺：蒯因方法

我们已经见识到，蒯因否决了“有珀伽索斯和圣诞老人等非存在物”的观点。不过，他还是想相信如下两个句子为真：

> 珀伽索斯不存在。
> 圣诞老人不存在。

但是，蒯因认为，仅仅因为两个句子为真，仅仅因为它们有某某意义，哪怕就连“珀伽索斯”和“圣诞老人”等词语本身也有意义，我们也犯不着相信有珀伽索斯和圣诞老人等物。珀伽索斯和圣诞老人不存在，（同一件事换个说法，）它们不存有。那么，一定有办法让“珀伽索斯”和“圣诞老人”有意义，即便这两个词不命名任何东西。

蒯因认为，我们一旦用一阶谓词逻辑的语言，把上面两句表示出来，就会很清楚这两个论断的真正本体论承诺是什么了。蒯因把这种程序称为**规整**（regimentation）① 过程。我们想把我们信以为真的陈述规整为一种语言，好呈现这些陈述所蕴涵的后件。我们用“p”代替“珀伽索斯”，用“s”代替“圣诞老人”，这样一来，我们便看出这两个句子的结构是：

① “regimentation”有时也被译成“整编”或“严格规整化”。

$\neg\exists x(x=p)$

$\neg\exists x(x=s)$[9]

两个句子都有意义。但是，我们现在可以清楚地看到，鉴于二者的结构，两个句子都不蕴涵任何东西的存在或存有，遑论珀伽索斯或圣诞老人。的确，从出现在前面的否定号可见，两个句子明确否认了珀伽索斯或圣诞老人的存在。

**工具箱 1.3　语义上溯**

蒯因在《论何物存在》中迈出了非常值得注意的一步，这也成了 38
20 世纪大部分哲学的特色。那便是所谓的**语义上溯**（semantic ascent）。哲学家为了处理某种哲学问题，会“上溯到语义层面”，首先去处理另一个问题，后者牵涉到出现在原问题中的某些关键词项的意义。此时，语义上溯就发生了。

拿我们提到的例子来说，蒯因抨击了原问题（有非存在物吗?），那是一个本体论的、形而上学的问题；他为了达成目的，去处理了相应的语义问题（像“珀伽索斯不存在”这样的句子有意义吗？如果有，意义是什么呢?）。如此一来，蒯因就从“本体论层面”上溯到了“语义层面”。他由衷希望，一旦清理了语义问题，也就清理了原来的本体论问题。

可是，“珀伽索斯”和“圣诞老人”这两个词本身，以及我们在规整中用到的符号“p”和“s”怎么办呢？为了让整个句子有意义，它们就一定没什么意义吗？不，它们有意义；不过，蒯因在《论何物存在》中强调，我们千万别把“珀伽索斯”等词必定有某某意义的要求，与这些词命名某物的要求混为一谈。蒯因［追随逻辑学家兼哲学家伯特兰·罗素(Bertrand Russell，1872—1970)］，提出了“名称其实是伪装的摹状词(descriptions)”的观点。于是，我们找出一个名称假扮的摹状词，就能发现该名称的意义。比方说，蒯因思考过这样的观点：专名“珀伽索斯”与摹状词“那匹被柏勒洛丰捕获过的有翼马”同义。[10]那么，“珀伽索斯不存在”的意义就可以表达成：

$\neg\exists x$(x是那匹被柏勒洛丰捕获过的有翼马)

或者，用符号代替“是有翼的”（is winged）、“是一匹马”（is a horse）和“被柏勒洛丰捕获过”（was captured by Bellerophon）等谓词，该句可表达如下：

$$\neg\exists x(((Wx \wedge Hx) \wedge Cx) \wedge \forall y(((Wy \wedge Hy) \wedge Cy) \supset y = x))$$

这个句子完全有意义，却不蕴涵一匹有翼马的存在。相反，它明确否认了有这样的东西。



**工具箱 1.4　名称之为限定摹状词**

39 你也许好奇，上述符号化结果的右侧，也就是从句 $\forall y(((Wy \wedge Hy) \wedge Cy) \rightarrow y = x)$ 是怎么一回事。该从句一定得包含在符号化结果中，自然是有道理的。

我们注意到，蒯因为了表明“珀伽索斯”等名称即便没有指称，也可以有某种意义，采取了一个策略，就是诉诸罗素的名称之为缩略摹状词的理论。不过，罗素的观点其实比蒯因的策略具体得多。名称不仅是摹状词，还是限定（definite）摹状词。下表阐明了限定摹状词和非限定（indefinite）摹状词的区分。

| 限定摹状词 | 非限定摹状词 |
| --- | --- |
| “那匹被柏勒洛丰捕获过的有翼马” | “一匹被柏勒洛丰捕获过的有翼马” |
| “那个自北极远道而来、在圣诞节给孩子送礼的快乐的人” | “一个自北极远道而来、在圣诞节给孩子送礼的快乐的人” |
| “亚历山大大帝的那位写了《尼各马可伦理学》(*Nicomachean Ethics*) 的老师”① | “亚历山大大帝的一位写了《尼各马可伦理学》的老师” |

罗素主张，我们语言中的日常名称[“珀伽索斯”当然在内，还有像“贝拉克·奥巴马”或“乔治·克鲁尼”（George Clooney）等有所指的

① 《尼各马可伦理学》(*Nicomachean Ethics*)，亚里士多德的伦理学著作，书中提出了一个德性伦理学体系。另外，亚里士多德当过亚历山大大帝的老师。

名称］都是限定摹状词，因为限定摹状词就和名称一样，旨在挑出一个独一无二的对象。

例如，请想想上表第三集摹状词。事实表明，满足限定摹状词“亚历山大大帝的那位写了《尼各马可伦理学》的老师”的人，正是古希腊哲学家亚里士多德（公元前384—前322）。我们也许会由此认为，“亚里士多德”与“亚历山大大帝的那位写了《尼各马可伦理学》的老师”同义。可是，我们却不想说“亚里士多德”与“亚历山大大帝的一位写了《尼各马可伦理学》的老师”这个非限定摹状词同义，因为或许有许多人都能满足这一摹状词。可即便许多人都满足该摹状词，我们也不会说名称“亚里士多德”指称所有那些人；否则，会陷入这样一个情形：名称“亚里士多德”挑不出一个独一无二的个体，因而是有缺陷的。罗素认为，“珀伽索斯”、“亚里士多德”或“贝拉克·奥巴马”等名称指示（denote）单一个体，这是根植于它们的意义中的。

现在，我们总算可以理解，为什么“那匹被柏勒洛丰捕获过的有翼马”的符号化结果，包含最后那个从句 $\forall y(((Wy \wedge Hy) \wedge Cy) \supset y = x)$ 了。请考虑如下短语：

$$(Wx \wedge Hx) \wedge Cx$$

读成中文，该短语说的是：x是有翼的，x是一匹马，并且x被柏勒洛丰捕获过。这就是我们对非限定摹状词做符号化的方式。

要对限定摹状词做符号化，就要搞清楚：我们不仅是在谈论一匹被柏勒洛丰捕获过的有翼马，还是在谈论那匹独一无二的、被柏勒洛丰捕获过的有翼马；因此，我们需要加入一个明确陈述这个唯一性（uniqueness）条件的从句，符号化结果就变成了：

$$((Wx \wedge Hx) \wedge Cx) \wedge \forall y(((Wy \wedge Hy) \wedge Cy) \supset y = x)$$

读成中文，该句子说的是：x是有翼的，x是一匹马，并且x被柏勒洛丰捕获过；并且，对于任意y，如果y是有翼的，y是一匹马，并且y被柏勒洛丰捕获过，那么y同一于x。

于是我们就能明白，最后这个从句保证了没有多于一个的东西，满足符号化结果第一部分的摹状词。为了对“**那匹**被柏勒洛丰捕获过的有翼马不存在”这整个句子做符号化，我们只需加入否定号，以及约束了变项 x 的存在量词短语，由此可得：

$$\neg \exists x(((Wx \wedge Hx) \wedge Cx) \wedge \forall y(((Wy \wedge Hy) \wedge Cy) \rightarrow y = x))$$

对罗素的限定摹状词论的进一步表述，可在他 1905 年的论文《论指示》（“On Denoting”）中找到。

蒯因对于本体论承诺的积极观点紧承如下。我们承认某物存在，仅当
40 我们接受对该物进行量化的语句。确切地说，要让这些存在量化句为真，需要有某些东西作为约束变项的值，我们应当接受所有这些东西的存在，并且只接受这些东西的存在。欲明了这种观点蕴涵了什么，我们不妨考虑一个例子。

就当你相信如下句子为真，这或许是因为在你眼中，你最好的世界理论少不了它：

电子存在。

我们要想搞明白，按照蒯因的说法，这个句子是否要你承认任何东西的存在，就得规整这个句子，用一阶谓词逻辑的语言对它做符号化。（在当前的场合，完成这项翻译自然是不足道的。至于更复杂的、量化结构显现得没这么清楚的语句，规整起来就要多花些力气。不过，我们还是先从这个简单的案例入手吧。）我们一旦用一阶逻辑的语言规整完这个句子，就会看出它说的是：

$\exists x$(x 是电子)

或者，用“Ex”表示“x 是电子”，可得：

$\exists xEx$

那么，蒯因的本体论承诺理论说了什么呢？我们先看看蒯因自己是怎么说的：

> 被假定为一个物项，完全就是被当成一个变项的值……“某物”（something）、“无物”（nothing）和“一切事物”（everything）等量化变项，都是在我们的整个本体论（不管可能是什么样）的范围内取值；我们获批做出一个特定的本体论假设，当且仅当：我们的变项为了使某个论断为真，会在某些物项的范围内取值，而所谓的被假设项（presuppositum）必须算作那些取 41
> 值对象中的一个。
>
> （Quine 1980，p. 13）



我们为了搞清楚某物（电子、质子、珀伽索斯、圣诞老人，等等）是否应当“被假定为一个物项”，必须首先把我们信以为真的句子译成量化语言，也就是一阶谓词逻辑的语言。然后，我们才能明白这些句子量化了什么物项。

回到上面的案例，为了使“$\exists xEx$”为真，必定有某个存在物可作为约束变项“x”的值。这意味着必定有某个物项满足摹状词“Ex”。因此，该句要我们承认（至少）有一个电子存在，这是一目了然的。

我们还可以用蒯因方法处理一个略显复杂的句子：

有些电子与质子相结合。

假设这是你信以为真的句子。用一阶逻辑对该句做符号化，便会得到：

$$\exists x \exists y((Ex \wedge Py) \wedge Bxy)$$

其中，“Py”表示“y 是质子（proton）”，“Bxy”则表示“x 与 y 相结合（bond）”。

要运用蒯因的本体论承诺判定法，我们同样得知道，为了使这个句子为真，需要存在什么东西。就这个句子来说，必定有某物作为约束变项“x”的值，也必定有某物作为约束变项“y”的值。这意味着必定存在某个是电子的 x，以及某个是质子的 y，并且 x 必定与 y 相结合。因此，依蒯因的看法，上面这个句子要求我们在本体论的层面承认至少有一个电子，并且它与至少一个质子相结合。

蒯因的本体论承诺判定法通常表达为口号：**存在就是作为约束变项的值**（To be is to be the value of a bound variable）。这一口号简明扼要地表达了蒯因的观点。要判定某人的本体论承诺，就应该用一阶逻辑表达他信以为真的陈述；然后，再把他的本体论承诺解读为：使那些语句为真所需的、作为约束变项的值的那些物项。我们可以把蒯因方法概括为“三步走”：

> 蒯因的本体论承诺判定法
>
> 第 1 步：判定哪些句子是你信以为真的。
>
> 第 2 步：规整这些句子，用一阶谓词逻辑的语言做符号化。
>
> 第 3 步：要让这些句子为真，需要有某些物项作为约束变项的值；你自己应当承认所有这些物项的存在，并且只承认这些物项的存在。

**练习 1.2　找出本体论承诺**

42 请把下列语句规整为一阶谓词逻辑的语言。如果你相信下列语句为真，你会对什么东西做出本体论承诺？请判断蒯因会怎么说。

1. 有些甜甜圈撒有粉色细末。
   a. 甜甜圈
   b. 细末
   c. 粉色性（pinkness）
   d. a 和 b 都存在
   e. 以上全都存在
2. 所有甜甜圈都撒有粉色细末。
   a. 甜甜圈
   b. 细末
   c. 粉色细末

d. 以上全都存在

e. 以上都不存在

3. 有些甜甜圈有孔。

a. 甜甜圈

b. 孔

c. 穿了孔的甜甜圈

d. 以上全都存在

e. 以上都不存在

## 改述法

上一节的“三步走”构成了蒯因式方法的主体，可惜还有某种漏洞。如果你持有你最好的世界理论，还发现在规整之后，你得为此承认某些物项，可你却因这样或那样的理由心生厌恶，况且你也不愿相信它们，那该怎么办呢？依蒯因的观点，难道你因此就不得不承认它们吗？呃，这倒未必。

蒯因在《论何物存在》中设想在他面前摆着一个生物学理论，其中包含了下面这个论断：

有些动物物种是杂交的。 43

蒯因是自然主义者，我们稍后细谈。但这意味着，蒯因信奉最好的科学理论给予他的一切教导。假如最好的生物学理论宣称有些物种是杂交的，蒯因就会信以为真。于是，他用一阶逻辑对这个句子做符号化，好弄懂他得为此承认哪种物项。我们用“Sx”表示“x 是动物物种（species）”，“Cx”表示“x 是杂交的（cross-fertile）”，由此可得：

$$\exists x(Sx \land Cx)$$

规整完毕后，我们便能清楚地看到：该句要我们承认物种的存在。可物种是什么呢？物种显然不是狮子和老虎等个体动物。狮子和老虎都是物种成员，它们隶属于物种，却不是物种本身。物种是狮性［lionhood，狮种（*Panthera leo*）］或虎性［tigerhood，虎种（*Panthera tigris*）］这样的抽象物。你或许可以把物种看成以个体动物为元素的集合（一种数学对象）。可蒯因本人怀疑抽象物的存在。[11]他乐于接受狮子和老虎等个体动物存在，却不愿承认物种这样的抽象物。

但是，蒯因相信我们方才提及的生物学论断，那么，他对抽象物的怀疑意味着什么吗？既然这个句子经过规整，显示出它需要我们对物种等抽象物的承诺，那么，看来蒯因必须做出选择：要么接受物种这样的抽象物，要么否认上述生物学理论。

蒯因判定法的漏洞就出现在这里。蒯因宣称，还有第三个选项：

> 我们说有些动物物种是杂交的，就是在做出承诺，承认那若干物种本身就是物项，尽管它们是抽象的。我们起码得维持这样的承诺，直到我们想出了某种改述（paraphrasing）① 该陈述的办法，表明约束变项看似指涉了物种，但这种言说方式其实是可以规避掉的。
>
> （Quine 1948，p. 13）

蒯因本人就出了一招，让我们可以接受上述生物学理论，同时又否认抽象物种的存在。他允许我们在规整过程（第 2 步）中改述语句，这样就不必对我们不愿承认的物项进行量化了。

于是，与其把“有些动物物种是杂交的”符号化为：

$$\exists x(Sx \wedge Cx)$$

（蒯因指出，这个符号化结果要求我们承认物种存在），倒不如试着换个办
44 法来规整句子，让它只蕴涵动物等具体物的存在。“两个物种杂交”的意思是，两个物种的成员能够互相交配，繁育后代。有鉴于此，下面给出了一种新的尝试。

---

① “paraphrase”常见的其他译名有：“释义”“义释”“改写”“转述”，等等。

$$\exists x \exists y((Lx \wedge Ty) \wedge Mxy) \vee \exists x \exists y((Bx \wedge Ey) \wedge Mxy) \vee \exists x \exists y((Zx \wedge Cy) \wedge Mxy) \vee \ldots$$

其中

Lx：x 是狮子（lion）　Zx：x 是斑马（zebra）
Tx：x 是老虎（tiger）　Cx：x 是眼镜蛇（cobra）
Bx：x 是熊（bear）　Mxy：x 与 y 交配（mate）繁育后代
Ex：x 是大象（elephant）

读成中文，这个句子是说："或者有些狮子和某些老虎交配繁育后代，或者有些熊和某些大象交配繁育后代，或者有些斑马和某些眼镜蛇交配繁育后代，或者……"句子会一直延续下去，直到囊括了全部可能的动物配对。

按照一阶逻辑的规则，不难看出，这个句子只要求我们承认具体事物的存在，比方说，狮子、老虎和眼镜蛇等个体动物。我们会在后面的章节见识到，哲学家要想就某些类型的物项是否存在展开讨论，常常就会用到这种改述法。哪怕规整某个句子的最初尝试表明要对某种物项进行量化，但有时候把句子规整（改述）为其他样子，规避掉原来的本体论承诺，倒是有可能的。

到了这里，你也许会好奇，是不是怎么来都行，是不是总能学蒯因应付物种的做法，用改述法剔除掉一类令自己生厌的物项。这个问题的答案倒是："当然不是。"改述还是有规则可循的。请注意改述法插入蒯因式本体论承诺判定法的位置。假设你已经走完了前三步：

第 1 步：判定哪些句子是你信以为真的。

第 2 步：规整这些句子，用一阶形式逻辑的语言做符号化。

第 3 步：要让这些句子为真，需要有某些物项作为约束变项的值；你自己应当承认所有这些物项的存在，并且只承认这些物项的存在。

然后，你心生烦恼，不愿相信自己在第 3 步得到的那些物项；于是，你退回到第 2 步，开动脑筋，换了个办法来规整句子，这样就无须承认那些有

问题的物项了。不过，规整句子可不能想怎么来就怎么来。规整必须生成
45 某个合理的论断，论断得抓住一开始的原句所说的内容才行。毕竟，这些句子是你早已信以为真的句子。假如你最好的世界理论含有这样的论断，即“有十维的弦组成了其他一切事物”，那么，该论断就既有合理的规整，也有不合理的规整。比方说，这样的规整是合理的：

∃x（x 是弦，x 是十维的，并且 ∀y（如果 x≠y，那么 x 组成 y））

但下面的规整却不合理：

∃x（x 是电子，x 是三维的，并且 ∀y（如果 x≠y，那么 x 组成 y））

第二句用中文可表达成：“有些三维的电子组成了其他一切事物。”刚开始的那个句子说的可不是这么回事。总之，改述若要适用于本体论论争，就一定得合理地表达出原句想表达的内容才行。

**练习 1.3 改述**

逻辑学家阿隆佐·丘奇（Alonzo Church，1903—1995）戏仿过蒯因方法。他想表明，所有似乎量化了女人的句子都可被改述为关乎她们丈夫的陈述。比如，有人把一个似乎对女人进行量化的句子改述成了对男人的“次要存在”（secondary presence）进行量化。如此一来，只要采纳蒯因的提议，就有可能消除对全体女人的本体论承诺。丘奇把这种观点戏称为“本体论厌女症”（ontological misogyny）。诚如丘奇所言，“厌女症患者出于他对女人的厌恶和怀疑，在他的本体论中省掉了女人。女人是不实在的，他这样告诉自己，还从‘没有女人这种东西’的想法中获得了无上的快慰”[12]。我们不妨假设丘奇想承认如下句子为真：

有些美国参议员是女人。

那么，丘奇所说的厌女论会推荐什么样的改述呢？

此外，也请读者解释一下，丘奇的例子何以如此荒唐，并说明蒯因会如何把丘奇的例子和动物物种的例子区别开来。改述法在动物物种例子中的运用，何以更能为人所接受呢？

**工具箱 1.5　事件存在的理由**

哲学家唐纳德·戴维森（Donald Davidson）有一个支持事件存在的论证；在 20 世纪的形而上学中，这是对蒯因方法的极好的阐释。戴维森赞成事件存在，他的主张是：只有对事件进行量化，方能圆满地说明行动语句的逻辑结构。 46

为了领教这个论证，请读者考虑如下句子：

（1）约翰半夜在浴室跳舞（John danced in the bathroom at midnight）。

在一阶谓词逻辑中，这个句子有一个很自然的符号化结果：

$$Djbm$$

其中，我们用三元谓词“Dxyz”表示“x 在时间 z、地点 y 跳舞”。

我们使用三次存在引入（EI），就可以从上面的句子演绎出：

$$\exists x \exists y \exists z Dxyz$$

因此，我们可以把原句子为真，理解为我们得承认有一个人（舞者）、一个地点和一个时间。

不过，有好几位哲学家，比方说著有《行动、情感与意志》（*Action, Emotion, and Will*）一书的安东尼·肯尼（Anthony Kenny），注意到这个符号化结果有问题。其中一个问题是，“约翰半夜在浴室跳舞”似乎会蕴涵：

（2）约翰在浴室跳舞。

但问题来了：如何对（2）做符号化，让这样的逻辑蕴涵关系成立呢？（2）的逻辑形式或许可以正确地表示如下：

Djb

其中，我们用二元谓词“Dxy”表示“x 在地点 y 跳舞”。可如果真是这么回事，那么（1）就不逻辑蕴涵（2）了。还有一个办法，就是使用（1）用过的同一个三元谓词来表示（2）。那么，我们就得这样看待句子（2）：它以含蓄而未言明的方式指涉了某个时间。于是，（2）的正确符号化结果就会是：

∃xDjbx

这样就能保证（1）蕴涵（2）。不过，凭什么认为用于表示（1）和（2）的正确的谓词就只是三元谓词呢？毕竟，我们也可以从另一个句子入手：

47 （3）**约翰半夜在浴室跳探戈舞**（tango）。

若是如此，我们就会说：用于符号化这些句子的正确的谓词其实是四元谓词“Dxyzw”，它表示“x 在时间 w、地点 z 跳舞蹈 y”。

另外，下面这个句子又如何呢？

（4）**约翰半夜在浴室舞得很撩人。**

该句似乎也蕴涵（1）和（2）。可是，我们如何能把副词“很撩人”（provocatively）也放进符号化结果里，以展现这种蕴涵关系呢？

戴维森在《行动语句的逻辑形式》（“The Logical Form of Action Sentences”）一文中宣称，有一种表示行动语句的简单办法不会引发上述问题。戴维森的解决方案不仅让我们看到了句子（1）（2）（3）（4）之间的逻辑关系［（3）和（4）均蕴涵（1）和（2），并且（1）还蕴涵

(2)]，而且也不逼我们武断地决定“跳舞”谓词应该有几元①，同时还允许我们用很自然的方式表示副词。扼要言之，该方案就是把所有的行动语句看作对事件的量化。戴维森认为，(1) 最好被改述成：

$$\exists x(((lxj \wedge Dx) \wedge Bx) \wedge Mx)$$

其中，“lxj”表示“x 涉及约翰”，“Dx”表示“x 是跳舞事件”，“Bx”表示“x 发生在浴室”，“Mx”表示“x 发生在半夜”。按照一阶逻辑的规则，该句蕴涵：

$$\exists x((lxj \wedge Dx) \wedge Bx)$$

戴维森提出，这才是 (2) 的正确符号化结果。下一句又蕴涵了以上两句：

$$\exists x((((lxj \wedge Dx) \wedge Tx) \wedge Bx) \wedge Mx)$$

这便是 (3) 的逻辑结构的自然表征方式。同理，句子 (4) 可表示为：

$$\exists x((((lxj \wedge Dx) \wedge Px) \wedge Bx) \wedge Mx)$$

现在，我们可以很自然地认为，副词“很撩人”发挥了它理应起到的作用，也就是对跳舞的修饰。我们只需对事件进行量化，就能一并解决所有与理解行动语句之逻辑结构相关的问题。

蒯因认为，要让某人相信的语句为真，需要有某些物项作为约束变项的值；他对所有这些物项，并且只对这些物项做出本体论承诺。我们只要遵循蒯因的观点，便能明白：对行动语句之逻辑结构的考虑是如何促成对事件的本体论承诺的。时至今日，事件存在的信念已成为常见的哲学观点。我们也会在后面几章见识到，对事件的承诺的确是很多形而上学家的时间哲学观和因果哲学观的核心要素。

① n 元谓词的“元”，是指该谓词含有的能填入主目的位置。例如，二元谓词“同一于”(be identical to) 就有两个位置能填入主目；如果我们填入“鲁迅”和“周树人”这两个主目，就能得到：鲁迅同一于周树人。

### 工具箱 1.6　本体论与元本体论

48 研究**元本体论**（meta-ontology），就是考察本体论这一事业本身的开展方式。本体论的观点，是关于何物存在的观点。元本体论的观点，则是关于哲学家参与本体论论争时做了什么或应该做什么的观点。

对改述的讨论到此结束，蒯因的本体论承诺理论也讲完了。我们现在掌握了一种判定本体论承诺的实用方法。以上，我们也参照范因瓦根的观点，考察了蒯因式元本体论① 的头四个论题。

现在，我们可以说说最后的第五论题了。范因瓦根指出，第五论题没什么简短干脆的表述，而他自己的表述如下：

> 参与这场论争的各方理应考察，至少原则上愿意考察，*他们所欲断言的一切论题*的本体论后果（ontological implications）。这项考察应该包含多种尝试，好把各方所欲断言之论题译成量词变项语段（quantifier-variable idiom）②；翻译必须足够深入，以确保各方从所欲断言之论题中想要做出的全部推理都是逻辑有效的。各方之断言的“本体论后果”，恰恰是以存在量词短语开头的闭语句（closed sentences）[13] 所构成的类……这些闭语句，其实是他们所欲断言之论题的量词变项语段翻译结果的逻辑后承（logical consequences）。倘若论争中的某几方心有不满，觉得对己方所断言之论题的量词变项语段翻译产生了难堪的本体论后果，那么，那几方必须换另外的办法，把论题改译成新的量词变项语段（也就是必须找到一个改述）：新的翻译必须是他们愿意接受的，且后果不会令他们心生抗拒。
>
> （van Inwagen 2009，p. 506）

后两章会讨论本体论的两个核心议题，它们分别关系到抽象物和物质对象的地位。届时，我们就能看出这五大论题的真正作用。



---

① 前文提到的“源于蒯因的当代存在观”，见本章“非存在对象之谜”一节。

② 所谓“量词变项语段”，顾名思义，就是用一阶谓词逻辑对相关的论断或论点做符号化所得到的逻辑表达式，这类式子往往含有各种个体变项及量词短语。

## 奥卡姆剃刀

我们既然介绍了蒯因式本体论承诺判定法，那么就再接再厉，付诸实
践。该方法的第 1 步，要求我们首先判定哪些句子是我们信以为真的。可 49
是，要找到某人信以为真的句子，正确的方式是什么呢？形而上学家就此话题各执一词，众说纷纭。蒯因本人则在《论何物存在》的文末表达了一种常见的观点：

> 我在想，接受一个本体论与接受一个科学理论（比方说，一个物理学系统）在原则上是相似的：至少在合理的情况下，我们都会采用最简单的概念架构来组合原始经验的杂多片段，并加以编排。
>
> （Quine 1980，p. 17）

蒯因认为，我们在本体论中探寻的东西与我们在科学中探寻的东西是类似的。我们都在寻找一个关乎世界的总体理论——一个可说明数据集合的真句子集。偏向简单的理论，这是一条引领我们探寻好科学理论的准则；该准则同样适用于本体论。我们偏爱这样的理论：使用最小的假设集，推设（positing）最少量的物项，就能说出世界是什么样子。

蒯因说，我们应当从“最简单的概念架构”入手，偏向蕴涵最少量物项的理论；这是在提倡名为**“奥卡姆剃刀”**（Ockham's Razor）的哲学原理。这条原理因中世纪英国哲学家奥卡姆的威廉（William of Ockham，约 1285—约 1349）而得名，它说的是：如无必要，勿增实体（entities should not be multiplied beyond necessity）。我们的本体论应该尽可能简单、节约（parsimonious），同时又能解释一切需要解释的东西。奥卡姆剃刀原理常见的拉丁文表述为：

> Entia non sunt multiplicanda praeter necessitatem.

不管是本体论还是科学，我们都应该偏向以种类最少的假定物项来解释数据的理论。蒯因偏爱或可称为**“贫瘠本体论”**（sparse ontology）的理

论——与**丰饶本体论**（abundant ontology）对立。他说，他“欣赏沙漠的风光”[14]，由此可见他的喜好。当然，对节约的本体论的喜好，不依赖于前几节所述的蒯因判定本体论承诺的一般方法。你可以用蒯因方法，却更喜欢丰饶而不贫瘠的本体论。比起荒凉的沙漠风光，你或许更喜欢茂盛纷繁的雨林风光。如此一来，你在蒯因式方法论的第 1 步就会得到一个截然不同的句子集；不过，你还是可以遵照蒯因的建议接着走，把自己的世界理论规整为一阶逻辑的语言。话虽如此，还请读者注意，蒯因偏爱本体论的节约，可不像早上喜欢喝咖啡、不喜欢喝茶那般随意。恰恰相反，许多哲学家（也有科学家）认为，本体论的简单性与真理有关。推设较少物项
50 的更简单的理论，要比推设较多物项的理论更有可能为真。迄今还没有哪个支持该结论的论证赢得了广泛的认同。不过，宇宙更可能是简单的，而不是复杂的，这样想倒很自然。当然，这就把论争推回到“更简单的宇宙为何更有可能”的问题上来了。[15]还有人认为，相信种类较少的物项一般较为理性，因为那样犯的错会少很多。

**工具箱 1.7　较少的物项类型与较少的个体物项（殊例物项）**

请注意，我们在本体论中一般关心的是，我们推设了多少种类或类型的物项。至于推设的个体（individual）物项或殊例（token）物项的数目，我们不太关心。① 拓展蒯因的类比，就可以见识到类型和殊例的区别。

沙漠和雨林各有多少个体对象，其实差别不大。想一想莫哈维沙漠（Mojave Desert）② 上数不胜数的沙粒吧。沙漠上的沙粒也许和雨林中的个别物体一样多。沙漠和雨林的差异引人注目，倒不在于个别东西的数目，而在于东西的种类（kinds）或类型（types）的数目。雨林的气候可是供养着成千上万种不同的动植物呢。所谓贫瘠本体论与丰饶本体论的区别，就是这么个意思。贫瘠本体论包括的东西的类型要比丰饶本体论少得多。

---

① 类型（type）与殊例（token）的区分，最早由 C. S. 皮尔士于 1906 年提出。以句子“周树人是人”为例。该句有两个汉字“人”，这是汉字“人”的两个殊例。不过，汉字“人”却始终只有一个类型。类型与殊例的区分不仅适用于语言项，还适用于几乎一切事物，因此在当代哲学中得到了相当广泛的应用。需要指出的是，“token”目前在中文学界有多个译名，其中以“殊型”较为常见（心灵哲学中的 token identity theory 经常被译为“殊型同一论”），也有译为“单例”“个例”及其他的，本书采取“殊例”的译法。

② 莫哈维沙漠（Mojave Desert），位于美国南加利福尼亚州东南部，拉斯维加斯是这块沙漠中最大的城市。

## 形而上学探究始于何处？若干起点

眼下，我们就权当你赞成蒯因的观点好了：本体论研究应当着眼于最简单的世界理论，也就是要你承认的物项种类最少的理论。下一个问题便是如何发现这个简单的理论。探究从哪里开始？有若干选项为人侧目：

你所在社群的共同信念或日常信念

当前的科学理论

宗教文献

以上诸项的某种组合

那么，本体论探究，或者真正放宽来讲，形而上学探究，应当始于何 51
处呢？

很多哲学家把形而上学探究的起点设置为日常信念、科学和宗教的某种组合。但是，另有一些哲学家拒斥了这些潜在信息来源中的一个或好几个，认定它们与哲学探究毫无干系。

举个例子，当你试着发现何物存在时，你认不认为宗教文献占据一席之地，这取决于你的宗教观。本书不打算卷入宗教议题的纷争，探讨上帝存在或转世（reincarnation）可能性等议题，尽管它们也都是形而上学的议题。我们在宗教议题上保持中立，本书也没有多少篇幅触及它们。[16]

话题一旦转到科学理论，人们就会达成普遍的共识：当前的科学起码为形而上学探究提供了一个必不可少的来源。争论的焦点主要是科学在形而上学中有多大的发言权。有些哲学家是自然主义者，他们主张：科学必定是关于世界之所是的客观知识的唯一来源。蒯因把**自然主义**（naturalism）定义为："承认实在正是在科学本身中，而不是在某种先验哲学中，才得以被辨识并描述出来"（Quine 1981，p. 21）。自然主义者相信，反思我们碰巧持有的信念，思考任何其他来源——不管是我们的社群、宗教、家庭也好，还是浅显的常识也罢——给予我们的信息，如此这般开展形而上学探究是大错特错。我们应当把形而上学只奠立于科学之上。如此一来，本体论的目标便是：尽可能清晰地表述当前最好的科学理论，并用一阶逻辑的语言加以规整，读取这些理论蕴涵的后件。

**物理主义**（physicalism）是当前很时兴的一种立场，就什么才算形而上学探究的起点这一问题，立论甚至更为严苛。我们通常认为，物理主义是这样的观点：为了揭示我们的世界有何物存在，以及世界是何模样，我们客观探索的唯一出发点只能是物理学本身，任何其他科学理论、宗教理论或民间科学（folk-scientific）理论都不作数。物理学能独立提供一个完备的描述，说明我们的世界存在哪些类型的东西，以及这些东西又是什么样的。不过，生物学或心理学等其他科学理论也为我们探究世界之所是提供了某种指导；有鉴于此，这些科学的论断一定是以某种方式被物理学论断所底定的。

乍一看，其他信息来源向形而上学探究输入的信息，自然主义和物理主义似乎全给排除在外了，但这还不是事情的全貌。归根结底，在自然主义者或物理主义者眼中，科学的确是何物存在的最终裁定者。可还是有很多自然主义者和物理主义者相信，形而上学研究最有意思的一部分源于对如下问题的探索：在我们通常信以为真的东西里，有多少能符合我们最好的科学理论（说得窄一点儿，就是物理学理论）向我们揭示的世界图景呢？科学或许是何物存在、何物不存在的最终裁定者；但是，对于我们日常相信的事物类型来说，这又蕴涵了什么呢？我们信奉的日常事物能在科学描摹的世界里找到一席之地吗，还是说，科学一定会消灭它们？

心身问题（the mind-body problem）是心灵哲学的核心问题，也恰恰
52 是上面这种形而上学问题。时至今日，我们往往是这样理解心身问题的：心智生命存在，我们对世界有所思考，以及我们拥有意识等事实，如何能与另一个事实协调一致，即我们是物理存在物，是物理学描述的简单物质所组成的存在物？思想和意识如何能从纯物理的质料中产生出来呢？[17]

后面几章涉及的不少主题也具备这种问题结构。一般的科学，特别是物理学，会向我们呈现某种观点。那么，问题在于：这种科学观点如何能与我们日常相信的其他事实协调一致，比如说，我们有自由意志，时间流逝，有些非现实的东西仍然是可能的；甚至说得简单一点儿，有日常物质对象这样的东西，例如桌子、椅子、行星、恒星及人类。

上述的问题结构，最终把我们引向了日常信念或广泛持有的信念在形而上学探究中的地位问题。我们已经看到，自然主义者和物理主义者认为科学是何物存在的最终裁定者。有的自然主义者还走特别强硬的路线，宣称我们在日常生活中用到的大抵是质朴的前科学的（pre-scientific）信念，在形而上学中没有丝毫地位可言。自然主义哲学家詹姆斯·拉迪曼

(James Ladyman) 和唐·罗斯 (Don Ross) 就在最近出版的一本书里说，有证据显示，常识和前哲学 (pre-philosophical) 直觉已经错了一次又一次：无论是物质的基本构造，还是我们在宇宙中的地位，诸如此类的事情没有哪次搞对了。常识和前哲学直觉就不该在何物存在的客观探索中占有一丝一毫的分量。当然，我们要想否认常识在形而上学探究中的作用，犯不着学拉迪曼和罗斯，当一个如此决绝的自然主义者。彼得·范因瓦根在《物质存在物》(*Material Beings*) 一书中说，根本就没有哪一类意见，既能由我们指认为常识，又能合理地指导形而上学探究。按照范因瓦根的说法，常识不过是告诉你，食物要先尝咸淡再加盐，打牌要先切牌再发牌；至于世界的形而上构造，常识其实什么也没说 (van Inwagen 1990, p. 103)。

不过，以上观点没有得到普遍的认同。许多哲学家还是相信，广泛持有的信念、我们的直觉报告以及其他前理论的 (pre-theoretical) 资料，确实在形而上学探究中占有一席之地。有人会想，这些信念的广泛持有是有道理的，理由就是它们为真。自然主义者坚决认为，现代科学是何物存在的最终裁定者；其他形而上学家也同样坚称，常识意见居于形而上学的核心位置。下面就有一个例证，取自最近对形而上学家基特·法恩 (Kit Fine) 的一段访谈：

> 我坚信，只有认真对待常识，哲学才能取得真正的进步。背离常识通常表明，错误已然发生。你要是愿意，可以这样说：常识是哲学要处理的资料；科学家不该忽视观察结果，哲学家同样也不该忽视常识。

我们不能在形而上学中完全忽视常识，还有一个好的理由。形而上学关注的是与我们息息相关的问题 (理应如此!)，但我们如若彻底舍弃常识，就 53
失去了我们最初津津乐道的东西。有人也许会主张，常识真就告诉了我们一些道理：时间流逝；我们对过去的知识要比对未来的知识更确切；2 这个数是偶数，无形也无色；至少存在一些物质对象，如桌、椅、人等。如今的争论主要集中在常识信念应当起多大作用，以及它们的可挫败性 (defeasibility)——也就是说，有多少常识会被我们最好的科学理论或哲学论证的结果所推翻——等问题上；至于常识在形而上学中一点儿用也没有的观点，倒不怎么流行了。

## 基础形而上学与本体依赖

我们已经有了好几个揭示本体论真理的可能起点。还有最后一个问题必须先提出来，然后我们才好继续前进，深入到一些核心的本体论论争中去。

到目前为止，我们已经展示了一种方法，可以判定整个本体论，也就是关于哪些种类的物项存在的观点，这就构成了整个形而上学的一个关键部分。[回想一下：本体论只是总体形而上学的一部分。本体论谈的是有何种物项存在，但还有另外的形而上学问题，例如：这些物项是什么样子的？它们有何种属性？它们在时空背景下存在，还是历时整存？① 它们展示了因果关系的模式（patterns），或者只是一个接一个地发生？] 有些形而上学家认定，我们真正想要的不只是一个关于何种事物存在，以及这些事物是何模样的理论；说得更具体一点儿，还要是一个**基础形而上学理论**（fundamental metaphysical theory）。

形而上学家说起一个理论是基础理论，心里想的是一个追求如下意义的完备性（completeness）的理论：每个关于世界的事实，要么是该理论的一部分，要么可以由该理论给出完备的说明。可能有一些并非基础的事实，也就是说，该基础理论的术语没法完全表述这些事实；可要是该基础理论很成功，那么它还是能为所有这些非基础（nonfundamental）事实提供一个完备的说明。[18]

很多人会以为，我们在形而上学里想要的正是这般意义上的基础理论。因此，只要我们关心本体论，关心何种物项存在，那么，拥有一个基础本体论、一个完备的世界理论都少不了的本体论，就是我们真正该关心的。

为了阐明“基础形而上学”和“基础本体论”是什么意思，我们可以考虑一个简单的例子。假设我们有理由相信，只诉诸如下种类的事实，就可以表达一个完备的世界理论：

---

① 最后一个问题涉及时间哲学的整存论与分存论之争，请读者参见本书第六章的相关讨论。

一定数量的物理粒子存在的事实。

关于这些粒子在三维空间中的初始位置，以及它们的稳定历时同一性的事实。

关于这些粒子的内在特性（仅包括质量、电荷及速度）的 54
事实。

一份动力定律的列表（即一门物理学）：明确说明这些粒子在给定初始位置、速度、质量及电荷的条件下，在未来的时间里会如何运动。

若果真如此，这个世界理论便是我们的基础形而上学；那么，我们的基础本体论就会只包含这些（有这般特性、按照这般规律行这番事的）基本粒子，再也没有其他东西了。[19]这样，就只剩下一个问题：有没有任何额外的非基础事实呢？

举个例子，一个带电粒子在某个时间向另一个带电粒子移动，因果地导致（causes）第二个带电粒子随后离开原位，这也许是我们世界的一个事实。可这个因果事实不会是基础的，因为上述世界理论的基础事实列表并不包含因果关系的事实。不过，要是该因果事实可以由列表上的事实做出完备的说明，那么，这个额外的事实就威胁不到“列表上的事实构成了一个基础理论”的论断。因果事实由此成为非基础的形而上学事实：它们为真，还由基础形而上学理论给出了完备的说明，尽管它们本身不是基础的形而上学事实。

因果事实可能是非基础的，其他种类的事实同样也可能是非基础的。例如，可能有非基础的本体论事实[20]，也就是关于某些种类的物项存在的事实，这些物项没有被收录到基础理论中，却可以诉诸基础理论的事实予以解释。打个比方，诉诸关于某些种类的粒子的位置事实，再加上规律，或许就能完备地说明［某时某地有个氢原子］的事实。若果真如此，那么，氢原子的事实便是一个非基础的本体论事实——它不是我们的基础形而上学理论囊括的那种事实，倒是基础形而上学理论可以给出完备说明的事实。

近年来，形而上学家为了指出一集事实与它们所解释的另一集事实的关系，引入了**底定关系**（grounding）的概念。于是，我们说非基础事实被基础事实所底定（are grounded in），意思不过是：有一个诉诸基础事实的对这些非基础事实的完备说明或解释。目前，就底定性事实（grounding facts）是何种事实（比如说，这类事实本身是基础的还是非基础的），以及在特定场合建立底定性事实需要什么等话题，哲学家议论纷纷。不过，本章不会深入到这些论争中去。

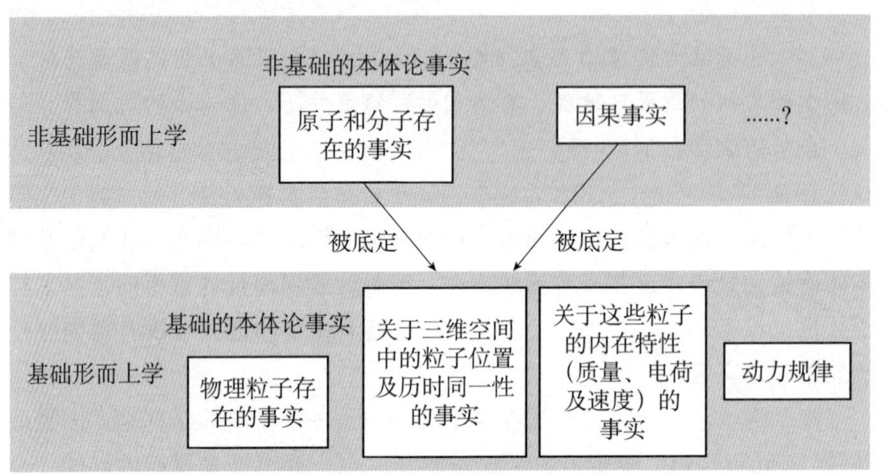


**图 1.3　基础形而上学与非基础形而上学：玩具理论**

说起底定关系，形而上学家通常想到的是非基础物和基础物的关系。不过，在后续的讨论中，还有一种关系也很重要，因此，我们有必要在这里讲明白，并把这种关系与底定关系的概念区分清楚。形而上学家伊丽莎白·巴恩斯（Elizabeth Barnes）把这种关系称为**本体依赖**（ontological dependence）关系。大致上讲，一物 a 与一物 b 有本体依赖关
55 系，如果物 a 为了持续存在而需要 b。巴恩斯举了如下例子来说明这个概念。她的例子用到了单体（simple）的形而上学概念（请看第三章），你可以把单体理解为本身没有部分的物项，很像是基础物理学里的基本粒子。

> 基本的区分就在于此：如果上帝拿走了与（比方说）一张桌子有别的一切东西，他一定会凭这个举动也把桌子拿走。既然他已经拿走了那些合成桌子的单体，桌子也就随那些单体而去。因此，桌子是本体依赖的（ontologically dependent）。相比之下，即使上帝拿走了与某个单体有别的一切东西，这个举动却不要求他把那单体也拿走。桌子没有单体就维持不下去，但一个单体却

> 可以在没有其他单体（和桌子）的条件下维持下去。因此，单体是本体独立的（ontologically independent）。
>
> （Barnes 2012，pp. 881 - 882）

由这个例子可见，一种物项（一张桌子）可以在本体论层面依赖于另一种物项（某些单体或物理粒子），而后者本身却不在本体论层面依赖于任何其他东西。

这里提到的本体依赖观念常见而直观。房子依赖于组成它的砖块，生物体依赖于它的细胞，大学依赖于它的建筑、学生和教员，画作依赖于某些颜料的排列布置，诸如此类的关系均体现了本体依赖的意义。最有意思的一些形而上学工作，就聚焦于物项与其他物项之间的各种本体依赖关系的本性。本节只提几种关系，后几章还会进一步加以讨论。

> **偏全**（部分和整体）**关系**［mereological（part/whole）rela- 56
> tions］：对象与对象有这种关系，如果一个对象是另一对象的一部分，或者某个对象以另一些对象作为其部分。比方说，一块砖是一座房子的一部分，这就是偏全关系的一例。[①]
>
> **实现关系**（realization relations）：对象与对象有这种关系，如果一个或多个对象起到了执行某个其他对象的作用。计算机硬件（比如说，一台特定的 iPhone 手机）与计算机程序或软件（比如说，国际象棋程序的运行）之间的关系，便是实现关系的经典哲学案例。这台 iPhone 手机（或它的某些部件）实现了这个国际象棋程序。该硬件凭借其物理运作，是能够执行国际象棋程序的运行的。
>
> **依随**（supervenience）：两集事实之间的这种关系，有时候算是一种本体依赖关系。我们说，关于一类物项（那些 A）的事实依随于关于另一类物项（那些 B）的事实，是指如果 B 相关的

① “mereological”是“mereology”的形容词形式。“mereology”是研究整体与部分关系的形式理论，本书译为“偏全学”（相应地，“mereological”译为“偏全的”或“偏全学的”）。“偏全学”之“偏”，仿佛“偏序”（partial order）之“偏”，对应“部分”；“全”则仿佛“全序”（total order）之“全”，对应“整体”。“mereology”常见的中译文还有“分体论”“部分学”，等等。

事实不改变，那么A相关的事实也不会改变。[21]举个例子，有人也许会想，关于一幅特定画作［例如，梵高的名作《星月夜》(*The Starry Night*)］及其内在模样的事实，依随于关于画布上的颜料的事实。比方说，要是画布上颜料的色彩和排列布置没有发生相应的变化，那么，就《星月夜》是否描绘了一弯新月而言，也是不会有变化的。这是因为，要让这幅画变一变，那么颜料的物理分布也必须变一变。



在大多数情况下，为了说明一集非基础事实可以诉诸一集基础事实而获得完备的解释或说明，我们的做法是揭露其中的本体依赖关系。比如在巴恩斯的桌子案例中，诉诸关于物理单体存在的事实，以及桌子和单体的某种本体依赖关系，便可以完备地说明桌子存在的非基础事实。不过，巴恩斯强调说，一类物项对另一类物项有本体依赖，这种说法本身可没有对基础性（fundamentality）下论断。基础和非基础的区分，与本体论独立和本体依赖的区分是两码事。这两对区分在某些场合（像是桌子及其单体成分的场合）可能互相映射，但情况并非总是如此。

要想看清这一点，考虑前文用来说明各种本体依赖关系的例子就够了。房子、砖块、iPhone手机、国际象棋程序、画作和颜料等，可以想见这些东西中没有一样是基础形而上学的要素；这个设想在多数人看来也说得通。另外，我们还会在后几章见识到，本体依赖关系有时候可能会在某些物项之间成立，而那些物项全都是基础物项。揭露本体依赖关系，或许能解决两个或多个物项有什么形而上学关系这个有趣的问题；不过，这还不足以说明这些物项中哪个是基础的，哪个不是基础的。

57 最后，我们回到蒯因的本体论承诺判定法上来。按照正式的表述，蒯因方法在基础本体论和非基础本体论的议题上保持中立。但是，我们有理由认为，蒯因本人确实有志于发现一门基础形而上学，乃至一种基础的本体论理论。我们已经看到，蒯因在检视本体论的判定程序时，要求我们思考我们最好的世界理论是什么。如果我们最好的理论追求完备性，说明了我们也许碰得到、也许碰不到的一切现象，那么，这确实就是一个基础理论。于是，我们接下来打算这样做：根据我们有理由相信是最好的、终极的基础世界理论，考察我们的本体论承诺应该是什么。

**练习 1.4 本体依赖关系**

你认为在三种本体依赖关系——偏全（部分和整体）关系、实现关系、依随关系中，哪一种会在下列场合中成立：

1. 一方面是建筑、学生和教员的集合，另一方面是一所大学。

2. 关乎谋杀的物理事实，以及关乎谋杀的道德地位（谋杀是错的，或者得到了道德上的辩护）的事实。

3. 一堆细胞和一个人肝。

## 进阶阅读建议

除了上述论文（尤其是蒯因和范因瓦根的那几篇论文，厘清了本体论承诺判定的标准蒯因式路线）之外，对蒯因的观点还有几篇引人注目的批判文章。威廉·奥尔斯顿（William Alston）的《本体论承诺》（“Ontological Commitments”）和理查德·劳特利（Richard Routley）的《论何物不存在》（“On What There Is Not”）就是两篇有名的批判文章。下一章会考察进一步的批判。戴维·查默斯（David Chalmers）、戴维·曼利（David Manley）和瑞安·沃瑟曼（Ryan Wasserman）合编的新书《元形而上学》（*Metametaphysics*）收录了多篇论文，或者捍卫蒯因方法，或者批判蒯因方法，又或者考察蒯因方法的历史起源。彼得·希尔顿（Peter Hylton）论蒯因的新书也是实用的参考资源。

最近掀起了一股研究基础性、底定关系和本体依赖的浪潮。关于本体
依赖关系，卡伦·贝内特（Karen Bennett）的论文《施工区（无需安全 58
帽）》[“Construction Area (No Hard Hat Required)”]和著作《构造事物》（*Making Things Up*）都是绝佳的参考资源。凯利·特罗格登（Kelly Trogdon）的论文《底定关系导引》（“An Introduction to Grounding”）是研究底定关系的一个好的起点。基特·法恩的论文《实在论问题》（“The Question of Realism”）和西奥多·赛德的著作《撰写世界之书》（*Writing the Book of the World*，特别是其第六章和第七章）也是近期值得推荐的论述基础性和底定关系的文献，但应该注意的是，两份文献的阅读难度抬升了一大截。

## 注　释

［1］本书多数时候会用“世界”（world）一词来意谓整个宇宙，而不仅仅指地球这颗行星上的存在物。我们会在论模态和可能世界的那一章（第七章），更全面地谈论“世界”的意义。

［2］不是说蒯因方法就没有任何争议，或者其他方法就不存在了。本教科书会讨论蒯因方法的替代方案。不过，既然在如今的本体论中蒯因方法是最为人所熟悉也最常用的方法，那么，该方法对我们来说就是一个好的起点。

［3］此处及书中多处会互换使用“东西”（thing）、“对象”（object）和“物项”（entity）等词。

［4］“有非存在的对象”的观点可追溯到柏拉图对话《智者篇》（*The Sophist*）对存有（being）和非存有（nonbeing）的讨论。学者认为，这篇对话写于约公元前360年。

［5］学者认为，“麦克西”影射了英国观念论哲学家J. M. E. 麦克塔格特（J. M. E. McTaggart，1866—1925），而“怀曼”则影射了奥地利哲学家亚历克修斯·迈农（Alexius Meinong，1853—1920）。迈农明确持有如下观点：我们可以想到的任何东西必定有某种“存有”；存在仅仅是对象的属性，是任何对象可有可无的属性。

［6］范因瓦根在两篇论文中提出了这四个论题，分别是：《元本体论》（“Meta-ontology”）和《存有、存在和本体论承诺》（“Being，Existence，and Ontological Commitment”）。

［7］还有第三个批判：怀曼的观点违反了奥卡姆剃刀的准则（Quine 1948，p. 4）。后面有一节会论及奥卡姆剃刀。

［8］这便是2013年7月登基的菲利普国王。

［9］符号“¬”表示“并非”，“=”表示同一关系。参见专论逻辑的序章“形而上学的逻辑准备”的最后两节（“命题逻辑”和“一阶谓词逻辑”）。

［10］在《论何物存在》一文中，蒯因其实考虑了两种关乎“珀伽索斯”等名称的意义观。上文提到了一种观点：名称是伪装的摹状词。蒯因还考虑了另一种替代观点：名称是伪装的谓词。依这种观点，“珀伽索斯

不存在”与“没有珀伽索斯化（pegasizes）的东西”或“¬∃xPx”同义。

［11］下一章会详谈抽象物的怀疑论，以及抽象和具体的区分。

［12］丘奇的言论见于他 1958 年在哈佛大学所做的讲演。

［13］闭语句是所有变项都受量词约束的句子。

［14］《论何物存在》，第 4 页。

［15］参见艾伦·贝克（Alan Baker）《简单性》（“Simplicity”）一文中的讨论。

［16］路易斯·波伊曼（Louis Pojman）与迈克尔·雷（Michael Rea） 59
合编的《宗教哲学选集》（*Philosophy of Religion: An Anthology*）是一部很棒的文选，涵盖了宗教哲学中的诸多形而上学问题。

［17］金在权的教科书《心灵哲学》（*The Philosophy of Mind*），对心身问题和心灵形而上学的其他核心问题做了特别好的介绍。

［18］请读者注意，形而上学家追求基础的或完备的世界理论，某些科学理论也力求成为完备的“万物理论”，二者的意义紧密相联。我们在第四章会有机会进一步探索基础形而上学理论与基础科学理论之间的关系。

［19］下一章会质疑这个论断：这样的基础理论是否在本体论层面只要我们承认粒子存在？不过，现在姑且假设是这样好了。

［20］这一点尚有争议。例如，基特·法恩就宣称，唯有关于何物存在的基础事实才是真正的本体论事实（Fine 2009）。

［21］参见金在权的论文《依随概念种种》（“Concepts of Supervenience”）。依随是不是一种本体依赖关系，对此还有争议；哪怕是金在权本人，目前也对此有所怀疑（参见他的《心灵哲学》一书）。不过，历史上的哲学家一直热衷于揭露依随关系，因为这些关系似乎至少表明了其背后潜藏着某种本体依赖关系。

# 第二章　抽象物

**撮　要**

60 ■ 运用蒴因方法，考察抽象物的本体论地位。

■ 介绍抽象和具体的区分。

■ 审视支持共相存在的众中之一论证。

■ 展示一种判定本体论承诺的竞品方法：缔真项理论。

■ 介绍不可或缺性论证，以及当前就数学物项是否存在展开的论争。

## 超越物质世界？

上一章介绍了蒯因式本体论方法。关于何种物项存在的种种问题，我们都可以用这个方法来判定答案。我们从中获得的建议是：首先，判定哪些句子是我们信以为真的；然后，把这些句子规整为一阶谓词逻辑的语言；最后，仅从那些使句子为真所需的、作为约束变项的值的物项做出承诺。

本章会用这个方法来处理抽象物的存在问题。该课题从最初的古希腊西方哲学以来，就牢牢吸引着形而上学家的目光。就本章的目的而言，我们不妨就当我们世界的熟悉的具体物质对象存在，也就是桌椅、山河、星辰和星系、人和其他动物等对象存在。这些对象具有形状、大小等特性，占据空间位置，看得见也摸得着（至少在想象中摸得着）。

我们姑且假定这些具体事物存在。然后，我们面临一个问题：除了这些具体的物质对象以外，还有其他东西存在吗？举个例子，请想想你信以为真的数学论断。数学难道没告诉我们，有素数、偶数和奇数这样的东西 61
存在吗？难道 144 不是至少有一个平方根吗？难道没有分数，至少有些分数还大于 0 且小于 1 吗？如果这些论断为真，如果我们相信数学是真的理论，那么蒯因方法似乎蕴涵：我们得承认数的存在。可我们要是相信了数存在，就一定相信至少有一些抽象对象存在。素数、偶数、奇数、分数及其他数肯定不是具体物。这些数不是那种占据空间位置的东西；我们看不见它们，也摸不着它们；它们没有形状、大小等特性，至少在桌子和河流有形状、大小的直接意义上，它们没有类似的特性。真的，对于一切数学对象，包括几何学的完美球体、代数学的向量和群以及集合论的集合，我们都可以把同一个问题再问一遍：存在吗？如果不存在，我们是否不得不说，数学根本就是假的？

本章稍后会探讨数学物项的本体论地位。但我们首先得研究一个支持抽象物存在的更一般的论证，该论证不仅适用于数学物项，还适用于其他种类的抽象物。我们最初关注的一种抽象物便是属性。多数人认为，除了桌、椅等具体物质对象，还有一些抽象物存在，它们是桌、椅的属性，如形状、大小、颜色，等等。又或者，至少有一些基础物理属性存在。毕竟，基础物理理论的使命，不就是告诉我们质量、电荷、自旋和夸克色荷之类的基础物理属性是什么吗？① 还有人声称，谦虚、诚信、智慧及其他美德等特殊属性是我们身为人所珍视的、好人当努力追求的东西，我们也应该相信它们的存在。要是我们相信以上任意一种说法，为此承认了颜色、形状、质量或美德等属性存在，那么，我们似乎就得承认：我们的世界不仅仅由具体的物质对象组成。相反，我们必须拓展本体论，把抽象物（abstracta，即抽象的物项）也纳入其中。不过，我们先得动动脑筋，把**抽象的**（abstract）物项的意思搞清楚一点儿。



① 质量、电荷、自旋及色荷，都是夸克的内在属性。这里仅对色荷（quark color/color charge）略加说明。根据量子色动力学，夸克有红、蓝、绿三种“色”（这与我们通常说的颜色不是一回事）。三色夸克结合在一起，会形成一个总色荷为零(“白色”）的重子。

**工具箱 2.1　命题**

抽象物有一个额外的范畴，本章不会详细讨论，那便是命题。哲学家和逻辑学家谈到命题，会把命题与表达命题的语句区分开来。我们经
62 常把命题当作语句的内容，也就是语句的意义。命题可为真或为假，这一点倒是和语句相似。例如，请考虑下面两个句子：

Everyone is in a good mood today.

Tutti sono di buon umore oggi.

这是两个不同的句子。一句是英文，另一句是意大利文。可两个句子表达了同一个命题。我们可以用一个“that”从句挑出这两个句子表达的命题：“大家今天的心情都不错”（the proposition that everyone is in a good mood today）。

我们可以认为语句是具体物，等同于书页上的具体字符串，又或者说话者发出的具体声音。但是，我们一般把语句所表达的命题看成抽象物。后面的第七章会考察命题的形而上学。

## 抽象和具体之别

抽象而非具体之物有何意义，哲学家理解起来有两种主要的办法。第一种办法我们已经见识过了。抽象物有时因没有某些特征而彰显出来。例如，**具体的**（concrete）物项有形状、大小、颜色、气味等可观察属性，但数这样的抽象物好像没有这些特征。另外，我们认为具体物全都有空间位置，而抽象物却不占据空间。我们经常把抽象物当成**超越的**（transcendent）物项，位于空间甚或时间之外。最后，人们有时会想，唯有具体物才对周遭对象有因果影响，抽象物可没有这样的因果影响。你可以拍椅子，这个行为会因果地导致你的疼痛或瘀伤；但你却拍不了 3 这个数。

对具体物和抽象物的上述分类法很好地适用于某些直白的例子，它们都是具体性（concreteness）或抽象性（abstractness）的范例。

不过，一般来讲，虽然我们也许会说表 2.1 左边的那些特性是具体性

的标志，但它们既不是具体性的必要条件，也不是具体性的充分条件。读者要想明了这一点，请思考表 2.2 的例子。

哲学家提倡具体物和抽象物的第一种分类法，碰到表 2.2 的例子，就惹上了大麻烦。因为我们发现，每个例子的答案都掺杂着“有”和“没有”。大多数哲学家倾向于把第一类例子，即基本粒子、空间、时间和时空①等，当作具体物的例子，又把属性的例子——不管是红、绿等一般属性，还是这些一般属性的特例——都当抽象的来看。不过，上述区别性特征却落实不了哲学家的这种倾向。第一个提议确实可以有效区分可观察物 63
和不可观察物。可我们一旦认识到可能有不可观察的具体物，也可能有可观察的抽象物，另寻一个区分抽象物和具体物的方法，似乎是最好的选择。

**表 2.1　具体物和抽象物的区别性特征**

| 表和副表 | 河流 | 星辰 | 数 | 美德 |
| --- | --- | --- | --- | --- |
| 有形状吗？ | 有 | 有 | 没有 | 没有 |
| 有大小吗？ | 有 | 有 | 没有 | 没有 |
| 有颜色吗？ | 有 | 有 | 没有 | 没有 |
| 占据空间吗？有空间位置吗？ | 有 | 有 | 没有 | 没有 |
| 与任何东西有因果互动吗？ | 有 | 有 | 没有 | 没有 |

**表 2.2　更棘手的案例**

| | 电子及其他基本粒子 | 空间、时间和时空 | 红、绿等颜色 | 个体对象的特有颜色 |
| --- | --- | --- | --- | --- |
| 有形状吗？ | 没有 | 看情况 | 没有 | 有 |
| 有大小吗？ | 有 | 有 | 没有 | 有 |
| 有颜色吗？ | 没有 | 没有 | 有 | 有 |
| 占据空间吗？有空间位置吗？ | 有 | 没有 | 取决于你的属性观 | 有 |
| 与任何东西有因果互动吗？ | 有 | 也许有 | 看情况 | 也许有 |

① “时空”（space-time）不是“时间和空间”的简称，而是现代物理学的一个专业术语，又称“时空连续统”。

另一个方法便是把抽象物当成具体对象的抽象者（abstractions）。这里有个例子。请想想此刻离你最近的桌子吧。这显然是一例具体对象。请再想想桌子的颜色，跟着我来想。想象这张特殊桌子去除了其他的一切特征，如它的高度、形状和组成材料等，只留下颜色这一个属性。我们所谓的“抽象”，就是剥离对象的其他一切特征，只留下一个特征（在这个例子中是它的颜色）的过程。桌子的颜色便是桌子本身的一个抽象者。我们凭借抽象过程，也可以获得桌子的其他属性，如形状、高度、光滑性（smoothness），等等。

我们不妨再考虑一个例子，看看这个方法是怎么把数也当成抽象物的。地理学家告诉我们，日本由 6 852 个岛屿组成。请想想所有这些岛屿。其中有四大岛：本州岛、北海道岛、九州岛和四国岛。此外还有
64 6 848个较小的岛屿。我们可以想尽所有这些岛屿的一切复杂细节，也可以从全部细节中抽离出来（abstract away），只考虑一个特征，即岛屿的数：6 852。如此一来，我们就抽离掉了所有岛屿特有的形状、大小、绿色性（greenness）或棕色性（brownness）、聚落形态及相互距离，只留下它们——此处指 6 852 个对象的集合——的数。我们照此办法，不光把棕色性或光滑性等属性，还连带着把数也当成抽象物，当成具体对象的抽象者了。我们可以由此认为，具体对象就是那些不是任何其他对象的抽象结果的对象。

理解抽象过程有两种方式。一种是心理方式，仅说明我们是如何知晓抽象对象的。**抽象**（abstraction）这一心理过程，是指考虑对象同时又忽略其某些特性的过程。还有一种思考抽象的方式是形而上的。从形而上的意义上讲，抽象不是我们心里做的事，而是一个目标对象与另一个缺乏前者某些特性的对象（即抽象者）之间的一种形而上的关系。本章剩下几节就喜欢用这种形而上的方式来区分抽象和具体。抽象对象，恰是其他对象的抽象者。[1]

**练习 2.1　抽象还是具体?**

我们是否有辩护地相信下列事物，暂且撇开不谈。① 假如这些事物存在，你会认为它们是具体物还是抽象物？为什么？

① “辩护”（justification）的另一个常见译名是“证成”。“有辩护地相信……”（be justified in believing that…）是认识论中的常见表达，其大意是“有理由相信……”。

A. 美丽等美学特性

B. 宇宙大爆炸

C. 地心

D. 梦

E. 电磁场

F. 虚构角色，如罗密欧与朱丽叶

G. 上帝

## 共相与众中之一论证

现在让我们把注意力转向属性——形与色、质量与电荷、美德与恶品（vices）——的本体论地位。至于数学物项，留待本章末节再做探讨。我 65
们应当把属性纳入我们的本体论中吗？我们应该相信不光有圆桌，还有圆性（roundness）这个抽象物吗？我们应该相信不光有电子，还有负电荷这个抽象物吗？

圆性和负电荷等属性倘若存在，会是那种很有意思的物项，不单因为它们是抽象的，还因为它们也许是一种尤其令人费解的物项，也就是**共相**（universals）的实例。共相是可重复的物项，能够被若干不同的物项同时例示在多个位置。请想想圆性。此刻在你周边，有多少东西是圆的？咖啡杯边缘是吗？球形门把手是吗？某人 iPhone 手机上的按钮是吗？给定任意时间、任意地点，总有许许多多圆的东西。如果我们认为在这些圆的东西之外还有一个抽象物即圆性，那么，因为圆性能够同时在所有这么多不同的位置被例示，所以圆性便是共相。要说一个属性**被例示**（instantiated），就是说有个物项具有它。在多个不同地点被例示的属性（共相）之所以有意思，是因为它们在被例示的时候，似乎是完整地呈现于这些地点的每一处的。并不是说，圆性有一部分呈现于咖啡杯边缘这里，又有另一部分呈现于球形门把手那里，仿佛是我把身体的一部分（躯干）靠着椅子，又把身体的另一部分（脚）撑在桌子上一样。圆性在特定时间被多重例示，就是在同一时间完整地呈现于所有这些不同的地点。在杯子那里的是全部的圆性，同时在球形门把手那里的也是全部的圆性。

就这样，我们又获得了共相（可多重例示的物项）和**殊相**（particulars，不可多重例示的物项）的区分。亚里士多德在《解释篇》（*De Interpretatione*）中有言：

> 现在拿现实的事物来说，有些是普遍的，有些是特殊的。我所说的"普遍的"，是依其本性谓述了许多东西的；"特殊的"却不是这样。例如，人是普遍者，而卡利亚斯（Callias）是特殊者。①



柏拉图和亚里士多德都相信共相，却以不同的方式看待共相。柏拉图相信名叫**"理式"**（Forms）的普遍物项。理式是柏拉图本体论的基础物项。美、正义和善等特性，就是柏拉图式理式的几个例子。柏拉图相信，这些共相不仅是可重复的，还有若干值得注意的特性。它们是（i）超越的，意思是说，存在于空间和时间之外。它们是（ii）理想的（ideal），意思是说，它们是完满的东西。美的理式是彻彻底底的美，没有一丁点儿丑陋。正义的理式是彻彻底底的正义，没有哪怕一丝一毫的不义。这就与那些在我们的时空范围内可以例示美或正义的东西（诸如人、艺术品或政治制度等具体物）形成了对照。这些具体物的美或正义从来都不是完满的。按照
66 柏拉图的看法，人和政治制度虽然可以例示美或正义的理式，但也总是例示了一点儿相反的理式。哪怕是最美的艺术品，也有一点儿丑陋；哪怕是最正义的政治制度，也有一点儿不正义。最后，柏拉图还认为，理式是那种（iii）只能诉诸纯粹理性，绝不能借助感官知觉或观察而知晓的东西。虽然可知觉的日常对象可以例示美或正义，但美和正义却不是它们的可知
67 觉特性，不是那种你看得见的特性。我们看得见的是理式的影子。理式本身是那么完满，要理解它，获得关于它的知识，非得运用纯粹理性不可。

### 工具箱 2.2　先验认知方式与后验认知方式

柏拉图主张，理式只由理性的运用而不由感官知觉获知，这是在做一个区分，也就是今天哲学家所说的**先验**（a priori）认知方式和**后验**（或**经验**）[a posteriori (or empirical)] 认知方式的区分。说事实是先验

① "普遍者"，共相；"特殊者"，殊相。"卡利亚斯"（Callias），人名。这段引文出自《解释篇》的阿克利（J. L. Ackrill）英译本第 7 节的首段（17a37－17b16）。

获知的，不过是说，事实是以一种不涉及观察或感官经验的方式获知的。换言之，只能诉诸心灵的反思（以一种先于经验的方式）而获知。比方说，你在几何课上做证明，就是在用先验方法从其他事实中演绎出某些事实。你反思某些概念的本性，思量某些词项的意义，演绎出了一些事实，这也用到了先验方法。例如，要是我跟你讲，我的兄弟是个单身汉，那么，你用纯先验的方法，只对何为单身汉这个问题进行反思，就能知道我的兄弟没有结婚。

相比之下，说事实是后验获知的，或者是借助经验手段获知的，无非是说，事实是凭借某观察过程或感官经验而得知的。比如说，要知道尼罗河的颜色，有很多方法。你可以到非洲一游，亲眼看看尼罗河；也可以上网浏览，或者从旅游手册里查阅尼罗河的图片；还可以求某个造访过尼罗河的人为你描述一番。凡此种种，皆为后验的认知方式。这些认知方式均包含某种经验观察，要么是对所涉事物或事实的直接观察，要么是经由对记录或证言的观察而展开的间接观察。无论是哪种观察，我们都是诉诸感官，借助于看得见、听得着的东西（要么是对象本身，要么是一条记录，要么是一份报告），才得知尼罗河颜色的事实的。

依柏拉图的观点，你可以观察到美的事物和正义的制度。但是，你从未观察到美或正义本身。理式是目不能视、手不能触、耳不能闻的；要理解理式，只能诉诸理性。

另一方面，亚里士多德却把共相赶出了超越的领域，认为共相存在于例示它们的具体对象之中。也就是说，在亚里士多德看来，共相不是超越的，反倒是**内蕴的**（immanent），是在空间和时间中被例示的，还位于例示它们的对象那里。戴维·阿姆斯特朗（David Armstrong）是一位当代形而上学家，他赞成属性之为共相的亚里士多德式理论。阿姆斯特朗认为，属性是抽象的、普遍的（可重复的），位于空间和时间中（完整地位于它们的每一例那里），我们凭借观察或日常经验手段便可知晓。亚里士多德分子（Aristotelians）宣称，我们了解有哪些共相存在所用的办法与我们了解有哪些殊相存在所用的办法是一模一样的。假如有人是自然主义者（很多亚里士多德分子都是），那么他会认为，求教于我们最好的科学理论，便能知晓有哪些共相存在。

**共相实在论**（realism about universals）宣称，共相这类东西存在。

共相的**柏拉图主义**（Platonism）更具体一点儿，认为共相这类东西存在，而且具有柏拉图认为它们所具有的某些或全部特性。共相的实在论或柏拉图主义通常与**唯名论**（nominalism）相对，后者是一种否认共相存在的立场。[2]在历史上，实在论也与**概念主义**（conceptualism）相对。概念主义是一种介于实在论/柏拉图主义与唯名论之间的立场。概念主义者拒斥唯名论，说共相的确存在。不过，概念主义者又宣称，共相是有赖于我们的心灵去领会的东西，依靠我们（在心理层面）把它们从具体对象中抽离出来。因此，依概念主义者的主张，共相存在，但却是依赖于心灵（mind-dependent）之物。一般来讲，要是哲学家自称某类物项的“实在论者”，他们往往认定自己关心的物项是独立于心灵（mind-independent）之物；就是说，所涉物项存在，哪怕四周从未有人想到过也存在。柏拉图认为唯一知晓理式的方式就是诉诸理性，可甚至连他也觉得，理式独立于心灵，这一点牢不可破。我们知道理式、理解理式的唯一方式是借助于理性的纯粹运作没错，可就算四周从未有人想到过理式，理式仍会存在。



我们在哲学史上一而再再而三地发现，支持共相实在论的经典论证便是所谓的**“众中之一”**（one over many）。我们最有兴趣评价的是该论证的整体形式，但先想想一个特例倒也无妨。蒯因在《论何物存在》中明确抨击了“众中之一”的一个特例，还把这个特例归给了他编造的角色麦克西：

> 众中之一（麦克西版本）
>
> 1. 有红房子、红玫瑰和红晚霞存在。
>
> 因此，
>
> 68 2. 这些房子、玫瑰和晚霞有个共同点：红色性共相。
>
> （Quine 1948，p. 10）

该论证之所以是“众中之一”的一例，依据有二。首先，论证的第一个前提是一个简单的陈述，说的是一群对象有某种相似性。拿这个例子来说，我们有三种对象（房子、玫瑰和晚霞），还都是红色的。其次，该论证之所以是“众中之一”，还体现在我们推出的结论上：有一个共相（一个“一”）遍历了这些对象（“众”），该共相就是这些对象的共同点。若干对象（“众”）有某种相似性，这是一个事实；由此可推出：有一个“一”遍历了“众”，说明了“众”的相似性。

大家都已注意到，这个论证形式相当古老。我们甚至可以在柏拉图的名篇《理想国》（*Republic*）里找到，学者相信这篇名作写于公元前360年。我们在《理想国》第十卷那里找到了一个推理，从［有众多对象在某方面相似］的事实推出了另一事实：有一个理式（柏拉图式共相）说明了这种相似性。

> （苏格拉底：）在我们给众多不同事物起同一个名字的场合，我想，我们习惯推设有个单一的理念或理式。你懂吗？
>
> （格劳孔：）我懂。
>
> （苏格拉底：）那么，现在让我们举出任意一类的众多东西来，只要合你的意就好；比方说，有许多躺椅和桌子。
>
> （格劳孔：）当然可以。
>
> （苏格拉底：）可是，我认为这些家具只显示了两个理念或理式，一个是关于躺椅的，一个是关于桌子的。①
>
> （Plato，*Republic* Book 10，596a-b）

我们用来表示一类众多对象的每个词项（“躺椅”“桌子”，还有“红色的”和“圆的”），都会造就一个共相；运用这种推理，很容易就能造出数量庞大的共相。你要是还对奥卡姆剃刀原理抱有某种同情，也许会忧心忡忡。有鉴于此，有的哲学家发出倡议，我们得对“众中之一”做更为狭义的解释。[3]

可以假定，“众中之一”采取的形式总是大致如下：

> 前提：存在某个是F的x，又存在某个是F的y（这里假设x和y是不同的东西，即$x \neq y$）。
>
> 因此，
>
> 结论：有一个F性（F-ness）共相，皆为x和y所例示。

我们注意到，在麦克西的论证版本中有三个对象相似；但严格来讲，只要

① 括号中的对话者名字为译者所补。

第一个前提中存在的东西多于一（即为“众”）就足够了。

69 运用该论证形式生成一种共相理论，可以有两种方式。第一种方式较为贴合柏拉图的原文：凡是我们倾向把一个通用词项加到一群对象中的每一个的场合，我们都可以用一次“众中之一”。换言之，对于任意可以代入“F”的一般词项，我们都可以用一用这个论证。下面是几个例子：

众中之一（红色）
1. 有红房子和红玫瑰存在。
因此，
2. 有一个共相，即红色性，为房子和玫瑰所例示。

众中之一（椅子）
1. 这个房间里有两张椅子。
因此，
2. 有一个共相，即椅性（chairness），为这两张椅子所例示。

众中之一（在这个房间里）
1. 有人在这个房间里，还有咖啡杯在这个房间里。
因此，
2. 有一个共相，在这个房间里性（in-this-room-ness），为这些人和杯子所例示。

众中之一（一千克质量）
1. 有质量为一千克的花盆和哑铃。
因此，
2. 有一个共相，一千克质量，为这些花盆和哑铃所例示。

倘若柏拉图在凡是有众多对象可划归某通用词项的场合都愿意承认共相存在，那么上述全部论证都会是“众中之一”的合法例证。形而上学家所说的**共相丰饶论**（abundant theory of universals）由此可得。共相丰饶论是实在论的一个版本，它推设了相当多不同的共相。我们这里考虑的则是一个极端情形：任意正确适用于众多物项的词项，都有一个与之对应的共相存在。

不过，还有另一种观点。有些哲学家会认为，“众中之一”获允应用 70
的情形应该受到限制。比方说，阿姆斯特朗就主张，我们应当限制众中之一论证，仅当第一个前提中存在的对象在某方面真正相似，才可以应用该论证。这就导致了**共相贫瘠论**（sparse theory of universals）。[4]共相贫瘠论是实在论的一个版本，它推设了相当少的不同的共相。根据一个极端版本（其实是阿姆斯特朗本人提倡的那种），唯有对应于我们最好的物理理论所承认的物项类型，共相才会存在。阿姆斯特朗及其他哲学家声称，唯有确实是我们最基础的物理理论，才能让我们看清对象之间的真相似性，也就是实际存在的基础属性。于是，要是某人持有这样的贫瘠论，他会认为“众中之一”唯一合法的例子很可能会是前面的最后一例，也就是“众中之一（一千克质量）”论证。

实在论还有一些较为温和的版本可取。比如说，有种常见的立场是：大自然里的真相似性，比我们最好最基础的物理理论所描述的相似性（极端贫瘠论者只相信这些）还要多；但同时也不是说，任何可用于一类事物的词项都指示了大自然里的一个真相似性（极端丰饶论者倒是这样想的）。举个例子，你可能会想，众多对象可以凭“都是红色”这一点而真正相似——在知觉系统功能正常的人类观察者眼中，所有红色的东西看起来都一样红。你或许也会认为，对象可凭“都是椅子”这一点而真正相似——所有的椅子至少都具备让某人坐在上面的功用。然而，除非你持有一个非常宽松的丰饶论，否则多数形而上学家还是不会承认，短语“在这个房间里”对应于大自然里的一个真相似性。毕竟，在（形状大小容许的）特定房间里的，可能是各种大相径庭之物。因此，“众中之一（在这个房间里）”不是众中之一论证的合法例子。

**练习 2.2　构造“众中之一”的例证**

请构造“众中之一”的一个原创例证，你所用的词项或短语“F”得对应于大自然里的真相似性。然后，请思考你的论证结论所假定的共相。柏拉图的理式论把三个特性归予了共相，你的共相看起来有没有三个特性中的每一个呢？为什么有，又或者为什么没有？

71 时至今日，关于“众中之一”获允应用的范围有多大，形而上学家们看法各异，议论纷纷。下一节会思考一个问题：为什么有人会认为，众中之一论证没有任何可允许的例证？我们由此也能明白，除了奥卡姆剃刀，还有什么理由让我们去偏爱一个不那么丰饶的共相理论。

## 应用蒯因方法

形而上学家论证共相存在的传统办法，由“众中之一”可见。不过，我们在上一章引入了一种严格的方法，用来判定你得对哪些物项做出本体论承诺。因此，要是有人想应用这种判定法，那么，想想他不得不对“众中之一”说些什么，倒是很有意思。

蒯因在《论何物存在》中的主要目标不是要否认共相存在，而只是想揭示本体论论争的正确展开方式。可是，他也确实在文中讨论了“众中之一”，还主张这是个无效论证形式。

按照通常的表述，“众中之一”是无效论证，这一点其实很容易看出。也就是说，在上一节列举的全部例子中，结论（2）从前提（1）推不出来。要想表明这一点，最直接的办法便是把众中之一论证的前提和结论规整为一阶谓词逻辑的语言。鉴于我们考虑过的一切共相实在论者（从最极端的贫瘠论者一直到最极端的丰饶论者）皆认为，“众中之一”在上文考察过的最后一种形式是合法的，那么就让我们继续前进，把那个论证规整一下吧。

我们使用如下词典：

Mx：x 的质量（mass）为一千克
Px：x 是花盆（flowerpot）
Wx：x 是哑铃（handweight）

然后，前提（1）可符号化为：

$(1_R)$ $\exists x\,(Mx \wedge Px) \wedge \exists y\,(My \wedge Wy)$

运用一阶谓词逻辑的规则，由此可知，我们只需承认那些需要作为约束变项 x 和 y 的值的对象存在。可是，这些获得承诺的对象——花盆和哑铃——都是具体的殊相。我们一旦看出了（1）的逻辑形式，就能明白：（1）压根儿不要我们承认花盆和哑铃等具体物所共有的共相“一千克质量”存在。（2）就是推不出来。我们再用附加的符号：

Ixy：x 例示 y

m：一千克质量（共相）

对（2）的规整便会产生如下结果： 72

$$(2_R)\ \exists z(z=m \wedge (\exists x(Px \wedge Ixz) \wedge \exists y(Wy \wedge Iyz)))$$

一阶逻辑的规则不允许我们从（$1_R$）推导出任何像（$2_R$）这样的表达式。

阿姆斯特朗等实在论者否认了“众中之一”无效说。他们认定，“众中之一”若是得到正确的理解，就是一个有效论证。如果大自然里有某种真相似性，那么一定有某个东西解释这种相似性，或者底定了它。尽管从单纯的谓词逻辑角度看，（2）或许实在是从（1）中推不出来，但是在阿姆斯特朗看来，（1）表达了一个需要解释的事实。于是，我们最好别从单纯的谓词逻辑角度出发，把（2）当成从（1）推得的结果，而是把（2）视为一条更具体的形而上学原则的理论后承，这条原则告诉了我们哪种事实需要解释。事实上，阿姆斯特朗式实在论者主张，上文对众中之一论证所做的陈述其实是个省略论证。（1）单凭逻辑是不蕴涵（2）的。不过，还有一些默会的（tacit）前提为共相实在论者所用，说的是如此这般的相似性需要解释。我们不妨明示这些默会前提，并对“众中之一”加以重述：

1. 有质量为一千克的花盆和哑铃。

*. 如果某些花盆和哑铃的质量均为一千克，那么它们在某方面是真正相似的。

**. 如果一群对象在某方面真正相似，那么一定有个共同的物项是它们都例示的，也就是有一个共相解释了这种相似性，或者底定了它。

因此，

2. 有一个共相，即一千克质量，为这些花盆和哑铃所例示。

附加前提（**）是这里特别有争议的前提，蒯因本人肯定不会接受。蒯因在《论何物存在》中谈到了“众中之一”最开始的例证（麦克西版本），还断言：

> 房子、玫瑰和晚霞全是红色的，这个事实可以算是终极且不可还原的。我们还可以认为，麦克西虽然以“红色性”之类的名义推设了众多神秘之物，但他这样做并没有提供更大的实际解释力。
>
> （Quine 1980，p. 10）

蒯因语带讽意，把共相捍卫者相信的这些抽象物全说成“神秘的”（oc-
73 cult），我们姑且对此存而不论。[5]不过，我们也就此发现了蒯因与共相实在论者的一个真正分歧。我们是否应该相信共相存在，有人可能认为这就是分歧所在。接受“众中之一”的一边说“应该”，于是成了实在论者。否认“众中之一”的另一边可以说“不该”，于是继续做唯名论者。但是，这里发生的辩论不仅仅关乎共相，甚至主要就不是关于共相的。相反，我们看到的辩论更多是与何为正确的本体论方法有关的。

阿姆斯特朗和其他喜欢“众中之一”这类论证的哲学家，不单是就共相存在这一点与蒯因产生了分歧。他们与蒯因还有另一个分歧：判定某人的本体论承诺的正确方法，是不是只要把他的陈述规整为一阶谓词逻辑的语言，再看看由此推出什么论断就行了？阿姆斯特朗可以承认，从单纯的逻辑角度看，共相的存在从（1）推不出来，或者更准确地讲，从（$1_R$）推不出来。不过，阿姆斯特朗认为：（1）这样的句子还是要求我们承认共相，因为这类句子需要形而上学解释，需要底定。它们需要一个说明，说明大自然里有什么东西解释了句子中提到的相似性。如果阿姆斯特朗说得对，那么，我们所要承认的就不仅仅是那些在我们信以为真的句子中需要作为约束变项的值的对象存在了。蒯因说［一集对象全是某个样子］的事实是“终极”且“不可还原的”，其实是在说，我们不需要如此这般的形而上学解释。

**工具箱 2.3　形而上学解释**

第一章最后一节简单地谈到了形而上学解释。由那一节可见，形而上学解释还可以用“底定”一词来表示。**形而上学解释**（metaphysical explanation）是对一个事实的解释，说的是世界上有什么东西说明了那个事实是其所是。形而上学解释告诉我们，实在中有什么东西，或者实在是什么样子，可以使那个事实成立。

阿姆斯特朗有个更具体的元本体论立场，便是**缔真项理论**（truth-maker theory）。对形而上学解释的承诺就是该理论的后承。缔真项理论是围绕缔真项原则建立的：

（TM）每个真语句均有缔真项。换言之，对于每个真语句，皆有某个或某些物项使该句为真。

缔真项理论在过去 20 年间变得相当流行。我们过不多久会探讨时间哲学，届时还会看到这个理论再度登台亮相。眼下，我们只需注意一点：缔真项理论家看到自己信以为真的句子，比方说“有些房子是红色的”或“这个 74
花盆的质量为一千克”，就会断言，一定有某些物项使句子为真。许多缔真项理论家在碰到这样的情形时，会追随一个源远流长的哲学传统，主张缔真项是复合物，由例示属性的诸多个体对象组成。[6]阿姆斯特朗倒是认为，缔真项是事态［阿姆斯特朗：《事态的世界》(*A World of States of Affairs*)］。[7]目前有两个话题引起了热议：一是一切真命题是否都需要缔真项；二是缔真项是否必定是由殊相和共相所组成的东西。

**工具箱 2.4　二阶谓词逻辑**

要是我们不认为一阶谓词逻辑就是唯一正确的逻辑，反而使用一种不同的二阶谓词逻辑，情况会怎样呢？那样一来，从单纯的逻辑角度考虑，从（1）到（2）的推理是不是就成立了呢？

好像是这么回事。请回想一下一阶谓词逻辑，如果有人看到形式如下的表达式：

Ma，或者是说，

a 是 M

他可以下结论：

$\exists x\, Mx$，或者是说，
存在一个 x，x 是 M。

一阶谓词逻辑有量词在某人本体论里的对象范围内取值；二阶谓词逻辑同样有量词在属性的范围内取值。倘若有人从二阶谓词逻辑的角度看到形式如下的表达式：

$Ma$

那么他可以下结论：

$\exists F\, Fa$，或者是说，
存在一个 F，a 是 F。

用中文来表述就是，存在 a 所是的某个样子。要是我们从下面这样的句子入手：

$\exists x\, Mx$

还在二阶逻辑的范围内运用存在引入规则，就可以下结论：

75 $\exists F \exists x Fx$
也就是说，存在某物，它是某个样子。

我们把存在引入规则用于“众中之一”的第一个前提。该前提在逻辑中已被规整为：

($1_R$) $\exists x\,(Mx \wedge Px) \wedge \exists y\,(My \wedge Wy)$

我们用一个新的谓词变项“Fx”替换“Mx”的每一次出现，可得出结论：

$$\exists F\ (\exists x(Fx \wedge Px) \wedge \exists y(Fy \wedge Wy))$$

这似乎是另一种给我们梦寐以求的结论（2）的办法。我们在此对花盆和哑铃的样子进行量化。质量为一千克，便是它们的样子。于是，倘若我们假定二阶逻辑，并认为对变项的量化承载着对于可作为变项的值的物项的本体论承诺，那么，“众中之一”看起来确实过得去。不过，我们对这个办法还有几句话要讲。

首先，蒯因本人极度怀疑二阶逻辑的运用。蒯因相信，二阶逻辑作为一个逻辑系统，本身就有问题。特别是，一阶逻辑系统有“完备性”这一逻辑属性，而二阶逻辑却是不完备的。[a] 另外，蒯因还对二阶逻辑含有的本体论预设忧心忡忡。属性这类东西也许真的存在，可这一点不该单靠逻辑就推得出来。至于哪些种类的物项被量化，一阶逻辑倒没有做出什么特别的预设。虽然逻辑提供了一个表达哪些论证有效的框架，但形而上学考察才是应该用来找出何种事物存在的手段。与一阶逻辑相比，二阶逻辑似乎早就把“属性或特性这类东西的存在”嵌入了逻辑本身的规则。蒯因认为，把诸如此类的本体论问题当作逻辑问题来裁定，乃是不当之举［参见希尔顿的书《蒯因》(*Quine*，pp. 256 - 257)］。

其次，我们对二阶逻辑里的量词的解释，也不是唯一可取的解释。蒯因认为，存在量化一般表达了对于可作为相关约束变项的值的物项的本体论承诺，但不是所有逻辑学家都赞成他的观点。比如说，逻辑学家乔治·布洛斯（George Boolos）在《存在就是作为一个变项的一个值（或者作为一些变项的一些值）》［“To Be is to be a Value of a Variable (or to be Some Values of Some Variables)”］一文中，赞成用另一种办法来解释高阶量化，也就是把高阶量化解释为一种装置，该装置让我们可以指涉复数的（一阶）物项。

即便我们抛开对二阶逻辑的上述担忧，也还有一点很重要，值得我们注意：就连那些用“众中之一”来论证共相存在的形而上学家，如戴维·阿姆斯特朗等人，也不认为（2）单凭逻辑就能从（1）推导出来。

当然，如果我们用二阶逻辑，倒是有可能推导出来。不过，阿姆斯特朗认为，众中之一论证有一点更为深刻，就是包含殊相相似性在内的某些事实需要用共相来底定或解释。所以，诉诸二阶逻辑来论证观点，这不是实在论者的标准做法。

**注　释**

(a) 说一个逻辑系统是完备的，就是说，在系统内可表达的每个有效论证都在系统中可证明。

## 练习 2.3　用改述规避对于共相的承诺

76 我们已经看到，蒯因分子（Quinean）之所以不为众中之一论证所迫，是因为蒯因式本体论承诺判定法不要求蒯因分子推设与语言中的谓词对应的物项；只要推设了那些使蒯因分子接受的语句为真所需的、作为约束变项的值的物项即可。可是，有的形而上学家已经主张，有些语句是蒯因分子理应接受的，但这些语句却要求蒯因分子承认共相的存在。以下是形而上学家弗兰克·杰克逊（Frank Jackson）举的一个例子：

红色与蓝色相比，更近似于粉色。

用一阶谓词逻辑的语言对该句做符号化，可得：

Srpb

我们用到了如下符号：

Sxyz：x 与 z 相比，更近似于 y
r：红色
p：粉色
b：蓝色

使用三次存在引入规则（EI），上述表达式蕴涵以下式子：

$$\exists x \exists y \exists z Sxyz$$

杰克逊认为，倘若我们接受原句，按照蒯因本人的观点，我们似乎就得承认这三种颜色（共相）存在。就是说，我们得做出这般承诺，除非我们能以令人接受的方式改述句子，好让我们不必承认红色、粉色和蓝色。

蒯因分子要想既捍卫自己的本体论方法，又否定共相的存在，似乎有两条路可走：要么（a）对原句做另一种规整，改述原句，新的改述得合理表达出原句所表达的内容，并且还不蕴涵颜色的存在；要么（b）主张原句其实为假（大意如此）。要是在此试一试改述，情况如何呢？蒯因分子要想捍卫自己的立场，这样做有戏吗？还是说，蒯因分子反倒应该设法宣称，原句其实为假？那样做又要付出什么代价呢？[8]



## 唯名论及其他选项

我们现已见识过好几种共相实在论了，这种论点的理论动力往往是 77
“众中之一”。而我们也看到了蒯因分子是如何否认“众中之一”的。但是，人们不得不问：倘若否认共相的存在，那么，就我们想归予事物的属性来说，还剩下什么观点呢？

我们简要地讨论过唯名论，讨论过蒯因在《论何物存在》中给出的那种唯名论形式。蒯因否认了一个论断：“是红色的”或“是美的”等谓词之所以可用于对象，依据是对象例示了共相。他只是声称，[这些谓词适用于某些场合] 的事实是不可还原的；也就是说，该事实不需要任何形而上学解释。蒯因的观点恰是如今获称“唯名论”的观点的一个版本。有些哲学家把蒯因的版本称为**“鸵鸟唯名论”**（ostrich nominalism），因为它拒绝回答如下问题：各对象在形而上的层面凭什么彼此相似，又凭什么才好像例示了某些属性呢？鸵鸟唯名论者就像鸵鸟把头埋进沙子里一样，只是在回避问题。我们把该立场定名为**“谓词唯名论”**（predicate nominalism），或许更友善一点儿。谓词唯名论其实是说，属性这类东西不存在。“唯名论”这个术语源于拉丁文“nomen”，意思是名字。总之，只有谓词（语词）存在，谓词对应的共相或属性全都不存在。

唯名论还有一个版本或许更流行一些，名叫**“类唯名论”**（class nominalism）或**“集唯名论”**（set nominalism）。[9]要是有哲学家出于这样或那样的理由怀疑共相存在（理由也许是：共相竟是可以同时完整地呈现于众多位置的物项），却不对类抱有类似的怀疑，因此想诉诸类来说明何为属性的话，类唯名论对这些哲学家就很有吸引力。

类和集合不似共相，倒是殊相。数学有个分支是集合论，集合论就假定了有类和集合。集合或类是含有成员的物项（空集 Ø 是个例外，这是唯一没有成员的集合）。逻辑学家把它们用作工具，拿来辨识谓词的外延（extensions），即谓词所满足的对象。例如，“是红色的”这一谓词的外延是所有红色东西的类；“是美的”这一谓词的外延则是所有美物的类。类唯名论者认为，我们在使用“红色的”这样的词时，从来都不是在指称共相，而不过是在指称“红色的”这一谓词的外延，也就是那个包含所有红色东西且仅包含红色东西的类罢了。同理，“美”指称的是那个包含所有美物且仅包含美物的类。在类唯名论者看来，属性便是类，是具有属性的那些物项的类。

对于类唯名论，有几点值得留意。首先，要是有人因共相是抽象物而怀疑共相的存在，那么他不会对这一版本的唯名论更有好感。因为根据类唯名论，属性作为集合或类，也被认为是抽象对象，所以类唯名论者还是得承认抽象对象的存在。不过，有人可能会想（尤其是，如果他还相信下
78 一节论及的不可或缺性论证的话），比起众中之一论证所推出的共相，我们更有理由相信类或集合这种抽象物。蒯因本人后来也持这个立场。

其次，我们还得注意，针对类唯名论有一个重要的反驳，那便是**同外延反驳**（objection from coextension）。存在两个或更多的属性，恰为同一群事物所例示，这不是很有可能吗？举个例子，假设有位资深而热忱的收藏家喜爱一种特别色调的蓝色，就叫它“天空蓝”吧。这位收藏家搜遍了全世界，终于集齐了所有存在的天空蓝对象。他把这些藏品放置在一座名为“SBM”（Sky Blue Museum，天空蓝博物馆）的博物馆里，还把 SBM 里里外外的每一面都涂成天空蓝，随后就永久锁上了博物馆的大门。如此一来，天空蓝对象的类与在这座博物馆里的对象的类，就恰好是同一类。换言之，“是天空蓝的”与“在 SBM 里”这两个谓词恰好会有相同的外延，恰好适用于相同的对象。可要是类唯名论为真，那么属性就等同于类，即满足属性的对象的类。由此可得：“是天空蓝的”与“在 SBM 里”

指称相同的属性。但是，这两个短语其实指称的是不同的属性。前一个属性是一种颜色，后一个属性却是一处位置。因此，类唯名论必定是错的。[10]

类唯名论者回应了这个反驳。[11]类唯名论者会说，属性不同于**实际**例示属性的事物的类。相反，属性同一于这样的类：既包含了**实际**例示属性的事物，又包含了**可能**例示属性的事物。在现实情形中，所有的天空蓝对象或许都在这座博物馆里。然而，还可能有另外的情形：收藏家没有成功将所有天空蓝对象锁在博物馆里，或者他压根儿就没出生，于是，天空蓝对象不都在这座博物馆里，而是散落在世界各地。要是我们如此看待属性，把属性当成包含了所有实际例示或可能例示属性的对象且仅包含这些对象的类，那么，天空蓝对象的类就不同于在这座博物馆里的对象的类。尽管在收藏家取得成功的现实世界，这两个类的所有成员是重合的（因为所有的现实天空蓝事物都收藏在 SBM 里），但是二者在其他可能世界会有不同的成员。有些可能的天空蓝事物从未被放置在博物馆里，还有些东西根本就不可能被放入博物馆。某物本**可能**既是天空蓝的，又**不**在博物馆里——我们就是出于这个很直观的理由而相信：就算所有的现实天空蓝对象都在 SBM 里，但“是天空蓝的”与“在 SBM 里”还是不一样。类唯名论者对同外延难题的解答抓住了我们的直觉，因此显得很有吸引力。

多个属性实际上恰好为同一个对象类所例示，类唯名论者的上述回应有助于解决与此相关的问题。然而，许多哲学家已经指出，还有一些属性不但由所有的现实对象共享，还由所有的现实及可能对象共享；我们要想说明这些属性，还是会面临挑战。举个例子，所有三角形也仅有三角形具有如下两个属性：三边性（trilaterality，恰好有三条边）和三角性（triangularity，恰好有三个角）。不仅所有的现实三角形如此，而且所有的可能三角形也如此，无论那些可能的三角形本会是什么样的。于是，所有现实的和可能的三角事物的类，就同一于所有现实的和可能的三边事物的类。但是，三角性和三边性似乎又是两个不同的属性。因此，我们不该把属性当成类。到了这里，类唯名论者可能就咬紧牙关（bite the bullet）， 79
干脆声称这两个属性其实没什么不一样，毕竟，二者不一起被例示的情况，我们压根儿就想象不到。不过，共相实在论者大概会觉得这种回应没什么说服力吧。

说到类唯名论，最后还有一点值得注意。既然我们在前文见识过，共相实在论者区分了贫瘠的属性本体论和丰饶的属性本体论，你可能好奇，类唯名论者有没有办法也做一个类似的区分。大卫·刘易斯（David Lewis，1941—2001）身为形而上学家，不怎么为众中之一论证所触动，却赞成阿姆斯特朗的如下观点：有一个首选的属性小类，造就了世界上对象与对象的客观相似。要理解贫瘠的属性本体论的理论动机，还有另一个途径。刘易斯赞成这样的想法：可能有少量的基本属性，正是凭借这些属性，才可能解释世界上万物的行为表现。你要是学阿姆斯特朗，接受共相贫瘠论，就可以说：世界上所有别的特性，正是凭借这个共相小类（很可能仅含基础的物理共相，如质量、电荷及自旋，等等）才获得解释。可你要是全盘否认了共相的存在，还有其他办法采纳属性贫瘠论吗？请记住，类唯名论者承认的属性，可不是由对象例示且对象据以相似的物项。相反，它们不过是抽象的对象类而已。有人认为类唯名论的属性理论只能是个丰饶论，容纳的属性绝非少数，反而数不胜数，主要理由便是：对于每一种划分世界上存在的具体对象的方式，集合论都会生成与之对应的类。

刘易斯主张，采取一种属性贫瘠论兹事体大。不过，我们无须为此持有一个共相理论。像阿姆斯特朗那样，诉诸少量的基本共相是一个选项，可还有另一个选项，就是相信某些对象类在某方面与别的对象类有所区别。这个把某些类与别的类区分开来的特性，被刘易斯称为“自然性”（naturalness）。自然的类或属性，是每个成员在某个独特的方面彼此相似的类或属性。我们也是凭借这些自然属性（自然的类），才得以完备地说明世界上万物的行为表现。我们日常谈论的大多数属性，诸如“是椅子”“是学生”“是出名的”等属性，都不是自然属性。这些日常属性的成员可没有在某一方面全都客观相似，这些日常属性也不会出现在关乎宇宙的终极科学理论（即有理论资源来解释万物的理论）中。可要是你为说明对象相似性的需求所鼓舞，打算区分两类属性，一类促成了真正的对象相似性，另一类促不成真相似性，那么，刘易斯已经表明，类唯名论者是能做得到的，诉诸自然属性与非自然属性的区分就行了。

除了类唯名论，还有一种关乎属性之本性的立场也否认共相的存在。
80 这种观点一方面像实在论，赞成独立于心灵的属性存在，属性是抽象物，却不是具体的特殊对象的类；另一方面又像唯名论，否认有任何共相（可同时例示于多个位置的东西）存在。这种理论立场名为**“特普论”**（trope theory）或**“抽象殊相论”**（theory of abstract particulars），往往与哲学家

D. C. 威廉斯（D. C. Williams，1899—1983）联系在一起。特普论主张，形状、大小等属性与柏拉图和亚里士多德想的不一样，并不是能多重例示的物项。相反，每个例示了属性的对象，都例示了专属自身的特殊颜色或特殊形状。这些属性是抽象的（你可以像我们上文讨论过的那样，把它们当作更具体的物项的抽象者），却又是特殊的（不能多重例示）。这些抽象的殊相换一个词来表示，就是**特普**（trope）。①

比起共相论或类唯名论，特普论有若干引人入胜的特征。首先，要是你觉得共相——可凭借同时例示于多地的方式而呈现出来的东西——的观念有问题，那么，特普论有办法规避对于共相的承诺，同时又接受属性的存在，这就是一个引人入胜之处。其次，威廉斯主张，因为特普是我们在世界上最先遭遇的东西，所以，比起共相的存在，我们更有理由相信特普的存在。毕竟，我们最直接观察到的东西，是特普，是这里的这个特殊红色性，也是那里的那个蓝色性，却不是什么相应的共相。再者，特普论允许我们持有一个本体论，比殊相和共相的双范畴本体论还要节约，有鉴于此，特普论理应比共相实在论更受欢迎。

要明白这最后一点，须知：哲学家通常捍卫的特普论，既不只是主张特普或抽象的特殊属性这类东西存在，甚至也不只是主张特普是唯一存在的属性种类。通常所说的特普论野心勃勃，它断言特普是唯一存在的事物种类。归根结底，一切存在物要么是一个特普，要么是多个特普之间的一个多少有点儿复杂的关系（这还是一个特普）。特普就是“存在的字母表”（alphabet of being）。[12]②

举个例子，特普理论家主张，我们最好把我们通常认作具体殊相的东西，如桌、椅、人等，都当成特普的集合体（collection）。③ 一张桌子就是一个特普集合体，由某个特殊形状、特殊大小、特殊颜色和特殊质地等

---

① “trope”的字典含义一般为“比喻”或“转义”。但 D. C. 威廉斯为该词赋上了新义，用以表示“本质的发生”（the occurrence of an essence）。该词可译为“特普”“蕴相殊”“即”，等等。译者定名为“特普”，一是为了呼应该词的另一个名称“抽象殊相”（“抽象”即“普”，“殊相”即“特”）；二是相较于其他译名，“特普”与英文“trope”的发音更相近一些。

② D. C. 威廉斯把整个存在（being）类比成一门语言：正如英文的字母表由 A 到 Z 的 26 个字母组成一样，整个存在的“字母表”则由存在的基本要素即特普组成。整个存在还有一个“音节表”，表示特普相互关联的方式（即特普的定位和相似性）。（Williams 1953）

③ “集合体”（collection）与“集合”（set）不同。集合体的出现意味着合成已经发生，而集合的存在并不表示合成已经发生。关于合成，请读者参阅本书第三章。

组合而成。这样一来，我们无须相信双范畴，即共相和例示共相的殊相；相反，我们只需相信一个存在的范畴，便是抽象殊相。威廉斯还提议说，特普理论家也可以筑造共相。共相不过是特普的复杂集合体罢了。例如，红色性共相就是由所有的红色特普合成的。至于由此生成的共相，在共相实在论者所想的意义上是不是真正的共相，这一点还有争议。不过，特普理论家起码能用这个办法确保“红色性”或“圆性”这类词项有所指。

**练习 2.4　属性四论**

81 我们目前已领教了四种属性理论：共相实在论（形式若干）、谓词唯名论、类唯名论以及特普论。在四种观点中，哪一种最令你着迷？请写一段话，解释该理论的魅力。



## 数学对象

到目前为止，我们一直关注一种特别的抽象对象：属性。然而，你可能会想，数及其他数学对象也构成了一种独特的抽象物，我们有独立的理由对它们进行严肃的本体论考察。

柏拉图把数当作某种共相、某种理式，还把数和美、智慧等其他种类的共相并列。我们可以轻而易举地表述“众中之一”的一个版本，推出数存在的结论。比方说：

1. 火星有两颗卫星，英国议会有两个议院，纽约公共图书馆有两尊石狮子。

因此，

2. 这些卫星、议院和石狮子有个共同点：2［或双性（duality）］这个共相。

蒯因会再次运用一阶谓词逻辑的资源，表明（1）是怎么不要求我们承认数 2 存在的。（1）只要求我们承认卫星、议院和石狮子（狮子雕像）。至于共相的捍卫者，可以诉诸形而上学解释（底定）或缔真关系（truth-making）等元本体论的理由，为自己使用以上论证申辩。本节则会考虑以截然不同的方式论证数及其他数学对象的存在。这种论证方式就是**不可或缺性论证**（indispensability argument），在过去数十年间已变得更具影响力。

在历史上，不可或缺性论证是与蒯因和希拉里·普特南（Hilary Putnam）联系在一起的。这是一个支持数学物项实在论的论证。数学哲学的文献也常常把数学物项实在论称作“**柏拉图主义**”。我们可以按照如下形式陈述不可或缺性论证，其前提有二：

> 1. 凡是对于我们最好的科学理论不可或缺的物项，我们都应该做出本体论承诺。 82
> 2. 数学物项对于我们最好的科学理论不可或缺。
>
> 因此，
>
> 3. 我们应该对数学物项做出本体论承诺。[13]

承诺自然主义，就可以推出第一个前提。请回想一下，自然主义者相信，我们应该用我们最好的科学理论来解决本体论问题。第二个前提是关乎我们最好的科学理论的实质论断。该前提本身不是哲学论点，倒是一个有关最好科学理论之内容的论断，说的是：最好的科学理论免不了指涉数学物项。数学是贯穿全部科学的要素：从基础物理学到其他的自然科学，例如化学、生物学和神经科学等，甚至还有如今的社会科学，例如经济学和政治科学等，数学无处不在。的确，你甚至可能会想，数学物项对于我们最好的科学理论不可或缺，意思无非是说，这些理论要是不指涉数学物项，甚至没法得到准确的表述。用改述来规避对数学物项的量化，是不可能不损害这些科学理论的解释成功的。

不可或缺性论证有一点特别有意思。它给我们支了一招，教我们见识到：数和类，乃至我们最好的科学理论用到的全部数学工具，与其他争议不大的物项地位相当。唯名论者（否认包含数学物项在内的抽象物存在的哲学家）指出，我们观察不到数学物项，因此没有相信它们的理由；这一点倒常常是唯名论者否认数学物项的理论动机。可是，不可或缺性论证的捍卫者可以指出，我们最好的科学理论推设的众多物项，我们照样观察不到：电子或磁场看不见也摸不着；可以说，就连股市或经济萧条也观察不到。不过，这些物项在这两个极为成功的理论——物理学和经济学——中发挥了重要的作用，所以，我们把这些物项加入本体论，这样做还是得到了辩护的。

回应不可或缺性论证，有一招颇有影响，那便是质疑论证的第一个前提。自然主义作为一般学说，主张用科学指导形而上学，问题不算太大；反倒是该论证对自然主义的表述，说我们应该对科学不可或缺的**一切**都做出本体论承诺，问题颇多。有人会说，科学用到的好几种表征是不求什么本体论意义的。我们解释科学理论，引出它们的本体论后果，但我们不该轻率地承认这些理论看似指涉的一切。

佩妮洛普·马迪（Penelope Maddy）为了引出这一观点，拿物质的原
83 子论在 19 世纪中叶的状况做了类比。那时，物理学界为物质的原子论做了大量的辩护，可还是有很多科学家怀疑原子存在。马迪阐述道：

> 尽管早在 1860 年，按照几乎所有哲学家的标准，原子论就得到了良好的确证，可有些科学家还是持怀疑态度，这种怀疑论直到世纪之交——当时某些巧妙的实验提供了所谓的“直接证实”（direct verification）——方才休止；甚至连原子的支持者也觉得，这种早期的怀疑论是得到了科学辩护的。并不是说，怀疑论者一定会建议把原子从（比方说）化学理论中剔除；但是，他们也确实认为，不管基于原子的思考方式有什么解释力，有什么成效，又有什么系统性的优势，我们只应该相信原子论的直接可证实的结果……要是我们仍忠于自然主义的原则，我们就必须允许在理论为真的部分和仅仅有用的部分之间做出区分。
>
> （Maddy 1992，pp. 280 - 281）

马迪可不是在暗示，形而上学家全都按兵不动，迟迟不肯从科学理论中推出形而上学的结论；直到物理学界全体最终认可了原子的存在，他们才跟上物理学家的步伐。其实，（考虑到上面引文的最后一句，）马迪似乎认为，哪怕物理学界当时不情愿承认原子的存在，形而上学家还是毫不为难地认可了原子论的其他形而上学影响。于是，问题在于：就算我们是自然主义者，我们应该赞成不可或缺性论证的第一个前提吗？科学家自己也不总是认为，最好的科学理论的一切不可或缺的要素都有本体论意义（原子无疑是物质的原子论的一个不可或缺的要素）。马迪主张，不可或缺性论

证的第一个前提假定，要为科学理论的所有部分都赋予本体论意义，可这种做法似乎与自然主义本身不相容。

要质疑不可或缺性论证的第一个前提，很多哲学家还用过另一种案例，便是理想化在科学中的广泛运用。**理想化**（Idealizations）是为了让理论更易用，引入理论中的虚假预设。例如，我们在热力学中找到了理想气体定律（它预设无相互作用的粒子存在）；物理学家研究力学，通常也会预设无摩擦面存在。可是，谁也不相信理想气体或无摩擦面这类东西存在。这些东西都是科学家为了让问题解决起来更简单，为了让定律的表述更容易而做出的预设。理想化不仅在物理学中蔓延，而且还遍及各种自然科学和社会科学。由此可见，与不可或缺性论证的第一个前提所表明的方式相比，从科学理论推导出本体论的结论或许要复杂得多。



我们还有一种回应论证的办法，便是质疑第二个前提：数学表征对于我们最好的科学理论不可或缺。要想这样来挑战不可或缺性论证，就得提 84
供好的理由说明：我们不用数学框架，却还是可以表达我们最好的科学理论的论断。哈特里·菲尔德（Hartry Field）在1980年出版的《没有数的科学》（*Science Without Numbers*）一书中，就一部分物理学开展了这项计划。菲尔德的计划是：不对任何数学物项进行量化，重新表述科学的一个重要部分——牛顿物理学。菲尔德想表明，物理学家希望用数学表达的大量科学内容都可以凭借对时空的指涉来表达。① 因此，菲尔德计划成了第一章论及的改述法的一例。菲尔德的工作既充满勇气又引人入胜，不过，他是否成功地说明了对数学物项的指涉可有可无，这倒还有争议。要说明数学对于科学并非不可或缺，就必须把菲尔德计划从牛顿物理学的方面拓展到科学的其他方面，或者表明我们原则上有好的理由认为，菲尔德方法会拓展到那些方面。这一点迄今为止尚未达成，但菲尔德的成果让一些唯名论者看到了希望。

在哲学家眼里，数学给形而上学带来了一个更一般的问题；我们从不可或缺性论证那里退一步，想想这个问题，以此结束本章。哲学家保罗·贝纳塞拉夫（Paul Benacerraf）在其颇有影响的论文《数学真理》

---

① 菲尔德尝试用时空点和时空区域来表达物理学中的部分数学内容。例如，他把自然数序列表示成离散的时空点的序列，把实数连续统表示为时空中的线，又把实数集合表示为时空区域，等等。对菲尔德计划的简评，参见：叶峰．“不可或缺性论证”与反实在论数学哲学．哲学研究，2006（8）：74-83，128。

（“Mathematical Truth”）中给出了这个问题的最佳表达。贝纳塞拉夫声称，我们在判定数学的本体论后果时，由两个针锋相对的欲望拉向了两个方向。请考虑任意的数学真命题，比方说，2 是偶数。首先，我们想为这个数学真命题提供一个语义学，说明该命题的意义是什么，是什么使它为真。其次，我们也想为这个真命题提供一个说得过去的**认识论**（epistemology），解释一下我们是如何知道它的。不过，贝纳塞拉夫认为，我们只要设法搞到一个关乎数学真理的有吸引力的语义学，就不得不接纳这样一个数学本体论，由此产生的认识论是极不受欢迎的。另一方面，要是我们设法搞到一个关乎数学真理的说得过去的认识论，那么就搞不到一个说得过去的**语义理论**（semantic theory）了。于是，我们不得不做出选择，我们的选择直接关系到数学物项的实在论（柏拉图主义）与唯名论的问题。这个选择难题就是所谓的“贝纳塞拉夫两难”。与所有**两难**（dilemma）一样，我们面临着二选一，可每个选项都有一些不受欢迎的后果。

我们首先得设法弄明白，企图为数学真理提供一个说得过去的语义理论会有怎样的挑战。贝纳塞拉夫要求我们思考如下两个句子：

（1）至少有三个大城市比纽约还古老。

（2）至少有三个完全数大于 17。[14]

乍一看，这两个句子似乎有相同的逻辑形式，并且都为真。不过，是什么使这两个句子为真呢？要找出它们的真值条件，有一个办法是：用一阶逻辑加以规整，从规整结果中读出使这两个句子为真所需的条件。我们做完这一切后，看起来这两个句子都要求我们承认某些种类的物项存在。①

85 $(1_R)\ \exists x \exists y \exists z(((Lx \wedge Cx) \wedge Oxn) \wedge (((Ly \wedge Cy) \wedge Oyn) \wedge (((Lz \wedge Cz) \wedge Ozn) \wedge ((x \neq y \wedge y \neq z) \wedge x \neq z))))$

$(2_R)\ \exists x \exists y \exists z(((Px \wedge Nx) \wedge Gxs) \wedge (((Py \wedge Ny) \wedge Gys) \wedge (((Pz \wedge Nz) \wedge Gzs) \wedge ((x \neq y \wedge y \neq z) \wedge x \neq z))))$

① 符号化所用的“词典”补充如下：Lx，即 x 是大的（large）；Cx，即 x 是城市（city）；Oxy，即 x 比 y 还古老（older）；n，即纽约（New York）；Px，即 x 是完全的（perfect）；Nx，即 x 是数（number）；Gxy，即 x 大于（greater than）y；s，即数 17（seventeen）。

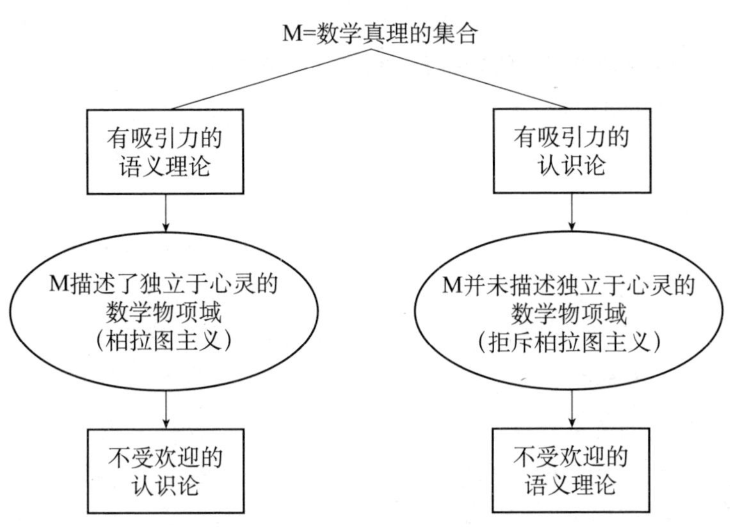


**图 2.1　贝纳塞拉夫两难**

就（$1_R$）来说，我们得承认至少三个城市存在。就（$2_R$）来说，我们得承认至少三个数存在。贝纳塞拉夫的结论是：如果我们想把（2）这样的数学真理，纳入一个说得过去的、已用来理解众多论断的语义理论中，那么，我们就不得不当个柏拉图分子（Platonists），当个数学物项实在论者。

为数学真理提供说得过去的语义学自然是好事一桩，不过贝纳塞拉夫认为，既然这样做需要支持柏拉图主义，那么，我们就不可能为数学真理提供说得过去的认识论。一般来讲，我们是根据对象与我们的因果互动（causal interaction）而知道对象存在的。我们之所以知道有三个以上的城市比纽约还古老，是因为我们造访过、听说过，或在书刊上读到过这些城市。这几种求知方式皆涉及因果互动，尽管有些互动不如另一些来得直接。要是柏拉图主义为真，那么数学语句就对数学对象进行量化了。可要是有数学对象这类东西，那么它们大概不是位于空间中的对象，我们看不见它们，也没法与它们发生别的因果互动。这类东西若是存在，就和柏拉图想的一样，是超越的物项。那么，数学认识论（说明我们如何知道数学真理的理论）就不能仰仗我们与数学对象的因果互动了。于是，我们就剩下一个问题：什么才是说得过去的数学认识论呢？

贝纳塞拉夫指出，要提供关乎数学真理的认识论，有一个方法很有希望。有人可能会想，我们证明了数学真理，所以才知道它们。数学知识并 86

不肇始于我们与一集对象（如自然数或代数群等）的某种因果关联。倒不如说，我们把某些数学语句纳入一个含有一集基本公理或公设的系统中，并用该系统的证明方法从中推出其他语句：数学知识就是由此而产生的。要是如此看待数学认识论，就不会把数学当作一个关乎某类独立于心灵的对象的句子集了。相反，我们倾向于认为数学是这样的句子集，其中句子的真值条件只取决于有关演绎推导关系的事实。可要是这种理解是对的，我们就没法相信，数学陈述的语义学类似于我们用来理解其他日常陈述何以为真的语义学了。回到前面的例子，我们再也不能认为（2）的真值条件与（1）的真值条件类似了，因为句子（2）不再指涉一个含有三个以上对象的类，反而关系到在形式系统中可证的东西。这样一来，我们在数学真理的情形中，就不得不放弃标准的语义理论，这便是问题所在。我们不得不对我们的语言采取不统一的语义理论，数学论断有一个语义理论，其他的论断有另一个语义理论。而且，由此产生的对于数学命题为真的根据的说明，作为一个语义理论也站不住脚。我们知道“至少有三个完全数”这一命题，也许是因为我们能够证明它；但［我们能证明它］这一事实，并不是该命题的缔真项。证明是一回事，真理是另一回事。[15]

**练习 2.5　不可或缺性论证**

请举一个科学理论的例子，借此为数学柏拉图主义的不可或缺性论证提供支持。唯名论者要想回应你的例子，可以用的最佳策略是什么呢？

## 进阶阅读建议

关于共相和唯名论，戴维·阿姆斯特朗已经写了几本有影响的著作，包括两卷本的《共相和科学实在论》(*Universals and Scientific Realism*)，以及篇幅更短的《共相：一家之言》(*Universals: An Opinionated Introduction*)。有几篇论及属性之本性和存在的经典文献，可见于 D. H. 梅勒（D. H. Mellor）和亚历克斯·奥利弗（Alex Oliver）合编的《属性》(*Properties*) 一书。关于自然属性和非自然属性的区分，参见大卫·刘易斯的《论世界的多元性》(*On the Plurality of Worlds*) 及其有影响的文章《共相理论新说》（“New Work for a Theory of Universals”）。至于唯名论及其理论动机，还有反唯名论的论证，佐尔坦·绍博（Zoltan Szabó） 87 的论文《唯名论》（“Nominalism”）做了颇有教益的讨论。关于数学哲学中的不可或缺性论证，该论证的经典陈述见于希拉里·普特南的《逻辑哲学》（*Philosophy of Logic*）一书，也可参阅马克·科利凡（Mark Colyvan）的《数学的不可或缺性》（*The Indispensability of Mathematics*）一书。艾伦·贝克的论文《物理现象有真正的数学解释吗?》（“Are There Genuine Mathematical Explanations of Physical Phenomena?”）提供了若干在科学中使用数学的好例子，支持了不可或缺性论证。我还推荐保罗·贝纳塞拉夫和希拉里·普特南主编的文集《数学哲学》（*Philosophy of Mathematics*），这是一部数学哲学经典文献的选集，内容涵盖了关于柏拉图主义的论争。



## 注 释

［1］“抽象”的形而上学定义也允许我们留下一席之地，好安放那些作为其他抽象对象之抽象者的抽象物。例如，素数性（primeness）是3这个数的一个抽象特性，而“是形状”的属性又是圆性这个属性的一个抽象特性。

［2］我们会在本章末节看到，形而上学家也用“实在论”和“唯名论”等术语来指示有关数学物项是否存在的类似观点。

［3］柏拉图阐释专家［例如，请参阅：朱莉娅·安娜斯（Julia Annas），《柏拉图〈理想国〉导论》（*An Introduction to Plato's Republic*），第九章］指出，柏拉图似乎在论著的别处（甚至就在《理想国》中）表示，不是每一类的众多物项都有一个对应的理式。恰好相反，不同理式的数目是更受限的。

［4］形而上学家大卫·刘易斯在著作《论世界的多元性》中首次引入了贫瘠和丰饶的区分。也参见乔纳森·谢弗（Jonathan Schaffer）的论文《贫瘠属性的两种观念》（“Two Conceptions of Sparse Properties”）。

［5］你觉得蒯因说“神秘”的用意何在?

［6］请参阅（比方说）伯特兰·罗素《哲学问题》（*The Problems of Philosophy*）的第十一章。

［7］旁注：众所周知，红色性并不位于阿姆斯特朗的贫瘠本体论所承认的共相之列。于是，“有些房子是红色的”的缔真项，就不会是红色性共相的例示了。不过，在这种情况下，房子会有一些更基础的特性（或合成它的粒子）与共相相当，解释了该句之为真。最终的情况可能是这样：该句的缔真项是一个相当复杂的事态，囊括了众多基本粒子，这些粒子例示了若干基础的物理共相。当然，与我们息息相关的要点在于，阿姆斯特朗认为，该句为真是需要殊相例示共相的。

［8］弗兰克·杰克逊在论文《共相陈述》（“Statements about Universals”）中考察了这个颜色的案例。

［9］就本章的目的而言，我们会互换使用“集合”和“类”这两个词。数学有一部分叫“集合论”，集合与类都是集合论引进的抽象物。类有一个不同于集合的特征，令某些数学家和逻辑学家特别着迷，该特征便是：类不能成为其他类的成员。对集合论基础知识的通俗介绍，请参见大卫·帕皮诺《哲学技巧》（*Philosophical Devices*）的第一章。

［10］D. C. 威廉斯在论文《论存在之要素》（“On the Elements of Being”）中讨论了另一个例子。看起来，无羽毛的两足动物的类，与有幽默
88 感的东西的类，是同一个类。可是，即便“是无羽毛的两足动物”和“有幽默感”这两个谓词的外延相同，这也不意味着我们应该把两个相应的属性看成同一个。

［11］这个回应你能在大卫·刘易斯的名作《论世界的多元性》第一章中找到，本书第七章也会进一步加以讨论。

［12］约翰·海尔（John Heil）相信特普论，却不赞成“存在的一切皆还原成特普”这一论断。（Heil 2012）

［13］该版本的不可或缺性论证，见于马克·科利凡的《数学的不可或缺性》一书。

［14］完全数是恰好等于其正因子之和的正数。比如说，6（＝1＋2＋3）和 28（＝1＋2＋4＋7＋14）就是两个完全数。

［15］至少有些哲学家是这样想的。关于数学基础，还有一种理论叫“直觉主义”（intuitionism），自成一派，另有说法。

# 第三章　物质对象

**撮　要**

- 评价物质对象的概念。 89
- 介绍莱布尼茨律及若干相关的同一性原则。
- 提出物质构成的若干悖论和特殊合成问题。
- 审视形而上模糊性的问题。

## 何为“物质”对象?

第二章问过一个问题：除了一切具体物质对象（桌椅、山河、星辰和星系、人和其他动物等对象）之外，我们是否还应当相信共相、集合或数等抽象对象的存在？本章会后退一步，转而考究这些物质对象本身。

“具体物质对象”的意义是什么呢？我们所说的“对象”，意思无非是：存在的某物。我们也发现，尽管很难为“具体的”一词下一个尽如人意的定义，但你可以把具体的对象，当成那些绝不可理解为其他东西的抽象者的对象。现在，是时候来想想“物质”的意义了。

按照一种共识，“物质”占据空间，且历时持存（persists）。17 世纪时，勒内·笛卡尔（René Descartes，1596—1650）把“物质实体”（material substances）定义为在空间中延展的实体。时至今日，我们一般认为某物可以是物质性的，即便严格来说，它是点状物，没有空间延展（extension）。① 点状物质囊括了物理学的基础粒子，像是电子和夸克等。我们说物质性的东西“占据空间”，却不说它“有空间延展”，道理就在这里。至于历时持存的问题，我们将会在第六章探讨个体的时间切面（time slices）——对象在时间中延展为零的时间部分（temporal parts）——的可能性。鉴于这般物质对象有可能只存在一刻（a moment），我们也可以只要求物质对象有时间定位，却不要求它们的持存必然超过一刻。

90 除了上述时空标准以外，还可能有其他特性决定了对象是物质性的。艾萨克·牛顿（Isaac Newton，1643—1727）把“质量”定义为物质在对象中的量。该定义提示了另一条标准：物质对象是质量不为零的对象。可是，有一些由物理学引入的基础粒子，比如光子，质量却为零。你可能会想，零质量的粒子为物质性的质量标准提供了反例（过去有物理学家认为，中微子也是无质量的，但物理学界现在已经否认了这种观点）。不过，物理学区分了两种粒子：一种是物质性的、构成了世界的物质的粒子；另一种是支配相互作用的、作为载力子（force carriers）的粒子。光子就是一种载力粒子，它是运载电磁力的粒子。因此，我们还是可以保留诉诸质量刻画物质性的这一部分。那么，就本章的目的而言，我们不妨就说物质对象是位于空间和时间中的（尽管它们可能没有空间上的延展，也没有时间上的延续）、且有质量的对象。形而上学家杰茜卡·威尔森（Jessica Wilson）已经主张，这些科学标准还应辅以一条先验的形而上学标准，即“无基础心理性”（No Fundamental Mentality）的要求。[1]就是说，如果某物是个物理对象，那么它就没有任何基础心理性质。换言之，要是它有心理性质，这些心理性质就可用更基础的（物理）词项来解释。无论采用哪种标准，我们都该认识到，何为物质对象至少在一定程度上是个经验问题。我们会随物理理论的改变而不断修正自己对此的意见。[2]

今天有很多哲学家至少是某些具体物质对象的实在论者。[3]问题在于：要承认哪些呢？一种常见的观点是，至少那些由现代粒子物理学的标准模型描述的对象——轻子（包含电子和中微子在内的一类对象）和夸克——存在。至于有什么别的东西存在，尤其是在这些基本的具体对象之外，有

① “extension”也常被译为“广延”。

没有任何别的东西，任何由这些基本对象合成的复合对象，哲学家众说纷纭，莫衷一是。（在具体的物质对象之外，是否还有灵魂或心灵等非物质的具体对象，哲学家之间也有分歧。这场形而上学论争本书不会触及，不过，你可以在随便一本心灵哲学教科书里找到相关内容。）不少哲学家认为，任何一种把简单的物质对象合成复合对象的方式，都有与之对应的具体物质对象存在。不过，我们在当代形而上学中也发现有些巧妙的论证支持了别的观点。其中就有一种由彼得·范因瓦根捍卫的观点，很令人称奇，它说的是：基础粒子和生物体是唯一存在的具体对象。范因瓦根认为，电子、花和人类存在，但桌、椅、山、岩全都不存在！我们发现，还有些哲学家［比如说彼得·昂格尔（Peter Unger）］的主张甚至更为激进：不仅山与岩不存在，就连人类也不存在。的确，昂格尔有一篇非常出名的论文，标题就是《我不存在》。

本章会从几个关乎具体物质对象的经典悖论入手，然后探讨两个问题：一多问题（Problem of the Many）与特殊合成问题（Special Composition Question）。我们只要假设有一个基本物质粒子所处的基础层级，这两个问题就会出现。过去数十年间，二者在形而上学家群体中引发了广泛的讨论， 91
足见像我们这样的复合物质对象存在与否，并不是那么不足道的小事。

## 物质构成诸悖论

本节便要探讨两个涉及物质对象的悖论。让我们把“有没有基本具体物质对象所处的基础层次”这个问题放在一边，只着眼于我们在日常生活中最熟悉的那些对象，也就是器物［（artifacts），桌、椅、船、计算机］，生物体（人、猫、树），以及其他中等到大型的无生命的自然对象（岩、山、行星）。

你或许对忒修斯之船（Ship of Thēseus）早有耳闻。故事是这样讲的：忒修斯（Thēseus）[①] 有一艘大木船，大船在克里特岛起航，载着他回到了雅典。过了些时日，这艘船的船板渐渐腐烂，于是得修补一番。雅典人把忒修斯之船的船板逐步换成新的。许多年后，原来那艘船的所有木

① 忒修斯（Thēseus，又译作“提修斯”等），古希腊神话人物，曾前往克里特岛杀死牛面人身的怪物弥诺陶洛斯（Minotaur），并顺着阿里阿德涅的线（Ariadne's thread）逃离了米诺斯迷宫，而后乘船返回雅典。

船板已经都换成新的了。此时，船上没有一块木船板还是原来的。不过，原来的船板也还没坏，雅典人一块块换下来后就一直收着，最后又把所有那些原来的板子组装成了原来那艘船的样子。不多久，就有新旧两艘船并排而立了。

我们把从克里特岛出发、抵达雅典的原忒修斯之船称为“$S_1$”；再把在新板子逐渐替换烂板子的过程中产生的船称为“$S_2$”（至于这艘船是否同一于$S_1$，我们不做假设）；最后把由旧的烂板子组装而成的船，称为“$S_3$”（图 3.1）。

现在我们可以问：在并排停于雅典海岸的两艘船中，哪一艘是原来的忒修斯之船呢？我们似乎有四个选项。

> 选项 1：$S_1=S_2$，但$S_1\neq S_3$（只有那艘修过的船才同一于原船。）
>
> 选项 2：$S_1=S_3$，但$S_1\neq S_2$（只有那艘由原木板构成的船才同一于原船。）
>
> 选项 3：$S_1=S_2$，且$S_1=S_3$（两艘船都同一于原忒修斯之船。）
>
> 选项 4：$S_1\neq S_2$，且$S_1\neq S_3$（两艘船都不同于原船。）

我们会考察每一个选项，并想想有什么可说的。不过，我们还是先稍等片刻，思量一下同一符号“＝”的用法。同一符号若用于表述形而上学论断，总是读成“同一于”，这一点很重要。在数学中，你可以用同一符号来表达等式，那样就要把“＝”读成“等于”，例如“三加二等于五”。而在形而上学中，“＝”指称的是数字同一性这一形而上关系。[4]我们说
92 “a=b”，就是在表达一个论断，即 a 和 b 是同一个东西。假如这条同一性论断为真，那么，即便我们有两个名字“a”和“b”，但这两个名字指称的东西却只有一个。例如：

> 马克·吐温＝萨缪尔·克莱门斯①

① 马克·吐温（Mark Twain，1835—1910），美国名作家，原名萨缪尔·克莱门斯（Samuel Clemens），“马克·吐温”是其笔名，意为“水深 12 英尺”。

Jay-Z=肖恩·卡特①

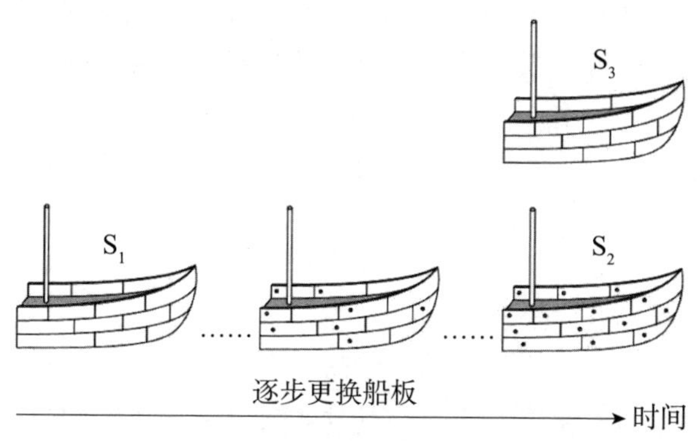


**图 3.1 忒修斯之船**

这两个陈述在我们关心的严格意义上全都表达了真实的同一性论断。我们说有同一性，倒不只是断言两个东西在某方面相似（这是第一章所说的“定性同一性”），而是在说，它们在字面意义上（literally）是同一个东西。这里可没有两个人，一人是 Jay-Z，另一人是肖恩·卡特。这两个名字指称的人只有一个。

好了，让我们回到忒修斯之船的案例吧。我们的问题是：哪一艘船同一于原船？第一个回答是，只有$S_2$，也就是那艘在逐渐替换零件的过程中产生的船。有这么些想法鼓动了这一回答。首先请想想：在原船的第一块板子腐烂并被换掉之后发生了些什么？我们把由此产生的船称为“$S_1^*$”，这艘船恰似原船那般，只是换了一块板子而已。谅必我们想说，$S_1^*$同一于$S_1$，$S_1^*$与原船是同一艘船。毕竟，$S_1$与$S_1^*$的唯一区别就是一块板子。$S_1$无疑经得住小修小补，并维持其同一性。你要是有过一辆小汽车，很可能得在某个时候更换轮胎或保险杠。我们通常不认为，这样的维修因果地 93
导致你的车不复存在，而一辆数字不同的新车突然就出现了。相反，我们通常会想，维修后的车同一于维修前的车。车还是同一辆，只是有个新零件罢了。我们要是赞成这一点，那么就可以想象有一连串的船，$S_1^*$、$S_1^{**}$、$S_1^{***}$，等等；在这个序列中，每艘船与前一艘船只相差一块板子。

① 杰斯（Jay-Z，1969— ），美国著名说唱歌手，原名肖恩·卡特（Shawn Carter），“Jay-Z”是其艺名。

我们说过，随着时间推移，你对你的车做点小修小补，你的车还是维持着它的跨时间同一性（identity over time），并不会因此就不再是你的车了。同理，我们也可以说，忒修斯之船还是维持着它的跨时间同一性，并不会因为小修小补就不再是忒修斯之船了。因此，我们可以对这个从$S_1$到$S_2$（即最后一次小修小补所产生的船）的序列下结论：同一关系在修补的每一步都成立。

$$S_1 = S_1^{*} = S_1^{**} = S_1^{***} = \cdots = S_1^{****\cdots*} = S_2$$

我们从这个结论只需再走一小步，就能得到“$S_1 = S_2$”的论断。为了达成目标，我们只需注意一点：同一关系是传递的。

传递性：同一关系是传递的。

也就是说，$\forall x \forall y \forall z\ ((x=y \land y=z) \supset x=z)$。

**工具箱 3.1　等价关系**

同一关系其实有三个重要特征：

自返性：同一关系是自返的。换言之，$\forall x\, x=x$。

对称性：同一关系是对称的。换言之，$\forall x \forall y\ (x=y \supset y=x)$。

传递性：同一关系是传递的。换言之，$\forall x \forall y \forall z\ ((x=y \land y=z) \supset x=z)$。

任何具有这三个特征（自返性、对称性和传递性）的关系，逻辑学家都称为**“等价关系”**（equivalence relation）。同一性是一种等价关系。其他的等价关系还包括：

同大小

同形状

同族成员

既然有一条同一链（chain of identities）把$S_1$与$S_2$连接起来，我们就 94
可利用以下论证，得出“$S_1=S_2$”的结论：

1. $S_1 = S_1^{*}$ （初始假设）
2. $S_1^{*} = S_1^{**}$ （初始假设）
3. $S_1 = S_1^{**}$ [由前提(1)和(2)，以及同一性的传递性可得]
4. $S_1^{**} = S_1^{***}$ （初始假设）
5. $S_1 = S_1^{***}$ [由前提(3)和(4)，以及同一性的传递性可得]

……

……

n-2. $S_1 = S_1^{*****\cdots*}$ [由前提(n-4)和(n-3)，以及同一性的传递性可得]

n-1. $S_1^{*****\cdots*} = S_2$ （初始假设）

因此，

n. $S_1 = S_2$ [由前提(n-2)和(n-1)，以及同一性的传递性可得]

这便是促成“$S_1=S_2$”这个论断的推理。

以上辩护令人信服。不过，要是说原船同一于由原材料组装成的船$S_3$，倒也不无道理。道理很简单：$S_1$与$S_3$由相同的构成物组成；组成两船的不光是定性相似的构成物（看起来一样的板子），还是数字同一的构成物（量完全相同的板子）。有一条原则说，“相同的构成物造就同一个对象”（same constituents，same object），听起来还挺合理。我们要是采纳这条原则，那么就不得不承认$S_1=S_3$了。

鉴于$S_1=S_2$与$S_1=S_3$两种说法都有道理，有人可能会认为，选项 3 或许才是对“忒修斯之船”这个谜题的最佳回应。$S_1$与$S_2$相同，这样想是有好的动机的：我们从$S_1$到$S_2$的逐步过渡中发现了一种连续性，这种连续性相当于零件的变更。$S_1$与$S_3$相同，这样想也有好的动机；毕竟，两艘船是由相同的零件合成的。因此，我们或许可以下结论：两个同一性陈述均为真。然而，这个论断很有问题，大概是四个选项中最有问题的一个。道理在于，我们已经注意到（参见工具箱 3.1），同一性是一种等价关系。这就意味着，如果$S_1=S_2$并且$S_1=S_3$，那么，根据同一性的对称性和传递性，$S_2=S_3$。论证如下：

1. $S_1=S_2$　（初始假设）
2. $S_1=S_3$　（初始假设）
3. $S_2=S_1$　［由前提（1）和同一性的对称性可得］

因此，

4. $S_2=S_3$　［由前提（2）和（3），以及同一性的传递性可得］

95 但$S_2$并不同于$S_3$。要记住说$S_2=S_3$是什么意思。这是在说，只有一艘船，并没有两艘船，一艘是$S_2$，另一艘是$S_3$。可$S_2$和$S_3$当然是不同的船。两艘船停于不同的位置，又由不同的材料组成。因此，停于雅典海岸的船不是一艘，而是两艘。所以，选项 3 是我们接受不了的。

我们对上述论点的说明，其实暗地里用到了一条重要的形而上学原则。这条原则便是**莱布尼茨律**（Leibniz's Law），又称**"同一物不可分别"**（Indiscernibility of Identicals），因哲学家兼数学家戈特弗里德·莱布尼茨（Gottfried Leibniz，1646—1716）而得名。莱布尼茨律说，如果有某物具有另一物所没有的属性，那么两物不同一。如若两物是同一物，那么它们必定共享一切相同的属性。毕竟，同一个东西不可能既有又没有一个属性（这会是个矛盾）。更准确地说，莱布尼茨律（借助于二阶谓词逻辑的资源）可被陈述为如下两种形式：

$$\forall x\forall y\forall F((Fx\wedge\neg Fy)\supset x\neq y)$$
$$\forall x\forall y\forall F(x=y\supset(Fx\equiv Fy))$$

你会看到，哲学家有时候用方框符号"□"来表达莱布尼茨律（及其他形而上学原则），把该符号附于其上：

$$\Box\forall x\forall y\forall F((Fx\wedge\neg Fy)\supset x\neq y)$$
$$\Box\forall x\forall y\forall F(x=y\supset(Fx\equiv Fy))$$

这样做是因为，哲学家使用莱布尼茨律等形而上学原则常常表达的可不只是关于偶然事项的事实，反倒是关于（不管世界变成什么样）事物必定是何模样的必然真理。[5]方框符号应读成“必然地”。

**工具箱 3.2　同一物不可分别与不可分别物同一**

莱布尼茨律或“同一物不可分别”原则，不该与另一条更有争议的原则混为一谈，后者也和莱布尼茨有关，名叫**“不可分别物同一”**（Identity of Indiscernibles）。“不可分别物同一”说的是，必然地：如果 a 和 b 是定性复本（qualitative duplicates，即二者定性同一），那么它们便是同一个对象（即二者数字同一）。该原则可被表达成（二阶逻辑中的）逻辑公式：

$$\Box \forall x \forall y \forall F\,((Fx \equiv Fy) \supset x = y)$$
$$\Box \forall x \forall y\,(x \neq y \supset \exists F\,(Fx \wedge \neg Fy))$$

如果任意两个对象共享相同的特性，那么它们便是同一的。可如果任意两个对象不同一，那么一定有某个特性是一个对象有而另一个对象无的。

莱布尼茨律本身并没有什么争议。大多数形而上学家认为，莱布尼茨律无非表达了数字同一性意蕴的一些基本后承罢了。然而，哲学家只要认可“不可分别物同一”原则，就是在下实质的形而上学论断：不可能有两个不同的对象共享一切相同的特性。

哲学家马克斯·布莱克（Max Black，1909—1988）对“不可分别物同一”原则提出过如下反例：

> 宇宙本来应该只含有两个完全相似的球体，这难道不是逻辑可能的吗？我们可以假设，每个球体都由化学纯铁组成，直径均为一英里，皆有相同的温度、颜色等，此外无物存在。那么，一个球体具有的每个性质和关系特征，也会是另一个球体的属性。现在，如果我在描述的情形是逻辑可能的，那么两个东西具有一切相同的属性就不是不可能的。
>
> （Black 1952，p. 156）

布莱克的球体案例显然不含矛盾，因此看起来是逻辑可能的。因为“不可分别物同一”原则理应表达关乎同一性的必然真理，所以，这两个球体的逻辑可能性似乎也就表明了该原则为假……或者说，该原则起码比它的逆命题——莱布尼茨律——有争议得多！

**练习 3.1　莱布尼茨律**

A. 假设某人提出如下论证，说明超人不同于克拉克·肯特（Clark Kent）①：

97 超人和克拉克·肯特不可能是同一个人，因为克拉克·肯特戴眼镜而超人不戴。另外，超人飞得比高速子弹还快，而克拉克·肯特却办不到。因此，根据莱布尼茨律，超人与克拉克·肯特不同一。他俩一定是不同的人。

你会如何回应这个论证？超人和克拉克·肯特的案例违反莱布尼茨律吗？

B. 假设某人又提出如下论证，说明保罗·麦卡特尼（Paul McCartney）和斯蒂芬·霍金（Stephen Hawking）是同一个人（是同一的）②：

保罗·麦卡特尼和斯蒂芬·霍金是同一个人。两人皆于1942年生于英国；均是白人，均有一头棕色短发；还都结过至少两次婚。因此，根据莱布尼茨律，他俩一定是同一的。

你会如何回应这个论证呢？

我们把莱布尼茨律应用于手头的案例，就可以确定$S_2 \neq S_3$，因为$S_2$与$S_3$在许多属性上有区别。两艘船有不同的材料、不同的位置，等等。既然

① 超人在地球上的化名为“克拉克·肯特”（Clark Kent），以记者的身份公开行动。

② 保罗·麦卡特尼（Paul McCartney，1942—　），英国音乐名人，披头士乐队前成员。斯蒂芬·霍金（Stephen Hawking，1942—2018），英国著名物理学家，著有《时间简史》（*A Brief History of Time*）等畅销科普书籍。

两艘船是可区分的（有不同的属性），那它们就不可能是同一的。

现在，你或许想试试另一招。你注意到$S_2$和$S_3$哪一艘都不比另一艘更有资格当作原船，于是便说$S_2$和$S_3$都是新船。这是另一种可能性，即选项 4。我们在此可以承认，原先抵达雅典的船与现存的两艘船均有重要的相似之处；不过，我们还是会说，原船在严格意义上不复存在，已经被两艘新船替换了。

最后这个选项是有吸引力的，它不逼我们在$S_2$和$S_3$中二选一，不逼我们说哪艘船更当得起$S_1$。选项 3 要求我们承认，看似是并排停泊的两艘船，实则只是一艘；与之相比，选项 4 提供给我们的选项要合理一些。不过，最后这个选项也还是不尽如人意，因为我们不得不说，两艘船都不是原来的忒修斯之船。鉴于似乎没有任何其他合理备选项，我们迫不得已，只好承认忒修斯之船已不存在了。[6] 另外，请读者注意：$S_2$当得起忒修斯之船的说法惹了麻烦，麻烦全是由$S_3$的组装引起的。要是没有人把原船板收集起来并组装成$S_3$，那么就没有什么能威胁到$S_1=S_2$这一论断了。可是，一个发生在别处的过程，如何可能影响到关于$S_2$的同一性事实呢？

忒修斯之船之所以给形而上学家出了一道难题，就在于你不得不从选项 1、2 和 4 里面选。你想咬紧牙关承认忒修斯之船如今已不复存在，只 98
有$S_2$和$S_3$两艘新船吗？还是说，针对“$S_2$当得起原忒修斯之船”的说法，你有办法削弱我们这样说的上述动机？$S_3$同理？①

**练习 3.2　忒修斯之船**

这个谜题的哪一种解答你更喜欢，是选项 1、选项 2 还是选项 4？请为你的选项辩护，抵挡来自剩余选项的挑战。

关乎具体物质对象的第二个经典谜题是雕像与黏土之谜。一位雕刻师拿起一个黏土块［lump of clay，就叫该对象“朗普”（Lump）好了］，制成了勇士歌利亚（Goliath）② 的雕像（就叫该对象“歌利亚”吧）。假设中午时分，只有那个黏土块，可到了午夜，歌利亚像竣工，还被单独置于

① 最后这两句话的意思是：我们要是有办法削弱支持“$S_2$（$S_3$）是原船”的理由，自然就更有理由相信，两艘船中的另一艘$S_3$（$S_2$）是原船了。

② 歌利亚（Goliath），《圣经》中的角色，非利士巨人，后来被年轻的大卫王用飞石击杀。

一个底座上。午夜时分，我们应该说这个底座上有两个还是一个对象呢？你起初可能觉得，那里显然只有一个对象。可要是这种印象是对的，那么这就意味着：朗普＝歌利亚。这个同一式似乎不太对，因为我们可以用莱布尼茨律，加上［朗普有歌利亚没有的若干属性］这一事实，演绎出：朗普≠歌利亚。

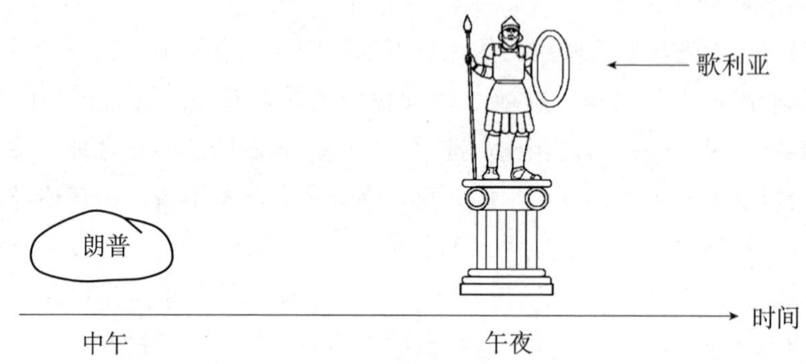


**图 3.2　雕像与黏土**

一个有、另一个却没有的属性是什么呢？有的是暂时属性（temporal properties）。例如，朗普有“中午存在”这个属性，而歌利亚没有。歌利亚有“当晚 8 点后被制作出来”这个属性，而朗普却没有。朗普和歌利亚也有**模态属性**（modal properties）的差别。模态属性是与可能性或必然性有关的属性，也就是关系到这两个对象在某些条件成立时，可能或必定发生什么。朗普有“能够在被压扁还团成球状的情况下继续存在”这一属
99 性，但歌利亚像却没有。如果歌利亚被压扁还团成了球状，它就不复存在了，就不再有歌利亚像这个东西了。另外，歌利亚似乎有“必然是雕像”这个属性，而朗普则没有。朗普并非必然是雕像；即便朗普从未被塑成雕像，它也本可能存在。朗普本可能一直就是个黏土块的。因此，尽管歌利亚和朗普共享许许多多的属性（都位于同一个地点，即底座上；都形如古代勇士歌利亚；都由相同的原子合成），但莱布尼茨律似乎逼我们承认二者是不同的。虽然在午夜时分，底座上看似只有一个对象，但那里其实有朗普和歌利亚两个对象。

况且，我们要是考虑一下关乎雕像和黏土块之同一性的事实，就好像会再次得到结论：这两个对象不同一。请想想中午的黏土块，就称该对象为$L_1$好了。现在再想想午夜的黏土块，就称该对象为$L_2$好了。看来很明显，$L_1=L_2$。假设雕刻师用了原来全部的黏土来制作雕像，我们似乎不得

不说，午夜的黏土块与他早上拿到的黏土块是同一块。毕竟，仅仅把一个对象塑状成形，不应使它不复存在！上一段就已指出，黏土块能在塑形条件下继续存在。同时，$L_1$≠歌利亚，这同样也很明显。毕竟，歌利亚是雕像，而中午可没有雕像存在。因此，$L_1$不可能是歌利亚。可是这样一来，如果$L_1=L_2$且$L_1$≠歌利亚，那么，我们根据［同一性是等价关系］的事实，就一定得下结论说：$L_2$≠歌利亚。我们可以用一个论证来表明这一点，该论证用到了归谬法。

论证：午夜的黏土块（$L_2$）不同于雕像（歌利亚）

1. 出于归谬目的假设：$L_2$＝歌利亚
2. $L_1=L_2$　（初始假设）
3. $L_1$≠歌利亚　（初始假设）
4. $L_1$＝歌利亚　［由前提（1）和（2），以及同一性的传递性可得］

因此，

5. $L_2$≠歌利亚　［由前提（3）和（4），以及归谬法可得］

所以，午夜的黏土块不可能和歌利亚是同一个对象。

上述哲学考虑造就了**“双对象说”**（Two Object View）。哲学家大卫·威金斯（David Wiggins）在《相同性与实体》（*Sameness and Substance*）一书中支持了这种观点。双对象说主张，物质对象一般不同于组成它们的质料。我们已经用雕像与黏土的案例阐述了几个支持该观点的主要论证；不过，无论具体的对象是什么，只要是由某些物质构造出来的，就都会引发同样的问题。同样的问题既可以就一张桌子和组成它的木头提出，也可以就你的身体和构成身体的有机物质块提出，不一而足。双对象说之所以引 100
人注目，是因为它似乎与一条貌似合理的关乎物质对象的原则相悖，该原则说：没有两个物质对象可以同时处于同一地点。①

---

① 双对象说，又名“构成观”（the constitution view），说的是物质对象（被构成项）由它的物质块（构成项）构成，但二者不同一。目前，双对象说或构成观几乎已成为物质构成现象的“标准说明”。至于文中提到的这条似乎与双对象说相悖的原则，哲学家一般称之为“物质不可入性”（material impenetrability）。

**工具箱 3.3　归谬法**

**归谬法**（reductio ad absurdum，简写成 reductio）是哲学家常用的一种论证方法。我们要应用此法，需假设所欲证明之论断的否定，然后表明该假设导致了一个矛盾（P 和 ¬P）。我们可以说，归谬法把论断的否定归约成了悖谬，从而显示了初始论断为真。

要规避双对象说，或许有个办法，那便是放弃“$L_1 \neq$ 歌利亚”的说法。我们可以承认，歌利亚是一尊神话勇士的雕像；中午的黏土块虽然看起来不像，可其实就是一尊神话勇士的雕像。这种观点和双对象说一样，有一些奇特的理论后承。中午时分，雕刻师本可以变了主意，又或者口渴难耐，于是用那黏土制作了一个咖啡杯。这种情况确实很有可能，并且似乎表明：朗普这个对象本可被制成咖啡杯，而非雕像。可要是朗普＝歌利亚，二者在数字上便是同一个对象，那么我们就不得不说，歌利亚像本可以是一个咖啡杯了。这好像不对。

本章章末和论持存的第六章会回过头来考虑雕像与黏土之谜的其他解答。

**练习 3.3　雕像与黏土**

对于雕像与黏土之谜，你认为最合理的回应是什么？

## 一多问题

前文关乎物质对象的两个哲学之谜，均肇始于一段时间内可能发生的变化：有一艘船的状况多年来一直在恶化，它的零件也在慢慢更换；也有
101 一个黏土块在一天内被塑形成了一尊神话勇士的雕像。这两个谜题逼我们直面**历时同一性**（diachronic identity，即跨时间的同一性）的问题。本节将要探讨的最后一个谜题倒与历时同一性无关，反倒牵涉了单一时间的状况。换言之，这是个关乎**共时同一性**（synchronic identity）的谜题。该谜题涉及日常物质对象与据说构成了对象的粒子集合体之间的关系，因此获称“**一多问题**”。彼得·昂格尔在 1980 年发表的一篇同名论文中首次引入了一多问题。

就我们可能想到的任何熟悉物质对象来说，都会有这样一个问题；不过，我们还是关注一下，该问题是如何在人体的情形中出现的吧。请花点儿时间检查你自己的身体。起初，你可能觉得，什么是你身体的一部分，什么又不是你身体的一部分，这些都有明确的事实。请看一看你的一只手。目光所及，很容易就勾勒出这只手的轮廓，并由此划定你身体的部分与周遭环境的部分之间的边界。不过，现在请再想象一下，你用一台显微镜放大你的身体。如此一来，情况就会不一样了。你看得见组成皮肤的细胞了。用扫描隧道显微镜进一步放大身体，你还可以观察到组成这些细胞的个体原子和个体分子。放大到这个程度，身体与周遭环境之间的边界就没那么清晰了。假如我们有功能更强的显微镜，甚至还能往下一直看到组成原子的电子、质子和中子这一层级，或许还看得见组成质子和中子的夸克呢。不过，对此我们无需介怀，还是停在原子层级好了。你的身体由有穷数目的原子组成。我们不妨假设这个数是 $7\times10^{27}$（这应该是平均值）。[7]所有这 $7\times10^{27}$ 个原子的集合体，就叫“C”好了。C 就这样被组织起来，组成了一个人体，也就是你。昂格尔指出，有好多别的原子集合体似乎也能构成如你这般的人体，它们与 C 只有一点点不同，却几乎与 C 处于同一个地点。比如说，请想想一个含有 $7\times10^{27}-1$ 个原子的集合体，这个原子集合体几乎囊括了 C 的全部成员，就差你小指尖上的一个特殊碳原子。就叫这个集合体为“C-”吧。组成人体所需的一切要素，C-好像都有了。毕竟，我们可以设想那个碳原子从来不是你的一部分，但我们不会就此下结论说，你就没有身体了。我们同样可以设想一个不同的原子集合体 C--。该集合体恰似 C，只是不含你耳内的单个氢原子。同理，构成人体所需的一切要素，C--似乎也都有了。昂格尔认为，有许许多多的原子集合体离你的身体相当近，而且每一个集合体似乎都有同样的资格构成一个人体。于是，我们似乎不得不承认，哪怕就在你坐着的这同一个位置，都有相当多的、看起来非常像你的其他人体；不过，因为这些人体是由略微不同的原子合成的，所以由莱布尼茨律可得，它们不同于你。

在日常生活中，有很多我们熟悉的复合物质对象，一多问题也很容易 102
拓展到这样的对象上去。大约在你坐着的同一个位置，有为数众多的人体；同样，在你的位置下面还有许许多多椅子，在旁边还有许许多多电话、许许多多桌子，不一而足。昂格尔本人为了解决一多问题，一开始就不承认有什么复合的物质对象。如果组成人体或椅子的一切要素是任意原子集合体都有的，那么有这般要素的东西就太多了。所以，昂格尔提议，我们应该撤销对人体和桌、椅等熟悉物质对象的本体论承诺。如果“一”要你承认“多”，那么，我们或许根本就不该相信“一”。

不过，要想从这些原子集合体中分辨出一个特别的、确实组成了你身体的集合体，或许还是有办法的。你可以开动脑筋，提出一个主张：在为数众多的原子集合体 C、C-、C--等中，有一个集合体最大，它囊括了其他集合体所包含的全部原子，那便是 C。然后，你可以把你的身体等同于 C，并声称 C-和 C--等集合体全都不是身体，因为“身体”概念缺不了一个条件，即身体是任意此类序列中最大的此类物项。如此一来，你就把“是身体”的属性当成了西奥多·赛德所说的**“极大属性”**（maximal property）。赛德在下面的段落里就建议这样办：

> 日常的分类谓词（sortal predicates）[8]一般表示极大的属性。大致地讲，属性 F 是极大的，如果一个 F 所含的任何大的部分都不是 F。一座房子的一大部分——比方说，房子除了一扇窗以外的全部——本身不算是房子。一只猫的一大部分——比如说，猫除了尾巴以外的全部——本身也不算是猫。不然的话，每座房子附近都会有许许多多房子；每只猫附近也会有许许多多猫。
>
> （Sider 2003，p. 139）

诉诸“是房子”或“是身体”的属性的极大性（maximality），正是我们设法回避一多问题的一招。

我们考虑过组成你身体的 $7\times10^{27}$ 个原子减去这里或那里的一个原子的情况，同样也可以考虑另一种情况，即 $7\times10^{27}$ 个原子加上一两个原子，虽然别人可能认为，那一两个原子是周遭环境的一部分。不过，极大性策略就是在后一种情况惹上了麻烦。大卫·刘易斯在讨论一多问题时，就关注这些别的潜在对象，它们是在给某个初始集合体 C 加上而非减掉原子的过程中产生出来的对象：

> 想想你自己或其他任意一种生物体吧，在新陈代谢、排泄、出汗或褪死皮的过程中，都有部分逐渐松脱。在每种情况下，一个事物皆有可疑的部分，因此碰上了一多问题。
>
> （Lewis 1993，p. 165）

我们可以像考虑 C-和 C--那样，再来想想 C+和 C++。C+是 C 加上了一个原子，该原子位于正从皮肤上冒出的一粒汗珠中。C++则是 C 加上了另 103
一个原子，该原子曾是你身体才消化掉的某食物的一部分。昂格尔碰到这种情形，也想说 C+和 C++与 C 一样，有资格构成一个人体。毕竟，如果在这里或那里减掉一个原子无关紧要，那么做一点小小的添加自然也无足轻重。可要真是如此，那么诉诸极大性好像就解决不了问题。在添加原子的情况下，极大的物项是哪个呢？是 C？还是 C+或 C++？C 既是 C+的一部分，又是 C++的一部分。但哪一个才是构成人的对象呢？不好说。

**练习 3.4　一多问题**

回应一多问题的办法似乎有三种：

A. 否认有任何一个原子集合体组成了人体。

B.（学赛德）找个办法，从一堆原子集合体中分辨出一个特别的、唯一组成了人体的集合体。

C. 干脆承认这个结果：在特定情况下看似只有一个人体，实则有许多人体。

你认为在这三个选项中，哪个最有戏？有没有什么别的可行选项？

## 特殊合成问题

迄今为止，我们在讨论上述全部谜题时都做了一个假设。该假设成了近年来形而上学家争论不休的话题，我们现在得质疑一番。我们一直以来都在假设，个体粒子（即基础物理学发现的那种对象，如电子、夸克，等等）至少有时候组合出了原子集合体、黏土块或有机物质块。就特殊的原子集合体而言，我们问过它们构没构成船或人；可有的哲学家认为，我们还需要论证这些原子集合体本身是存在的。彼得·范因瓦根在 1990 年出版的《物质存在物》一书中指出，个体粒子或许从未组合出合成对象（composite objects），又或许有时会组合，但不总是如此。尽管某些粒子存在，但可能没有粒子集合体这样的东西。

范因瓦根在《物质存在物》中想处理一个问题：某些对象在什么情况下合成了某物？他称这个问题为“特殊合成问题”。[9] 我们在呈现前面的全 104

部谜题和悖论时做过一个关键假设：合成（composition）至少有时候发生。至于这是怎么回事，值得强调一下。头两个谜题（忒修斯之船和雕像与黏土）的情况最为明显。我们一开始先是假设，有些木船板合成了一艘船；后来又假设，有块黏土，在午夜时分被雕刻，便合成了一尊雕像。我们甚至在呈现一多问题时，也假设了合成至少有时候发生。毕竟，我们那时假设了 C、C-、C--等原子集合体全都存在。可是，假设有个原子集合体存在，无非是说那些原子已经合成出某物，哪怕只是一个集合体。范因瓦根想让我们明白，或许根本就没有 C、C-或 C--这样的原子集合体。或许只有这些原子存在，而这些个体事物却从未一同形成一个由它们组成的对象，也就是被我们称为它们的“**偏全和**”（mereological sum）或“**融合物**”（fusion）的东西。



范因瓦根为了准确无误地表述特殊合成问题，指出我们有必要引入一种新的逻辑工具：复数量化（van Inwagen 1990，pp. 22 - 26）。标准的一阶量化工具提供不了什么办法，给我们想要的区分；要想明白这一点，请想想我们如何用一阶量化工具翻译句子“那些电子存在”（the electrons exist）。我们不得不把句子译成：

∃x（x是那个电子群）。[10]

这个翻译结果蕴涵了“那个电子群”（the electrons）① 这样一个东西存在，因此蕴涵了合成发生。但恰恰相反，我们应该想办法谈论那些复数的电子，不要假设有什么东西由那些电子合成，还成了表达式“the electrons”的所指。

我们追随范因瓦根，用“∃xs”来表示与中文短语“存在一些 x”（there exist some xs）相同的意思，也用复数变项“the xs”指称这些 x。这样一来，我们就可以谈论这些复数的 x，而不会自动假设存在某个东西（∃x）作为它们的和（sum）或集合体了。[11]毕竟，那样做相当于假设合成确实发生。于是，我们可以把“那些电子存在”译成：

---

① “the electrons”在这里是作为限定摹状词被使用的（也请参见本章的尾注 10），指称的是单个对象。这种用法与“the electrons”指涉复数对象的典型用法相左。译者为表示“the electrons”的两种用法的差异，不得不在中文字面上做些区分：当“the electrons”指称复数对象时，译为“那些电子”；当它作为限定摹状词指称单个对象时，译为“那个电子群”。

∃xs（the xs 是那些电子）。

那么，**特殊合成问题**的正式表述便是：

对于任意一些 x，∃y（the xs 合成 y）何时为真？

这个表述可以用中文读成：对于任意一些 x，何时存在一个 y，使这些 x 合成 y？该问题的可能解答全都会采取如下形式：

∀xs∃y（the xs 合成 y，当且仅当 the xs……）

其中，省略号（……）可填入一个条件；你可以说，该条件是让任意一些 105
x 合成某物所需的条件。[12]

请读者注意，特殊合成问题相当一般。该问题的解答会告诉我们，任何一些对象（无论是什么）需要什么才可以合成某物。有的形而上学家相信，有一类特别有意思的对象，即**单体**（simple）或**偏全原子**（mereological atom）。单体是没有**真部分**（proper part）的对象。某个 x 是另一对象 y 的一个真部分，仅当 x 是 y 的一部分，并且 x 不同一于 y。（严格来说，每个对象都是自身的一部分。[13]）总之，任意一些东西，不管它们是偏全单体也好，还是偏全复合对象（mereologically complex object，由自身以外的对象合成的对象）也罢，为了合成某物需要什么样的条件，特殊合成问题的解答都会告诉我们。

读者要是注意到还有一种理解特殊合成问题的办法，可能会有所帮助。这种更“实用”的表述不是特殊合成问题的正式表述，范因瓦根虽然认定了这一点，但也指出，它可以帮我们认识到问题的症结所在：

> 假设我们有某些（不重合的）[14]对象——这些 x——可任由我们支配。我们必须做点儿什么，又能够做点儿什么，才能让这些 x 合成某物呢？
>
> （van Inwagen 1990，p. 31）

特殊合成问题的解答分为温和解和极端解两类。温和解蕴涵的结论是：有些对象（一些 x）至少有时候一同合成了一个新东西；但合成却不总是发生。特殊合成问题的极端解则蕴涵了另外两种立场：要么对于我们想到的任意一些 x（无论是什么），合成总是发生；要么合成从不发生（至少没有哪些不同的对象会组合出一个新对象；万物只在微不足道的意义上合成自己）。本章剩下几节会介绍哲学家已经提出的各种不同解答，好让读者评估自己对范因瓦根的这个问题会怎么想。

## 特殊合成问题的温和解

要是有人想以温和的方式回答特殊合成问题，给出一个蕴涵“合成仅在某时发生”的答案，那么就有多种不同的解答可取。关于合成何时发生、何时不发生，我们有一些前理论的（pre-theoretic）信念；如果有哲学家想要一种尽可能贴合这些信念的物质对象形而上学，那么温和解对于他们来说就很有吸引力。例如，请考虑在地球上存在的大小各异、复杂度不一的一切对象。我们在深入思索形而上学以前，通常认为有一些这样的对象组合出了更复杂的对象，而另一些却没有组合到一块。比如说，整齐
106 堆放在英国伦敦唐宁街 10 号的那些砖块，确实合成了某物：英国首相的官邸兼办公厅。另外，苏格兰最胖的狗身上的那些跳蚤，却未与自由女神像组合出任何东西。也就是说，并没有这样一个恰好由狗跳蚤和自由女神像合成的对象。我们要是真感兴趣，倒是可以发明一个名字“弗利伯特”（Fleabert），并认定这个名字就是用来指示那个由狗跳蚤和自由女神像合成出的对象的。① 可这无非是在耍弄语言把戏而已。哪些对象存在是一个客观的问题。要是“弗利伯特”这样的对象不存在，那么发明这个名字也于事无补。所以，探求特殊合成问题的温和解有个常见的动机，便是要找一个相当吻合我们对于哪些对象存在的前理论直觉的解答。唐宁街 10 号的宅邸的确存在，但弗利伯特不存在。

要以温和的方式回答特殊合成问题，接触说（contact）倒提供了一个很自然的尝试。接触说声称：

① Fleabert，是由 flea（跳蚤）加 liberty（自由）的一部分拼成的名字。短语“苏格兰最胖的狗身上的那些跳蚤”，除了第一次出现，以后均略作“狗跳蚤”。

接触说：∀xs∃y（the xs 合成 y，当且仅当 the xs 相互接触）。

想法大致是这样的：如果你有一些东西，又想让它们合成某个另外的对象，那么，只要把它们挨在一起，让它们彼此接触，就足够了。

接触说的魅力在于：那些常用于推动温和回应的情况，接触说似乎全都弄对了。根据接触说，唐宁街 10 号的宅邸存在，是因为唐宁街 10 号的那些砖块彼此接触；弗利伯特不存在，却是因为自由女神像并未与任意一只狗跳蚤接触。不过，尽管接触说弄对了某些情况，可还有别的某些明确的情况是它没弄对的。

首先，我们往往认为，合成在某些情况下发生了，即便作为合成项的对象并未接触。例如，水星、金星、地球、火星、木星、土星、天王星和海王星等八大行星共同合成了太阳系，但这些行星彼此并未接触。各行星确实隔着遥远的距离。范因瓦根也指出，我们要是应该接受任意涉及中等大小对象的日常合成情形的话，那么从一开始似乎就得承认：物理学的基础粒子一同合成了原子和分子等相对基本的对象。可我们没有好的理由相信，电子和夸克等基础粒子，竟是凭借彼此的接触，才合成了原子核、原子和分子等较大对象的（van Inwagen 1990，p. 34）。

其次，范因瓦根指明，还有一些明确的情形，其中一些对象相互接触，但我们认为合成并未发生。比如说，要是你我握了手，会发生什么呢（van Inwagen 1990，p. 35）？现在，我俩的身体是相互接触了，但我们没理由认为，一个新对象生成了，还从我俩双手相触的那一刻起，一直持存
到撒手的那一刻。可是，接触说却蕴涵了这样一个结论。因此，要回应特 107
殊合成问题，我们似乎必须另寻他法。

范因瓦根还在他的书里考虑了若干对特殊合成问题的其他温和解，但最终全都拒绝掉了。这些温和解是：

紧扣说（fastening）：∀xs∃y（the xs 合成 y，当且仅当 the xs 相互紧扣）。这些 x 紧扣，是指在任意方向、任意大小的力可能施于其上的众多序列中，至多有少数几个力的序列，能够在不造成破坏或永久形变的情况下，把这些 x 分离开。

凝聚说（cohesion）：∀xs∃y（the xs 合成 y，当且仅当 the xs 凝聚）。这些 x 凝聚，是指它们在不被破坏的情况下，不可能分离开，也不可能做相互运动。

融合说（fusion）：∀xs∃y（the xs 合成 y，当且仅当 the xs 融合）。这些 x 融合，是指它们结合在一起，乃至于彼此之间没有任何边界。①②

以上三种观点全都在某些方面改进了接触说，好让这些 x 为了合成某物而必须保持的关系变得更牢固。然而，每一种观点都面临新的反例。

**练习 3.5　特殊合成问题的温和解**

请就紧扣、凝聚及融合三说，分别给出一个促成其解答的合成案例（即合成发生且相关条件被满足的案例），再给出一个作为其解答之反例的案例。反例可以是（i）条件被满足但合成不发生的案例，也可以是（ii）合成的确发生但条件不被满足的案例。

对于特殊合成问题，要表述一个尽如人意的温和解是相当困难的。有鉴于此，至少有一位形而上学家内德·马科西安（Ned Markosian）已经提议，我们要慎重考虑一种可能性：特殊合成问题没有好的解答。马科西安一方面认为，合成仅在某些场合发生，而非总是发生，这一点是显然的；另一方面，又拿范因瓦根在《物质存在物》一书中的讨论来支持这样的见解，即我们无法就特殊合成问题表述一个有趣的真解答。马科西安的结论是，合成的发生不过是个直鲁事实（brute fact）。我们给不出什么形

---

① 接触、紧扣、凝聚和融合，是物质结合的四种方式。物质结合的“紧密度”会随我们表述的次序而逐渐递增。一是接触，正文已有详述。二是紧扣，最直观的例子是螺母拧到了螺栓上，除了顺着螺纹把螺母拧出，其他的分离方式大概都会对二者造成破坏。三是凝聚，如两块砖由胶水相粘，又如两块金属被焊接在一起，结合的紧密度超过紧扣，任何分离方式都会损害对象。四是融合，融合则更进一步，凝聚着的对象之间有清晰可见的边界（如胶水层或焊缝），但融合着的对象之间没有任何边界。最典型的融合案例是金属的冷焊：把两块无氧化表层的纯金属对接在一起，二者会直接连成一块（这些案例均取自：van Inwagen 1990，pp. 56 - 60）。另外。为读者阅读便利计，译者把原文对“紧扣”“凝聚”与“融合”等术语分别做的一大段解说，从括号内移了出来。

② 在本章中，“fusion”有两种不同的意思：（1）指某些对象的偏全和（融合物）；（2）指对象的一种特殊合成方式（融合）。望读者善加区别。

而上学的说明，可以区分合成发生的场合与合成不发生的场合。唐宁街 108
10 号的宅邸存在，弗利伯特不存在。至于为什么如此，我们解释不了；我们对这些砖块、那些跳蚤以及那个雕像没什么好说的。如此一来，要针对范因瓦根的问题提供一个真解答，我们唯一能做的是：要么（在微不足道的意义上）说，合成在发生时发生；要么一个一个地列出合成实际发生的全部情况。马科西安把他的立场称为**“直鲁合成论”**（brutal composition）。说得准确一点儿，直鲁合成论断言，特殊合成问题没有为真、有趣且有穷的解答。

我们应该设法先看一看，哲学家对特殊合成问题还提过什么别的解答没有，如此方能正确地评价马科西安是对还是错。等到这一切考察结束时，要是我们还有理由认为，我们尝试给出的任何解答都是失败的，那么，我们就可以（勉为其难地）承认：关于合成的事实都是直鲁的。

依范因瓦根的看法，有某个条件可以使某些 x 一同合成一个新对象；可诉诸这些 x 彼此的相对位置，却理解不了这个合成条件。一切使合成的发生与否依赖于对象的相对空间位置的说明，均深受反例之害。不过，范因瓦根确信，至少有一个偏全复合的物质对象存在，那便是他自己。因此，合成了他的那些对象一定有个什么条件，使合成得以发生。

范因瓦根相信，使一些偏全原子合成他的条件是，这些原子参与了一种复杂的活动，而这种复杂的活动让它们构成一条生命（van Inwagen 1990，p. 82）。于是，范因瓦根对特殊合成问题做了如下解答：

> 彼范因论（PvI①）：
>
> $\forall xs \exists y$（the xs 合成 y，当且仅当 the xs 的活动构成一条生命）。

范因瓦根认为，“某些 x 的活动构成一条生命”是怎么一回事，这是个经验问题，要让生物学来解决；某些对象何以构成一条生命，生物学家的话是算数的。在范因瓦根眼中，唯有具体生物体的生命，才算是生命。生命

① PvI 是彼得·范因瓦根（Peter van Inwagen）的姓名首字母缩写。我们可依缩写之理，把此处的“PvI”观点戏称为“彼范因论”。

产生于一群构成物的自维持（self-maintaining）行为，这些行为复杂得超出人的想象。这些群体历时持存，凭摄取或呼吸纳入新的构成物，又排除掉旧的构成物。

到了这里，我敢肯定读者会注意到，彼范因论蕴涵了相当惊人的本体论。范因瓦根对特殊合成问题的解答，加上“有些偏全单体存在”的假设，推出了结论：偏全单体和生物是唯一存在的物质对象。人类存在，电子存在，但桌、椅、行星和太阳系都不存在，因为它们既非单体，又非生命。这个结果当然很惊人，也许还有点儿反直觉：有些例子通常旨在激励我们，让我们去探寻特殊合成问题的温和解；你要是还重视它们，就会产生这样的印象。不过呢，我们也发现，证据常常给我们指出了最初是反直
109 觉的方向；哲学在这一点上倒与科学别无二致。一个观点不符合我们最初的直觉，这不是反对该观点的决定性理由。相反，我们必须把这个反直觉的理由，与所有别的支持和反对该观点的理由一并加以权衡。



在继续探讨特殊合成问题的两个极端解之前，还有一点值得一提：范因瓦根已在一定程度上设法表明，他的观点虽然乍一看很惊人，但却未必会与我们在日常生活中做出的大多数陈述发生冲突。范因瓦根注意到，有一些陈述看似要我们承认无生命的偏全复合对象（例如桌、椅）存在，但我们可以用一种很简单的办法，把这些陈述改述成不含这般承诺的陈述（van Inwagen 1990，pp. 108 - 111）。

举个例子，请思考句子：“这个房间里至少有两把椅子”。乍一看，该句子似乎要我们承认椅子的存在，又由于椅子是无生命的偏全复合物质对象，所以，该句子似乎要我们承认，有些合成情形是与范因瓦根对特殊合成问题的解答相悖的。该句子有个很自然的一阶符号化结果，如下：

$$\exists x \exists y\ (((x\text{是椅子} \land x\text{在这个房间里}) \land (y\text{是椅子} \land y\text{在这个房间里})) \land x \neq y)$$

不过，我们有一个可行的改述。由该改述可见，原句子只要我们承认有一些单体（的确是范因瓦根相信的物项）以某些形式排列：

$$\exists xs \exists ys\ (((\text{the } xs\text{ 排列成椅子状} \land \text{the } xs\text{ 在这个房间里}) \land (\text{the } ys\text{ 排列成椅子状} \land \text{the } ys\text{ 在这个房间里})) \land \text{the } xs \neq \text{the } ys)$$

这个规整结果不要求我们承认椅子存在，只要求我们承认有一些排列成椅子状（chairwise）的东西。不难看出，起初似乎对无生命的复合物质对象进行量化的其他一切语句，拓展上述的分析都可以予以处理。范因瓦根可以把对桌子的谈论，替换成对一些排列成桌子状（tablewise）的单体的谈论；也可以把对行星的谈论，替换成对一些排列成行星状（planetwise）的单体的谈论；诸如此类。这样一来，范因瓦根就不需要说有什么日常的信念或陈述为假了。那些信念或陈述看似要我们承认有复合的无生命物质对象，可一旦理解对了，就会发现实情并非如此。

**练习 3.6　范因瓦根提出的解答与改述法**

范因瓦根会怎么建议我们把下列语句规整为一阶谓词逻辑的语言， 110
好让这些语句与他对特殊合成问题的解答一致呢？

A. 有些行星是由铁组成的。

B. 有些桌子比某些椅子重。

C. 有些桌子比某些人重。

D. 并非有些桌子比某些行星重。



## 偏全虚无论

我们现在来考虑特殊合成问题的最后两个解答。这两个解答都是极端解，而且恰当地说，也是我们在哲学文献中发现的、最常为人所捍卫的回应。就让我们从**偏全虚无论**（mereological nihilism，以下简称“虚无论”）入手吧。你要是个虚无论者，就会这样回答特殊合成问题：

> 偏全虚无论：∀xs∃y（the xs 合成 y，当且仅当 the xs 恰好只是一个）。

严格来讲，虚无论者不说合成从未发生。虚无论者可以承认，任何单体都是如此这般地合成自身。可要是这些 x 有两个以上，就绝无任何东西是由这些 x 合成的。换言之，存在的一切都是偏全原子，都是单体。

虚无论虽然极端，倒也有一些认为它可信的理由。支持虚无论的最明显的道理来自奥卡姆剃刀。如果我们确信，基础科学理论会只诉诸某些无部分的基本对象，为我们说明整个世界，那么，这些对象便是单体。基础科学理论一经完成，依其定义便能为世界上发生的一切提供完备的解释；既然如此，那么奥卡姆剃刀就会要求我们，别在这些单体之外再推设什么由它们合成的偏全复合对象了。

尽管虚无论在本体论的节俭性上有所斩获，但我们通常也发现，有两
111 个反虚无论的论证。第一个论证是范因瓦根本人用来拒斥虚无论的论证，上文已有所提及。范因瓦根把这个论证呈现如下（van Inwagen 1990, p. 73）：

> 范因瓦根的反偏全虚无论论证
>
> 1. 我存在。
> 2. 我不是偏全单体。
>
> 因此，
>
> 3. 至少有一个不是偏全单体的对象存在。
>
> 因此，
>
> 4. 虚无论为假。

虚无论者要想保住自己的立场，就必须找个办法拒斥这个论证。既然论证的有效性毋庸置疑，那么这就意味着虚无论者得找个办法，起码拒绝前提（1）和（2）中的一个。就前提（2）来说，我们的确很难承认范因瓦根[①]是某种物质性的物项，却又不是复合的。如果范因瓦根等同于任意一种物质对象，那么他当然不是电子或夸克那样的单体，他是有某些部分、由于这些部分的复杂行为而得以存在的东西。不过，采纳某种形式的**心身二元论**（mind-body dualism）倒是一种可能。按照心身二元论的说法，你、我和范因瓦根皆不是物质对象，反倒是非物质的心灵或灵魂。这一招可以否认前提（2），却不受自然主义哲学家或物理主义哲学家待见，因为他们相信心灵本身也是物质世界的一部分，产生于物理物质的复杂过程。虚无论者还有一招，便是否认（1），把范因瓦根本人对桌、椅说的

① 上述反虚无论的论证拿范因瓦根本人举例，因此本段中出现的“范因瓦根”大多是上述论证里的“我”。

那番话，搬过来对范因瓦根照说一遍。那么，虚无论者便可以说，以下论断为假：

范因瓦根存在，

但后面这个论断为真：

存在一些排列成范因瓦根状（van-Inwagen-wise）的单体。

也就是说，对于范因瓦根接受的、看似要他承认他自己存在的全部论断，虚无论者都可以进行改述，表明那些论断只要求承认单体。

以上回应本身是有争议的。不过，关于该主题的论争也还在继续着。[15]

很多哲学家发现，为否定虚无论提供了好理由的第二个论证与一个事实有关，众所周知，实在可能没有最底层。毕竟，我们此刻如何能确信，真的存在一些其实是偏全单体的对象呢？鉴于今日的物理学，我们可以认为电子和夸克是偏全单体；它们没有任何真部分。不过，综观物理学史，112
当物理学家认为他们已经抵达终极的偏全原子的领域时，结果却表明还有更多的结构有待发现，这样的情况已经屡次三番地出现了。“原子”（atom）一词其实历来都指称不可分（indivisible）之物（希腊语词根：*a-tomos*）。19世纪初，约翰·道尔顿（John Dalton）① 引入了“原子”一词，指称他当时认为是偏全原子的东西，该词在科学中沿用至今。然而，我们现在知道道尔顿所指的对象，也就是我们的科学如今称为“原子”的东西，其实并非单体。既然如此，那么我们有什么理由认为，今日物理学里的基本物项就是真正的偏全原子呢？

如此这般的状况给虚无论出了一道难题。毕竟，虚无论者的观点是唯有单体存在。可如果没有偏全单体，万物归根结底最终都是偏全复合的，那么，由虚无论者的观点便可推出：无论什么物质对象都不存在。这看来很成问题。最终是不是只有电子和夸克存在，又或者桌子和人存不存在，

① 约翰·道尔顿（John Dalton，1766—1844），英国著名化学家、物理学家，创立了近代原子论，还对色盲症开展了早期研究。

这些我们通通可以质疑；不过，肯定是有某种物质对象存在的。可要是虚无论为真，那么情况也许就不是这样的了。

我们还应指出，范因瓦根的观点也有一个类似的问题。[16]倘若事实表明没有单体，而范因瓦根的观点又是对的，那么生物便是仅有的存在物了。没有电子，没有夸克，没有桌子，也没有椅子；仅有的存在物就是那些生生造物。由于我们知道这个设想为假，却不知物质是否无穷可分，所以，我们似乎必须得下结论：范因瓦根的观点也为假。①

## 偏全万有论

我们将要考虑特殊合成问题的最后一解，可以说，也是最常见的回应了（尽管在别的多数哲学家看来这太疯狂了！）。这种解答如下：

> 偏全万有论（mereological universalism）：∀xs∃y（the xs合成y，当且仅当the xs不相交）。

说这些x不相交（disjoint），就是说它们在空间中不重合（也就是说，它们的空间位置全然不同）。大卫·刘易斯在《论世界的多元性》（1986）一书中捍卫了偏全万有论，影响深远。刘易斯是这样陈述这种立场的：

> 我宣称，偏全学的合成是不受限的：随便哪一类东西都有一个偏全和。只要有一些东西存在，无论它们多么不同，又多么不相关，总有某个只由这些东西合成的东西存在。
>
> （Lewis 1986，p. 211）

偏全万有论蕴涵：对于任意一些物质对象（无论是什么，简单的也好，复合的也罢），只要它们在空间中不重合，就有某个由这些对象合成的东西

① 这里用到了“否定后件”（modus tollens）的推理：彼范因论加上“单体不存在”的论断，蕴涵“唯有生物体存在”的结论。既然结论为假，那么两个前提必有一假。给定我们不知道单体存不存在（也就是不知道“物质是否无穷可分”），因此，出问题的很可能就是彼范因论。这就是为什么本书作者最后会说：范因瓦根的观点很可能为假。

存在。有的哲学家（比方说马科西安）主张，我们应该否认这种观点，因为它和我们关于合成何时发生、何时不发生的背景信念冲突太大。回到前面的例子：弗利伯特这样的东西不存在；在你我握手时，由组成了你我的那些原子所合成的对象，这样的东西也不存在。偏全万有论者（简称“万有论者”）通常对这种担忧嗤之以鼻，认为我们不该如此严重地依赖我们关于合成何时发生、何时不发生的前理论直觉。相信直觉会引领我们走向真理，暂时没什么道理可言；既然如此，我们就不该用直觉来指导有关何种事物存在或不存在的推理。量子力学或广义相对论是有史以来获得了最佳确证的理论，遵循直觉难道就会让我们得到它们吗？ 113

不过，有一点值得指出：即便一般来讲，诉诸直觉不是通达何物存在之真理的可靠方法，但在这个特殊场合，尊重直觉还是有些道理可说的。道理在于：万有论者要我们相信，不管我们考虑哪一群物质对象，合成总会发生；可是，我们要理解“某些东西合成出某个别的东西”是怎么回事，一开始总得把合成发生的情形与合成不发生的情形区分开来。“在某些对象存在的每个情形中，合成都发生了”，这样说能有什么意思？这种说法我们理解得了吗？这不是要我们放弃我们对于“合成”意义的通常理解吗？若是如此，万有论真的回答了特殊合成问题吗？还是说，它不过是在转移话题而已？

以上担忧均涉及万有论与我们的直觉的冲突。另外，万有论还在本体论的节俭性上付出了相当大的代价，这当然也是事实。万有论者的本体论是庞大的；肯定比迄今我们考察过的任何物质对象观的本体论都要大得多。[17]即便如此，至少还有一个论证激励了众多形而上学家，让他们甘心赞成万有论。

这个论证依赖一个前提：如果我们不说合成总是发生（也不说合成从未发生，但我们姑且把虚无论搁在一边），那么我们就不得不承认，存在一些情形，合成在这些情形中的发生与否是模糊的（vague）。可要是合成在特定情形中的发生与否是模糊的，那么，有多少东西存在也就是模糊的了。毕竟，要是我们考虑某个牵连多个 x 的合成情形，而这些 x 又合成了 y，那么便会有一个额外的对象 y，作为这些 x 的偏全和或融合物而存在。可要是特定融合物 y 存不存在是模糊的，那么，存在物的数目也就是模糊的了：数目是这些 x 的数呢，还是这些 x 的数加 1 呢？

“存在一些情形，合成在这些情形中的发生与否是模糊的。”为什么持温和观点（既否认万有论又否认虚无论的观点）的哲学家就必须承认这一点呢？理由在于，特殊合成问题的每个温和解都用到了模糊的概念。接触、紧扣、凝聚、融合、参与生命——这种种概念皆是模糊的。既然这些概念是模糊的，那么我们就能设想一些情形，其中的对象是否满足这些概
114 念是不确定的。我们不妨检查一下“紧扣”概念是不是这样。请回想一下，按照定义，一些对象紧扣，是指在任意方向、任意大小的力可能施于其上的众多序列中，至多有少数几个力的序列，能够在不造成破坏或永久形变的情况下，把这些对象分离开。可谁能说什么才算“少数几个力的序列”呢？别的概念也是模糊的。范因瓦根确实承认“生命”概念是模糊的。有一些临界情形（boundary case）存在，其中，某些 x 有没有构成一条生命，并没有相关的客观事实。要明白这一点，就想想生物体在妊娠后的最早期阶段吧。生命在哪个时间点开始了呢？



的确，特殊合成问题的温和解全都具有模糊性（vagueness），这是形而上学家怀疑它们的一个主要理由。对于特殊合成问题有种种回应，其中只有极端解（虚无论和万有论）与直鲁合成论消除了有关合成何时发生（以及有多少对象存在）的模糊性。这些观点要么说合成从未发生，要么说合成总是发生，要么说合成何时何地发生不过是个直鲁事实。既然模糊性问题对于关乎合成的论争如此关键，也确实对于形而上学的众多其他论争相当关键，那么，我们就拿本章的下一节来探讨这个主题。

## 模糊性

最早诉诸模糊性、质疑特殊合成问题的温和解的，正是刘易斯。我们应该注意到，刘易斯不是在主张世界上没有模糊性这种现象。大家都同意：有许许多多概念构成了我们思考世界的方式的一部分，也有许许多多语词构成了我们语言的一部分，而这些概念和语词都是模糊的。不过，刘易斯想坚持的观点是，模糊性仅仅是一种关乎语言或世界的概念化方式的现象。世界就其自身而言是没有模糊性的，没有哪种模糊性独立于我们思考或谈论世界的方式。刘易斯觉得常说的**“语言模糊性”**（linguistic vagueness）没什么问题，他反对的是**形而上模糊性**（metaphysical vagueness）：

> 对于模糊性的唯一可理解的说明，把模糊性安置于我们的思想和语言之中。内陆（outback）① 始于何处之所以模糊，原因倒不在于内陆这个东西的边界不准确，而在于有许许多多边界各异的东西，可谁也不会蠢到试图从中选一个，当作“内陆”一词的正式所指。模糊性，即为语义的不确定。
>
> （Lewis 1986，p. 212）

许多（尽管不是全部）哲学家以为，形而上模糊性非但不在我们的世界上
存在，还是不可理解的。[18]“某个对象（就我们正在考虑的情况而言，便
是作为那些 x 的偏全和的对象）的存在与否是模糊的”，这样说能有什么
意思？是说该对象仅仅部分存在，又或者有几分存在？可这样说的意义何 115
在？如果对象以任意方式存在，那么它就存在。

至于如何理解模糊性，还可以选择一种名为**“认知主义”**（epistemicism）的观点。认知主义与上述有关形而上模糊性的担忧相容，却不把模糊性理解为语义不确定的产物。按照认知主义的说法，我们语词的意义是确定的。我们的语言行为和语言倾向确定了“生命”“内陆”等词的意义。只不过有些关乎世界的事实我们不知道罢了。把认知主义应用于合成的情形，就可以说：合成是否总是发生，我们就是没法知道。这不意味着就没有关于合成何时发生、何时不发生的事实了。只是说，这些事实有时会躲着我们。在容易的情形中，我们可以分辨合成是否发生了。可一旦来到刘易斯担心的那些临界情形，我们就分辨不出了。[19]最终，无论我们把模糊性理解成语义的不确定也好，还是理解成我们不知道该对临界情形说点什么正确的话也罢，很多哲学家都相信，模糊性归根结底是一个关系到我们（人类）与世界之关联的现象。它可不是什么关乎世界独立于我们之所是的特性。因此，要是你很难理解世界上如何可能有模糊性，那么你就应该设法改进对温和回应的表述，不再诉诸模糊的词项；或者你就应该偏爱某种对特殊合成问题的其他回应。可要是你真的对温和回应心存悲观，那么你就必须开动脑筋，克服虚无论或万有论面临的阻碍；或者你也可以学着与直鲁合成论相安共处。

① 特指澳大利亚远离海岸的内陆地区。

**练习 3.7　回应特殊合成问题**

我们目前已领略了特殊合成问题的若干温和解和两种极端解。你更喜欢什么解答？你会如何捍卫这种回应，以应对前文提到的那些担忧呢？

## 返回悖论

特殊合成问题有若干种不同的解答，我们目前已经考察过了。为了支持或反对各种观点而提出的常见论证路线，我们也已目睹。不过，我可不
116 打算拿这话来劝你：你应当采纳其中一种观点而非其他。毕竟，一切观点皆有代价。既然所有的观点都描述过了，那么我们就可以暂且返回本章开头的物质构成悖论，看看这种种观点是否对那些悖论有所阐发。

范因瓦根本人对特殊合成问题给出了一种回应；有趣的是，他为了捍卫自己的观点，指出他的观点可以轻而易举地摆脱那些物质构成悖论。那些悖论关系到无生命物质对象的持存或构成，但范因瓦根可以一口咬定：因为无生命物质对象不存在，所以根本就没有什么悖论。没有什么忒修斯之船；也没有什么雕像和黏土块。偏全虚无论者也可以对这些悖论给出类似的回应，就说：这些悖论让我们更有理由相信，根本就没有偏全复合物质对象这样的东西。

还有些悖论与无生命对象无关，反倒涉及有生命的对象：例如，我们可以不问雕像和黏土块，而是问你和合成了你的物质块；而且，我们早就诉诸活生生的人来表述一多问题了。一旦涉及这些悖论，范因瓦根就必须换种方式来回应（不过，虚无论者再次逃过一劫）。范因瓦根在碰到这些情形时会想，谜题之所以出现，是因为我们假定了偏全万有论。举个例子，一多问题之所以出现，只是因为我们一开始就假定了 C、C－、C－－等全部原子集合体的存在。范因瓦根既然不承认这些原子集合体全都存在，那么自然就可以否认有许许多多的人大约同时处于同一个地点。只有一个原子集合体，就是聚在一起、实际上构成一条生命的那一个。在他眼里，该对象到底是哪一个（是 C、C－，还是……），可能有点儿模糊，但这不意味着：有许许多多的人大约同时处于同一个空间位置。

一旦我们把雕像与黏土之谜用于人及其构成物质的情形，范因瓦根又可以声称，与偏全万有论相比，他的观点有个优势。要想明白这一点，请考虑促成悖论的那些直觉。[20]我们注意到，黏土块与雕像有截然不同的暂时属性和模态属性。黏土块在中午存在，雕像不在中午存在。黏土块能够在被压扁的情况下继续存在，雕像却不能在被压扁的情况下继续存在。我们由莱布尼茨律可得出结论：黏土块与雕像一定是不同的。我们把这些直觉应用于人这般生物体的情形，就可以说：那个合成了你的物质块一百年前存在（它那时或许不成人形，但却存在），而你那时不存在。[21]这个物质块能够在被压扁，乃至于它的重要器官停止运作的情况下继续存在，而你却不能在被压扁，乃至于你的重要器官停止运作的情况下存活。因此，我们应用莱布尼茨律，即可下结论：有两个对象存在，一个是你，另一个是那个合成了你的物质块。



任何具有上述暂时属性和模态属性的物质块，范因瓦根都不会承认。这个物质块在你出生前不存在（如果有一个不大可能的情形，即现在组成了你的这个物质块，先前组成过一个不同的生物体，那就另当别论了）。117
原因在于，依范因瓦根的观点，根本就没有无生命物质块这样的东西。另外，据说这个合成了你的物质块能够在被压扁，乃至于它的重要器官停止运作的情况下继续存在，但这一点（至少在范因瓦根看来）也为假。如果这种情况发生，那么这块物质便不再构成一条生命，因而也就不复存在了。于是，要是有哲学家想要捍卫范因瓦根的观点，那么他也能回应这个物质构成悖论了。

一旦涉及大多数物质构成之谜，会惹麻烦的或许真就只有（范因瓦根观点以外的）其他温和观点，还有偏全万有论了。第六章会有理由重新来审视这些悖论，见识一下偏全万有论者通常是怎么回应的。万有论者的回应会牵涉一种特别的观点，说的是对象历时持存是怎么一回事。

## 进阶阅读建议

迈克尔·雷主编的《物质构成》（*Material Constitution*）是一本绝佳的文集，探讨了物质构成诸悖论，还展示了众多不同的解答。除了前文引用到的作品外，艾米·托马森（Amie Thomasson）的《日常对象》（*Ordinary Objects*）和卡特琳·科斯利茨基（Kathrin Koslicki）的《对象的结构》(*The Structure of Objects*)也值得推荐。关于日常物质对象的本性，两书均展示了相当有趣的观点，与本章论述过的那些观点很不一样。至于“任何偏全单体有没有可能皆不存在，倒是复合性（complexity）一以贯之”这一议题，我推荐乔纳森·谢弗的论文《有一个基础层级吗?》(“Is There a Fundamental Level?”)，以及西奥多·赛德在《撰写世界之书》第133－137页所做的讨论。在戴维·查默斯、戴维·曼利和瑞安·沃瑟曼合编的《元形而上学》中，有多篇文章考察了一个问题：有关特殊合成问题的论争是不是实质性的？读者若想进一步了解模糊性，罗莎娜·基夫（Rosanna Keefe）与彼得·史密斯（Peter Smith）合编的《模糊性读本》(*Vagueness*: *A Reader*)倒是一本好的论文集。威廉森（Williamson）的《模糊性》(*Vagueness*)一书也对若干相互竞争的立场做了极佳的概述。伊丽莎白·巴恩斯的论文《本体模糊性：解惑指南》(“Ontic Vagueness: A Guide for the Perplexed”)倒捍卫了真形而上模糊性的融贯性。最后，近来有一个关乎物质对象的议题引起了热议，那便是乔纳森·谢弗对一元论的辩护，不过本书已无篇幅对此展开探索；这个议题也是从有关特殊合成问题的论争中产生的。我推荐读者从谢弗的论文《一元论：整体优先》(“Monism: The Priority of the Whole”)上手。

## 注 释

［1］参见威尔森的论文《论物理项的刻画》(“On Characterizing the Physical”)。

［2］有的哲学家担心，我们虽然从物理学中获得了“物质对象”概念，但其实理解得远远不够，这一点许多形而上学家都没料到。相关的讨论请参见芭芭拉·蒙特罗（Barbara Montero）的论文《身体问题》(“The Body Problem”)。

118 ［3］这意味着：这些形而上学家相信，至少存在一些具体物质对象，并且这些对象的存在不依赖于任何人对它们的思考；它们在这个意义上是独立于心灵的。

［4］请回见工具箱1.2中对于数字同一性或“严格同一性”的讨论。

［5］第七章会详谈方框符号（□）的意义。

［6］这又带来了一个麻烦，我们不得不回答一个问题：忒修斯之船在

什么时候停止了存在？

［7］也就是：7 000 000 000 000 000 000 000 000 000。

［8］**分类谓词**是把对象归作某个种（或类）之成员的谓词。例子有："是椅子""是行星""是雕像"，以及"是人"。

［9］范因瓦根把特殊合成问题与一般合成问题（General Composition Question）区分开来。一般合成问题问的是合成关系的本性是什么，本章不做讨论。

［10］我们为了把这个句子完全翻译出来，会按照罗素建议过的办法（第一章讨论过）移除限定摹状词，可得：$\exists x\ (Ex \wedge \forall y\ (Ey \supset y = x))$。这个结果还是要我们承认有一个物群（group of things），也就是一个"一"。①

［11］同样的担忧，范因瓦根也对"聚集体"（aggregate）、"堆"（array）、"群"（group）和"多样"（multiplicity）等词表达过（van Inwagen 1990，p. 22）。② 至于对集合进行量化，借以表达特殊合成问题的做法，范因瓦根倒也予以回绝，理由却不大一样。毕竟，说起某些东西的"那个集合"（the set of），并未假设合成已经发生。合成是这样一种关系：某些具体对象组合起来，产生了另外的具体对象。不过，不管是特殊合成问题的提出，还是对于该问题的解答的表述，都没有必要假设集合这样的抽象对象。我们不参与有关抽象物的论争，便能做到这一切。

［12］"iff"是"if and only if"（当且仅当）的缩写。

［13］"每个对象都是自身的一部分"，该论断的依据是亨利·S. 伦纳德（Henry S. Leonard）和纳尔逊·古德曼（Nelson Goodman）的形式偏全学（Leonard and Goodman 1940）。很多形而上学家都是用这个理论来理解"部分性"（parthood）概念的。

［14］"不重合的"（nonoverlapping）的意思是，那些对象没有任何相同的部分。

［15］至于近期的讨论，请参见西奥多·赛德的《反对部分性》（"A-

---

① 由句子"x 是那个电子群"（x is the electrons）可推知，符号 E 表示的是谓词"是一个电子群"（being a electrons）。也请读者参见本章"特殊合成问题"一节的译者注。

② 范因瓦根的担忧是，虽然英文常用"a (n) aggregate/array/group/multiplicity of objects"这样的短语来指涉复数的对象，但人们有时会错了意，误以为合成发生了，"aggregate""array""group""multiplicity"等实词指称了一个由那些对象合成的东西。

gainst Parthood"）一文对虚无论的辩护。

［16］赛德在1993年发表的论文《范因瓦根与装子的可能性》（"Van Inwagen and the Possibility of Gunk"）中指出了范因瓦根理论的问题。"装子"是形而上学家引进的专业术语，指称一个不以偏全单体为部分的物质对象。装子有真部分，它的真部分的每个真部分又有真部分。①

［17］不过，万有论要不要我们承认更多的事物类型呢？这才是真正的问题所在，请读者回顾第一章对奥卡姆剃刀的讨论。

［18］赛德受刘易斯论证的影响，在《四维主义》（*Four Dimensionalism*）一书第四章提出了另一个反对形而上模糊性的论证。

［19］哲学家蒂莫西·威廉森在1994年出版的《模糊性》一书中捍卫了认知主义。

［20］参见《物质存在物》，第75－79页。

［21］请注意：我们谈到"这个物质块"，其实说的是合成了你的那些原子的偏全和。"这个物质块"与"这些原子"不一样，不是一个复指词（plurally-referring term）。

① "gunk"大约由大卫·刘易斯首次使用，原意是泥状的、黏糊糊的物质，在哲学中常指总有真子部分的对象。这里采用程炼教授的译法，译成"装子"，有"总能往里装东西"的意思（装子和线段都可以无穷分下去，但线段有原子部分，即"点"，而装子可没有）。

# 第四章　形而上学批判



**撮　要**

■ 介绍逻辑实证主义。 119

■ 呈现逻辑实证主义学派对形而上学的两个批判，并予以回应。

■ 呈现自然主义阵营最近对形而上学的一个批判，并予以回应。

■ 评估形而上学与科学的关系。

## 方法论关切

到目前为止，我们已经介绍了形而上学的一些核心问题，诸如那些关乎抽象对象和物质对象之存在的本体论问题。后面几章还会处理另一些本体论问题，比如：我们应不应该相信过去或未来的对象及事件存在，还是我们只应该相信现在的对象及事件存在？我们应不应该相信，除了自然性质和自然对象以外，还有像性别或种族那样由社会建构出来的东西？我们也会处理一些问题，它们不是明显的本体论问题，但还是形而上学问题，因为它们涉及我们这个世界的其他特性，例如因果性的本性，又如我们有没有自由意志。

既然我们已经在一些相当抽象的问题上下了不少功夫，又见证了每个问题的正反两边分别给出的论证，你现在也许会开始好奇，解决这些问题的办法真的存在吗？共相是否存在，还是说只有具体对象存在，真的会有相关的事实吗？数学真理是否需要有一个对象域存在，域里的对象全都位于空间和时间外的某领域；还是说，只要我们证明得了某些论断、证明不了别的论断，就行了？这个问题真的可以有什么相关的事实吗？[①] 有什么妙招可以解决此类问题呢？就每一场形而上学论争而言，哲学家似乎都能提出论证，支持正反两边；上述问题又如此抽象，因此，很难看出我们可以做点什么来解决这些问题。要是这些问题没法解决，会不会它们压根儿就不是什么实质性的问题呢？奥地利裔哲学家路德维希·维特根斯坦
120 (Ludwig Wittgenstein，1889—1951）提出过一个著名的建议：要解决哲学问题，包括本书讨论的这些形而上学问题，最好的一招便是进行治疗（Wittgenstein 1953，p. 255）。我们倒不需要回答这些问题，而是得找个办法，让自己从一开始就别问这些问题。

要是你自己心怀这般疑虑，那你不会是孤身一人。我们将会在本章见识到，这般关乎形而上学的疑虑，在 20 世纪初一度相当盛行，其发端于一场名为**“逻辑实证主义”**（logical positivism）的哲学运动。运动肇始于维也纳学派（Vienna Circle），这是 20 世纪二三十年代由一群在维也纳集会的哲学家和科学家组建的团体。本章将会特别关注由该学派的杰出成员、哲学家鲁道夫·卡尔纳普（Rudolf Carnap，1891—1970）所提出的论证。

## 卡尔纳普的两个形而上学批判

卡尔纳普在《借由语言的逻辑分析消除形而上学》（“Elimination of Metaphysics through the Logical Analysis of Language”）一文中主张，形而上学家为了问问题、提理论，歪曲了他们使用的语言，这便是形而上学的主要问题所在。对于语言的这些歪曲如此严重，以至于卡尔纳普最终认为，一切显然是形而上学的论断皆无意义。

① 请读者回顾本书第二章关于“贝纳塞拉夫两难”的讨论。

卡尔纳普诊断出了这些歪曲的若干发生途径。之所以会出现语言的歪曲，有时候是因为形而上学家引入了新词，却不附上明确的意义。卡尔纳普给出了一个涉及“本质”（essence）一词的例子。[1]其他时候，虽然形而上学家使用的词通常意义明确，但他们却用得既不寻常，也不明确。卡尔纳普为此给出的主要一例便是“神”。他指出，这个词可以用来指示某物理存在物。古时候，该词的意义便是如此，人们拿它来指称奥林匹斯山上有超能力的物理存在物。然而，在卡尔纳普看来，“神”这个词如今有了一个纯“形而上学的”用法。也就是说，“神”旨在指示某种位于可观察范围之外的非物理存在物。

卡尔纳普声称，这样使用语词，会使语词合成的语句缺乏意义。他这样说，就把他所想的意义理论表示得非常明确了。卡尔纳普为了阐述该意义理论，便说：对于一个特定的句子 S，下列说法都是在重述同一个问题（Carnap 1932，p. 62）：

> S 在什么条件下理应为真，又在什么条件下理应为假？
> S 如何被证实？
> S 的意义是什么？

卡尔纳普由此赞成关乎真理和意义的证实论。**意义证实论**（verificationist theory of meaning）是说，语句的证实方法给出了语句的意义。**真理证实论**（verificationist theory of truth）则是说，真语句是被证实的语句，或 121
者是可以被证实的语句。如果一个语句没法被证实，那么它没有意义，还缺乏真值。逻辑实证主义者认为，证实有两种：一种是感官经验或经验观察［即**综合的**（synthetic）方法］的证实；另一种是逻辑方法［即**分析的**（analytic）方法］的证实，包括数学推理在内。如果一个论断只用逻辑（或数学）不可证明，诉诸经验观察也不可证明，那么它就是不可证实的，因而是无意义的。

**工具箱 4.1　证实方法**

在任何特殊情况下，证实一定得牵涉些什么，逻辑实证主义者对此看法不一；不过，有一种观点支撑着逻辑实证主义：有两种基本的证实，分别是分析方法的证实和综合方法的证实。

谈起分析方法的证实，卡尔纳普和很多逻辑实证主义者都认为，这种证实只牵涉逻辑。在某些情况下，陈述为真，凭借的是其中包含的基本概念。举个例子：

所有的三角形都有三条边。

在别的情况下，证实一个陈述需要演绎证明。19 世纪末，弗雷格引领了逻辑的大发展；卡尔纳普本人从中得到启发，认为只用逻辑原则进行演绎，以此为基础，便可以证实一切数学真理。“数学在原则上可还原为逻辑”，这种观点被我们称为**“逻辑主义”**（logicism）。

至于综合的证实，许多实证主义者认为，一门理想的语言包含了一集基本的陈述，这些陈述都可以由感觉经验直接证实。卡尔纳普把这些陈述称为**“记录陈述”**（protocol statement）。比如说，一个记录陈述可以是：

铃在响。

听听铃声，便可直接证实该陈述。还有一些别的陈述，可以间接予以证实；也就是说，借由一条最终导回记录陈述的证实链（chain of verification），便可以证实这些陈述。举个例子：

某人在门口。

把陈述“铃在响”与别的背景信息即“铃响蕴涵了某人在门口”相结合，就可以间接地证实以上陈述。又或者，要是有人已经证实了一个陈述，即“邮递员每天大约这时候来”，那么“铃在响”这个记录陈述就可以间接地证实：

邮递员在门口。

122 经验却没法直接证实该论断。我们可以认为，你没法直接听到邮递员在门口，你只听得见铃在响。[a] 不过，诉诸一条最终导回经验可直接证实之陈述的链条，还是可以证实“邮递员在门口”（见图 4.1）。

一般来讲，证实论者认为，有意义的陈述仅有两种：一种是综合陈述——这种陈述要么可以由感觉经验直接证实，要么可以借由一条最终导回感觉经验的证实链而间接予以证实；另一种是分析陈述，即单凭逻辑就得到证实的陈述。

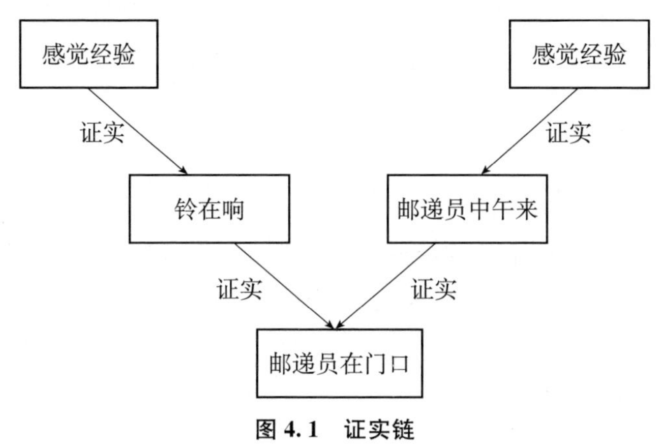


**图 4.1　证实链**

注　释

(a) 不过，还有一种对立的观点，请参阅苏珊娜·西格尔（Susanna Siegel）的著作《视觉经验的内容》(*The Contents of Visual Experience*)。

形而上学的问题往往在于它的语词缺乏意义。卡尔纳普还考虑了最后一种情况，那里的问题却出在了形而上学陈述的形式或结构（语法）上。卡尔纳普指出，有时候，问题倒不在于形而上学家用的词没有证实论风格的明确意义，反而在于形而上学家有悖常理地使用了完全有意义的表达式，构成了真假难辨的句子。德国哲学家马丁·海德格尔（Martin Heidegger，1889—1976）有数篇非常著名的论文，其中一篇名为《形而上学是什么?》(“What is Metaphysics?”)。海德格尔在这篇论文中提出了这样的观点：唯有对无性（nothingness）进行沉思，方能透彻理解存在的本性。海德格尔设法对这个“无”做了一番探讨，然后下了结论：“无本身无着”(德文为 Das Nichts selbst nichtet，英文为 The nothing nothings)。① 卡尔

① “无本身无着”中的第二个“无”当动词用，表示无本身的表现形式或状态。

纳普对这个论断予以详尽的批评，声称海德格尔的论题是无意义的，因为它歪曲了“无”这个词的逻辑作用。

要想明白这是怎么回事，请注意我们在用“无”这个词说话，比如说
123 “无物免费”（Nothing is free）时，到底说了些什么。我们在此可没有把“无”当作名词短语来用——让它指称某个对象，这个对象可以是某个样子，也可以有某些属性。这样做就把句子的逻辑形式给误会成了：

$$Fn$$

可是，这个符号化结果当然是不对的。“无”在句中可不是当名字来用，倒是当量词短语来用的。因此，“无物免费”的逻辑形式是：

$$\neg \exists xFx$$

依循此理，海德格尔的论断“无本身无着”也是不合式的（ill-formed）[①]，甚至没法在逻辑中表达出来。这个论断把量词短语处理得仿佛是一个指称词（referring term）。要是有好事之徒，他也许会试着把“无本身无着”符号化为：

$$Nn$$

可这是在歪曲逻辑。这个论断用正确的逻辑记号是做不了符号化的。卡尔纳普声称，如此一来，我们一定得下结论说，海德格尔的这个句子没有意义。

在卡尔纳普看来，不管形而上学家使用语言是靠歪曲逻辑，还是靠歪曲意义，麻烦都在于：这样的歪曲产生了不可证实的语句。无本身是否无着，人有没有本质，不可见的神存不存在，这些问题怎么证实得了呢？只要这样的问题不可证实，那么它们便无意义。

---

① 指该论断把量词短语“无”当名字用，不合形式语法的规则。

**练习 4.1 意义证实论**

依照意义证实论，下列哪些论断算是无意义的？请解释以下论断如何会被证实；要是论断不可证实，就解释为什么如此。

A. 有大于 3 的素数。

B. 有数。

C. 帝国大厦（Empire State Building）① 里有两部电梯。

D. 在宇宙大爆炸前，宇宙就开始了。

E. 其他行星上有智慧生命。

F.《创世记》（*Genesis*）里的上帝存在。

G. 恐龙曾经在地球上游走。

卡尔纳普在《经验主义、语义学和本体论》（“Empiricism, Seman- 124
tics, and Ontology”，1950）一文中处理了一些形而上学陈述，要说这些陈述受困于先前的批判，倒没那么明显；“有物质对象”“有共相”“有数”等本体论陈述便是如此。我们不妨假设，有一位形而上学家从她的语言中剥离了可疑的术语，也就是那些未能附上明确意义的术语。她也尽心尽力地做出陈述，那些陈述都可以用明确的逻辑形式加以表达。事实上，当代的形而上学家竭尽全力，确保他们的陈述和理论总是用可能最明确的术语来表述的。可卡尔纳普认为，形而上学还是会出问题。

我们要领教卡尔纳普的反驳，一定得从他的“框架”（framework）概念入手。有意义的问题总是从一个框架内才问得出。陈述的真假也只有在一个框架内才评估得了。卡尔纳普谈起**框架**，心中想到的是语言框架。框架包括两样东西：

> 1. 一份语言表达式和语法规则的清单。语法规则是说明这些表达式何以组合成合语法的（grammatical）语句的规则。

举个例子，要是我们在考虑数学——比方说，基本算术——的框架，

---

① 帝国大厦（Empire State Building），美国纽约市的地标建筑，总高约 443 米，位于曼哈顿第五大道 350 号西 33 街与西 34 街之间，曾为《西雅图未眠夜》（*Sleepless in Seattle*）等多部电影的取景地。

那么，表达式便会是“1”和“2”等数字，以及“+”和“=”等符号。还有些规则会讲，你可以按照某些方式组合这些词项，产生如“1+1=2”等合语法的句子；但你可别按照其他方式，组合出“1+=2”那样的语句。

卡尔纳普认为，框架的第二个成分是：

2. 我们借以评估语言中的特定语句是真是假的规则。

我们在前文见识过，就这些规则可以是哪种规则而言，卡尔纳普和很多逻辑实证主义者赞成一种相当特别的观点。“语句的证实规则给出了语句的意义”，意义证实论就是这样总结这些规则的。回到算术的例子上，句子“1+1=2”为真，仅当算术规则允许我们证实这个句子。而在公理化的数学中，我们借由证明方法来达成证实。再提一嘴，证实有两大类：一类是分析方法的证实，包括逻辑演绎或数学演绎；另一类是综合方法（即涉及经验观察的方法）的证实。在算术框架那样的语言框架中，语义规则完全是分析性的。卡尔纳普考虑过其他框架，比如那些含有“桌子”“椅子”“电子”等物质对象词的框架，还会包含一些综合性的语义规则。在这类框架中，问题是借由经验观察而得以解决的。

卡尔纳普说，给定“框架”这个概念，我们问出的一切问题、做出的一切陈述，都可以分为内部的和外部的。**内部问题**（internal question）是在一个特定的语言框架内问出并得以评估的问题。**内部陈述**（internal
125 statement）则是在一个语言框架内表述并得以解释的陈述。这样一说我们便能明白，唯有内部问题和内部陈述是有意义的，因为只有在一个框架的语境中，我们才能做出预设：有某些词项，还有某些规则，按照这些规则如此这般地组合词项，就可以形成能有真假的陈述。**外部问题**（external question）和**外部陈述**（external statement）则是在一个特定的语言框架外，获得解释的问题和陈述。因此，外部的问题和陈述是无意义的，既不可为真，也不可为假。

卡尔纳普问：我们应该把形而上学家问的问题（尤其是本体论问题）看成内部问题还是外部问题呢？本体论问题是“有数吗?”或“物质对象存在吗?”之类的问题。我们已经看到，这些问题能有意义，仅当它们是作为内部问题来问才行。卡尔纳普声称，麻烦在于：即便在一个有明确的语法规则和语义规则的框架内，这些本体论问题获判有解，事实也总会表明，它们是完全微不足道的。因此，它们承担不起形而上学家意欲赋予它们的重要性。而这些本体论问题之所以微不足道，是因为一旦选用了一个特定的语言框架，问题的解答就总是昭然若揭。卡尔纳普举了如下例子来阐明这一点。

我们不妨假设，某人为了理解下面两个陈述，判定它们是否为真，便决定使用算术框架：

> 有大于 1 000 000 的素数。
> 有数。

他为了知道第一个陈述是否为真，不得不做点儿算术。他得用算术框架内含的分析方法来证实第一个陈述。他不得不实际上证明一些东西。相反，他却发现，一旦选用了算术框架，第二个句子就自动为真了。我们在选择算术框架时，就已经选用了“1”和“2”等词，而这些词项会指称数是微不足道的一件事。

另举一例，假设我们选用了一门用到物质对象词的语言。请考虑如下两个陈述：

> 帝国大厦里有两部电梯。
> 有物质对象。

同样，我们一旦预设了关乎物质对象的语言框架，用卡尔纳普的术语来说，就是一旦决定了从内部来解释这两个陈述，便会发现第一个陈述是实质性的，而第二个是微不足道的。我们为了评估第一个陈述的真值，必须（在这个场合）应用综合方法。我们不得不做点儿经验观察，前往曼哈顿，起码也要上网查些资料，才好了解该论断是否为真。相比之下，一旦我们决定采用含有物质对象词的语言框架，第二个陈述，这个只有哲学家会质疑的、明显是本体论的陈述，就不足道地为真了。

于是，结果表明，如果把本体论陈述当成内部陈述，那么它们全都是 126
微不足道的。有什么办法可以说清本体论陈述的意义，让它们不是微不足道的吗？我们早就注意到，要是把本体论陈述当成外部陈述，它们就是无意义的。但是，卡尔纳普承认，在“有数吗?”“有物质对象吗?”这些问题的范围内，还有一个好问题可以问，那便是：采用一个语言系统，使此类论断为真，这样做是否明智？这个问题是外部问题的一例，外部问题是不在相关的语言系统内问出而是从外部问出的问题，是关乎整个相关的语言系统的问题。卡尔纳普认为，外部问题是无意义的。它们没有获判有真有假的解答（也得不到客观的证实），因为唯有在一个语言系统内，预设了系统的语法规则和语义规则时，真假方能得到判定。有鉴于此，卡尔纳普说，外部问题就成了伪问题（pseudo-questions）。最终，卡尔纳普把他对本体论陈述的态度总结如下：

> 关乎（一个）物项系统之实在的所谓陈述，是没有认知内容的伪陈述（pseudo-statement）。诚然，我们必须在此直面一个重要的问题，也就是"要不要接受新的语言形式"；但这是个实践问题，而非理论问题。这种接受没法判断真假，因为接受不是断定（assertion）。接受只能这样来判断：它是更方便还是更不便，是更有效还是更无效，是更有利于实现还是更不利于实现语言所服务的目标。
>
> （Carnap 1950，p. 214）

这种态度与他在1932年发表的一篇早期论文中的定论相去不远：

> 形而上学的（伪）陈述不是用来描述事态的，不管是存在的事态也好……还是不存在的事态也罢……这些陈述是用来表达一个人的一般生活态度的……在此，就我们的考虑来说，唯有一个事实至关重要：艺术是表达基本态度的适当手段，而形而上学是不适当的手段。当然，一个人随心所欲地使用任何表达手段，我们对此不需要搞什么内在的批驳。不过，就形而上学来说，我们发现了这样的情况：形而上学借由它的作品的形式，假装成了它所不是之物。① 这里说的形式是一个陈述系统的形式（系统中的陈述显然是作为前提和结论相关联的），也就是一个理论的形式。

① 卡尔纳普的意思是：形而上学本来是表达生活态度的，却借着秩序井然的理论形式，伪装成了描述事态的样子。

> 理论内容就这样虚构出来了，然而我们已经明白，根本就没有这样的内容。
>
> （Carnap 1932，pp. 78 - 79）

像“有数吗”这样的本体论问题，可以这样来解释，仿佛我们是在“直面一个重要的问题”一样。不过，这其实是个实践问题，问的是我们应当采用哪个语言框架。无论是“对，有数”还是“不，没有数”的回答，都不该被当成有真假的东西，当然也与实在中的存在物没什么关系了。这不过 127
是个实践决定，对于我们手头的交流任务多少有点儿用罢了。

既然卡尔纳普在《经验主义、语义学和本体论》一文中提出了上述论证，那么他不赞成唯名论或虚无论就应该是很明确的了。他不是在说抽象物或物质对象不存在。在卡尔纳普看来，哲学家说物质对象或数不存在，就跟说它们存在一样，两种说法都是伪陈述。聚焦于数的情形，对于那些看似要我们承认抽象物存在的语句，我们也许有理由进行唯名论式的改述，就像哈特里·菲尔德（请看第二章）做的那种改述一样（不过，卡尔纳普本人倒是同意用数学框架的）。我们可能会想，把目前用到了数学术语和数学概念的科学语言，替换为一门不用此类术语的新科学语言，是再好不过的了。可就算唯名论者办得到这件事，同时还保留了我们的科学理论，这也不意味着唯名论者就证明了数不是实在的。唯名论者只证明了有关语言的一件事：做科学不需要用数学语言。

## 回应卡尔纳普的论证

就卡尔纳普的论证来说，或者更一般一点儿，就逻辑实证主义者对形而上学的批判来说，已经有三种标准回应了。鉴于形而上学如今生机勃勃，可以说大多数哲学家目前都认为，这几种回应就算不是全部，起码也有一种是有力的。

就卡尔纳普在《借由语言的逻辑分析消除形而上学》和《经验主义、语义学和本体论》两篇文章中提出的论证而言，最有争议的部分无疑是两处论证所预设的意义证实论。我们不妨出于论证的目的，承认至少有些形而上学陈述是无论什么方法都证实不了的。可这就一定蕴涵了那些陈述无意义吗？

试想实在论与唯名论之争牵涉到的一些陈述。实在论者说，“有共相”；而唯名论者却说，“没有共相”。这两个陈述真的无意义吗？形而上学家可以说，这两个陈述互为矛盾，起码是很清楚的。一方说某个东西确实存在；另一方却说同一个东西不存在。这两个句子如果互为矛盾，难道不是一定至少都有某某意义吗？

我们还可以指出一些陈述的例子，毫无疑问，那些陈述是无意义的。例如，我可以说“Te flob schwubs jip”，或者说“Zee gromple”。这两句当然是的确无意义的陈述的例子。可我们真的该把“有共相”与这样的语句归为一类吗？

此外，就算撇开这些例句不谈，也请想想意义证实论的全部后果。有各种各样的语句，不只有明显是形而上学的语句，还有宗教的语句和科学



128 的语句。可我们要是接受意义证实论，就不得不把宗教语句及科学语句也斥为无意义的了。（在今天很多人都关心的意义上）有没有神，我们证实得了吗？有没有来生呢？有没有与我们自己的世界无因果关联的其他世界呢（正如当前许多宇宙学理论所表明的那样）？说论断有意义是一回事，说论断能被我们证实是另一回事。把这两个问题［语义的问题和**认识论的**（epistemological）问题］等同起来，实乃混淆视听。或者说，大多数当代哲学家都这样想。有鉴于此，意义证实论长期游离于主流之外。

哲学家为了反对卡尔纳普的论证，常常提出的第二个批判是：这些论证是自毁的（self-undermining）。卡尔纳普想用论证来表明，形而上学家的论断无意义；但他的论证若是生效，未免太强力了一点儿：它们不仅表明了形而上学家的论断无意义，还表明了卡尔纳普自己的论断也无意义。可要是卡尔纳普自己的论断都无意义了，我们还怎么相信它们说的东西呢？要明白怎么回事，请思考卡尔纳普本人提出的若干论断：

> 关乎一个物项系统之实在的所谓陈述，是没有认知内容的伪陈述。（Carnap 1950，p. 214）
>
> 陈述的意义在于其证实方法。（Carnap 1932，p. 76）

依卡尔纳普本人的观点，以上论断要是为真，必定可由分析（逻辑）方法或综合（经验）方法予以证实。可这该怎么做呢？这两个论断看起来不像是纯粹的逻辑真理，也不像是可以由我们能做的观察予以证实的真理。它们本身倒像是哲学论断，得按照卡尔纳普批判的那些哲学论断的思路加以

评估。好在《经验主义、语义学和本体论》一文给我们提供了第三个选项。卡尔纳普的论断或许并不打算被解释为内部陈述，也就是在一个含有语句形成规则及证实规则的语言系统内可评估的陈述。相反，他也许想让我们把他的论断仅仅解释成本身无意义的外部陈述。可要是这些论断无意义，将它们写下来还有什么用呢？

A. J. 艾耶尔（A. J. Ayer，1910—1989）是一位英国哲学家，对逻辑实证主义观点的普及和辩护贡献良多。他建议，卡尔纳普可以采取最后这种立场。维特根斯坦著有《逻辑哲学论》（*Logico-Philosophicus*）一书，素得卡尔纳普和维也纳学派欣赏，他在书末声称：

> 我的命题以下述方式起阐释之用：凡是理解我的人，当他以这些命题为梯级，扶级而上并越过它们时，最终会认识到它们是无意义的。（可以说，他必须在爬上梯子后，把梯子给扔掉。）
>
> 他必须超越这些命题，然后才会正确地看世界。
>
> （Wittgenstein 1922，p. 189）①



艾耶尔表示，卡尔纳普和别的逻辑实证主义者想把他们的陈述当成有关如 129
何对待哲学的一条规定。哲学的目标不该是产生可证实的陈述，而应是阐释那些可证实的陈述（以及那些不可证实的陈述）。至于这种关于无意义阐释的观念是否融贯，本身还是个问题。

与其追究这个问题，我们还是聊聊针对卡尔纳普的论证——特别是针对“形而上学无意义，因此相较于其他领域提出的论断，是有缺陷的”这一指控——的第三个批判吧。蒯因有一篇题为《经验论的两个教条》（“Two Dogmas of Empiricism”，1951）的论文，矛头直指卡尔纳普和维也纳学派。蒯因在文中力求证明，至少在卡尔纳普抨击的那些方面，形而上学的论断并不比科学的论断更有问题。我们已经探讨过蒯因标题里的第一个“教条”；那便是分析陈述和综合陈述的区分（一边是单凭分析的逻辑方法予以证实的陈述，另一边是借由经验方法予以证实的陈述）。蒯因的标题所指的另一个“教条”则是卡尔纳普的一个论断：一切有意义的论

① 这段文字在《逻辑哲学论》中的编号为6.54，是全书的倒数第二个命题。

断最终可还原为关乎知觉经验的论断。这第二个论断也就是还原论（reductionism），我们在前文（见工具箱 4.1）讨论记录陈述时，就已经见识过了。卡尔纳普认为，就综合陈述这一类来说，一切的证实，因此也是一切的意义，最终都会回到感觉经验可直接证实的东西上。

蒯因主张，要区分分析陈述和综合陈述，没什么明确的办法。你可能会想，划分二者很容易。比如说，逻辑和数学的全部论断都以分析的方式得到证实；而物理学或生物学等科学的全部论断，则以综合的方式得到证实。不过，蒯因表示实情并非如此。下面的一段名文摘自《经验论的两个教条》：

> 我们所谓的知识或信念的整体……是一块只在边缘与经验相接的人造织物。或者换个形象，整个科学就像是一个以经验为边界条件的力场。在场的外围与经验的冲突引起了场内的再调整。我们的一些陈述不得不重新分配真值……不过，整个场是如此不受其边界条件——经验——的限定，乃至于哪些陈述要根据任何单一的相反经验再行评估，在这件事上有很大的选择余地。特定的经验不与场内的任何特定陈述发生联系，除非是借由影响到整个场的平衡因素，间接地发生联系。
>
> 如果这种观点是对的，那么谈论一个个体陈述——特别是，这要还是一个与场的经验外围相距遥远的陈述的话——的经验内容，就会把人引向歧途。而且，要找出靠经验偶然成立的综合陈述与无论如何都成立的分析陈述之间的分界线，会显得很不明智。**任意一个陈述无论在何种情况下均可视为真，要是我们在系统的其他方面做出足够剧烈的调整的话**。纵然一个相当靠近外围
> 130 的陈述碰到了顽固难驯的经验，我们也可以以幻觉为托词，又或者修改那类叫“逻辑律”的某些陈述，把该陈述当成真的。反之，出于同样的理由，**任何陈述都不免遭修改**。有人已经提出，作为简化量子力学的手段，就连逻辑的排中律也要修改；这样的转变与开普勒（Kepler）取代托勒密（Ptolemy）、爱因斯坦（Einstein）取代牛顿、达尔文（Darwin）取代亚里士多德那样的转变在原则上

有什么分别呢?①

(Quine 1951a, pp. 39 - 40)

蒯因在这段文字中建议，把我们的整个信念系统看作一张网。每一个信念借由各种支持关系（support relation）与别的信念相关联：一个信念可以给我们坚守别的信念的理由；可要是我们否认了那个信念，这又可以给我们否认别的信念的理由。不过，我们可以看出，卡尔纳普描绘了一幅图景，其中的证实链最终导回了一集由经验直接证实的基本信念；可是，蒯因却想把这幅图景替换成一幅没有终极信念的图景。链条不再有终点。蒯因表示，在这张信念之网里，一些信念更靠近外围或边缘，另一些信念则更靠近中心。网的外围的信念与我们的感官经验或经验证据有着更直接的关联。例如，“天是蓝的”或“铃在响”等信念就离信念之网的外围更近。这些信念是那种由我们的观察结果最直接地确证或损害的信念。另如，“三角形有三条边”等信念，或者如蒯因举出的排中律（对于任意命题 p：$p \vee \neg p$），却离信念之网的中心更近。这些命题与我们的观察结果隔得更远，经验证据并不直接支持或损害它们。

一般来讲，“铃在响”之类的命题据说是综合的、由观察直接证实的；排中律之类的命题据说是分析的、单凭逻辑便为真的。可是，蒯因想强调 131
一点：这个区分并不真实。哪怕是对于命题“铃在响”的信念，要是碰到似乎是确证性的经验观察，也可以（合理地）遭到否认。比如说，你的感官经验可能牵涉到某个声音，但你也许有理由相信自己受到了致幻剂的迷惑。你也可能深受某种大范围欺骗之害，仿佛电影《黑客帝国》（*The Matrix*）或《盗梦空间》（*Inception*）描绘的那般。在这些场合，你听起来好像是铃在响，但这个经验仍然可能是错的，你希望予以否认。在蒯因描绘的图景里，这样的信念可能更靠近网的外围。感觉经验与这般信念的关联，相较于（比方说）排中律更为直接。可就算是看起来最综合的信

① 这里提到的三大转变分别是：（1）开普勒（Johannes Kepler，1571—1630）提出了行星运动三定律，完善了哥白尼的日心说，取代了托勒密（Claudius Ptolemy，约 90—约 168）的地心说在天文学中的地位；（2）爱因斯坦（Albert Einstein，1879—1955）先后提出了狭义相对论和广义相对论，取代了牛顿力学在物理学中的主导地位；（3）达尔文（Charles Robert Darwin，1809—1882）提出了基于自然选择的演化论，最终取代了亚里士多德生物学在生物学中的地位。

念，也不是单靠经验观察就能得到证实的。即使是对这些信念的确证(confirmation)，也依赖于牵涉到我们的整个信念系统的考量。

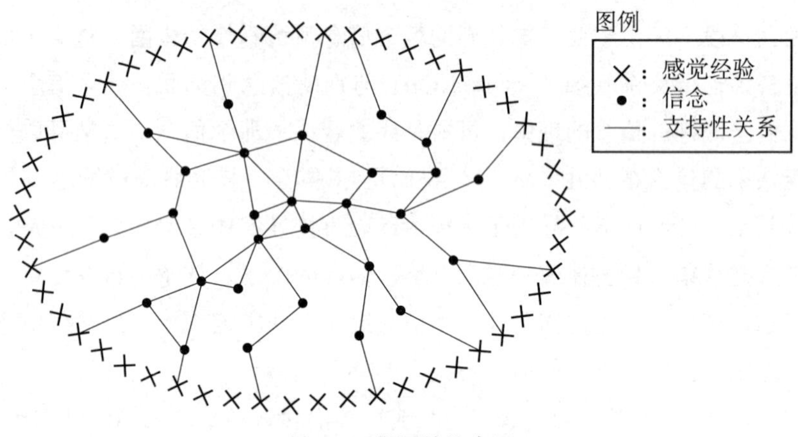


**图 4.2 蒯因的信念网**

同理，最靠近网的中心的信念离感觉证据最遥远，因此，有人可能认为经验观察不可能损害这些信念。在第一门逻辑课上，所有学生都要学会证明排中律。因为证明很简单，所以该命题似乎是一例分析的真命题（要是还有什么命题是的话）。不过，蒯因指出，我们可以基于经验观察而找到否认该命题的理由。比方说，我们从量子力学中获悉，粒子的特性在有些状态下可能不确定。例如，请思考命题：某个电子在某一特定时间 t 处在一个盒子的左侧。根据排中律，这个命题一定要么是真的，要么是假的：要么那个电子在时间 t 处在盒子的左侧，要么它在时间 t 不处在盒子的左侧。可量子力学告诉我们，实情并非如此。电子可以处于某些状态，也就是位置的叠加态；在这些状态下，“一个电子位于盒子的左侧”这一点既不真也不假。于是，蒯因便说，就连我们可以认为是分析性（analyticity）范例的陈述，也可能受到经验的损害。

卡尔纳普想，就因为形而上学的陈述既没有得到经验观察的直接证实，也没有在纯粹的逻辑上获得证实，所以，这就意味着形而上学的陈述无意义、在某方面有缺陷。可是，蒯因希望用信念之网的图景说明卡尔纳普想错了。蒯因的观点是：我们没有哪个信念是真正只靠经验观察，或者只靠逻辑就能得到确证的。就连科学也是一样。

> 依此观点，本体论的问题与自然科学的问题处境相同。请思
> 考一个问题：要不要赞成把类视为物项？我在别处论证过，这个
> 问题就是：要不要对取类为值的变项进行量化？卡尔纳普现在坚
> 称，这个问题无关事实，而是涉及为科学选择一个方便的语言形
> 式、一个方便的概念架构或框架。这一点我倒是同意，不过有个
> 附带条件：就科学假说而言，一般也得承认这一点。卡尔纳普已 132
> 经认识到，只要假设分析和综合的绝对区分，就能对本体论问题
> 和科学假说维持双重标准；可我拒绝这个区分，这就无须多
> 言了。
>
> （Quine 1951a，p. 43）



请读者注意，蒯因在这一段中并没有否认卡尔纳普的观点。卡尔纳普认为，我们在回答“有类吗?”或“有物质对象吗?”之类的本体论问题时，一定回答的是外部问题。我们不是在用逻辑方法或经验方法来决定这些问题的解答。相反，正如卡尔纳普所言，我们是在解决实践问题，是就我们想采用哪个总体信念系统，做出务实的抉择。这一切蒯因都接受，不过他表示，我们的信念总是这样决定的，就连在科学中也确实如此。于是，要是本体论的论断为证实论的担忧所困，那么科学的论断也会遭遇同样的状况。可是，科学的论断既不是无意义的，也不成什么问题。因此，本体论的论断同样不是无意义的，也同样不成什么问题。

**练习 4.2　信念之网**

请把以下信念从 1 排到 6，其中“1”表示最靠近信念之网的中心的信念。

“苹果有种子”的信念。
“1+1=2”的信念。
“苹果尝起来很甜”的信念。
“苹果是水果”的信念。
“万物或者是水果或者不是水果”的信念。
“电子存在”的信念。

## 关于形而上学方法的今日之忧

如我们所见，虽然就逻辑实证主义者对形而上学的批判而言，证实论居于核心地位，但这一理论如今却遭到了相当广泛的回绝。很多哲学家会主张，要是有谁认为，使一个陈述有意义或为真的必要条件就是任何人都能实际证实它，这样想简直是思维混乱。真理或意义是一回事，证实是另一回事。即便如此，这种看法也没有完全消除一切关乎形而上学论断之证实的担忧。我们否认意义证实论，就可以承认关乎共相或数之存在的陈
133 述，还有偏全万有论和虚无论等形而上学观，都有意义了，可心里还是有所担忧。纵然这些论断都有意义，可它们似乎无法证实，我们为此担心不是很合情合理吗？这些论断都不是逻辑真理，而是有关世界上存在的物项类型的实质论断。同时，它们好像完全没法得到经验的或综合的证实。有共相或数也好，没有也罢；存在的是椅子也好，或者仅仅是一些排列成椅子状的单体也罢：这一切在我们眼中别无二致。可我们要是证实不了这些论断，又怎么能知道它们是真是假呢？真理或意义的证实论也许有所混淆，可知识的证实论就是另一回事了。形而上学的真理要是得不到分析的或经验的证实，我们又怎么可能知道呢？

詹姆斯·拉迪曼和唐·罗斯在 2007 年出版了《通通不留》（*Every Thing Must Go*）一书，提出了这种对形而上学的后实证主义（post-positivist）担忧。两人在该书里宣称，关于世界是何模样的、为真且得到辩护的论断，科学有能力提出，但形而上学——至少在脱离科学独自运作时——却没能力提出。尽管拉迪曼和罗斯摆明了自己与卡尔纳普和逻辑实证主义者是同路人，但他们不赞成意义证实论，所以也不想把全部的形而上学都斥为无意义的。他们认为形而上学的论断有意义，却担心形而上学家探寻真理的方法有点儿问题。

拉迪曼和罗斯对于当代形而上学的很多内容，主要担心一点：形而上学家不把论证建立在有经验辩护的科学陈述上，却利用先验直觉来支持他们的立场，这些直觉牵涉到世界必须是何模样，又或者哪些事情在他们看来是对的。两人主张，要是觉得大自然赋予了我们什么单凭直觉便揭露客观真理的特殊方法，这样想可站不住脚。仅仅反思看起来对的事情，是不可能发现世界在根本上是何模样的。我们的直觉确实弄错了很多事情，这

一点在观念史上已经屡次三番地得到证明。拉迪曼和罗斯为了反对形而上学家依赖直觉，提出了做形而上学的一条新规，还认为按照这条规定，便可以发现关乎世界的客观真理。他们称这条规定为“形而上学自然化”。

两人提议，形而上学家需遵循他们所说的**“自然主义闭合原则”**（principle of naturalistic closure）：

> 凡是在时间 t 值得严肃考虑的新形而上学论断，其理论动机应该是，也仅仅是它将要提供的如下服务（如果属实的话），也就是说明：两个（或两个以上的）特定科学假说（至少有一个出自基础物理学）共同解释的事项，怎么会比这两个假说各自解释的事项加起来还要多。
>
> （Ladyman and Ross 2007，p. 37）

这是一条极度严格的规则，因为它会严格地限制形而上学家能下哪些种类的论断，如果那些论断还值得严肃对待的话。形而上学就只剩下一项工作 134
了，那便是纯粹地统合各门科学下的论断。举个例子，你可以说明生物学或心理学等科学所描述的状态，与物理学的原子及分子有什么构成关系。[2]这项工作也许有趣，可它是形而上学特有的工作吗？而且，我们在形而上学中可以期望解决的，就只剩下这些种类的问题了吗？拉迪曼和罗斯认为，利用一集已经得到科学方法确证的基本信息，这是为形而上学论断赋予合法性、规避直觉运用的唯一方式。不过，今天有很多形而上学家欣然接受“自然主义形而上学家”（用科学影响其形而上学的形而上学家）这一标签，但这不意味着他们认为自己的工作就只是把不同科学下的论断联系在一起而已。

## 为形而上学与科学的关系献策

何为形而上学的正确方法论，形而上学与科学又有何关系？拉迪曼和罗斯对形而上学的批判已经挑起了一场相关的激烈辩论。既然两人批判的要点在于形而上学家辩护其论断的方法，那么大多数的回应便集中于阐明当前形而上学的方法论，并予以捍卫。举个例子，劳丽・保罗（Laurie Paul）在 2012 年发表了论文《形而上学之为建模：婢女故事》（“Metaphysics as Modeling：The Handmaiden's Tale"，该文语带讽意，提到了"哲学是'众科学的婢女'"这条常见的评语)，她像蒯因那样主张，形而上学的方法论真的与科学自身的方法论没什么差别。于是，要是有人想批判形而上学家建立论断的方法，那么他就必须连科学家建立论断的方法也一并予以批判。

有一点值得注意：保罗与蒯因不同，她认为以上观点不要求我们承认一种纯实用的形而上学观，即形而上学无非是给我们提供了一批论断，接纳这批论断会很有用。我们通常认为，科学论断可被确证，并且为真（而非仅仅对这样或那样的目的有用)；形而上学论断其实一样也可被确证，并且为真。问题在于：如何在形而上学和科学中发现真理?

保罗主张，无论是在形而上学还是科学中，理论家的核心任务都是建构**模型**（model)。模型是理论结构，包含了一集基本表征工具（新的术语和概念，还有涉及这些概念的原则)；这些表征工具可以说明一集资料，资料包括但不限于我们可能做出的那些观察。不管是在科学还是形而上学中，不同的模型都可以恰当地表征有待考量的领域。举个例子，在物理学中，一位理论家可以用含有"场"概念的模型来表征存在的各种物项（正如电磁理论那样)，而另一位理论家却可以用这样一个模型，该模型只涉及对粒子的表征。在形而上学中也是类似的，一位理论家可以用一个模
135 型，该模型根据"殊相"概念和"共相"概念来表征世界；而另一位理论家却可以用另一个模型，那个模型否认了"共相"概念，还把万物设想成多少有点儿复杂的特普集合体。总之，不同的模型都可以在或好或坏的程度上成功地解释经验资料。

然而，保罗强调说，要是觉得科学就只是靠经验的证实来确证那些组成其模型的陈述，就未免把科学看得太简单了。[3]经验方法可以把我们带到某个高度，但总会有相互竞争的模型可以在同等程度上解释经验资料。① 科学家为了在不同模型间进行取舍，必须在经验标准之外，辅以理论标准的运用，例如简单性、统合力（unificatory power)、内外一致性（consistency）和丰产性（fruitfulness，即产生更多假说的能力)，等

① 这里提到了科学哲学常说的"欠定"（underdetermination）现象。所谓"欠定"，是指对于某个科学理论，在同一个科学领域内可能存在着经验上等价的、能在同等程度上解释相关经验证据的其他科学理论。换言之，这些相互竞争的理论哪一个为真，单凭经验证据是无法判定的。

等。[4]因此，要是一位哲学家看到相互竞争的形而上学理论，并根据哪个更简单、哪个与她的其他信念一致等标准予以评价，那么，她应用的那种方法论就与科学家自用的方法论没什么两样。

保罗也强调说，把直觉用于建构模型、评价模型，这在科学和形而上学中都一样。批评家可能会问，思考忒修斯之船或朗普与歌利亚的案例，究竟能学到什么，但这样的案例在科学中用得与在形而上学中一样多。艾萨克·牛顿曾用一系列著名的思想实验（thought experiments）来为他的基本物理原理辩护。[5]量子理论的几位创始人同样也用了一系列思想实验来为他们的理论辩护，最有名的便是薛定谔之猫（Schrödinger's cat）。我们还会在下一章看到爱因斯坦拿来支持狭义相对论的那种思想实验。**思想实验**对虚构情形做了多少有些详细的描述，科学家或哲学家从虚构情形中引申出一些结果，借以评估特定的理论。既然那些情形是虚构的，那么，那些结果就不是基于观察而被发现的。不管在科学还是形而上学中，经验资料当然都是用来建构模型、评价模型的。如果一个模型与我们的观察结果有矛盾，那么这便是我们抛弃该模型的一个理由。可由于经验资料仅仅在一定程度上制约模型的选取，所以，先验方法无论是在科学还是形而上学中，都发挥着重要的作用。先验方法的作用在于：第一，根据模型容纳理论优点（theoretical virtue）① 的成败，评估相互竞争的模型；第二，运用思想实验。在保罗看来，科学与形而上学的主要差异倒不在于方法论的差异。

这并不是说形而上学与科学之间没有区别。在许多哲学家眼中，形而上学处理的那种问题，要比科学处理的那种问题基础得多。而且，二者的主题也有区别。例如，物理学可以问：世界上存在的是哪种空间或时空，是平直的、欧几里得式的（Euclidean），还是弯曲的、非欧式的？形而上学倒可以问：是否有空间或时空这样的东西，还是说物质对象间的关系就是全部的存在？② 物理学可以问：有哪些种类的基本粒子？形而上学倒可以问：设想这些粒子的最佳方式是什么，是把它们设想为例示了共相的具

① 作者在上一段列举了一些理论优点，如简单性、统合力、内外一致性、丰产性，等等。

② 此处指时空哲学中的实体主义（substantivalism）与关系主义（relationism）之争。关于时间或空间的实体主义认为，时间或空间是自足的实体，独立于处于时间或空间中的物项而存在；而关系主义则认为，时间实体或空间实体在严格的意义上不存在，存在的只有处于各种时间关系或空间关系中的物项。

136 体物，还是把它们设想为特普束（bundles of tropes）？要是如此，那么形而上学与科学的差异就在于主题，而非方法论。二者在方法论上没有什么显著的区别。

保罗为形而上学与科学的关系献策建言，但这不是认为形而上学构成了合法研究项目——该项目受到的制约明显比拉迪曼和罗斯提议的那种项目少得多——唯一可能的途径。不过，保罗的提议无疑反映了许多当代形而上学家是怎么看待他们的事业的。至于形而上学是不是真的追求一集比科学发现的真理还要基础的真理（保罗就是这样主张的），或者我们最好认为形而上学和科学（或许还和宗教，如果我们否认自然主义的话）通力合作，一起发现一集共同的基础真理，尚存争议。本书的正文将会对这个微妙的议题保持中立。

**练习 4.3　众科学的婢女**

你觉得“形而上学是众科学的婢女”是什么意思？你认为这是有关形而上学的好比喻吗，也就是说，这是形而上学应当追求的目标吗？还是说，你赞成保罗的观点：形而上学扮演了独特的角色？倘若如此，那是个什么样的角色呢？

## 进阶阅读建议

除了前文征引过的卡尔纳普论文以外，你还可以在 A. J. 艾耶尔主编的《逻辑实证主义》（*Logical Positivism*）一书中找到逻辑实证主义者的更多经典作品。艾耶尔本人的《语言、真理与逻辑》（*Language, Truth, and Logic*）一书普及并发展了逻辑实证主义者的观点，影响颇大。除了蒯因的《经验论的两个教条》（一文对逻辑实证主义者进行的批判）外，他的论文《论卡尔纳普的本体论观》（“On Carnap's Views on Ontology”）也值得一读。查默斯、曼利和沃瑟曼合编的《元形而上学》收录了马蒂·埃克隆（Matti Eklund）、休·普赖斯（Huw Price）和斯科特·索姆斯（Scott Soames）等人的文章，这些文章也很好地概述了卡尔纳普和蒯因之间的争论。

除了拉迪曼和罗斯对形而上学的当代批判之外，伊莱·赫希［Eli

Hirsch，也参阅其著作《量词多义与实在论：元本体论文集》(*Quantifer Variance and Realism*：*Essays in Metaontology*)］和托马斯·霍夫韦伯(Thomas Hofweber) 最近在《元形而上学》中著文，提出了另外的新卡尔纳普式批判。约翰·霍索恩(John Hawthorne) 和西奥多·赛德在他们被收入《元形而上学》的论文中回应了赫希的批判。

《哲学研究》(*Philosophical Studies*) 的 2012 年 7 月刊是一期以形而 137
上学与科学的关系为题的特刊，不仅收录了前面讨论的劳丽·保罗的文章，还收录了同主题的多篇文章。关于形而上学与科学的关系，还有另一项提议，请参见史蒂文·弗伦奇(Steven French) 和克丽·麦肯齐(Kerry McKenzie) 的文章《跳出工具箱思考》("Thinking Outside the Toolbox")。

## 注 释

［1］论模态的第七章将会探讨"本质"这一主题。

［2］不过，难道就连有关原子和分子的陈述也构成了基础物理学的一部分吗？请注意拉迪曼和罗斯的规则是何等严格。

［3］特别是在这里，你可能注意到了保罗对拉迪曼和罗斯的批判，与蒯因对卡尔纳普和逻辑实证主义者的批判异曲同工。

［4］关于这些优点的讨论，请参阅托马斯·库恩(Thomas Kuhn) 的《客观性、价值判断和理论选择》("Objectivity，Value Judgment，and Theory Choice") 一文。

［5］请参阅斯克拉(Sklar) 的《空间、时间与时空》(*Space*，*Time*，*and Spacetime*) 一书，该书概述了牛顿的一些思想实验。

# 第五章　时间

## 撮　要

138 ■ 审视一个论证：相对论会推翻一种关乎时间流逝的共识，还会破坏未来和过去的区分。

■ 介绍几种相互竞争的时间本体论，并给予评价。

■ 介绍关乎时间的 A 理论和 B 理论的区分。

■ 评估时间旅行的逻辑可能性前景。

## 时间流逝

时间流逝，这似乎是个有关时间的平淡无奇的基本事实。可是，我们这样说，意义何在呢？①

请想想到目前为止你的人生中最重要、最有意义的事件：出生、开学日、某一刻克服了巨大的挑战、首次与至交建立友谊，又或者痛失了

① 因为中文无法直接在系词或动词上展现时态，所以一旦涉及对时态的哲学讨论，译者只好用添字法处理：系词或动词后边接一个“过”（如“做过”），又或在前边添一个“曾经”（如“曾经是”），表示一般过去时（past tense）；系词或动词前边添一个“将会”，表示一般将来时（future tense）。

亲人。不管这些重要的事件是什么，它们全都是发生在你的过去的事件。它们曾经一度是当下（present），你曾经一度经历着它们，你曾经是它们的一部分。可它们现在结束了。时间已逝。在某种意义上，时间和你自己都已越过这些事件。这些事件发生过，它们已经塑造了你和你的本性，这对于你来说很重要。过去发生过的一些事件也许已经被遗忘。也就是说，尽管这些事发生过，但你不再有相关的记忆。可我们不想否认，关于过去发生过的事件，有相关的事实存在。在某种意义上，这些事件不再是正在发生的，也不再是实在的。但它们存在过，它们曾经是实在的。

现在请思考那些位于时间前头的、发生在你的未来的事件。我们可以肯定，未来将会包括各式各样的无趣事件：太阳明天升起，你吃下一顿饭，等等。还可以肯定的是，你的未来也将会包含一些更重要的事件，包括你的死亡。不过，未来还是有相当大的不确定性（uncertainty），不确定的程度更胜从前。你能肯定，你将会在五年后做些什么吗，你会不会成 139
功呢？你难道能肯定，谁将会在十年后是你生命中唯一重要的人，你将会住哪里？我们多数人都觉得，这些事件我们确定不了：不是因为我们已经忘了它们，而是因为我们还没有经历它们。这些事件尚未发生。因为它们是只发生在未来的事件，所以我们只能为它们做计划，或者希望它们是某某样子。时间还没赶上它们。与过去和当下的事件不同，未来将会怎样，还没有相关的事实，这样想是相当自然的。关于未来的某些事件（像是太阳升起），我们可以有合理的信念，甚至有确实的把握；但由于未来尚未发生，所以，就什么将会发生而言，还没有任何确定的事实。哲学家称这一点为**“未来的开放性”**（openness of the future）：未来是开放的，且为过去和当下所不及。

一提到时间流逝，我们心中通常会浮现出这样一些念头：过去有一些事件，它们已经发生过了。这些事件是固定的；过去是封闭的。然后，现在有正在发生的事件。最后，还有尚未发生的事件——未来是开放的。时间的流逝在于：新的事件产生并成为当下，而当下的事件滑向过去（至于那些已经滑向过去的事件，就滑向更远的过去）。我们通常认为，时间的流逝是**客观的**（objective）或绝对的，不依赖于你的个人视角。时间对于不同的人来说，并没有不同的流逝。时间不受任何人控制。其实，我们一般认为，就算人类从未存在过，时间也还是会和实际一样地流逝下去。事件一旦已经发生过，便已经发生过了，从属于客观的过去。另外，我们还认为，相较于那些尚未发生的事件（未来的事件），我们对过去或当下的事件有更好的认识。当下的事件因为当前（currently）正在发生，所以可知。我们透过记录也能发现过去发生过什么。但因为未来的事件尚未发生，所以要获知未来的事件，一般会难得多。最后，我们通常也以为，时间的流逝有本体论后果。过去的亡者和已经彻底毁坏的对象不存在，尽管它们以前存在过。你存在，但你的曾曾曾祖母不存在。欧盟存在，但奥斯曼帝国（Ottoman Empire）① 不存在。同样，完全处于未来的人或对象尚未存在。就未来可能存在的对象来说，比如未来的子嗣、战争及工作等，你可以有所希冀，可以为之筹划，还可以为之担惊受怕。但我们对未来的日常思考中少不了一点：这些东西不存在。它们还不是实在的。[1]

我们要是挖得更深一点儿，便会发现有好的理由来怀疑这种关乎时间及其流逝的日常观点。第一，当前的科学理论催生了一个有力的论证，该论证旨在说明：时间不可能在任何绝对的或客观的意义上流逝。第二，还有一些有力的论证支持了这样的观点：过去和未来一定与当下同样实在。下面几节就来探讨这些论证。

**练习 5.1　时间流逝的日常观点**

140 请列出关乎时间流逝的日常（也可以叫“常识”）观点的四大要素。

## 反对日常观点的狭义相对性论证

哲学家希拉里·普特南在 1967 年发表了《时间与物理几何》（“Time and Physical Geometry”）一文，他用科学的考量，否认时间流逝的客观性，宣称时间的客观流逝与阿尔伯特·爱因斯坦（Albert Einstein）在 1905 年提出的狭义相对论不一致。从此以后，很多时间哲学专家都认为，

① 奥斯曼帝国（Ottoman Empire），1299 年由奥斯曼一世建立的土耳其帝国，在鼎盛时期占有巴尔干半岛、中东和北非的大部分地区。后来，奥斯曼帝国在第一次世界大战中沦为战败国，于 1923 年解体。

这个反对日常观点的论证是决定性的。

爱因斯坦本人喜欢用一个思想实验来论证狭义相对论。我们先来思考一下这个思想实验，并证明它的结果。一辆火车以恒定速度 v 通过一个站台，帕特里克（Patrick）是车上的乘客。埃米莉（Emily）站在铁路路堤上，目视帕特里克乘坐的火车经过（见图 5.1）。当帕特里克乘坐的火车正好通过站台时，发生了两道电击。帕特里克和埃米莉都看得见这两道闪电。电击 A 发生在帕特里克乘坐的火车驶来的后方，与火车有一定距离。电击 B 处在帕特里克乘坐的火车前往的方向，发生在火车前方的一定距离处。两道电击发生的位置与埃米莉的位置有相等的空间距离。

假设埃米莉在同一时间看到了两道电击。然后，她假定光总是恒速移动，便可推断出：电击 A 与电击 B 是同时的。因为两道电击与她的间距相等，所以，如果从每道电击发出的光均以相同的恒定速度前进，而她又同时看到了两道闪光，那么她便会推出：两道电击在同一时间发生，二者是同时的。爱因斯坦考虑了这样一个问题：**火车上的乘客帕特里克会不会赞成埃米莉的如下看法，即电击 A 与电击 B 在同一时间发生，电击 A 与电击 B 是同时事件呢？**[2]

爱因斯坦认为，帕特里克与埃米莉不同，他会说两道电击不在同一时间发生。这就引出了问题：在帕特里克看来，哪道电击先发生？请读者先思考片刻，再接着往下读。帕特里克会以为，是在他身后位置的电击 A 先发生呢，还是在他前往的地点的电击 B 先发生呢？

我们要回答这个问题，还得明确说明：帕特里克和埃米莉是怎么知晓两道电击的发生时间的。答案显而易见：两人看到了两道电击，再诉诸光 141
速，便可从看到两道电击这回事，推测出两道电击发生的时间。埃米莉之所以断定两道电击同时发生，是因为两道电击发出的光同时射到了她。帕特里克会认为电击 A 早于电击 B 发生，仅当电击 A 发出的光先于电击 B 发出的光射入他的眼睛。所以，实情果真如此吗？答案是“否”。既然帕特里克搭乘的火车驶向电击 B 发生的地点，驶离电击 A 发生的地点，那么帕特里克就会先看到电击 B 发出的光，再看到电击 A 发出的光。这里的核心假定还是：光速总是不变的。光速在所有的观察者看来都一样，不管他们是远离光源也好，还是靠近光源也罢。所以，帕特里克与埃米莉不同，会推出电击 A 和电击 B 不是同时的。帕特里克会认为，因为他先看到电击 B，再看到电击 A，所以电击 B 早于电击 A 发生。

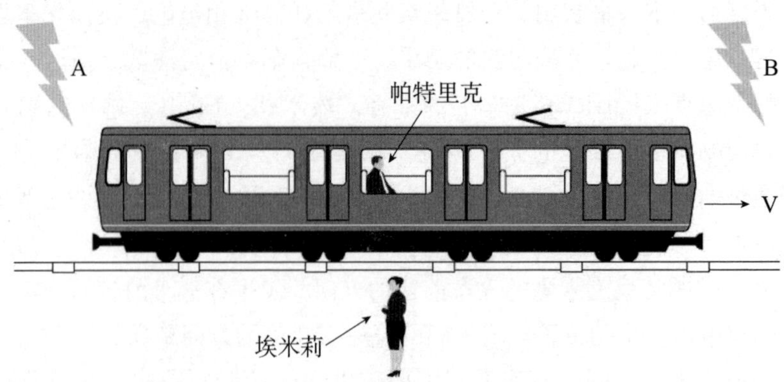


**图 5.1　帕特里克和埃米莉**

可是，谁对谁错呢？你起初可能会想，埃米莉一定对了，而帕特里克一定错了。毕竟，埃米莉是静止的，她站在铁路路堤上一动不动。于是，就哪个事件先发生而言，埃米莉似乎有最终的发言权。不过，物理学家早在爱因斯坦提出相对论很久以前，就已经向我们表明：没有绝对静止这回事。[3]埃米莉相信，她是静止的，而帕特里克以速度 v 在运动；同样，从帕特里克的视角来看，他才是静止的，而埃米莉却以速度 −v 在运动。

既然没有谁静谁动的客观事实，那么在这个场合，关于电击 A 和电击 B 是不是同时的，也就没有谁对谁错的客观事实。只有关乎同时性（simultaneity）的相对事实。相对于埃米莉，电击 A 和电击 B 是同时的。相对于帕特里克，电击 A 晚于电击 B 发生。至于“电击 A 相较于电击 B 何时发生”这个问题，就没有谁对谁错的客观事实。

这个关乎同时性之相对性的事实，怎么与我们的核心关注对象——时
142 间流逝的客观性——关联起来呢？答：如果同时性是相对的，那么，时间的流逝也是相对的。这是因为：如果关乎同时性的事实是相对的，那么，就哪些事件是当下、哪些事件是未来以及哪些事件是过去而言，就没有什么相应的客观事实了。是当下，不过是与此时此刻（here and now）正在发生的事件同时。是过去，就是与发生得比此时此刻早的事件同时。要是有未来事件，“这些事件是未来的”无非是说，它们发生得比此时此刻晚。所以，如果同时性是相对的，那么，关于哪些事件是当下、过去和未来的事实也就是相对的。由于时间流逝无非是有新的事件产生并成为当下，而当下的事件滑向过去，所以，时间流逝的客观性也就因此受害了。

在爱因斯坦的火车场景中，两位主角的速度相差不大，因此，关于哪些事件是过去、当下和未来，以及特定的事件发生在多远的过去或未来等问题，二人不会有很大的分歧。可只要把观察者相对于彼此在做高速运动的情形考虑进来，分歧便会扩大。例如，要是我们设想帕特里克搭乘火箭，他在以非常接近光速[4]的速度，相对于地球上的埃米莉运动，那么，二人关于上述事项的分歧会彻底得多。

## 时间本体论

哲学家认为，同时性的相对性会影响到有关何物存在的事实。于是，我们现在就可以考虑有关时间本体论的若干观点。关于哪些种类的对象和事件存在，我们会考察四大观点；至于说“任何对象和事件都不在时间里存在”的虚无论选项，我们就存而不论了。请读者注意：这四大观点全都赞成当下（the present）是实在的。时间本体论的主要问题是：除了当下的对象及事件以外，还有没有什么未来或过去的对象及事件存在（见表5.1）？

**表 5.1　时间本体论：哪些对象及事件存在？**

| | 过去的对象及事件存在吗？ | 当下的对象及事件存在吗？ | 未来的对象及事件存在吗？ |
|---|---|---|---|
| 永恒论 | 存在 | 存在 | 存在 |
| 当下论 | 不存在 | 存在 | 不存在 |
| 涨块论 | 存在 | 存在 | 不存在 |
| 缩块论 | 不存在 | 存在 | 存在 |

在表 5.1 中，只有两种观点与我们一开始提出的共识是一致的，分别是：**当下论**（presentism），主张唯有当下存在的对象及事件是实在的；**涨块论**（growing block theory），主张唯有过去和当下的对象及事件是实在的。这两种立场用不同的方式，刻画了我们多数人在深入钻研物理学或哲学以前，最初是怎么思考时间的。[5]根据这两个理论，未来的事件尚未发 143
生，所以是不实在的。当下的事件现在正在发生，所以是实在的。当下论者与涨块论者只是就过去的对象及事件存不存在，有不同的看法。涨块论者倾向于认为，时间流逝就是把越来越多的存在加入构成了实在（即一切

的存在，一切的事实）的大区块中。当下论者表示不同意，主张过去和未来一样，是不实在的。那个恰为当下的时间薄片，就是全部的存在。未来和过去可能有认识论的差异——我们可以对过去知之甚详，却对未来见识浅陋，但这并不表示未来和过去也有形而上学的差异。当下论者认为，我们只要思考何物存在，便会发现亚伯拉罕·林肯（Abraham Lincoln）①的存在，并不比未来还没出生的孩子多上多少。[6]

**缩块论**（shrinking block theory）是表 5.1 列出的最后一种立场，却很少有人采信。该观点认为，当下和未来的对象及事件便是全部的存在，而过去是不实在的。支持缩块论的哲学家把实在设想成一个区块：随着越来越多的事件发生，这个区块持续不断地收缩。现在正在发生的东西，还有将要发生的东西，都在区块那里，但随着事件的发生，这些东西会逐渐消失。想一想人们可能出于什么理由相信缩块论，倒是很有意思。这些理由一定与催生涨块论的理由大不相同。涨块论者认为，未来不存在；在这个重要的意义上，未来是开放的。因此，未来也许是我们亲手筑造的。可缩块论却说，过去才是不实在的。支持缩块论的某种直觉动机，或许出自我们时不时生发的遐思：我们的“时间不多了”。在一天、一周乃至一年里，供我们挥霍的时刻变得越来越少了。不过，到目前为止，当下论和涨块论的捍卫者还是多得多。②

**永恒论**（eternalism）主张，过去、当下和未来的事件都存在，都是同等实在的。在上述四种观点中，只有永恒论没有抓住“时间流逝有本体论后果”这个直观的想法。在永恒论者看来，过去和未来的对象，与当下的对象在相同的意义上是实在的。永恒论者把当下以外的时间，想得像是这里以外的地点一样。人人都相信，埃菲尔铁塔（Eiffel Tower）③与你当前所在的楼房以相同的方式存在。虽然埃菲尔铁塔与你现在所在的楼房

① 亚伯拉罕·林肯（Abraham Lincoln，1809—1865），美国政治家，第 16 任美国总统。他在任期内废除了美国的黑奴制，后来遇刺身亡。

② 涨块论和缩块论都把整个实在设想成一个四维流形或区块，内里囊括了存在的全部对象及事件。两种理论的区别只在于：涨块论者认为，这个构成实在的四维区块会随着时间流逝而不断增涨（因为有越来越多曾经是未来的对象及事件变成当下或过去，也就被纳入了区块中）；而缩块论者认为，这个区块会随着时间流逝而不断收缩（因为有越来越多曾经是当下或未来的对象及事件滑向过去，也就被从区块中移出去了）。

③ 埃菲尔铁塔（Eiffel Tower），法国巴黎市的地标建筑之一，位于塞纳河畔的战神广场，由法国建筑家古斯塔夫·埃菲尔（Gustave Eiffel，1832—1923）负责设计，于 1889 年落成。

不同，它不在这里（here），不位于你的空间位置，但是，它的实在并不因此就少一分一毫。永恒论者同样也说，过去和未来的事件就与当前的事件一样是实在的。尽管过去和未来的事件现在（now）不存在，它们不位于你的时间位置，但它们的实在却分毫无损。D. C. 威廉斯把永恒论称作“流形论”（the Theory of the Manifold）。[7]

我们回到狭义相对性的问题，现在总算能明白：爱因斯坦的理论是怎么给众多哲学家提供了理由，好让他们拒斥一切别的时间本体论，转而支持永恒论了。

支持永恒论的狭义相对性论证

1. 如果当下论、涨块论或缩块论有一个为真，那么，哪些对象及事件是实在的，就取决于哪些对象及事件是过去、当下或未来。（由这三种立场的定义可得）

2. 但是，哪些对象及事件是过去、当下或未来，又取决于关 144
于哪些事件与此时此刻同时的事实。（由“过去”“当下”“未来”的定义可得）

3. 如果狭义相对论为真，那么，哪些事件与此时此刻同时就是某人的视角问题。（狭义相对性的结果）

4. 狭义相对论为真。

5. 所以，哪些事件与此时此刻同时就是某人的视角问题。［由前提（3）、（4）和肯定前件式可得］

6. 所以，哪些对象及事件是过去、当下或未来就是某人的视角问题。［由前提（2）和（5）可得］

7. 所以，如果当下论、涨块论或缩块论有一个为真，那么，哪些对象及事件是实在的就是某人的视角问题。［由前提（1）和（6）可得］

8. 但是，什么是实在的不是某人的视角问题。［假定：什么是实在的是个客观问题］

因此，

9. 当下论、涨块论或缩块论没有一个为真。

永恒论由此成了唯一站得住脚的时间本体论，因为只有永恒论不让实在依赖于关乎何为过去、当下或未来的主观事实。

有人可能会要求，前提（8）——存在或实在是个客观问题——需要获得更多的支持。可是，一个物项 e 相对于某人（比如说埃米莉）是实在的，但相对于另一人（比如说帕特里克）就不实在了，这怎么可能呢？要是埃米莉是对的，那么 e 就存在。帕特里克可以不相信 e 存在，可要是 e 不管相不相信都在那里，那么它就存在。

永恒论是唯一避免了存在主观化的时间本体论，因为它不强行区分过去、当下和未来的事件及对象哪些是实在的，哪些又是不实在的。因此，有的哲学家认为，狭义相对论所蕴涵的本体论就是永恒论。

我们确实能在现代物理学课上学到，狭义相对论有一个理论后承：我们不该认为实在是由分布于三维空间中、从一刻历时持存到下一刻的对象构成的。相反，对象和事件皆位于一个统一的四维时空流形里。狭义相对论的时空就是所谓的“闵可夫斯基时空”（Minkowski space-time）；该时空因数学家赫尔曼·闵可夫斯基（Hermann Minkowski）[①] 而得名，也是这位数学家把该时空推荐给爱因斯坦的。闵氏时空有如下重要特征：

> 闵氏时空是一个四维流形。换言之，要完全指定闵氏时空的一个位置，必须给出四个数：x，y，z，t。
>
> 没有什么优先的客观划分（partition），可以把该流形分成一
> 145 个个的时间切面。（不同的观察者以不同的相对速度运动，也会以各不相同的方式把整个时空剖分为各空间和各时间，可这些剖分方式是同样正确的。）
>
> 关于时空点与时空点的距离，有客观事实存在；但是，关于空间距离和时间期段（temporal durations）[②]，却没有什么额外的客观事实。（有关空间距离和时间期段的事实，总是相对于特定观察者的时空剖分方式的。）

---

① 赫尔曼·闵可夫斯基（Hermann Minkowski，1864—1909），德国数学家，爱因斯坦的老师。他用四维时空表述了狭义相对论，奠定了相对论的数学基础。“闵可夫斯基时空”，在本书中有时也略作“闵氏时空”。

② 时间期段，指从物项 A 的发生/出现到物项 B 的发生/出现，经过了多久时间。在闵氏时空中，事件 A 和 B 同时（时间期段为零），当且仅当 A 和 B 位于同一个时间切面。

我们可以借两道电击的案例来阐明第三点。每一道电击都发生于闵氏时空中的不同位置。上述第三点蕴涵：关于这两道电击之间的时空距离，有一个客观的事实存在（见图 5.2）。

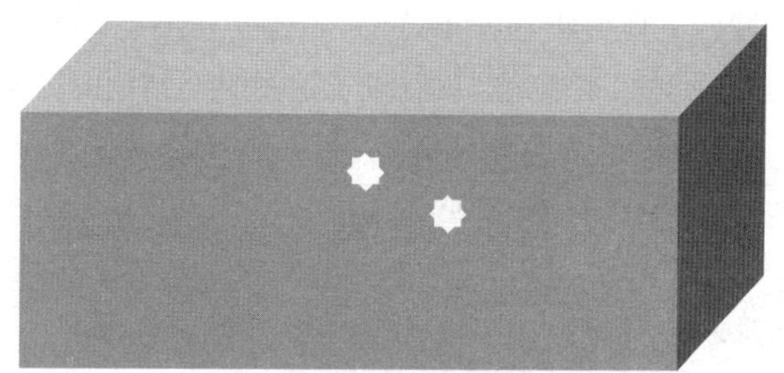

图 5.2　闵可夫斯基时空与电击



在闵氏时空中，唯一有关两道电击的距离的客观事实，便是它们的时空距离，又称“时空间隔”（space-time interval）。第二个事实，即［没有什么把该区块剖分为各空间和各时间的优先方式］的事实，便蕴涵了这样一个后果。要是有人认定，关于哪些事件同时发生有额外的客观事实存在（见图 5.3），那么，时空就会有一个独特的结构，有别于相对论所蕴涵的结构。

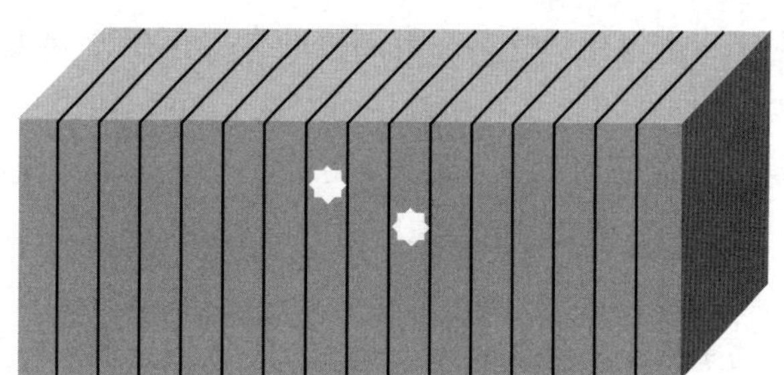

图 5.3　包含关于哪些事件同时发生的客观事实的时空

那样一来，关于这些事件的时间关系和空间关系便会有相应的客观事 146
实了。比方说，要是时空流形是按照图 5.3 所示的样式来划分的，那么，一道电击早于另一道电击发生，似乎就有这样一个客观事实了。因为一道电击位于一个较早的时空切面上，所以，也就有了一个客观事实：两道电击不是同时的。①

① 闵氏时空的不同划分，可能使事件 A 和事件 B 落在不同的时间切面或空间切面上（二者也就有了不同的时间期段或空间距离）。在狭义相对论中，由于没有哪种时空划分是优先的，故而事件与事件的时间期段或空间距离不是客观的。

不过，狭义相对论似乎要告诉我们：图 5.3 所示的剖分方式不是我们世界的客观结构的一部分。一个观察者能以一种方式剖分事物，另一个以不同速度运动的观察者一样能以另一种方式剖分事物。与图 5.3 相比，图 5.2 更好地把握住了现代物理学承认的客观时空结构。如我们方才所见，我们应该接受哪种时间本体论，就受到了这种时空结构的影响。

**练习 5.2　支持永恒论的狭义相对性论证**

如果你是当下论者，你会如何设法挑战这个反当下论的狭义相对性论证呢？请务必挑出该论证中的某个具体前提，或者某个具体推理步骤，予以回击。

## A 理论和 B 理论

有人要是学永恒论者那样看待宇宙，便会相信未来事件与当下和过去的事件一样实在，于是，在某个真正的意义上，未来已定。“未来已定”的意思是，关于未来发生了什么，有相应的事实存在。[8]要想说出“未来已定”，并弄清我们在说什么，明确区分“是”（is）和“存在”（exists）的两种意义是很有帮助的：（1）是无时态的（tenseless）或永恒的意义，（2）是时态（tensed）意义。请考虑下面的语句：

（1）与歇洛克·福尔摩斯（Sherlock Holmes）① 不同，亚伯拉罕·林肯存在。亚伯拉罕·林肯是真人，就像贝拉克·奥巴马一样。

（2）亚伯拉罕·林肯存在过，但他不存在了。

乍一看，这两个论断互相矛盾。当下论者会否认（1）为真，却赞成（2）。然而，永恒论者却想说（1）和（2）均为真，并否认二者有矛盾。在永恒论者看来，两个论断不互相矛盾的理由在于：我们必须承认“存在”和

① 歇洛克·福尔摩斯（Sherlock Holmes），侦探小说家阿瑟·柯南道尔（Arthur Conan Doyle，1859—1930）所著《福尔摩斯探案全集》的主人公。

“是”有两种意义。[9]

句子（1）用到的“是”和“存在”的意义，是无时态的或永恒的意 147
义。在“存在”一词的无时态的或永恒的意义上，某物存在，仅当：它在这样或那样的时候存在；或者，如果有一个位于时间之外的存在域，那么它就在此域中存在。[10]此外，句子（2）是在时态意义上使用“存在”一词的。“存在”在该句中的意思是：现在存在（exists now）。永恒论者既然相信“有一些对象及事件在非时间的意义上存在，但现在不存在”，那么就可以自由自在地赞成句子（1）和（2），却不引发矛盾了。当下论者却认为，存在仅限于现在存在的东西，所以会否认“是”或“存在”可以分出两种意义。在当下论者眼里，“存在”与“现在存在”同义。

如此一来，你就可以这样来看待永恒论者的立场。首先，有无时态的、永恒的意义上的存在。整个四维区块就是单纯地存在。可还有一些事实，牵涉到在区块的某些点上存在的东西，也就是或者现在存在、或者早于现在存在、或者晚于现在存在的东西。

到了这里，你可能会问：永恒论者难道不是紧跟狭义相对论，相信有关过去、当下和未来的存在物的事实，全都相对于某人的运动吗？多数永恒论者同意这一点。他们认为，关于何为过去、当下和未来的事实是主观的，而不是客观的。因此，在“存在”的时态意义上存在的东西也是主观的。不过，关乎何物存在的基础事实可不主观。这些事实关系到在“存在”的无时态的、客观的意义上存在的东西，对于本体论的目的来说至关重要。

许多永恒论者也主张，关于何为过去、当下和未来的时态事实还有一个重要特征。这些事实是主观的，却可还原为更基础的无时态事实，也就是说，最终可诉诸无时态事实而获得解释。这一点标志着多数永恒论者和当下论者之间的重要分歧。要明白怎么回事，我们还得介绍时间哲学里的另一个主要区分。

这一区分可追溯至英国哲学家 J. M. E. 麦克塔格特（J. M. E. McTaggart）发表于 1908 年的一篇论文。麦克塔格特区分了时间的 A 序列（A-series）和 B 序列（B-series）。这两个序列都是按照相对时间来对事件进行排序的。

首先说 A 序列。**A 序列**根据“是过去”“是当下”“是未来”等时态特性［**A 特性**（A-features）］对事件进行排序。我们可以把 A 序列想成一条长长的时间线，过去最遥远的事件全置于一端，而未来最遥远的事件全置于另一端。（如果时间是无穷的，那我们就把A序列设想为一条既无终点、又无开端的无穷长的线。）我们可以做出如下陈述，为对象及事件指派它们在A序列中的位置：

> 华盛顿现在是美国的首都。
> 今天人们用手机查时间。
> 明年夏天我们将会去海滨。
> 太阳将会在未来50亿年左右开始消亡。

事件在A序列中的位置随着时间流逝而改变。现在处于未来的东西，最终
148 将会处于当下。而现在发生的事件，最终将会位于过去。这些把A序列中的位置归给对象及事件（例如前文列举的那些）的事实，可称为“A事实”。

**B序列**是另一个时间排序，只不过这里的事件是按照日期、时间，还有“早于其他事件”“晚于其他事件”“与其他事件同时”等关系来排序的。也就是说，事件是根据它们的**B特性**（B-features）来排序的，B特性是表明事件与事件的相对时间关系的无时态的特性。比如说，你可以做出如下陈述，把某些事件与2014这个特定的年份关联起来：

> 华盛顿在2014年是美国的首都。
> 2014年，人们用手机查时间。
> 2014年的次年夏天，我们去海滨。
> 太阳在2014年之后的50亿年左右开始消亡。①

尽管事件在A序列中的位置变了，但事件在B序列中的位置却不变。随着时间流逝，“华盛顿在2014年是美国的首都”这一点仍然是事实。就算到了3014年，华盛顿在2014年是美国的首都也还会是事实。请读者注意，以上所有陈述都是以无时态的方式来使用“是”“查”“去”等动词的。为了分析它们，请想象有个位于时间之外的观察者，能够一次看遍整个B序列，这会对我们有所帮助。如此一来，这个观察者便能做出一些陈

① 这四个例句分别与前面的四个例句一一对应。本书英文原版在2014年出版，所以对于作者来说，“2014年”就是“现在”。

述，说明某些事件何时发生，以及这些事件的相对时间关系是什么。那些把B序列中的位置归给对象及事件的事实，便是B事实。与A事实不同，B事实是不变的。我们方才已经看到，B事实用到了无时态的动词，在这个意义上也就是无时态的事实；从客观视角来看，B事实永远为真。不过，B事实虽然是无时态的，却还是有关时间的事实，这是因为：关于事件的日期、时间，还有彼此之间哪个发生得早、哪个发生得晚的事实，全都关系到这些事件的时间位置。

除了全盘否认时间实在的虚无论者之外[11]，形而上学家都会承认：有两种关乎时间的事实，分别为A事实和B事实。有一场大论战关系到这两种事实哪种更根本，是A事实还是B事实？

就这个问题来说，主要的观点有二。大多数（但不是全部！）永恒论者都是B理论家。**关乎时间的B理论**（B-theory of time）说，一切A事实（即关于何为过去、当下和未来的事实）皆可还原为B事实；换句话说，A事实最终均可诉诸B事实而获得解释；又或者说，A事实为B事实所底定。换个方式来表述B理论家的立场，便是：一切时态事实皆可还原为无时态的事实。我们不妨考虑几个例子，以说明B理论家的立场。假设今天是2014年5月9日。B理论家会说，

(1A) 华盛顿现在是美国的首都

表达的事实，最终为下一句表达的事实所底定：

(1B) 华盛顿在2014年5月9日是美国的首都。

如此一来，诉诸一个有关2014年5月9日发生了什么的事实（B事实）， 149
便可解释一个有关现在发生了什么的事实（A事实）。于是，第一句虽然看似表达了一个变化的事实，但其实不过表达了一个固定的、永远不变的无时态事实。同理，在B理论家看来：

(2A) 明年夏天我们将会去海滨

表达的事实，被还原成了下一句表达的事实：

(2B) 2014 年 5 月 9 日的次年夏天，我们去海滨。[12]

这里依旧假定了，我们是在 2014 年 5 月 9 日这个日子，对（2A）予以断定的。

**关乎时间的 A 理论**（A-theory of time）是与 B 理论对立的观点。要理解 A 理论，最简单的办法便是把它当成对 B 理论的否定。B 理论家说，A 事实可还原为 B 事实。A 理论家否认这一点，声称 A 事实不可还原为 B 事实。A 事实是关乎时间的不可还原的事实。A 事实之所以不可还原为 B 事实，是因为 A 事实可能会变。

**练习 5.3　B 理论对 A 事实的还原**

下列语句全都表达了 A 事实。假定你在做这道练习的时候就是“现在”，B 理论家对这些事实的还原看上去会是什么样的？

A. 恐龙曾经在地球上游走。

B. 费城一度是美国的首都，但美国的首都现在是华盛顿哥伦比亚特区。①

C. 在未来，火星上将会有人类的前哨站。

D. 铃五分钟前响过。

A 理论的动机可被简述如下。A 事实是变化的事实。未来的事件最终将会成为当下；而当下的事件最终将会成为过去。但 B 事实永远不变。如果第一次世界大战晚于特洛伊战争发生，那么情况就总是：第一次世界大战晚于特洛伊战争发生。② 如果里约奥运会发生于 2016 年的七八月间，那么它就总是发生于 2016 年的七八月间。这便是 B 事实的特征。由于 A
150 事实变了，B 事实却不变，所以 A 理论家主张，A 事实不可还原为 B 事实。既然为了迎合“时间流逝”的真正的客观意义，需要 A 事实，那么，在无时态的 B 事实之外，就一定还有 A 事实存在。

---

① 在 1790 年至 1800 年，费城（Philadelphia）是美国的首都。1800 年，美国迁都至新落成的华盛顿特区。

② 第一次世界大战，简称“一战”，从 1914 年 7 月 28 日持续至 1918 年 11 月 11 日，战争的双方分别为同盟国集团和协约国集团。特洛伊战争，古希腊人与特洛伊人之间的一场战争，持续了十年之久，相关故事传说见于荷马史诗《伊利亚特》。

麦克塔格特在那篇有关该主题的文章中，赞成一种甚至更强势的论断。麦克塔格特主张，不仅关于过去、当下和未来的事实不可还原为B事实，而且A事实确实比B事实更根本。在麦克塔格特看来，如果没有A事实，如果没有关乎哪些事件是过去、当下和未来的事实，那么就不会有时间这样的东西——时间就会不实在了。这样说的道理在于：时间在本质上涉及变化。要让时间变得实在，就一定得有变化。可麦克塔格特认为，变化是可能的，仅当有一个客观的A序列存在。可要是只有B事实，只有关于事件在B序列中的绝对和相对位置的事实，那么就不会有任何变化。麦克塔格特举了安妮女王（Queen Anne）① 驾崩事件这一特例，阐述了这个道理。

麦克塔格特问：如果有关B序列的事实便是仅有的关乎时间的事实，那么，怎么可能有变化呢？由于事件在B序列中的位置是恒定不变的，故而事件从来不会改变它们的B特性。如果安妮女王驾崩发生于1714年，那么该事件就（无时态地）总是发生于1714年。如果安妮女王驾崩早于美国革命发生，那么该事件就（无时态地）总是早于美国革命发生。② 另外，事件在非时间的特性上也不变。正如麦克塔格特所言，安妮女王的驾崩总是驾崩。该事件有一阵子不存在，然后获得了“是驾崩”的特性才存在。安妮女王的驾崩永远不会不是驾崩。这如果是痛苦的驾崩，那么就总是痛苦的驾崩。如果该事件发生于肯辛顿宫（Kensington Palace）③，那么它就总是发生于肯辛顿宫。麦克塔格特由此下了结论：如果只有B序列，那么就不可能有变化。变化要求不可还原的A序列存在。这是因为，事件变化的唯一方式就是在A属性上有所变化。拿安妮女王驾崩来说，该事件曾经是未来，然后曾经是当下，但现在是过去。在麦克塔格特撰文的时候，该事件已经过去了差不多200年。现在倒是过去300年了。为了有真正的变化，我们需要A序列；又依据麦克塔格特的说法，如果时间是实在的，就得有真正的变化；于是，他推出了一个结论：任何时间序列（包括B序列）要存在，都要求A序列存在。

---

① 安妮女王（Queen Anne，1665—1714），1702年至1714年8月1日在位，任内实现了英格兰与苏格兰两国的合并。

② 美国革命（1765—1783），18世纪下半叶发生于北美大陆的斗争运动的统称，包括了美国独立战争（1775—1783）。

③ 肯辛顿宫（Kensington Palace），一座英国皇家宫殿，位于英国伦敦的肯辛顿花园西侧。

许多哲学家信奉麦克塔格特的上述推理，所以常常把关乎时间的B理论贬称为“静态时间理论”。他们认为，要是没有一个不可还原的A序列，就没有什么变化了。

这个对B理论的担忧是合理的。不过，B理论家可以回答说，麦克塔格特的论证没有考虑到宇宙可以有变化的另一种方式。没错，B理论声称事件永不变。可B理论家的本体论可不只有事件这一个组成部分。B理论家还可以相信对象存在，并断言对象有变化。一个对象可以在某个时间（或时空点）有某个属性。然后，同一个对象可以在另一个时间（或时空点）没有那个属性。再次回到麦克塔格特的例子：安妮女王驾崩这一事件
151 也许不会在任何特性上有所变化。但安妮女王本人确实变了。毕竟，女王1713年还活着，1714年却驾崩了。由于安妮女王本人在不同的时间有不同的属性，所以，B理论终究是承认有变化的。



有人担忧，B理论家的图景描绘了一个没有变化的静态宇宙；但B理论家用上面的方法，便可回应这一担忧。B理论家的回应是这样的：宇宙是一个四维区块，宇宙里的对象在这个四维区块的不同位置上，有不同的特性，所以B理论确实容纳变化。然而在历史上，A理论家素来不满意这种回应。A理论家可以承认，在某种意义上，B理论家可以在其图景中容纳变化，但那种变化不是我们知道会随着时间流逝而发生的真正变化。真正的变化是构成A序列的变化：事件从未来变成当下，然后遁入过去。这才是我们体验得到也觉知得了的一种变化。[13]我们经验到了时间中的自我，从中知道了时间的客观流逝存在；而B理论家却完全忽略了这种变化。B理论家倒是可以回应说：关于此种变化之存在的经验是错觉，B理论家提出的那种对象变化（object-change）才是唯一一种真正存在的变化。关于变化的话题，时间哲学专家会继续争论下去。①

到目前为止，我一直说大多数永恒论者都是B理论家。[14]永恒论与B理论的这个组合常常叫作**“块状宇宙说”**（block universe view）。不过，永恒论者也不全是B理论家。其实有一种办法既赞成A理论，同时又支

① 对象的属性变化又称“一阶变化”（first-order change）。事件的变化又称“二阶变化”（second-order change），也就是一阶变化的变化（一阶变化就是通常所说的“事件”）。B理论家不承认二阶变化，只承认一阶变化；A理论家却认为，二阶变化才是真正的变化。

持永恒论。由此产生的理论常常获名**“移动光标论”**（moving spotlight view，见图 5.4）。①

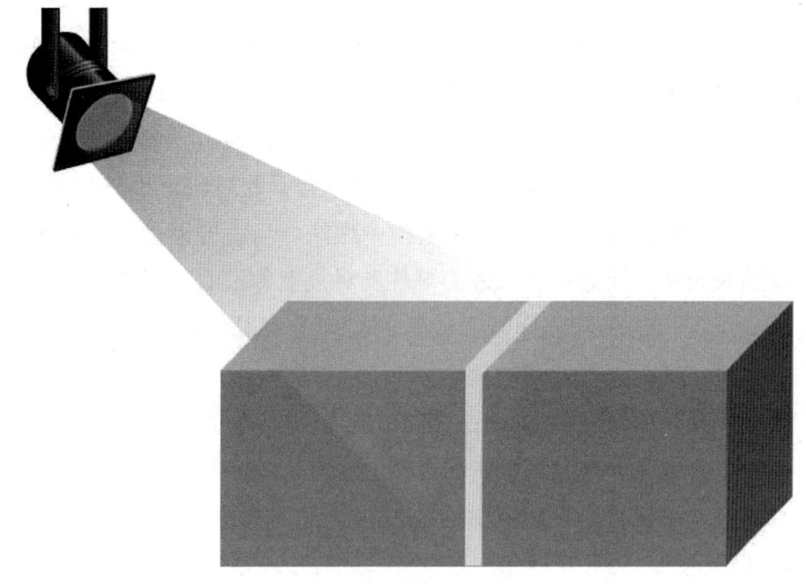

**图 5.4　移动光标论**

移动光标论把一集有关现在存在物的额外事实，补充进了闵氏时空区 152
块里。我们可以把这个移动的“现在”（now）设想成一个光点；它随着时间流逝，照亮了不同的时空区域。移动光标论假定了时间的客观流逝，所以和上一节的论证起了冲突。

移动光标论出于若干理由，已经不再流行。一般来说，该理论的内容不明确，这大概是对该理论最常见的担忧了。[15]请想想移动光标论说了些

① “moving spotlight view”的名头源于哲学家 C. D. 布罗德的一个生动的譬喻（原文出处：C. D. Broad. *Scientific Thought*. London：Routledge & Kegan Paul，1923，p. 59）：

> 我们会自然而然地以为，世界的历史永恒地存在于诸事件的某个次序中。我们可以设想，当下性（presentness）的特征就是它沿着这个次序，朝着一个固定的方向移动，这有点儿像从警察的巡夜灯射出的点点亮光（spot of light）。光点扫过了街道上那些房屋的正面。正在照亮的是“当下”，已经照亮过的是“过去”，而尚未照亮的则是“未来”。

鉴于这个譬喻，“moving spotlight view”译成“移动光标论”或“光点迁移论”（徐英瑾的译法）为妥。

什么。既然这是一幅永恒论的图景，那么，过去和未来的对象及事件便与当下的事件在相同的意义上存在。不过，移动光标论还是为真实而客观的时间流逝留有余地，它声称：当下的对象及事件所例示的 A 属性，可是连过去和未来的对象及事件也没有的，那便是当下性（presentness）。当下的事件现在正在发生。这个特性把当下的事件及对象与过去和未来的事件及对象区分开来，可它又是什么呢？移动光标论援引了光点的比喻，这倒让我们觉得：尽管过去的对象及事件就和当下的对象及事件一样实在，但前者总比后者来得暗淡一些。或者换个说法，当下的事件及对象笼罩着一道特别的光芒，而过去和未来的事件及对象上却没有。当然，这不过是比喻罢了。我们想知道区分当下和其他时间的真相。若想捍卫移动光标论，就必须在某种程度上超越比喻。

的确，今天的大多数 A 理论家正是出于明确性的理由，成为当下论者。是什么造就了当下和其他一切时间的区分？唯有当下论者明确地回答了这个问题。也唯有当下论者明确地说明了时间的客观流逝相当于什么。当下和非当下的（non-present）对象及事件的区分，乃是有关存在的区分。唯有当下的对象及事件存在。而且，时间的流逝恰恰是对象及事件的存在起了变化；也就是说，旧的（过去的）对象及事件不复存在，新的（曾经是未来的）对象及事件产生了出来。

## 缔真项反驳

综上所述，主要有两套观点：第一套是 A 理论与当下论的组合，优点是说清楚了我们日常体验到的时间流逝；第二套是 B 理论与永恒论的组合，似乎与狭义相对论协调起来最轻松。有的哲学家介意当下论与 A 理论，还有一个理由，本节会予以考察。[16]这就是缔真项反驳。

我们在第二章碰到了缔真项理论，缔真项反驳便发端于对该理论的诉求。缔真项理论家相信，要是一个句子或命题为真，世界上就一定有某个东西使其为真。句子或命题为真不可能是直鲁事实。“一切真理皆有缔真项”，就是这个念头激发了**缔真项理论**。因此，请思考如下例句：

(1) 圣迭戈动物园（San Diego Zoo）内有三只大熊猫。[①] 153

如果该句为真，那么世界上一定有某个或某些东西使其为真，那便是该句的缔真项。该句为真必定以某种方式与实在关联到一起，与世界上存在的种种对象及其样子关联到一起。真理可不能“自由地漂浮”于实在之上。

缔真项理论家通常认为，有特定种类的物项可以充当缔真项。语句的缔真项由语句关于（is about）的对象组成，那些对象有恰当的范畴特性，又处于恰当的关系中，因而使语句为真。例如，句子（1）的缔真项就囊括了三只处于圣迭戈动物园范围内的大熊猫。



**工具箱 5.1 范畴特性与非范畴特性**

形而上学家只要诉诸**范畴特性**（categorical features），心里想到的便是那些只与对象在实际情况下，在某时是何模样有关的特性。换言之，一个对象的范畴特性可不涉及该对象（a）相对于其他对象，（b）在其他可能情形，或者（c）在其他时间是什么样子。举个例子，我们可以把一个特殊的网球描述为球状的，或者橡胶制的。不管是哪种描述，都把某些范畴特性归给了这个网球。我们还可以把下述的一些非范畴特性归给它：

是房间里唯一的黄色对象

可能用在澳洲网球公开赛上

有反弹能力

已经于 2010 年在一家工厂里被制造

这四个特性没有一个仅涉及对象在特定时间的实际模样。第一个特性涉及这个球与别的对象的比较。接下来的两个特性都关系到一些有关其他情形中的可能状况的事实。第四个特性倒涉及这个球在其他时候的相关

① 圣迭戈动物园（San Diego Zoo），始建于 1916 年，位于美国加利福尼亚州圣迭戈市。2019 年，该动物园向中国归还了园内最后的两只大熊猫“白云”和“小礼物”。本书初版于 2014 年，彼时园内的大熊猫至少有三只，请见后文。

事实。因此，非范畴特性的例子有：关系特性、模态特性、**倾向特性**（dispositional features，与对象在不同情形中的可能表现有关的特性）① 以及暂时特性。

154 再请思考例句：

（2）巴黎在维也纳以西。

该句也为真。句子的缔真项由巴黎和维也纳两座城市组成，两城相关联的方式是：巴黎在维也纳以西。

同理，以下两句因为没有所需的缔真项，所以为假：

（3）圣迭戈动物园内有七只大熊猫。

（4）巴黎在维也纳以东。

虽然世界上有七只大熊猫，但是，在圣迭戈动物园内可没有七只大熊猫。所以，句子（3）没有缔真项。可没有什么对象按照该句所要求的方式组织起来，使该句为真。同样，要使（4）为真，巴黎和维也纳就都必须存在，并且两城必须如此这般地排列，好让巴黎在维也纳以东。可由于巴黎没有按照这种方式与维也纳相关联，所以也没有缔真项使该句为真。

**练习 5.4　缔真项理论**

请为下列真语句提供缔真项：

A. 埃菲尔铁塔高 324 米。

B. 巴西女性的平均身高为 1.61 米。

C. 旧金山的人口多于西雅图。

D. 玻璃是易碎的。

---

① 常见的倾向特性（或倾向属性）有：易碎性、易燃性、易溶性、导电性等。我们一般根据激发条件（stimulus condition）和显现结果（manifestation）来刻画倾向特性。例如，我们说“一个玻璃杯具有易碎性”，意思通常是：这个玻璃杯在承受一定的外力冲击（激发条件）时，倾向于碎裂（显现结果）。当然，我们还可以运用反事实条件句等手段，给出进一步的概念分析。

我们刚刚用一些有关当下存在的对象的例句，阐述了缔真项原则。要想见识当下论者碰到了什么麻烦，还得考虑过去时陈述和将来时陈述的一些例子。请读者思考如下两句：

（5）恐龙曾经在地球上游走。

（6）2028 年奥运会将会在洛杉矶举行。①

（5）和（6）均为真。于是，根据缔真项原则，两句必有缔真项。从直觉的角度来看，因为（5）是关于恐龙的，所以（5）要有缔真项，就需要（在别的东西以外还）有恐龙存在。而（6）要有缔真项，似乎需要 2028 年奥运会发生。如果你是永恒论者兼 B 理论家，那么，要说明（5）和 155
（6）为真就没有什么问题，因为两句的缔真项存在。永恒论者认为，过去和未来的对象及事件与当下存在的对象及事件一样实在。

关于 B 理论家理解（5）和（6）的方式，我们还得稍稍留神片刻。这两句都是时态语句（tensed sentences）。请回想一下：A 理论家和 B 理论家理解时态陈述的方式各有不同。我们在上一节见识到，B 理论家认为时态语句还原为了无时态的语句。我们不妨再次假定：我们是在 2014 年 5 月 9 日对这两句予以断定的。在 B 理论家看来，（5）表达的事实为（$5_B$）表达的事实所底定：

（$5_B$）恐龙在某个早于 2014 年 5 月 9 日的时间，在地球上游走。

而且，（6）表达的事实也为（$6_B$）表达的事实所底定：

（$6_B$）2028 年奥运会在某个晚于 2014 年 5 月 9 日的时间，在洛杉矶举行。

① 本书首次出版于 2014 年，彼时 2020 年东京奥运会还是一个未来事件。时至今日，东京奥运会已经成为过去，不宜再充当未来事件的例子。因此，经作者同意，译者把原文中出现的“2020 年东京奥运会”均替换为“2028 年洛杉矶奥运会”。

$(5_B)$ 和 $(6_B)$ 均表达了 B 理论的无时态真理。$(5_B)$ 要为真，情况必定是：有某个早于 2014 年 5 月 9 日的时间，并且恐龙那时正在地球上游走。$(6_B)$ 要为真，情况必定是：有某个时间晚于 2014 年 5 月 9 日，这个时间在 2028 年内；并且，奥运会此时在洛杉矶举行。我们其实可以用谓词逻辑的语言，将 $(5_B)$ 和 $(6_B)$ 重述如下：

$(5_B)$ ∃t(t 早于 2014 年 5 月 9 日 ∧ 恐龙在 t 在地球上游走)

$(6_B)$ ∃t(t 晚于 2014 年 5 月 9 日 ∧(t 在 2028 年内 ∧ 奥运会在 t 在洛杉矶举行))

由此可见，依 B 理论家对（5）和（6）的理解，这两句要为真，需要过去时间和未来时间存在。要是过去时间或未来时间不存在，那么（5）和（6）不可能为真。可它们显然为真。于是，给定 B 理论，当下论一定为假。这个论证可以推而广之，挑任何有关过去或未来的真语句都行。给定关乎时间的 B 理论，当下论者说明不了那些语句何以为真。

不过，我们已经看到，当下论者可不是 B 理论家。他们是 A 理论家。因此，当下论者是不会同意（5）和（6）还原成了 $(5_B)$ 和 $(6_B)$ 的。可如此一来，A 理论家要怎么理解过去时和将来时的真语句呢？

人所共见，A 理论家倒是认为，语句中的时态是不可还原的。这就意味着，A 理论家不赞成对过去时间和未来时间进行存在量化，并借此表示时态语言（tensed language）的逻辑结构。相反，A 理论家为了用符号逻辑刻画时态现象，往往会引入新的逻辑记号。

逻辑学家阿瑟·普赖尔（Arthur Prior）最早于 20 世纪 50 年代发展出了时态逻辑（tense logic）。时态逻辑引入了作用于整个句子的新算
156 子。[17]例如，**P** 可用于表示过去时算子。“**P**A”可读成：在过去，A。**F** 可用于表示将来时算子。“**F**A”可读成：在未来，A。然后，我们可以把（5）和（6）分别表示为：

$(5_A)$ **P**（恐龙在地球上游走）

以及

（$6_A$）**F**（2028 年奥运会在洛杉矶举行）

时态逻辑的运用本身并未假定 A 理论是对的。但 A 理论家之所以与众不同，是因为他们相信：（$5_A$）和（$6_A$）这样的语句表达的事实，不可还原为有关过去时间和未来时间的量化的事实。B 理论家也不反对按照 A 理论家建议的办法，用时态算子对（5）和（6）做符号化；他们只会说：（$5_A$）和（$6_A$）里的时态算子还原成了作用于过去时间和未来时间的量词。

现在，我们可以回到有关缔真项的主要论点上来。当下论者身为 A 理论家，会把（$5_A$）和（$6_A$）视为理解（5）和（6）的正确方式，还声称（$5_A$）和（$6_A$）不该再被改述成（$5_B$）和（$6_B$）。可如此一来，我们就想知道：是哪些事实使（$5_A$）和（$6_A$）为真呢？这两句的缔真项是什么呢？赞成 B 理论的永恒论者可以说，当下以外还有时间存在，在那些时间，恐龙存在，洛杉矶奥运会举行；正是那些时间促成（$5_A$）和（$6_A$）为真。不过，当下论者必定会否认这种说法。那么，在当下论者眼中，（$5_A$）和（$6_A$）的缔真项是什么呢？

有的形而上学家相信，当下论者在此给不出什么好的回答，这便是我们拒斥当下论的决定性理由。这个反驳可被概述为如下论证形式：

针对当下论的缔真项反驳

1. 一切真理皆有缔真项。

2. 所以，如果任何有关过去和未来的语句为真，那么，它们为真就需要过去和未来的对象或事件存在。

3. 某些有关过去和未来的语句为真。

4. 所以，一定存在某些过去和未来的对象或事件。

5. 如果当下论为真，过去和未来的对象或事件都不存在。

因此，

6. 当下论不为真。

当下论者可以采取好几种策略来回应缔真项反驳。

我们会考察三种拒斥该论证的独特策略：

157 否认前提（1），即缔真项原则。

否认从缔真项原则到前提（2）的推导。

否认前提（3），宣称一切有关过去和未来的陈述皆为假。

首先，当下论者能给出否认缔真项原则的理由吗？我们已经看到，激发缔真项原则的念头相当简单：如果一个句子为真，世界上就一定有某些对象被以恰当的方式组织起来（有恰当的范畴属性和恰当的关系），使句子为真。可是，这条原则也不是毫无争议的。人们常常抱怨，缔真项原则太强了。请思考例句：

独角兽不存在。

该句为真（很遗憾），但它的缔真项是什么呢？是非存在的独角兽吗？我们如果不打算听从蒯因的虚构角色麦克西或怀曼的意见（第一章考察过了），那么就必须认定：根本没有这样的东西。其实正是因为没有独角兽，这个句子才像是真的。该句为真，就是因为某物**不**存在。因此，与缔真项原则说的不一样，该句为真不需要有什么东西**确实**存在。

于是，当下论者可以声称，并非一切真理皆有缔真项。有些语句没有缔真项，却可以为真。当下论者由此获得了好几个选择，可以对似乎关系到过去和未来的物项的陈述［例如（5）和（6）］说点儿什么了。有一个选项是说，这类陈述是直鲁的真理。（5）和（6）为真，但它们为真无法由更为基础的事实加以解释。[18]另一个选项是说，（5）和（6）不是直鲁的；不过，它们为真还是不需要缔真项。

当下论者还可以采用一种有趣的策略，那便是拿过去时和将来时的真理与关乎虚构作品的真理做类比。请思考例句：

哈利·波特是巫师。①

该句为真，却不是因为句子关于的人存在，并且那人还是巫师（wizard）。

① 哈利·波特（Harry Potter），英国女作家J. K. 罗琳（J. K. Rowling）所著的同名魔幻系列小说中的主人公。

并不是说，有某个人，这个人还有某个属性，就使句子为真了。相反，该句为真是因为存在某个虚构作品或故事，它说有个叫“哈利·波特”（Harry Potter）的人是巫师。若是如此，该句的逻辑形式就不能被妥帖地表示为：

Wh

相反，要表示该句的真值条件，更好的办法是用一个新算子对该句做符号化。这个算子和前文引入的时态算子一样，是个**语句算子**（sentential operator），也就是一个作用于整个语句或命题的算子。我们把“在有关哈利·波特的虚构作品中……”缩写为“$\mathbf{F}_{HP}$”。于是，该句的符号化结果是：

$\mathbf{F}_{HP}$（Wh） 158

该句为真，仅当：在有关哈利·波特的虚构作品中［哈利·波特是巫师］是事实。[19]

我们可以采取类似的办法，引入与其他虚构作品中的真理有关的算子：

“在有关歇洛克·福尔摩斯的虚构作品中……”
“在虚构作品《星球大战》（*Star Wars*）中……”
“在虚构作品《饥饿游戏》（*The Hunger Games*）中……”，
等等。①

这一招处理了有关虚构作品的陈述的逻辑结构，当下论者也可以把它用到过去时和将来时的真理上。在当下论者看来，过去时间和未来时间都不存在。不过，当下论者可以承认：有一部共同的虚构作品我们很熟悉，该作

① 《星球大战》（*Star Wars*），美国导演乔治·卢卡斯（George Lucas）出品的著名科幻系列电影。《饥饿游戏》（*The Hunger Games*），美国作家苏珊·柯林斯（Suzanne Collins）创作的知名科幻系列小说，亦有同名电影问世。

品包含了某些过去时论断和将来时论断。在这部虚构作品中，有过去的恐龙和未来的奥运会存在这么回事。如此一来，当下论者就可以把一个日常的断定：

(5) 恐龙曾经在地球上游走。

理解成含有一个隐藏的虚构算子（fiction operator），形如：

(5F) 根据有关过去物项的虚构作品，恐龙曾经在地球上游走。

同样，我们可以认为：

(6) 2028 年奥运会将会在洛杉矶举行。

表达了如下内容：

(6F) 根据有关未来物项的虚构作品，2028 年奥运会将会在洛杉矶举行。

要是这样理解是对的，那么，过去时和将来时的语句为真就不需要缔真项——这些语句关于的对象。对缔真项的需求倒是预设了：这些语句要为真，会对真正存在的东西有所要求。恰恰相反，这些语句只需要“根据某虚构作品何者为真”的相关事实。这种观点可被称为“时间**虚构主义**”（temporal fictionalism），它的主张是：过去时和将来时的真理，需类比成关乎虚构作品的真理，才理解得了。

当下论者要否认缔真项原则，可以有两种办法来回应缔真项反驳，这两种办法我们已经探讨过了。第一种办法是，声称［某些过去时和将来时的论断为真］的事实不过是个直鲁事实，得不到任何进一步的解释。第二种办法则是诉诸虚构主义。哲学家还探索过第三种可能的办法，就是说过去时真理和将来时真理为真的凭据，在于当下这个时刻具有某些基本的非范畴特性。
*159* 例如，当下论者可以说，(5) 为真的凭据是，宇宙（即当下存在的万物）

具有“先前包含了恐龙”这一属性。当下论者同样也可以说，(6）为真的凭据是，宇宙具有“2028年在洛杉矶有奥运会”这一属性。然而，这种诉诸“先前包含了恐龙”或“2028年在洛杉矶有奥运会”等非范畴特性，以求解释这些论断何以为真的策略，缔真项理论家可接受不了。

### 工具箱 5.2　虚构主义

**虚构主义**是一种通用策略，形而上学家会拿它来说明各种似乎没有缔真项的论断何以为真。第七章会考察一种名为“模态虚构主义”的立场：关于可能性和必然性的真理均隐含了“在虚构作品中……”这样的算子。虚构主义也用于说明数学论断和道德论断的意义。

以数学为例，我们在第二章指出，“至少有三个完全数大于17”这个句子似乎对数进行了量化。要相信这样的语句为真，我们似乎得承认柏拉图主义。然而，数学虚构主义者（mathematical fictionalist）可以宣称，该句的逻辑形式表示为：

$$\exists x \exists y \exists z(((( Nx \wedge (Px \wedge Gxs)) \wedge (Ny \wedge (Py \wedge Gys))) \wedge (Nz \wedge (Pz \wedge Gzs))) \wedge ((x \neq y \wedge y \neq z) \wedge x \neq z))$$

是不正确的[①]，倒是该表示为：

$$\mathbf{F}_M \exists x \exists y \exists z(((( Nx \wedge (Px \wedge Gxs)) \wedge (Ny \wedge (Py \wedge Gys))) \wedge (Nz \wedge (Pz \wedge Gzs))) \wedge ((x \neq y \wedge y \neq z) \wedge x \neq z))$$

其中，“$\mathbf{F}_M$”是一个算子，对“在数学这一虚构作品中……”进行了缩略。数学虚构主义者由此把数学当成一本故事集，与《哈利·波特》系列丛书或《星球大战》相仿。在有关哈利·波特的虚构作品中，有些论断可以为真，尽管哈利·波特不存在；在数学这一虚构作品中，有些论断同样可以为真，尽管数和集合不存在。正是数学这一虚构作品——现实的数学书和数学论文——说这些数学论断为真，它们才得以为真。（当然，至于哪些书和论文算得上是数学虚构作品中的真理的权威来源，

① 读者也可回顾一下本书第二章给出的另一个符号化结果（以及译者补充的“词典”）。

对此可能有一些有意思的纷争。有关哈利·波特的虚构作品也有同样的问题：什么才算得上是其中真理的权威来源呢？只算书籍吗，电影算不算呢？只算书籍和电影吗，还是连同人作品① 也算?)

道德虚构主义者（moral fictionalist）也使用了类似的策略，说明道德论断何以为真。道德虚构主义者不承认道德上的“对”（rightness）或“错”（wrongness）等特性存在，并且可为行动所持有。不过，他们主张，我们身而为人，分享着一部共同的虚构作品。该虚构作品说“对”或“错”这样的特性存在；也正是该虚构作品使“那是一个道德上对的行动”或“那是一个道德上错的行动”等句子为真。

160 如我们所见，缔真项理论家认为，诉诸某些物项的存在，这些物项持有**范畴**特性，并且处于某些关系中，就可以说明一切真理。然而，“先前包含了恐龙”或“2028 年在洛杉矶有奥运会”等特性并不是范畴特性。有鉴于此，缔真项理论家很可能认为，要是当下论者为了“解释”（5）和（6）为真，敢利用“宇宙具有非范畴属性”这一点，就实属诈骗了。不过，这对于当下论者来说，不失为一个可能的选项：当下论者终于可以指着世界上存在的东西，说明过去时论断和将来时论断何以为真了。[20]

不过，我们还是说当下论者支持缔真项原则好了。那么，当下论者又能对缔真项反驳做何评说呢？回应那个论证还有一招，便是否认从论证的第一个前提到第二个前提的推导。请读者回顾这两个前提说了什么：

> 1. 一切真理皆有缔真项。
>
> 2. 所以，如果任何有关过去和未来的语句为真，那么它们为真就需要过去和未来的对象或事件存在。

当下论者可以声称（5）和（6）确实有缔真项，只不过缔真项不由过去或未来的对象组成。一切真理（包括过去时和将来时的真理在内）的全部缔真项皆容纳于当下的时刻。哲学家常常探索如下两个选择。

有一种策略是这样的：用过去的对象和事件所遗留的痕迹或记录之存在，底定过去时语句之为真。或许不是恐龙的存在，反倒是当下散落在地

① 同人作品（fan fiction），一般是原作爱好者基于原作的角色及情节设定所进行的二次创作。

球上的恐龙遗骨的存在，使（5）为真。同理，未来真理的缔真项可以是当下现存的计划和意向（intentions）。（6）的缔真项可不是什么未来的奥运会，反倒是国际奥林匹克委员会的会议记录，上面写有“2028 年奥运会将会在洛杉矶举行”。

不过，当下论者或许还是有所担心：有没有充足的痕迹和记录可以充当全部过去时真理的缔真项，又有没有充足的计划和意向可以充当全部将来时真理的缔真项呢？难道不可能有某些关乎过去的真理，却没有留下任何痕迹吗？也许在 2011 年，你有一次穿着错搭的袜子去上学，但那双袜子后来被毁掉了，没有人拍下过照片，这个小插曲也已经从你的记忆里抹掉了。这是否就意味着，你那天穿过错搭的袜子去上学就不是真的了？一旦触及将来时的真理，这种担心就更为醒目。在你的生活、这颗行星乃至整个宇宙的未来，有许许多多事件将会发生，也就有许许多多将来时的真理有待知晓。但是，这些未来事件很少有刻意打算或计划的；哪怕是那些有所计划的未来事件，也可能不发生。有鉴于此，就过去时和将来时的真理的缔真项而言，我们有好的理由往别处看看。

哲学家还探索过另一个选择，就是把过去时真理和将来时真理的缔真项，当成当下存在的某些条件，这些条件把未来将会发生的或过去发生过的事物给必然化（necessitate）了。你可能很自然地会想，自己要是知道宇宙当下的状态及自然规律，就可以演绎出一切关乎过去和未来的真理。
那么，我们为什么不把一切过去时真理和将来时真理的缔真项，当成宇宙 161
当下的状态——现存的全部对象及其样子——与自然规律的组合呢？

这个策略若要奏效，一定对自然规律是何模样施加了某些强有力的限制。首先，若要有关乎过去和未来的确定真理，自然规律一定得是决定性的（deterministic）。**决定论**是这样的观点：规律是如此这般，以至于给定宇宙的任意状态，我们就能凭规律确确实实地预测出宇宙在其他任何时候的状态。自然规律中没有任何机会（chances）可言。[21]其次，如果这种回应要与当下论和缔真项理论二者相容，那么，凭借当下这一时刻存在的某某对象例示了某某特性，最终一定可以解释有关自然规律的事实。可是，当下这一时刻有没有足够多的缔真项来底定自然规律呢？有人可能会想，关于规律为何的事实，其实依赖于事物在延展开来的时段内是何模样。[22]

以上回应论证的尝试都是在否认从前提（1）到前提（2）的推导；可是，对这些尝试还有一个更根本的担忧。不管是诉诸痕迹和计划，还是诉诸宇宙的当下状态及规律，这两种回应方式似乎都隐藏着一个混淆。这个混淆我们之前已经见识过了[23]，就是错把（5）和（6）等句子是否为真的形而上学问题，与我们如何能知道（5）和（6）是否为真的认识论问题混为一谈。我们很可能采取发现痕迹或按照规律做演绎等办法，从我们当下不得不做的事中窥知过去和未来。不过，什么使（5）和（6）等句子为真的问题，与我们如何能知道它们为真的问题可大不相同。要明白这一点，我们不妨回到最初激发了缔真项原则的那个例子：

(1) 圣迭戈动物园内有三只大熊猫。

圣迭戈动物园内三只大熊猫（白云、高高和云子）的存在，使（1）为真。至于我们如何知道这个真理，就是另一个问题了。我知道，是因为我在动物园的网站上读到了大熊猫的信息。你知道，也许是因为你造访过动物园，亲眼看到了那里的大熊猫，现在还留存着一丝看到了大熊猫的记忆。不过，这些都是认识论的问题，而不是关于（1）的缔真项为何的问题。总之，（1）之为真为有关大熊猫本身的事实所底定，而不是为我们知晓大熊猫的方式所底定。

最后，当下论者还可以采用一种策略来回应缔真项反驳，我们可以探讨一番。这种策略就是否认论证的第三个前提，宣称既没有关乎过去的真理，也没有关乎未来的真理。关乎当下的真理之所以硕果仅存，是因为一切存在物皆存在于当下。否认有任何关乎过去和未来的真理，可能沉重地打击了常识。不过，当下论者可以说，形而上学探究有时候显示常识出了错。由于过去和未来的对象及事件不存在，所以（5）和（6）均不为真。

要否认一切过去时和将来时的真理为真，一个担忧便接踵而至：对于下列的句子配对，我们该说点什么呢？

162 (5) 恐龙曾经在地球上游走。

(5*) 独角兽曾经在地球上游走。

(6) 2028 年奥运会将会在洛杉矶举行。

(6*) 2028 年奥运会将会在月球上举行。

与（5）和（6）不同，它们标着星号的对应句子似乎明显是错的。可我们要是否认（5）和（6）为真，岂不是把它们置于与（5*）和（6*）同样的境地了吗？

最后，与当下论者相比，永恒论者更容易说明过去时语句和将来时语句何以为真，这一点再清楚不过了。这就为永恒论加了一分，但当然也不是什么一锤定音的论证。当下论者碰到这个情况，可以显显身手，好好想想对策。

**练习 5.5　缔真项反驳**

前文探索了当下论者回应缔真项反驳的若干策略。在你看来，哪种策略最有戏？你打算如何捍卫这种回应，以应对文中提出的那些担忧呢？



## 时间旅行

我们现在已经目睹了时间哲学里的好几对区分：关乎时间的 A 理论和 B 理论的区分，当下论和永恒论的区分，等等。至于这些观点哪一个对，本身就是很有意思的问题。不过，我们在本节中也会看到，这几对区分还为我们理解另一些有关时间的更复杂的问题帮上了忙。比方说，时间旅行是最受畅销书和流行电影欢迎的主题，可要设想时间旅行，往往困难重重。大量有趣的问题就与时间旅行有关。有的是科学技术问题。例如，时间旅行符合自然规律吗？实际建造一台时间机器有没有可能呢？这些问题当然很有趣。不过，本节却要考虑一些明显的形而上学问题。我们甚至连那些科学技术问题都没来得及问，这些形而上学问题就已经摆在我们面前了。

你起初可能会好奇：时间旅行是不是逻辑可能的？或者说，时间旅行的观念会不会立刻显露出矛盾？D.C. 威廉斯曾经表示，如果时间旅行不仅仅体现为一个平淡无奇的事实，即我们在每一时刻都占据着一个与先前占据过的不同的时刻，那么，时间旅行就必定从根本上包含了矛盾。[24]举个例子，请想想《时间机器》（*The Time Machine*）① 这篇小说，小说的

① 《时间机器》（*The Time Machine*），发表于 1895 年，是英国科幻名家赫伯特·乔治·威尔斯（Herbert George Wells，1866—1946）的代表作之一。

163 主角在几分钟内就从 19 世纪维多利亚时代① 的英国前往了公元 802701 年。小说似乎要我们设想：男主角在几分钟内就离出发点有成千上万年之远。但这好像是个矛盾。与同一个时间起点相隔既是几分钟，又是成千上万年，这不可能。因此，无论在什么有趣的意义上，时间旅行只要彰显了时间旅行者与我们其余人等的不同，似乎都会涉及矛盾。

保罗·霍里奇（Paul Horwich）和大卫·刘易斯[25]等哲学家为了消解矛盾，区分了时间期段的两种谈法。假设就时间旅行者的体验来说，时间机器之旅花了他十分钟的时间。那么，诚如 D.C. 威廉斯所言，这趟时间旅行似乎会蕴涵矛盾。时间旅行者自踏入时间机器那一刻起，便可以说："从现在起十分钟，我将会与现在相隔数十万年。"为了消解这个矛盾，我们不妨首先把流逝了成千上万年的时间称为**"外部时间"**（external time）。刘易斯把这种时间描述成"时间本身"。外部时间是根据时间旅行者以外的世界，客观流逝的时间量。另外，我们可以把（根据时间旅行者的体验）仅流逝了十分钟的消逝时间称为**"个人时间"**（personal time）。个人时间是时间旅行者本人进行测量的时间。手表滴答作响、头发增长及其他生理过程发生等，都可以测量个人时间。有了这对区分，矛盾便可消融。当时间旅行者走出时间机器时，他的个人时间已经过了十分钟，可外部时间却过了成千上万年。如果我们区分得小心一点儿，就没有矛盾了。刘易斯建议，我们一般可以把时间旅行理解成个人时间和外部时间的差异。时间旅行至少在这个意义上，似乎是逻辑可能的。

虽然时间旅行的观念可能没有矛盾，但是，时间旅行者一旦抵达过去，就可以为所欲为吗？有没有可能改变过去呢？这个问题过去一直让人头痛不已，但利用前几节的理论资源便可以解决这个问题。首先，我们不妨假定 B 理论和永恒论的组合，也就是块状宇宙说。如果我们问的是回到过去之行，又假定有关过去的事实存在，那么，就我们的理论背景而言，可以假定的最自然的图景是：过去是实在的，因此为我们提供了旅行的落脚点。

如果过去存在，又有关乎过去的事实，那么，有没有可能改变这些事实呢？好吧，严格意义上的"改变过去"说的是：假定在特定的时间 t，

① 维多利亚时代（1837—1901），因在位的维多利亚女王而得名。

曾经有一个事件发生过；然后，某人引起了一个变化，导致那个事件在时间 t 没发生过。在这个意义上，答案似乎会是：没有可能，你改变不了过去。发生过的一切都发生过。比如说，假设在 2011 年 5 月 2 日那天，你曾经在雨中滑倒，跌了一跤。那么，除非你赞成上一节末尾考虑过的那种观点，否认有任何关乎过去和未来的真理，不然你是不可能回到过去做点儿什么，让滑倒这件事没发生过的。

毕竟，要是你真的回到了那个日子，提醒自己别滑倒，又会怎样呢？
这会蕴涵一个矛盾，也就是涉及这样的状况：（a）在 2011 年 5 月 2 日， 164
你滑倒过，并且（b）在 2011 年 5 月 2 日，你没滑倒过。这当然是个矛盾。

有人或许会承认，我们不管做了什么，都不可能消除一个发生过的事实，使它没发生过。不过，他可能会想，时间仍有可能是某个样子，使你能够返回到 2011 年 5 月 2 日，并阻止自己滑倒。要是时间与我们通常设想的不一样，不是一维的线，而是二维的，便会出现这样的情况。

请设想时间如一张二维图所示：x 坐标对应于我们通常以为的一维外部时间里的位置（1950 年、2000 年、2011 年等）；y 坐标对应于备选的时间线，这些时间线一开始都是时间旅行前的原时间线（见图 5.5）。[26] 我们要是把时间视为二维的，便能理解你怎么可以回到过去，还能阻止自己滑倒了。当你回到了过去，你没有改变［2011 年 5 月 2 日有过一次滑倒］这个事实。这次滑倒依旧发生于 x＝2011 年 5 月 2 日，且 y＝1 的位置。但是，你可以造就这样的情形：在 x＝2011 年 5 月 2 日，且 y＝2 的位置，没有滑倒。二维时间里的一个位置有滑倒，并且二维时间里的一个不同位置没有滑倒，这并不矛盾。不过，我们现在可以看到，就算依靠这个二维模型，我们还是改变不了过去。［你在 2011 年 5 月 2 日的确滑倒过］这个事实在原时间线上始终是成立的。

有的人想到时间旅行，比方说看了《回到未来》（*Back to the Future*）① 这样的电影，看到电影中的角色成功回到过去改变了事情，很可能就把时间想成二维的。我们可以想象有多条时间线。不过，这样来设想“改变过去”最终可不融贯。要是时间是二维的，我们就永远回不

① 《回到未来》（*Back to the Future*）三部曲（1985、1989、1990）是美国导演罗伯特·泽米吉斯（Robert Zemeckis）执导的经典科幻系列影片。

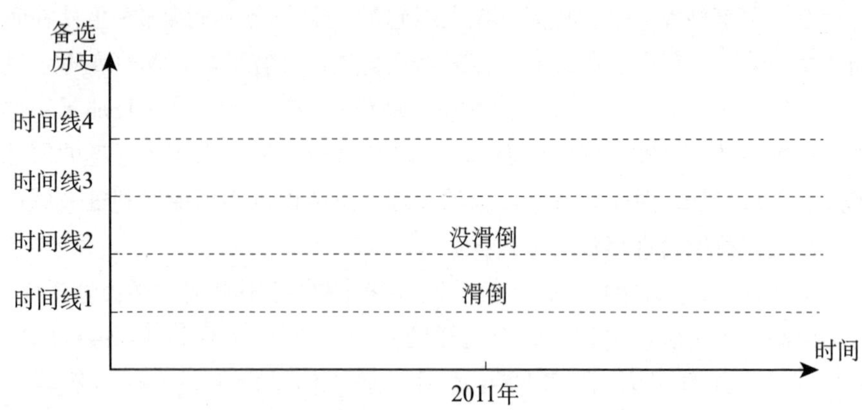


**图 5.5　二维时间**

到过去，也改变不了过去。要是时间如此这般是二维的，我们甚至连自
165 己的过去也真的回不去。按照二维时间的模型，当你回去阻止自己滑倒时，你前往了一个与你待过的不同的时间位置。你没有回到（2011 年 5 月 2 日，**1**），而是前往了（2011 年 5 月 2 日，**2**）。那可是个截然不同的时间位置啊。因此，大多数哲学家只要想到时间和时间旅行，就会把时间表征为一维的。二维模型似乎帮不了我们，让我们有关改变过去的想法变得更融贯。[27]

谁也消除不了已经发生过的事情，否则就会导致矛盾，恰如我们看到的那般。但这是否意味着：就算我们能够进行时间旅行，我们也会被冻住，什么也做不了？我们是否连踏出时间机器一步也办不到，就因为这样做也许会踩到一叶绿草，因而产生了矛盾？

那倒不会，时间旅行者可以在过去办事，甚至可以做各种各样有趣的事，这样想并无矛盾。霍里奇声称，就算我们改变不了过去，这也不意味着我们就影响（affect）不了过去。你可以回到过去，做些事。请想象有一位史密斯女士，她非常喜欢简·奥斯汀（Jane Austen）①，于是拿定主意造了一台时间机器，回到过去去拜望奥斯汀。史密斯女士办得到这件事。可要是这事发生了，那么就一定总是会有史密斯女士曾经拜望了简·奥斯汀这回事。发生过的事不可能有任何变化，位于 B 序列上的事件不可

① 简·奥斯汀（Jane Austen，1775—1817），英国著名女作家，代表作有小说《理智与情感》（1811）和《傲慢与偏见》（1813）等。

能有任何变化。不过，时间旅行者当然可以参与到过去发生过的事情中。①

**练习 5.6　时间旅行与 A 序列?**

诉诸不可还原的 A 序列，能帮我们消除改变过去所涉及的矛盾吗?如果我们相信，除了恒定的 B 序列以外，还有一集关于哪些事件是过去、当下和未来的事实，这可以让我们改变过去，而不仅仅是影响过去吗?请解释为什么可以，又或者为什么不可以。

要是我们的早年生活起了变化，情况又当如何?要是你在十多岁时做过某件令你抱憾至今的事，会怎么样呢?史密斯女士一直感到懊悔，她上高中时竟然从未学会一门外语。她那时混过了所有的语言课，结果现在只能说母语。最后，史密斯女士在 40 岁时发现了一台时间机器，回到了 2000 年，劝年轻的自己在西班牙语课上多花些心思。她办得到吗?好吧，史密斯女士回到年轻的时候，试着劝自己在课业上多下功夫，这当然没有
矛盾。但是，她改变不了发生的事情，而［她从未学会过一门外语］这件 166
事又发生了，因此，她肯定劝不动年轻的自己。不过，她可以回到过去，和年轻的自己谈谈心。要是她这样做了，那么，正如我们早就确定的那样，这件事就总是发生过。可要是史密斯记不住曾经与年长的自己谈过心，情况又会怎样呢?

在 B 序列的任意一点上发生的事情都不变，不然就会有矛盾。然而，还是有这样的可能性：史密斯和年长的自己谈过心，却忘了这件事。我们可以回到我们的过去，影响我们的过去，也就是说，在过去发生过的事件里有一番作为。不过这样一来，我们的这番作为就总是发生过了。

现在，我们可以来思考最后一个情形。至少在许多作家心中，这大概是想起来最有意思也最让人感到挫败的情形了：有没有可能穿越时间，杀死年幼的自己呢?[28] 逻辑似乎再次指向了否定的回答。如果你能穿越时

① 时间旅行者回到过去所做的一切事情，其实都成了过去的一部分。有意思的是，这样的时间旅行可以包含一个“因果循环”(causal loop)：时间旅行者回到过去，因果地导致了过去的某个事件，而那个事件反过来又成了时间旅行者回到过去的原因。读者若是对包含因果循环的时间旅行感兴趣，不妨看看电影《十二猴子》(*Twelve Monkeys*，1995) 或《前目的地》(*Predestination*，2014)。

间，还杀死年幼的自己，那么这就意味着：你活不到你在个人时间里理应干过谋杀的那一刻。于是，这就意味着你既杀死过你自己，又没杀死过你自己（因为你得活着完成谋杀）。

所以，你无法杀死年幼的自己。问题出在哪里了？请按照如下方式想一想。你似乎能让事情变得相当简单。你可以下定决心，回到你曾经最脆弱的时候，那时你还是个娇嫩的婴儿，正在摇篮里熟睡；你也知道，那时家里没有别人。你爸妈方才过街去了，有一小时的样子，正和邻居聊着家常呢。你还可以勤加训练，让事情变得再容易一些。在时间旅行前的几个月里，你可以为了完成谋杀任务而在方方面面严格训练自己，练习不同的武器，实践不同的技术。你还可以对谋杀任务沉思冥想，坚定自己的决心，确保自己不会在最后关头退缩。你可以确保自己在谋杀的时刻来临时，就像任何刺客一样训练有素、冷酷无情。逻辑允许你回到过去，允许你潜入儿时的卧室，还允许你攻击毫无防备的婴儿期的自己。可虽然你完成了所有这些训练，又能如此接近婴儿，但逻辑却以某种方式不让你在最后关头完成任务。刘易斯注意到，在“能”（can）的一个意义，即具有所需技能的意义上，你当然能杀死婴儿期的自己。然而，“能”还有一个意义，即逻辑的意义，就是说：你能办到的事并不蕴涵矛盾；在这个意义上，你不能杀死年幼的自己。刘易斯指出，你会以这样或那样的方式功亏一篑。看来单靠逻辑的力量，就必定能阻止你获得成功，无论你走得有多远。

这种情况让人不解。不管你有多努力，就算你造出时间机器，还回到了过去，有一些事你就是办不到。杀死年幼的自己就是你办不到的一件事。

到目前为止，我们预设的是永恒论和B理论。威廉斯、霍里奇和刘易斯确实是在这个框架中撰文立说的。要是有人预设了某个版本的A理论，承认客观意义上的时间流逝，甚至根据A理论的大多数版本，承认有着本体论意义的时间流逝，那么，要理解时间旅行就难上加难了。[29]我们早
167 就注意到，时间旅行之所以令当下论者费解，是因为在时间里，除了紧邻着的下一刻，没有别的位置可去。① 要是我们赞成A理论，还会引发如下

① 时间旅行者前往的时刻必须是真实存在的。可根据当下论，唯一存在的时刻就是当下。因此，当下论者会认为，时间旅行者从此刻出发（此刻不再是当下），就只能前往紧接着此刻、成为当下的下一刻。

问题：如果我回到过去，但我的那些朋友留下来不走，继续持存到未来，那么时间会以哪种方式流逝呢？客观的时间之流会流向何方，是与我同行，还是与我的朋友同行呢？如果任意版本的 A 理论为真，那么，关于当下是什么时候，就一定有某个相应的客观事实存在。当下是与我同在，还是与我的朋友同在？无论哪种方式都有问题。如果时间与我及我的个人时间同行，那么，我一进行时间旅行，我的那些朋友就不复存在了（或者按照移动光标论模型的说法，我的那些朋友陷入了黑暗之中）。可如果时间继续与我那些朋友的个人时间一同流逝，那么，我一旦离开他们进行时间旅行，我就不存在了。看来，我们要说通时间旅行的意义，甚至从一开始就需要永恒论和 B 理论。不过我们已经看到，即便如此，能力上的限制还是会造成一些惊人的后果。

## 进阶阅读建议

罗宾·勒普瓦德万（Robin Le Poidevin）和默里·麦克贝思（Murray MacBeath）合编的文集《时间哲学》（*The Philosophy of Time*），是时间哲学进阶阅读的绝佳起点。

对于反当下论的狭义相对性论证，请参阅希拉里·普特南的论文《时间与物理几何》。针对狭义相对论给当下论带来的问题，有多种回应，可见于马克·欣奇利夫（Mark Hinchliff）的论文《在相对论背景下捍卫当下论》（"A Defense of Presentism in a Relativistic Setting"）、威廉·莱恩·克雷格（William Lane Craig）的著作《时间与相对论形而上学》（*Time and the Metaphysics of Relativity*），以及内德·马科西安的论文《为当下论申辩》（"A Defense of Presentism"）。詹姆斯·拉迪曼的论文《物理学回答了形而上学问题吗?》（"Does Physics Answer Metaphysical Questions?"）思索了一种可能性：超出狭义相对论的基础物理学理论未必支持永恒论。

对于 B 理论的一个经典辩护，请参阅 D. C. 威廉斯的论文《流逝的神话》（"The Myth of Passage"）。对 B 理论和永恒论还有别的当代辩护，可见于 J. J. C. 斯马特（J. J. C. Smart）的著作《哲学与科学实在论》（*Philosophy and Scientific Realism*），还有西奥多·赛德《四维主义》一书的第二章。

有个论证说，我们有特别的认识论理由来支持 A 理论，请参阅威廉·莱恩·克雷格的著作《时间的时态理论：批判性考察》（*The Tensed Theory of Time*：*A Critical Examination*）的第五章。若想多了解这个问题，还请参阅迪安·齐默尔曼（Dean Zimmerman）和西奥多·赛德的论争，见于西奥多·赛德、约翰·霍索恩和迪安·齐默尔曼主编的《形而上学当代论争》（*Contemporary Debates in Metaphysics*）一书。西蒙·凯勒（Simon Keller）的《当下论与缔真关系》（"Presentism and Truthmaking"）一文，极好地探讨了缔真项反驳。要是想进一步了解虚构主义，请参阅马克·卡德隆（Mark Kalderon）主编的《形而上学中的虚构主义》（*Fictionalism in Metaphysics*）一书收录的论文。

要是读者还想多了解时间旅行的话，请参阅耶南·伊斯梅尔（Jenann Ismael）的论文《封闭因果循环与挫败论证》（"Closed Causal Loops and the Bilking Argument"），还有苏珊·施奈德（Susan Schneider）主编的《科学幻想与哲学》（*Science Fiction and Philosophy*）一书收录的论文。



## 注　释

168 ［1］或者遵循本书第一章对蒯因《论何物存在》（1948）的讨论，我们可以说得更小心一点儿：并没有任何这样的未来人或未来对象。

［2］你可以在《狭义与广义相对论浅说》（*Relativity*：*The Special and General Theory*）一书中，找到爱因斯坦对这类案例的讨论。

［3］要想深究这一主题，参阅劳伦斯·斯克拉的教科书《物理学哲学》（*The Philosophy of Physics*），或者他就此主题撰写的进阶著作《空间、时间与时空》。

［4］光速约为 $3\times10^{8}$ 米/秒，也就是 300 000 000 米/秒。

［5］这倒不是说，继续相信当下论或涨块论的物理学家或哲学家就不多了。

［6］没错，亚伯拉罕·林肯的遗骨存在。但是，这与林肯存在不是一回事。

［7］时空是作为四维区块的流形。

［8］请读者注意，"未来已定"的这个意义，与赞成决定论这一形而上学论题的哲学家所说的意义可不相同。这里的主张不过是，关于未来发

生了什么，有相应的事实存在。至于这些事实是不是因为决定性或非决定性的规律而从当下发生的事情推出来的（参阅论自由意志的第九章），就完全是另一回事了。

[9] 请回顾第一章："存在"和"是"可互换使用。

[10] 例如，有人也许会相信上帝或数存在，还相信这些物项存在于时间之外。要是如此，他会认为这些物项在"存在"一词的无时态的意义上存在。

[11] 麦克塔格特就是否认时间实在的虚无论者。①

[12] 这得对照特定观察者的运动状态加以理解。为简略起见，下文对此不再赘言。

[13] 威廉·莱恩·克雷格和迪安·齐默尔曼等 A 理论家已经主张，关于时间流逝的信念有特殊的认识论地位；换言之，我们是以特别直接的方式知道时间流逝的。

[14] 前文倒是指出，一切 B 理论家皆为永恒论者。

[15] 另一条进攻路线可见于西奥多·赛德的著作《四维主义》的第二章。大致来说，赛德的论证是：移动光标论者即便相信有关乎过去和未来的事实，还是可以对它们进行时态事实的还原的。那么，移动光标论者为什么应该采取这种反还原的 A 理论，就让人费解了。有一种对移动光标论的辩护回应了种种反驳，参见布拉福德·斯科（Bradford Skow）的著作《客观形成》（*Objective Becoming*）的第四章。

[16] 更多的反驳见于赛德的著作《四维主义》的第二章。至于当下论者方面的回应，请参阅马科西安的论文《为当下论申辩》。

[17] 时态逻辑建立在模态逻辑（modal logic）的框架基础上，第七章就会介绍模态逻辑。

[18] 西蒙·凯勒在《当下论与缔真关系》一文中，考虑了直鲁真理这个选项。

[19] 对于这些语句算子的进一步讨论，请参阅大卫·刘易斯的论文《虚构作品中的真理》（"Truth in Fiction"）。

[20] 有人控诉，诉诸非范畴特性的做法构成了"诈骗"，请参阅赛德

① 麦克塔格特的虚无论论证是这样的：(1) 时间是实在的，仅当有真正的变化；(2) 有真正的变化，仅当 A 序列存在；(3) 但 A 序列不存在。因此，时间是不实在的。

的著作《四维主义》的第二章。

169 ［21］第九章会考察支持（和反对）决定论的理由。

［22］这便是所谓的**“规律休谟主义”**（Humeanism about the laws）。该观点认为，关乎自然规律的事实可还原为关乎常则（regularities）的事实，常则呈现于我们这个宇宙跨时间发生的事物之中。

［23］请参阅第二章的最后一节“数学对象”。

［24］见《流逝的神话》一文。

［25］见于霍里奇的论文《论某些所谓的时间旅行悖论》（“On Some Alleged Paradoxes of Time Travel”）和刘易斯的论文《时间旅行诸悖论》（“The Paradoxes of Time Travel”）。本章遵循的是刘易斯的术语。

［26］杰克·迈兰德（Jack Meiland）在《支持时间旅行的二维时间流逝模型》（“A Two-Dimensional Passage Model of Time for Time Travel”）一文中，详细地考察了二维时间。

［27］二维时间观似乎也与物理学家对时间的一维表征方式有冲突。

［28］杀死年幼的自己的情形与“祖父悖论”（grandfather paradox）密切相关。后者是这样的问题：某人穿越时间，在怀上父母前就把祖父杀死，这有没有可能呢?

［29］请参阅凯勒和纳尔逊的论文《当下论者应该相信时间旅行》（“Presentists Should Believe in Time-Travel”），该文用了一种很聪明的办法，说明信奉当下论的 A 理论家也能讲通时间旅行的意义。

# 第六章　持存



**撮　要**

■介绍分存论，为物质构成诸悖论献上一解。 170

■区分主要的形而上学持存观。

■考察有关时间部分存在与否的论争。

## 变化之谜

第三章探讨了若干经典的物质构成之谜，包括“忒修斯之船”和“雕像与黏土”在内。我们鉴于若干基本的同一性事实（包括莱布尼茨律），又受这几个谜题的触动，不由得反思起了我们有关物质对象的常识观点。

拿忒修斯之船来说，我们似乎不得不承认：尽管 $S_2$（在逐步更换板子这一缓慢的历时变化过程中构造出的船）与 $S_3$（由忒修斯之船原有的烂板子构造出的船）都有资格同一于原忒修斯之船，但它们不止一艘（而同一性是数字同一性），所以两船不可能都是忒修斯之船。因此，我们似乎不得不做出选择：要么声称两艘船都不是原船，忒修斯之船已不复存在了；要么声称两艘后继的船中有一艘（$S_2$ 或 $S_3$）有特别的资格。可是，有什么客观的因素，可以使一种同一性标准（物质构造的相同性或跨时间的连续性）优于另一种呢？

在雕像与黏土之谜里，我们起初似乎只有一个对象，一个形如雕像的黏土块。然而，我们一反思雕像与土块的本性，就似乎不得不承认：那个雕像不可能同一于那块合成它的黏土（雕像与黏土块在暂时属性和模态属性上有所分别，所以由莱布尼茨律可得：二者一定是不同的）。于是，我们好像得承认有两个对象存在，它们同时完整地位于同一地点，那便是名为“朗普”的黏土块和雕像“歌利亚”。这个情况倒没什么特别奇特的。
171 一般来讲，我们要是碰到一个物质对象及其组成材料的情况，总是可以诉诸某些暂时属性和模态属性，证明看起来是一个对象的其实是两个。因此，我们好像得承认对象的丰富多样。

以上便是第三章多少剩下的内容[1]，但我们现在可以考虑一个对这些谜题的新的备选解。该解答让我们明白：我们无须在忒修斯之船的各种同一性条件里边选。$S_2$ 与 $S_3$ 可以都是忒修斯之船的新版本，但这不蕴涵 $S_2$ 与 $S_3$ 同一。最后，我们还会领略一个办法，教我们不必在雕像与黏土的案例中宣称，有两个物质对象同时完整地位于同一地点；同时还承认了雕像与黏土块一般持有不同的暂时属性和模态属性。这个解答展现为一个有关物质对象的持存理论，想法是这样的：我们要是更好地理解了“对象历时持存”是怎么回事，就可以解决这几个物质构成之谜。①

我们马上会介绍这种持存理论，并设法予以评估，看看它是否真如常言那般包治百病。不过，我们还是稍待片刻，了解一下为什么长期以来，哲学家都认为历时持存是一个如此有趣的问题。

哲学界目前把持存看成一个明显是形而上学的问题，但过去可不是一直这样看的。亚里士多德在著作《物理学》（*Physics*）中问过，对象怎么能历时持存呢？该谜题的核心要点在于：对象要持存，就需要变得不一样。变化有时是剧烈的，例如蝌蚪长成青蛙，又如寻常的黏土块化为艺术杰作。可就算一个对象没有什么非同寻常的遭遇，它在历时持存的过程中至少也在一个方面起了变化：变得更老了。在亚里士多德以前，巴门尼德（Parmenides，约公元前 515—约前 445）等哲学家是这样回应持存问题

① “持存”（persistence），实为“持续存在”的缩略，所以也有人译成“续存”。本章将会谈到三种持存理论，分别是整存论（endurantism）、分存论（perdurantism）和即存论（exdurantism）。此三论目前另有一套译名，依次为“持续论”、“接续论”和“外续论”。

的：不可能有经受变化的持存。巴门尼德认为，变化是不可能的，所以万物始终是其所是，永远是其所是。在他看来，如果是某个样子的东西可以变成不是那个样子的东西（比如说，要是年轻的可以变得不年轻，睿智的可以变得不睿智的话），那么，是者（what is）就可以变成不是者（what is not），但这是不可能的。是者始终是，从未不是。

亚里士多德对巴门尼德的回应是：这个反对变化可能性的论证把"是"（is）的两种含义混为一谈了。我们可以用"是"来谓述（predicate）对象的特性，比如说"某人是年轻的"或"她是睿智的"。我们也可以用"是"来谈论物项的存在，就像我们说"那人是"，便是说她存在。我们只要承认"是"分出了两种含义，便能明白：我们允许（a）一个是年轻的人可以变得不年轻，可没有因此就说，（b）某个是（存在）的东西就变成某个不是（不存在）的东西了。后一个论断（b）的确蕴涵了对象的毁灭，而非对象经受变化而持存；但是，只要我们承认"是"有这两种含义，那么（a）就绝对不蕴涵（b）。

不过，事物怎么可以在一段时间内起了变化还继续存在，这还是个问题。一个年轻人怎么可以变得不一样，变成不年轻的东西，还继续存在 172
呢？其实，亚里士多德承认，变化可以有好几种发生方式：

> 形状的变化，如塑成雕像；增添，如东西生长；减少，如把石头削成赫尔墨斯（Hermes）① 像；组合，如造房子；质变，如事物在材质方面的"变动"。
>
> （*Physics*，Ⅰ.7）

亚里士多德以为，一定有什么东西经受住了变化，留存了下来。不然的话，情况就不是一个连续的对象经受变化而持存，反倒是一个对象毁灭，另一个对象产生了。亚里士多德为了解释怎么可能有经受了变化的连续性，提出了这样的观点：实体是复合的，由质料和形式两部分组成。以人为例，质料是肉与骨，形式是男或女。以埃菲尔铁塔为例，质料是铁，形式是塔。亚里士多德物理学的核心就在于自然对象的构造理论，这个理论解释了大自然中的对象如何能有变化。该理论名为**"形质论"**（hylomor-

① 赫尔墨斯（Hermes），希腊神话中的商业之神，行走如飞，所以也是诸神的信使。

phism)，源于希腊文“hyle”（表示质料）和“morphē”（表示形式）。如果对象经历了变化而持存不灭，那么实情便是：对象经历了形式的变化，却保持着质料的连续性。

当然，在物理学方面，新的理论已经接替了亚里士多德理论。人类历经过去 2 400 年的岁月，学到了很多，对于对象经受的各种变化有了更深刻的理解。不过，我们对物质对象的思考仍然缺不了形质论，它几乎潜藏在我们的思想深处，还为当前某些形而上学理论所明示。[2]可是，就算一个正确的总体持存理论少不了形质论，有些问题还是得用额外的概念机制来解决。日常物质对象的持存至少有时候不仅经得住形式的变化，还受得了质料的变化，这是事实。我们为了把这个事实纳入考虑，还需要更多的概念工具。忒修斯之船就是这样的情况。在这个思想实验中，我们设想船的木板随着时间缓慢更换，最终原来的木头一丁点儿也不剩了。再举一例，科学家告诉我们，人体内的细胞持续不断地在变化。大约七到十年后，人体就把全部细胞给再循环了一遍。

看起来，人类这样的对象能经受变化而继续存在，即便其基本质料提供不了任何连续性来解释这种持存。下一节会考察若干相互竞争的形而上学理论，这些理论设法解释了“何为持存”。我们将会见识到，这些观点有一个核心分歧点：对象要历时持存，一定得有什么东西经受住了变化而连续存在吗？亚里士多德在引入质料和形式的区分时，就做了这个假定。

## 若干持存观

173 我们一想起持存，通常会预设有某个对象在改变前后都在场。例如，请想想我们的黏土块“朗普”吧。我们可以假定，朗普在某时开始存在，就叫这个时间为“$t_0$”好了。随着时间流逝，朗普（同一个对象）继续存在。在随后的某个时间 $t_1$，朗普也许卷成了一个球。在那之后的某个时间 $t_2$，朗普又被压成了圆盘的形状。最后，在时间 $t_3$，雕刻师握住朗普，把它塑造成了神话勇士歌利亚的雕像。于是，朗普在其存在的余下时间里，就这样持存着。我们在此假定：从 $t_0$ 到 $t_3$ 的每一个时间，再到以后，存在的都是同一个对象“朗普”。这就展示了朗普历时持存的图景，如图 6.1 所示。

图 6.1 刻画的观点名为**“整存论”**（endurantism）。整存论主张，朗

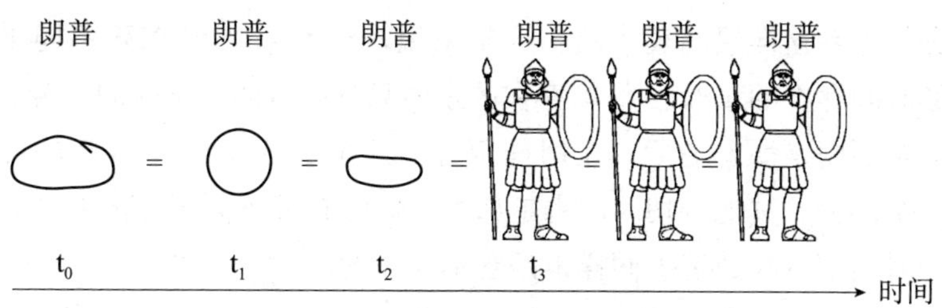


**图 6.1 朗普的持存（整存论）**

普等对象的持存，就是从一刻继续存在至下一刻，这里的“继续存在”相当于严格的数字同一性。朗普从 $t_0$ 持存到 $t_3$，就是在从 $t_0$ 到 $t_3$ 时段内的每个时间都存在[3]，乃至于在 $t_0$ 存在的该对象（朗普）与那个在 $t_3$ 存在的对象数字同一。本章各种针锋相对的理论都在设法解释一种现象，要是“持存”是个中性词，可以用来指涉这种现象，那么我们便会说：一个对象**整存**（endures），当它以整存论者所设想的持存方式来持存。我们接下来还会考察与整存论作对的主要理论，后者认为朗普等对象的历时持存可不是整存，反倒是**分存**（perduring）。

**分存论**（perdurantism）声称，对象历时持存，就是在时间中分散开或延展开。分存论者相信，物质对象不仅有空间部分，还有时间部分或时间阶段。物质对象是四维的，意思是说：它们分散在时间中的方式与分散在空间中的方式一模一样。物质对象在不同的地点有不同的部分（左半身和右半身，胳膊和腿），在不同的时间同样也有不同的部分（前半生和后半生，童年和“金色晚年”）。在分存论者看来，人或黏土块等对象的历时持存，就是在不同的时间都有部分（阶段）。如果分存论者是正确的，那么，我们就不该认为朗普的历史如图 6.1 所示，倒是应该看成如图 6.2 描绘的那般。

174

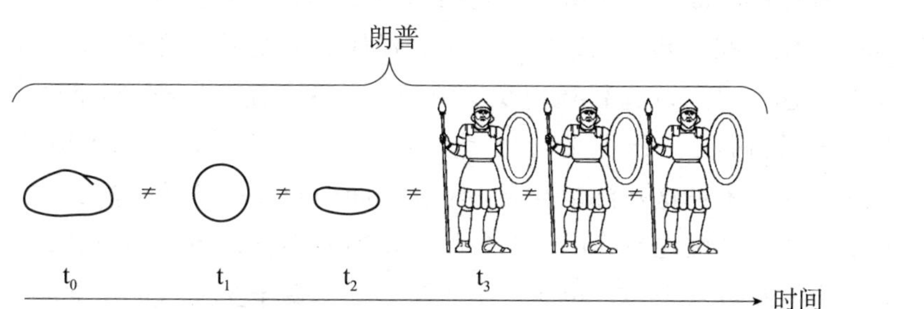


**图 6.2 朗普的持存（分存论）**

分存论者这样想的理由是：严格来说，在 $t_0$ 存在的东西不同于在任意后续时间存在的东西。在 $t_0$ 存在的东西只是朗普的一个时间部分。在 $t_1$ 存在的东西则是朗普的后一个时间部分，这个部分与在 $t_0$ 存在的部分不是同一个部分。其他一切时间也是如此。你的右臂不同于你的左臂，朗普的各个时间部分在数字上同样也是互不同一的。

蒯因在《同一性、实指和实在化》（"Identity，Ostension，and Hypostasis"，1950）一文里提出了分存论，从此以后，分存论的影响力变得越发显著。分存论和第五章考察过的永恒论一样，灵感来自这样一个念头：我们应当像对待空间那样对待时间。永恒论者认为，我们应当像对待这里以外的地点那样对待现在以外的时间，把那些时间全看成同等实在的。分存论者相信，就像人及其他物质对象有空间部分，分散在不同的地点一样，我们也应当认为这些对象有时间部分，分散在不同的时间。[4]

整存论者为了区分整存论和分存论，往往强调他们的观点可不仅仅是说，对象的持存就是在不同的时间都存在，而对象的存在就是从一刻到下一刻都是同一个对象。毕竟，就连分存论者也赞成这种话术。分存论者可以同意说，同一个朗普先在 $t_0$ 存在，然后在 $t_1$ 存在，再在 $t_2$ 存在，等等。在分存论者眼中，这就好比是一个人藏在幕布后，先伸出一只手，接着迈出一条腿，再探出头来一样。我们会说，每次从幕布后立刻出现的都是同一人，尽管在另一重意义上，每次显露的都是一个部分而已。整存论者为了彰显自己的论点，得这样说才行：对象的历时持存，就是**完整地呈现**（wholly present）于存在的每一时。整存论者认为，情况可不仅仅是在 $t_0$ 有个朗普的部分，在 $t_1$ 又有个朗普的部分。呈现于每一时的，正是朗普的全部，是整个对象。

整存论通常与一种相关的物质对象观即**三维主义**（three dimensionalism）结合在一起。三维主义不承认任何对象除了空间部分，还有时间部分。这种观点认为物质对象只在高、宽和深这三个空间维度上有延
175 展，于是得名"三维主义"。当然，对象也存在于时间中，也历时持存，但三维主义不把这种持存看成一种在时间中延展或分散开的方式。毋宁说，对象只分散在空间中。对象的所有物质部分皆为空间部分。与之相对，分存论者（全体）拒斥三维主义，支持**四维主义**（four dimensionalism）。四维主义无非是说：至少有些对象不仅有空间部分，还有时间部分。分存论者认为，日常物质对象的历时持存，就是在不同的时间有不

同的时间部分，所以他们需要四维主义，也就全体成了四维主义者。我们稍后还会看到，有一个办法可以教你做四维主义者，却不成为分存论者。

**练习 6.1　时间与空间的似和不似**

我们现已见识到，有好几种形而上学观均根植于一个观点：时间与空间应该受到类似的对待。时间与空间的共同特点有哪些？不同点又有哪些？请动动脑筋，各想出三个来。

## 为若干物质构成悖论进一解



分存论能帮我们找到物质构成之谜的解答，常常因此而得到辩护。于是，我们现在就返回两个物质构成之谜，看看分存论者怎么拿这两个谜题来激起他们的观点。请读者先想想忒修斯之船。我们早先默认了整存论。我们那时把问题表述为：在后续时间的哪个对象——是 $S_2$ 还是 $S_3$——同一于原船 $S_1$ 呢？这就假定了忒修斯之船要是持存，就一定同一于后续时间的对象 $S_2$ 或 $S_3$ 中的一个。可我们现在明白了：我们要是相信分存论的话，就不会认为船的历时持存，就是有一个后继的对象与先前存在的对象 $S_1$ 严格同一。我们反倒会认为，船的持存，就是在不同的时间有数字不同的时间部分。于是，要是我们问起 $S_1$、$S_2$ 和 $S_3$，分存论者便会说，这几个对象没有哪个同一于另一个。它们是三个数字不同的时间部分。于是，问题就变成了：有没有什么整体把原对象 $S_1$，还有 $S_2$ 或 $S_3$ 之一纳为其部分呢？我们在此必须回顾第三章有关部分和整体的那些观点。

我们要是和许多四维主义者一样，是偏全万有论者，便会认为：任何一些不重合的物质对象都会合成出另外的某个对象。于是，在图 6.3 所示 176
的情形中，至少有两个在时间中延展的对象：一个以 $S_1$ 和 $S_2$ 为部分，另一个以 $S_1$ 和 $S_3$ 为部分。[5] 根据成为一艘船所需的条件，这两个在时间中延展的对象都可能被说成船。既然这两个对象都把 $S_1$ 纳为一部分，那么我们便可以说，二者同样都担得起“忒修斯之船”的名号。因为这里有两艘船而非一艘，又按照一般的理解，名字是指示单一个体的词项（见工具箱 1.4)，所以，我们也许要说得谨慎一些。严格来讲，我们应当引进两个名字，分别是“忒修斯之船 A”和“忒修斯之船 B”。不过请注意：我们考虑以上问题时想说的话，现在通通说得出口了。

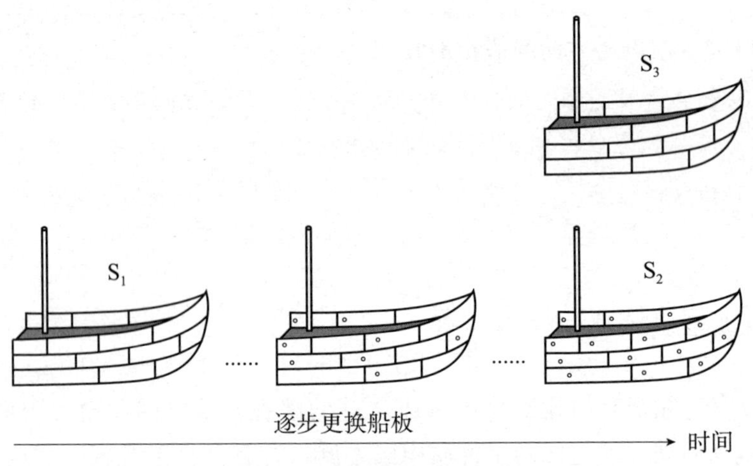


**图 6.3 忒修斯之船**

问题在于：首先，我们不想一定得在 $S_2$ 和 $S_3$ 之间选出一艘更当得起原忒修斯之船之称的船。两艘船都当得起忒修斯之船之称。但我们发觉，要是承认 $S_1=S_2$ 且 $S_1=S_3$，那么根据同一性的对称性和传递性，我们会被迫得出一个谬论：$S_2=S_3$。可是，如果恰如分存论者所想，船的持存不在于 $S_1$ 与两个后继对象之一严格同一，那么我们就不必在 $S_2$ 和 $S_3$ 之间二选一，也就不会被迫得出以上谬论了。

到了这里，你可能有点儿担心分存论者的解答。要是两艘船真的都把 $S_1$ 纳为一个阶段或时间部分，那这岂不是意味着真的有两艘船同时呈现于同一地点，也就是说，$S_1$ 的所在地停有两艘船，虽然看上去的确只停着一艘？

177 “没错。”从某种意义上讲，这显然是问题的答案。要是你接受迄今为止所说的一切，承认两艘船各有一部分为 $S_1$，那么没错，两艘船在初始时间均呈现于同一位置。但这未必有什么问题。首先，两艘船都没有**完整地**呈现于那时那地。每艘船在那时倒是各有一个阶段呈现于同一地点。进一步说来，那还是两艘船共有的一个阶段。依分存论者的观点，正在发生的情况是，两艘船在时间上有所重合：它们有一个共同的时间部分。分存论者没觉得**这个情况**有什么问题，理由很简单：这个情况与空间重合的情况极为相似，我们可没觉得后者有什么问题。两个对象是如何可能在某时有一个共同的空间部分的，我们理解起来一点儿问题也没有。我的身体和左臂有许多共同的空间部分，诸如我的左手和左手腕。两条道路在相交处也有一个共同的部分。有时候，两条道路还重合了一长段呢。譬如说，要是我们出纽约市往北行驶，有一段几英里的路是 95 号州际公路和 87 号州际公路的重合路段。那时我们就可以真切地说，我们正同时在两条高速公路——95 号州际公路和 87 号州际公路——上行驶。大多数人（不管是不是哲学家）都不觉得这有什么难懂的。只要你和分存论者所想的一样，坚持空间与时间的类比，时间重合（共享时间部分）似乎就不比空间重合（共享空间部分）更成问题。时间重合是可以理解的，它在忒修斯之船的情形中成立，那时我们的两艘船有一个共同的阶段 $S_1$。按照分存论者的说法，$S_1$ 处真的停着两艘船。这里似乎需要有两艘船在场，但比起两条道路的重合路段处似乎需要有两条路在场，其实并不过分。

现在，我们可以转到雕像与（合成它的）黏土块的案例，看看分存论者想对此做何评说。分存论者可以指出，唯有整存论者才不得不承认，在这个案例中，两个物质对象完整地位于同时同地。在朗普构成歌利亚的时候，这两个对象虽然在空间和时间上的确都是重合的，但这不表示二者就完整地位于同时同地了。分存论者会认为，朗普和歌利亚都是既在空间中又在时间中延展的对象。尽管这两个对象有某段历史在时间上重合，共享了某些阶段，但它们的整个历史没有完全重合。歌利亚直到 $t_3$ 才开始存在。因此，二者并未共享一切相同的部分。

到了这里，有人可能还是企图坚称，朗普和歌利亚就算从未完整呈现于同一个时空区域（因为二者仅有部分重合），可还是都呈现于朗普构成歌利亚的时候，所以，他还是得在某个意义上承认大卫·威金斯的双对象说（参见第三章）。然而，我们前面就在忒修斯之船的案例中见识到，两个物质对象从不在任何时间完整呈现于同一地点。在重合的时间和地点，可没有两个时间部分，一个属于朗普，另一个属于歌利亚。相反，仅有一 178
个时间部分为两个对象所共享。分存论允许我们不必非得说有两个对象位于同时同地。我们也可以承认，（因为雕像与黏土块在模态属性和暂时属性上有所分别，所以由莱布尼茨律可得）雕像与黏土块不同。它们是不同的四维对象。

**练习 6.2　叠合的对象**

分存论者优雅地解答了我们到目前为止所提出的雕像与黏土的问题。不过，有的哲学家指出，这个案例有若干变种，这给分存论者带来了更大的麻烦。假设黏土块和雕像并非在不同时间被创造，而是在同一时刻产生。再假设二者后来又在同一时刻毁灭。分存论者应该对这个新情形做何主张呢？威金斯的双对象说有没有在此恢复其魅力呢？①

## 暂时内在属性问题



我们已经指出，分存论者认为他们的理论有一个优点，就是有能力解决先前说的有问题的物质构成情形。不过，这不是唯一支持分存论的论证。至少对于某些分存论者来说，支持分存论的主论证（master argument）源于对**暂时内在属性问题**（problem of temporary intrinsics）的思索。大卫·刘易斯在《论世界的多元性》（1986）一书中，首次表述了这个面向整存论的问题。刘易斯说，该问题是"针对整存的一锤定音的主要反驳"，为分存论提供了决定性的主要支持。

读者要想看出暂时内在属性问题，请注意一点：物质对象持有不同的属性，其中有些似乎是内在属性。我们说起**内在属性**（intrinsic properties），意思是指对象仅凭自身之所是、不靠与其他事物的关系就拥有的属性。刘易斯把形状和大小当成内在属性的范例。我们说一个对象是球状的，或者是立方体，又或者有一定的体积，可不像是在说那个对象是父亲、已婚或者位于月球表面上一样，把它与别的存在对象关联到一起了。刘易斯又指出，对象持有的许多内在属性，仅仅是被例示了它们的对象暂时持有。举个刘易斯本人的例子好了，某些时候发生了一件事，即他（刘易斯）站着，因而形状是直的；另一些时候又发生了一件事，即他坐着，因而形状是弯的。

① 在这个物质叠合（material coincidence）的新情形中，朗普与歌利亚在时间和空间上完全重合，所以分存论者似乎应该承认，这两个对象位于同时同地。可是，二者似乎在模态属性上有所分别（参见第三章），故而根据莱布尼茨律（同一物不可分别），二者不同一。这就又回到了"双对象说"。

可是，这就给整存论出了一道难题。[6]请回想一下：整存论者认为， 179
某对象之所以从一个时间 $t_1$ 持存至后一时间 $t_2$，是因为有一个对象完整呈现于 $t_1$ 和 $t_2$ 两个时间。我们不妨考虑刘易斯趁坐下改变了形状的案例。就叫完整呈现于 $t_1$ 的对象为“$L_1$”，完整呈现于 $t_2$ 的对象为“$L_2$”吧。在整存论者看来，如果刘易斯从 $t_1$ 持存至 $t_2$，能经受住这一形状的变化而持存，那么，这是因为 $L_1=L_2=$刘易斯。可要是 $L_1=L_2$，那么，情况就不可能是：刘易斯在 $t_1$ 是直的，在 $t_2$ 却是弯（不直）的；因为这蕴涵了对莱布尼茨律的违反。毕竟，同一个东西不可能既有又无同一个属性。因此，整存论要是为真，就意味着什么持存的对象都受不了内在属性的变化。内在属性的变化总会涉嫌违反莱布尼茨律。



整存论者可以试着规避暂时内在属性问题。刘易斯考虑了好几个办法，可他认为这几个办法没一个让人满意。整存论者可以赞成当下论。第五章考察过这个观点，它宣称唯有当下是实在的。如果当下论为真，那么我们就可以避免矛盾，声称就算整存论为真，且对象改变了内在属性，可实际上没有什么东西既是直的又是不直的。当下论者会说，刘易斯在 $t_1$ 直而不弯。刘易斯一坐下就**将变**弯。可由于唯有当下的东西存在，所以他不是弯的。当下论者还可以说，在 $t_2$ 也没有什么与莱布尼茨律起冲突，因为刘易斯在 $t_2$ 弯而不直。刘易斯**曾经是**直的，但他不直。① 事实表明，许多整存论者都是当下论者（哪怕主要不是出于这个理由!），所以，在他们眼里，诉诸当下论的确是对暂时内在属性问题的一个有魅力的回应。

不过，刘易斯本人可不觉得这个回应有什么魅力。他说，这个解答：

> 全盘否认了持存……它声称没有当下以外的时间……与大众的共同信念背道而驰。若不是到了临刑受死的关头，谁也不信自己没有未来；更没有谁会相信自己连过去都没有。
>
> （Lewis 1986，p. 204）

当然，当下论者会否认上述结果，即当下论与大众的共同信念背道而驰。当下论者可以承认，未来或过去的时刻确实不存在。不过，当下论者当然也同

① 当下论者认为，“存在”与“现在存在”同义，“是”与“现在是”同义。请读者回顾本书第五章的“A 理论和 B 理论”一节。

意，我们多数人将会活着做许许多多的事（在未来，有个不同的时刻将会是当下）。当下论者还会同意，我们全都曾经存在过（过去的时间现在是不实在的，但在我们过去经历着它们时，它们曾经是实在的）。当下论者这样说，应该足以抓住我们通常说“我们拥有未来或过去”时的意思了。

刘易斯想到的第二种整存论回应是：维持永恒论，但要重新诠释我们看待形状等属性的方式。整存论者会说，我们或许想到过形状是内在属性；但其实这些属性中还埋藏着更根本的关系。对象仅相对于时间才有形
180 状。因此，严格来讲，刘易斯从未有“是直的”这一内在属性；这样的属性根本不存在。不过，刘易斯倒是有个关系属性：在 $t_1$ 是直的。他还有另一个关系属性：在 $t_2$ 是弯的。他也许因此没了“在 $t_2$ 是直的”这一属性，但这不蕴涵他就没有“在 $t_1$ 是直的”这一属性。所以，没有什么与莱布尼茨律起冲突。



我们对这种回应有很多话讲，不过，整存论者已经拿它来解决暂时内在属性问题了。刘易斯本人认为这种看法“令人难以置信”，他说：“我们要是知道形状是什么，就知道形状是属性，而不是关系”（Lewis 1986，p. 204）。

刘易斯当然说得出道理来。看起来，对象的形状就是关乎对象的一个事实。形状可不像“来迟了”或“中午开始”等属性，似乎与时间毫无瓜葛。不过，我们或许可以既承认形状是内在属性，同时又允许形状可以涉及相对于时间的关系。萨利·哈斯兰格（Sally Haslanger）已经考虑到这一可能性。首先，让我们把一元属性理解为这样的属性，最好用逻辑记号表征为“Mx”而不是“Mxy”，关系倒是一般理解成后面那样。一元属性是对象仅凭自身、不靠与另一个对象的关系就拥有的属性。哈斯兰格宣称：

> 相对于时间的关系恰好是那种可以合理算作内在的关系。比方说，请考虑两个球 b 和 $b^*$，二者是内在复本。内在复本可存在于不同的时间，这样说大概是靠谱的，因此我们假设 b 在 t 存在，而 $b^*$ 在 $t^*$ 存在。现在再假设 b 和 $b^*$ 在关系属性上有所分别：例如，b 在 t 是红的，但 $b^*$ 在 $t^*$ 不是红的；又如，b 在 t 的直径为 3 英寸，但 $b^*$ 在 $t^*$ 的直径不为 3 英寸。当然，这就与我们原来的假设相反：哪怕这两个球仅在方才指出的关系方面有所不同，我们都不该把它们当成内在复本；可要是这两个球必须在某些关系的方面相似，才能成为内在复本，那么，我们就可以合理地说，它们的一元属性抓不住各自的内在本性。我们反过来假

> 设，暂时属性都不是一元属性（就是说，一切暂时属性皆为相对于时间的关系），而 x 和 y 相对于各自所在的时间又有完全相同的二元关系（于是乎，一球在 t 是红的，另一球在 $t'$ 也是红的；一球在 t 的直径为 3 英寸，另一球在 $t'$ 的直径也为 3 英寸；等等）。我们难道不可以合理地说，x 和 y 是内在复本吗？①
>
> （Haslanger 2003，p. 330）

于是，就算我们承认，整存论者一定得把形状重新诠释为相对于时间的关系，我们也有理由说，在某种重要的意义上，形状、大小及其他暂时属性依然是内在属性。

我们已经注意到，以上两种对暂时内在属性问题的回应，刘易斯都不喜欢。他认为有一种回应直截了当得多，那便是完全舍弃整存论，拥抱分存论。如果我们采纳分存论，那么，说“刘易斯在 $t_1$ 直，在 $t_2$ 不直”就
没什么问题，因为在分存论者看来，这其实是在说，刘易斯有个时间部分 181
是直的，还有个不同的时间部分是不直的。所以，这不违反莱布尼茨律。形状是内在属性（而不是相对于时间的关系），但形状是时间部分具有的内在属性。我们这些对象之所以能经受内在属性的变化而持存，是因为按照刘易斯的说法，在任意特定时间存在的只是人的一部分，而对象有一个部分具有某特性，又有另一个部分没有那个特性，这里没什么不融贯的。这就好比说，我的右臂也许是弯的，但我的左臂却是直的一样。

很多人欣然接受特殊合成问题的这个解。该解答不需要把属性相对于时间化，也不需要否认永恒论。不过，有的四维主义者已经指出，暂时内在属性问题还可以有一个更棒的解法，就是拥抱另一种四维主义持存理论，即所谓的“阶段说”（the stage view）或**“即存论”**（exdurantism）。②

即存论者和分存论者一样，相信时间部分的存在。分存论者相信有什么物质对象，即存论者就照单全收。不过，即存论者会指出，要是我们想

---

① 球 b 和 b* 是“内在复本”（intrinsic duplicates），是指两个球在内在方面完全相同，具有相同的内在本性（intrinsic nature）。总的来说，哈斯兰格认为，我们也许能提供某种对于“内在性”概念的说明，保留“内在的多元属性（关系）”概念的可能性。更有甚者，我们或许还能论证，暂时属性作为相对于时间的关系，是对象所处的一些内在关系。若是如此，对象的暂时属性的变化，依然可以算是对象的内在变化（intrinsic change）。不过，哈斯兰格只提出了尝试性的建议，并未给出具体的概念说明。

② “即存论”的“即”，取“一下子”之义，日常物质对象就是“那一下子”（一个暂时的阶段），此外别无其他。

抓住“一时弯、另一时直的就是刘易斯”这个念头，那么分存论者并没有取得成功。毕竟，根据分存论，刘易斯其实从来就不是弯的或直的。具有弯、直等特性的不过是他的时间部分而已。

即存论主张，刘易斯可不同于那个在时间中延展、含有或弯或直的部分的物质对象。相反，依即存论者的观点，刘易斯就是这些或弯或直的部分之一。刘易斯是一个暂时的阶段。至于“刘易斯”这个名字指称哪个阶段，会取决于名字的使用语境有何特点。西奥多·赛德最早在一篇题为《全世界就是一个阶段》（“All the World's a Stage”）的论文中捍卫了这种立场。

**工具箱 6.1　阶段说与蠕虫说**

即存论又名“阶段说”，因为它把我们通常认为持存着的熟悉的物质对象等同于暂时的阶段。按照即存论者的说法，人、雕像、猫狗、恒星与行星，这些全是阶段。我们为了把分存论与阶段说区别开来，常常又把分存论叫作“蠕虫说”。这样命名的理由是，分存论者把人或雕像等日常物质对象当成四维的时空蠕虫，时空蠕虫不仅在空间里延展，还在时间中延展。

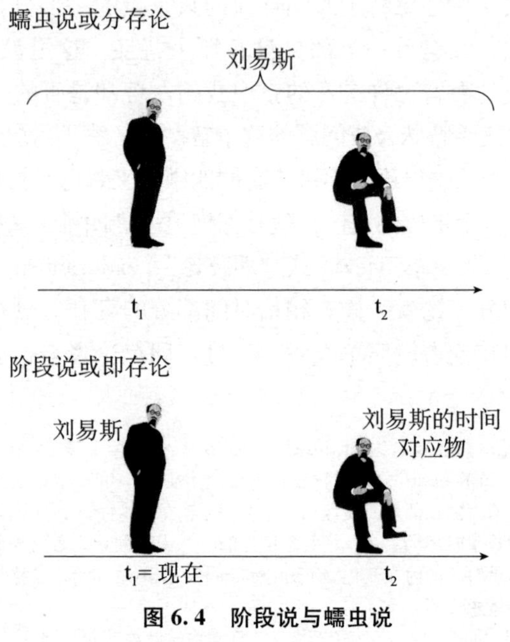


**图 6.4　阶段说与蠕虫说**

请读者留意：分存论与即存论的差别可不是本体论上的差别。从原则
上讲，分存论者和即存论者都可以采取相同的合成观。若是如此，两方都 182
会相信完全相同的物项，并就哪些物项是其他哪些物项的时间部分或空间部分这一点达成共识。两种立场的差异只涉及一点：这些物项有哪些是我们通常想到的、冠以“大卫·刘易斯”“埃菲尔铁塔”“金星”之名的熟悉的日常对象呢？分存论者认为，日常对象就是在时间中延展的、含有时间部分的对象。即存论者却认为，日常对象都是暂时的阶段。

**练习 6.3　即存论与暂时内在属性问题**

即存论者说，相较于刘易斯本人偏爱的分存论，即存论更好地解答 183
了暂时内在属性问题。你同意即存论者的判断吗？要是有人说“刘易斯在 $t_1$ 直”，或者说“刘易斯在 $t_2$ 弯”，刘易斯就不得不承认这类说法在字面上为假吗？请解释你的回答。

## 即存论

赛德认为，我们应当偏爱即存论，而不是分存论或整存论，倒有一个理由：即存论解决起暂时内在属性问题来，理应做得更出色。他也认为，就如何看待多条时空蠕虫重合的情形而言，即存论提供了更好的解释。请回想一下，在忒修斯之船的案例中，分存论者不得不承认：真正说起来，在初始时间有两艘船。两艘船——忒修斯之船 A（把 $S_2$ 纳为后继的一部分）和忒修斯之船 B（把 $S_3$ 纳为后继的一部分）——各有一部分为 $S_1$。于是，我们要是在那时发问：分存论者认为有多少艘船呢？正确的回答看来是“两艘”。然而，赛德指出，即存论者和分存论者两边都承认，只有一个阶段 $S_1$ 在那里（这的确是分存论者观点的重要的一部分）。如果按照即存论者的主张，船不是延展开来的时空蠕虫，反倒是暂时的阶段，那么，那时就问题“有多少艘船呢？”来讲，答案会是“一艘”。这个答案似乎更好一点儿。

因此，即存论解决起本章探讨的变化之谜来，甚至也许比分存论做得更好，这样想是有一定道理的。可还是有人对即存论感到不安。主要的问题在于：即存论有没有构成一个真正的持存理论呢？根据定义，持存似乎

要求对象存在于多个时间。整存论者和分存论者为此给出了对立的看法。但是，阶段论者把熟悉的对象等同于暂时的阶段，于是，就我们通常有兴趣讨论的任何对象而言，阶段论者似乎都会否认它们的历时持存。

即存论者通常采取语义上溯的策略来回应这一担忧。严格来讲，即存论者的形而上学观的确蕴涵一个结论：人、楼房和行星等日常对象只存在顷刻。不过，虽然我们通常断定的语句似乎要求日常对象在一段延续的时间内存在，但即存论者还是可以提供一个理论来解释这些语句为何为真。

184 请读者考虑如下例子。金星现在存在。我们多数人都相信，金星已存在了数百万年，未来将会继续存在，至少挺得过接下来的数百年。可要是有人相信即存论，那么严格来说，他就必须否认这条信念。在严格的意义上，“金星已经存在了数百万年”为假，因为按照即存论者的主张，金星是暂时的阶段。不过，即存论者能替我们改述那些似乎言及其他的日常论断。例如，我们可以说：

（1）金星将会挺过接下来的数百年。

分存论者和整存论者分别按照如下方式理解该句的意思：

（$1_{\text{分存论者}}$）金星有一个时间部分，存在于从现在起的数百年后。

（$1_{\text{整存论者}}$）现在存在的同一个物项金星，将会存在于从现在起的数百年后。

即存论者认为，这两个论断均为假，以下论断方为真：

（$1_{\text{即存论者}}$）从现在起数百年后，有一个阶段存在，它与金星有时间对应物（temporal counterpart）的关系。

该论断还可以底定原句（1）为真。

按照即存论者的看法，金星是一个暂时的阶段。不过，即存论者确实认为，未来和过去还有别的阶段，其中很多阶段还与金星有着引人注目的关系。这些别的阶段在多方面与金星相似——大小相同、形状相同、物理构造相同、速度相同，且位置相似。另外，这些别的阶段还与金星有因果关系。过去的阶段因果地造就了金星现在的样子。金星现在的行动又影响了后续的阶段。有人要是相信分存论，便会说：因为这些较早和较晚的阶段都是金星的时间部分，所以才有以上情况。即存论者却说：以上情况倒是让那些较早和较晚的阶段成为金星的时间**对应物**（counterpart）。它们不是金星本身含有的部分，而是与金星显著相似并与之因果相关的不同对象。而且，正是凭借这些对应物的存在和本性，(1) 这样的句子才为真。

金星的情况也适用于我们熟悉的其他对象。根据即存论，你也是一个阶段。这就意味着：严格来讲，你的童年记忆牵涉到别人即别的阶段在过去的遭遇。这些别的阶段之所以在各方面与你相似，是因为它们在性质上与你显著相似，还与你有因果关系。你之所以是今天这样，是因为它们当时曾经是那样，而它们又是你的对应物。于是，要是这些阶段有一个上过钢琴课，那么，下列句子凭借这个事实便会为真：

(2) 你年轻时上过钢琴课。 *185*

要是你有一个未来的对应物将会在接下来二十年内去以色列旅游，那么，以下句子凭借这一事实便为真：

(3) 你将会在接下来二十年内的某个时间去以色列旅游。

即存论者认为，人是阶段，人身为阶段只存在一刻。不过，即便我们断定了一些语句，这些语句表面上要求人在一段时间内有延展开来的存在，即存论者还是可以为这些语句提供一个特别的形而上学解释。因此，就算在严格的意义上，即存论者认为人及其他熟悉的对象都是暂时的阶段，即存论者还是会说，这些对象真的持存。未来和过去的对应物的存在，底定了这些对象持存的事实。

**练习 6.4　即存论与时间对应物**

按照即存论者的看法，有没有可能人人都是 30 岁呢？既然即存论者相信我们都是暂时的阶段，那么这又何以可能呢？

## 为三维主义申辩

本章的大半篇幅都用于考察支持两种四维主义观点——分存论和即存论——的理由了。不过，若要为整存论申辩，还有什么道理可讲吗？哲学家常常把整存论描述为关乎持存之本性的常识观点。要是我们还没太仔细地思考物质构成之谜、莱布尼茨律和暂时内在属性，那么整存论看起来当然很有道理：现在存在的我、位于此时此地的我，与昨天和前天存在过的我相同，严格地在数字上同一。很多哲学家会承认，常识在形而上学中不是毫无意义的。至于为了捍卫整存论，还有没有更多话讲，本节就来检讨一番。

话确实有得讲。我们打算在此概述两种有趣的办法，形而上学家已经拿来捍卫整存论，回应对立的四维主义观点了。第一种办法要求质疑“物
186 质对象的时间部分”这个概念。分存论者相信，对象的历时持存就是在存在的每一时间均有时间部分。即存论者（阶段论者）则把熟悉的日常对象（如人和行星等）等同于某些较大对象的暂时部分。[①] 要是有人否认物质对象有时间部分，他便就由此否定了这两种形式的四维主义。

彼得·范因瓦根和大卫·威金斯这两位形而上学家不觉得“物质对象有时间部分”的想法说得通。要是叫一个新手来看这场论辩，他也许会感到很困惑：怎么可能讲不通呢？难道与空间部分的类比还不足以厘清状况吗？这两位哲学家能有什么地方弄不明白？我们不妨先看威金斯是怎么说的。

威金斯在《相同性与实体新编》（*Sameness and Substance Renewed*，2001）一书中，认定四维主义充满了混淆。在威金斯看来，虽然我们对“对象如何历时持存”这个问题很感兴趣，但四维主义甚至连答案都算不上。威金斯认为，概念上的困难不在于理解“时间部分”这个概念本身，而在于如何理解“物质对象的时间部分”这个概念。他本人倒是不介意承认其他类型的物项——尤其是事件——是有时间部分的。他主张：

> 事件是花时间的；仅在“它花了多少时间？”的意义上，可

① 即存论者往往也相信偏全万有论。于是，虽然即存论者认为日常对象只是暂时的阶段，但他们也承认分存论者眼中的“时空蠕虫”。不过，按照即存论者的说法，这些较大的“时空蠕虫”不是由时间部分合成的，反倒是由日常对象及其时间对应物合成的。

以问“它持续了多久?”这个问题。事件持存的方式可不同于连续体(continuant)[①] ——连续体经历时间,获得又失去新的部分。连续体有空间部分。要找到整个连续体,把它的边界勘察一次足矣。事件则有时间部分。要找到整个事件,一定得从其历史的开端一路追踪到历史的终点。

(Wiggins 2001, p. 31)

这段文字颇为生动。你可以想象,自己正在考察任意对象,比如你的手机,又如你的挚友;然后你问,手机有何边界,挚友又完整地位于何处。要是你心知肚明,懂得怎么可以把这些对象之一考察一遍,并为确定了对象的边界而心满意足(哪怕就只考察过一次),那你就理解了威金斯的观点。要是一次就能把一个对象的全部边界辨识清楚,那么它就不可能是在时间中延展的对象;不然的话,它就会有更多的部分,有个你瞧不见的边界。

范因瓦根在《时间部分与历时同一性》(“Temporal Parts and Identity across Time”, 2000)一文中,也对把时间部分归予物质对象的做法表示困惑。范因瓦根主张,要理解何以可能有他所谓的“个人阶段”(person stage)并不难。可能有个人只存在了很短的时间,然后就不存在了。范因瓦根不理解的是:这样的东西怎么可能成为你、我等一般人的部分呢?

我假设,上帝能从无中创造一个人,并在一年后加以毁灭。在其存在那年里的任何时刻,这个人具有的内在属性都与(比方说)笛卡尔在(例如)1625年的“对应”时刻具有的内在属性完全相同。要是上帝办得到这件事,他也肯定能创造第二个人再加以毁灭。这第二个人的一生为一年,以同样的方式对应于笛卡尔一生中的1626年部分。但上帝能不能,这样说吧,把这两个造物首尾相接呢……好吧,他能创造一个人,并在两年后将其毁灭掉。这个人的一生为两年,正好对应于笛卡尔一生中的1625年接1626年的那部分……如果上帝这样做了,那我不明白这个“两年人”怎么可能会有前“半生”和后“半生”。说得更准确一些,我不明白一个“两年人”的前半生何以可能是任何东西的一生,我也不明白这个“两年人”的后半生何以可能是任何东西的 187

① 威金斯的“连续体”概念可与“实体”概念互换使用,一般是指历时持存的三维物项。

一生。我在审视这个“两年人”的创灭故事时，找不到任何东西会在一年后终止存在：唯一“还在”的东西（在我看来很重要）就是那个“两年人”，可他不会在一年后终止存在；相反，他将会继续存在一年。同样，我在审视这个故事时，也找不到任何东西是等故事讲到一半才开始存在的。

（van Inwagen 2000，p. 446）

这个故事抓住了时间部分的存在令范因瓦根困扰的地方。可能有一些暂时存在的对象，那么在某种意义上也就有了阶段。但是，这不蕴涵任何时间部分的存在。只要有一个更大的整体是人，那么，我们就很难看出：任何在某时也像是人的东西，怎么就不是那个整体了。①

**工具箱 6.2　有延展的单体**

本章有时会谈起对象在空间和/或时间中延展，也会谈到对象在不同的地点和/或时间含有部分。说起日常物质对象，把这两个观念放到一起说，一般没什么问题。不过，有一点值得简单提一下：说一个对象（在空间或时间中）延展，可不等于说，它有空间部分或时间部分。某物在空间或时间中有延展，其实是说它在空间或时间中占据的位置大于点状位置。网球作为直径为 6.7 厘米的球体，是有延展的。而电子被假定为点粒子，却是无延展的。

为了看出这里有一个真正的区分，我们可能注意到“对象是有（空间）延展的单体”在概念上的可能性。这些物项在空间中延展，却没有空间部分。我们一想起有空间延展的对象，通常会认为它们含有部分。例如，网球是由橡胶块和毛毡块组成的。但是，我们可以设想有些有空间延展的对象却没有部分。克里斯·麦克丹尼尔（Kris McDaniel）已经在论文《有延展的单体》（“Extended Simples”，2007）中指出，弦论的弦似乎就是有延展的单体的例子。科学家假设弦是基础物理对象，不由任何更小的部分组成。但是，据称弦是有空间延展的，不仅在我们的日常经验所熟悉的三个维度上有延展，还在额外的“隐藏”维度上有延展。

① 在“两年人”的故事里，要是“两年人”的前半生和后半生都是他的时间部分（个人阶段），那么，我们似乎就得承认，除了这个“两年人”，还有另外两个“人”，一个在一年后结束存在，另一个却在一年后开始存在。可是，范因瓦根认为，故事里始终只有一个人。

**练习 6.5　范因瓦根的反四维主义论证**

请把范因瓦根的论证重构为编号前提形式。要是你想捍卫分存论， 188
你会反驳该论证的哪个部分呢？

于是，我们一方面对“人和桌等对象有时间部分”的想法表达了概念上的疑虑，另一方面又担心四维主义者能否有力而融贯地说明持存和变化。有些三维主义者强调，我们在威金斯和哈斯兰格的工作中发现：四维主义者否定严格的跨时间同一性，也就从根本上否认了持存的整个现象。要是没有一个数字相同的东西先呈现于一时，再呈现于后一时，那么，对象真的跨时间持存了吗？回到第一节的讨论，四维主义理论向我们展示的图景，更像是一连串暂时对象的毁灭和产生，而不是某个对象跨时间的连续持存。由于时间部分局限在一个个时刻上，所以，从一个时刻到下一个时刻的那些时间部分并不是严格同一的。所以，时间部分不持存。可如此一来，按照四维主义者的说法，就没有什么东西是持存的了。

我们已经领教了即存论者对这个问题的答复。即存论者在语义层面上溯，诉诸对象的时间对应物在未来或过去的存在，说明了持存相关的语句的真值条件。分存论者也有说法。分存论者认为，对象借由在前后相继的时刻持有时间部分而得以持存。另外，分存论者还会指出，在自我历时同一的严格意义上，有个东西幸存了下来，那就是一条有时间延展的四维时空蠕虫，这是分存论者和整存论者都认可的。至于这样说是否足以让整存论者满意，就是另一码事了。

## 进阶阅读建议

关于四维主义的两种辩护，请参阅西奥多·赛德的著作《四维主义》 189
和马克·赫勒（Mark Heller）的著作《物理对象本体论：四维物质块》（*The Ontology of Physical Objects*：*Four-Dimensional Hunks of Matter*）。萨利·哈斯兰格和罗克珊·玛丽·库尔茨（Roxanne Marie Kurtz）合编的文集《持存：当代读物》（*Persistence*：*Contemporary Readings*）收录了多篇必读文献。凯瑟琳·霍利（Katherine Hawley）的《时间部分》（“Temporal Parts”）一文被收录于《斯坦福哲学百科》中，

是另一份极好的参考资源，还包含了一份内容广泛的参考书目。若读者想进一步了解内在属性，请参阅蕾·兰顿（Rae Langton）和大卫·刘易斯合写的《定义“内在”》（“Defining ‘Intrinsic’”）一文。

## 注 释

［1］我们曾经领教过偏全虚无论者或范因瓦根的高招：否认大多数物质对象的存在，就可以让我们规避这些物质构成难题。

［2］卡特琳·科斯利茨基（Kathrin Koslicki）在《对象的结构》（*The Structure of Objects*）一书中提出的理论最为明显，该理论把形质论当成一个关键要素。

［3］朗普也许不必在从 $t_0$ 到 $t_3$ 时段内的每个时间都存在，便可以从 $t_0$ 持存到 $t_3$。对象的历史也许可以含有间隙，其历史的轨迹忽明忽暗、摇曳不定。这个形而上学议题本章存而不论。

［4］说某物在空间中延展，不等于说它在不同的空间区域含有部分。我们考察过“有延展的单体”的可能性。同样，我们也该注意到，说某物在时间中延展，不等于说它在不同的时间含有部分。不过，由于多数情况下，在空间或时间中有延展之物都在不同的空间或时间位置有其部分，所以，我们会把延展和偏全复合性来回换着说。也请参见工具箱 6.2。

［5］还会有另一个以 $S_1$、$S_2$ 和 $S_3$ 这三者为其部分的对象。不过，由于这个对象不是一艘候选的船［因为在某些时候，它是两个船阶段（ship-stages）的偏全和，而非一个单一的船阶段］，所以我们会忽略掉它。

［6］我们在第一节已经看到，［对象可以改变属性］的事实，是古希腊哲学家认识到的一个经典问题。刘易斯关注对象在内在属性上的变化，也就把这个经典问题转换成了一个面向整存论者的不同问题。

# 第七章　模态

**撮　要**

- 介绍必然性、可能性和偶然性等模态概念。 190
- 介绍涉物模态和涉述模态的区分。
- 展示模态还原论若干。
- 评价本质主义这一关乎涉物模态之论题的前景。

## 可能性与必然性：真值模式

本章考察模态论断。**模态论断**（modal claims）不表达与恰好发生的事情或事物的实际模样有关的事实，反而涉及可能性或必然性的概念。这类论断说的是何为可能，何为不可能；又或是何为必然，何为偶然［某物是**偶然的**（contingent），如果它既非必然的，又非不可能的］。

可能性与必然性的概念我们一直在用。这两个概念也是众多形而上学论断的关键要素。可是，从表面上看，涉及这些概念的论断有何意义，论断凭什么可有真假，目前还不清楚。模态论断既然不描述事物的实际模样，那又如何能表达关于我们世界的事实呢？维特根斯坦有一个著名的论断：要搞懂必然性，最好的办法是把必然为真的论断看成无关事实的，它们不表达关乎世界是何模样的事实，反倒陈述了我们的一些约定，说的是我们倾向于认为什么东西是不容否认的。当代形而上学还有更具影响力的理解模态论断的方式，我们在本章会看到其中一些。大多数形而上学家都想保住关乎必然和可能之论断的事实性（factuality）。于是，他们想方设法，把模态陈述还原成一些理解起来更容易的陈述。

**工具箱 7.1　真值模式**

191 模态断言涉及真假的模式。命题或句子可以是：

**可能真的**［例如，“阿比盖尔·亚当斯（Abigail Adams）[①] 曾为第一任美国总统”］

**不可能的**，或**必然假的**（例如：“2+2=5”）

**偶然的**，或**既可能真又可能假的**［例如，“乔治·华盛顿（George Washington）[②] 曾为第一任美国总统”］

**必然真的**（例如，“2+2=4”）



## 可能性与必然性之种种

可能性与必然性有若干含义或许会令人感兴趣。比方说，我们也许会问：

> 有可能造出比光速还快的车吗？

哲学家公认“可能的”一词起码有两种含义，所以该问题会有两个不同的答案。其中一种含义是：根据自然规律是可能的，或**律则可能的**（nomologically possible，源于表示“法则”的希腊文 *nomos*）。倘若自然规律不排斥某命题 p 成立，那么 p 就是律则可能的。根据“可能的”一词的这种含义，我们问题的答案是“不可能”。不可能造出比光速还快的车。自然规律，尤其是狭义相对性，让该情形发生不了。

① 阿比盖尔·亚当斯（Abigail Adams，1744—1818），实为第二任美国总统约翰·亚当斯（John Adams，1735—1826）之妻。

② 乔治·华盛顿（George Washington，1732—1799），美利坚合众国的奠基人之一，第一任总统。

此外，“可能的”还有另一种含义。根据该含义，命题是可能的，仅当它本身不蕴涵任何矛盾式。这就是大家常说的**“逻辑可能性”**（logical possibility）。“可能的”这一含义我们用过了，当时我们定义了“演绎有效性”概念，说一个论证是有效的，仅当不可能出现前提全为真而结论却为假的情况。“2＋2＝5”是逻辑不可能的，“有四边的三角形”也是逻辑不可能的。逻辑上也不可能有圆的方、已婚单身汉或不是狗的狗。[1]根据“可能的”这一含义，比光速还快的汽车倒是可能的。纵然这种技术与自然规律水火不容，于是，世界上若要有比光速还快的汽车，物理学就不得
不大变样；可是，“超光速行驶的汽车”这一想法不含任何矛盾。物理学 192
规律排除了这个想法，但逻辑（和意义）的规律可没有。



由于律则可能的命题是逻辑可能的命题的一个子集，所以我们可以用图 7.1 来描绘可能性的这两种不同含义。在任意含义上可能的任何东西，起码是逻辑可能的。因此，逻辑可能性经常被称为“含义最宽泛的可能性”。

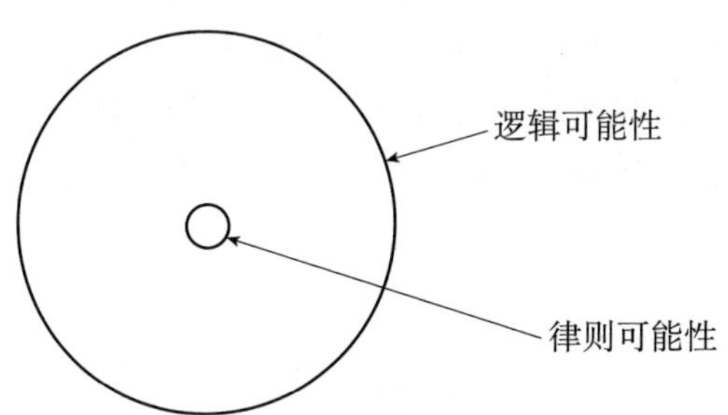


**图 7.1 律则可能性与逻辑可能性**

### 练习 7.1 律则可能性与逻辑可能性

请判定下列每一个命题究竟是律则可能的、逻辑可能的、二者皆是，还是二者皆非。

A. 有人早餐吃恐龙。

B. 有正好重 5 克同时又正好重 7 克的对象。

C. 有同时带正电和负电的电子。

D. 独角兽存在。

E. 完全由硅组成的猫存在。

F. 有脱离身体还存在的心灵。

到目前为止，我们一直在谈论命题的模态状态。有的命题是必然的，有的是偶然的；有的是可能的，有的是不可能的。这种模态就是所谓的**“涉述模态”**（de dicto modality）。我们在此讨论的是命题或宣称（dic-
193 tum）的状态，因此事关“言述”（dicto）。不过，我们也可以问问对象本身有何模态特性。比如，我们可以问：某位篮球运动员有没有可能被交易到另一支球队呢？又如，我们还可以问：马提尼酒是不是必然由杜松子酒制成的呢？形而上学历来有一种有趣的立场，说的是对象有某些必然持有的属性，即所谓的**“本质属性”**（essential properties）或**“本质”**（essences）。打个比方，如果你是柏拉图分子，相信数这类东西存在，那么，你自然会认为数 3 有某些本质特性：数 3 必然是素数，必然是奇数。数 3 也有某些偶然特性，例如它标示了冥王星卫星的数量。争议更大的问题是：桌、椅或生物体等物质对象有没有本质特性呢？苏格拉底很睿智，这只是苏格拉底的一个偶然特性吗？还是说，苏格拉底本质上（essentially）就很睿智呢？企鹅本质上是鸟吗？人本质上是有理性、有思想的造物吗，还是可能有不理性的人呢？本章稍后会讨论这些问题。我们眼下只区分了**涉述模态**的问题与**涉物模态**（de re modality）的问题，前者关系到哪些命题是必然或偶然、可能或不可能，后者关系到哪些对象本质地、偶然地或可能地持有哪些属性（如果有的话）。第二种模态名为“涉物”模态，源于表示“物”的拉丁文 *res*。



## 可能世界模态分析

我们首先尽量把涉述模态的现象理解得更好一些，毕竟它的争议多少小一点儿；然后会在本章最后几节回到涉物模态的议题上。

让我们从一例简单的模态真理入手，看看模态形而上学的主要问题出在哪里。在谈论不太可能发生的事时，我们常常用到一个表达式：“等猪飞上天再说吧”（when pigs fly）。你看，猪实际上可不飞，但有可能猪会飞。猪要是有了翅膀，兴许就飞起来了。而且，“有翅猪”这个念头也不含矛盾。也就是说，下列句子表达的命题（在逻辑可能性的含义上）是可能真的（possibly true）：

(1) 猪有翅膀。

该命题是可能的，这意味着如下句子显然为真：

（2）这是可能的：猪有翅膀。①

困扰形而上学家的核心问题是：（2）这样的句子可凭借什么东西为真呢？有没有什么办法可以理解（2），却不诉诸模态概念呢？还是说，（2）就是表达了一个直鲁事实而已？

另举一例。我们已经见识到，实在（reality）的有些特性是不可能有别于它们的现实模样的。比方说，三角形有三条边，这是必然的。换言 194
之，以下句子表达的命题好像是必然真的（necessarily true）：

（3）三角形有三条边。

根据（3）必然为真，以下句子显然也为真：

（4）必然地：三角形有三条边。

可是，该句中的“必然地”有什么内容呢？用非模态词项来解释（4）为真，有什么方法吗？

我们想聊聊模态形而上学。遵循本书用到的方法论，多数形而上学家处理起模态主题来，第一步便是找出正确的办法，用一阶逻辑对模态真理做符号化，这应该不足为奇。在 20 世纪初，为了表征模态论断、评估含有模态论断的论证是否有效，有一个逻辑分支得到了发展，那便是**模态逻辑**。模态逻辑引入了新的语句算子，借以表示个体命题的可能性或必然性。[2]这种逻辑起初是作为命题逻辑的一种形式，由哲学家兼逻辑学家

---

① 在英语中，“It is possible that p”和“It is necessary that p”（p 表示一个命题）是两个常用的模态表达式，译者分别译为“这是可能的：p”和“这是必然的：p”。这种译法可能有些别扭，读起来也不大习惯，但这样译是为了更清楚地表示模态算子的辖域，免得读者误会。也就是说，出现在“：”之后、“。”之前的内容都处于模态算子（◇或□）的辖域中。类似地，“Possibly/Necessarily，p”则译为“可能地/必然地：p”。当然，为了照顾中文的表达习惯，译者也会酌情采用更地道的译法，例如“有可能猪会飞”等。

C. I. 刘易斯（C. I. Lewis，1883—1964）在 20 世纪二三十年代发展起来的。到了 20 世纪 40 年代，露丝·巴坎·马库斯（Ruth Barcan Marcus，1921—2012）和鲁道夫·卡尔纳普分别独立地扩充了刘易斯的模态逻辑，把一阶量化也纳入其中。时至今日，最常用的记号法是：菱形$\Diamond$表示可能性，方框$\Box$表示必然性。于是，比如我们可以这样写：

$\Diamond$（猪飞了）

或者：

$$\Box \exists x\ (Px \wedge Fx)$$

还有：

$\Box$（三角形有三条边）

或者：

$$\Diamond \forall x\ (Tx \supset Sx)$$ [1]

你要是上过模态逻辑课，就会了解一些新规则，允许你证明那些用到了$\Box$和$\Diamond$的论证是否有效。你会了解到，对于任意句子 A，$\Box$A 与$\neg\Diamond\neg$A 是等价的。你也会了解，哪怕在最弱的模态逻辑系统中，如果 A 是那个系统的定理，也就是说，如果 A 是一个逻辑真理，那么$\Box$A 也是。

**练习 7.2　用方框和菱形符号对模态论断做符号化**

195 请用以下词典和模态逻辑的记号把下列句子符号化。记住：要把所有变项都约束到量词表达式中。

① 作者此处使用的“词典”为：Px 表示“x 是猪（pig）”，Fx 表示“x 飞了（flys）”，Tx 表示“x 是三角形（triangle）”，Sx 表示“x 有三条边（sides）”。

Mx：x 是已婚的（married）

Bx：x 是单身汉（bachelor）

Dx：x 喝（drinks）鸡尾酒

A. 已婚单身汉是不可能的。

B. 必然地：所有单身汉都是未婚的。

C. 有人既是单身汉，又必然未婚。

D. 这是可能的：喝鸡尾酒的单身汉存在。

E. 这是个偶然事实：有些单身汉喝鸡尾酒。



我们在此不必担心模态逻辑中的证明。相反，我们要想方设法搞清楚是什么东西使用到了这些模态算子的语句有真有假。我们知道，在普通的一阶谓词逻辑中，句子的真值条件给得相当直接。比如，在一门语言中，名字“a”指派给了爱丽丝（Alice），而“Fx”表示谓词“x 是友善的(friendly)”，那么，“Fa”或“∃x¬Fx”为真是怎么一回事，我们是可以弄明白的。“Fa”为真，仅当爱丽丝是友善的。“∃x¬Fx”为真，仅当至少存在一个不友善的人。但是，“◇∃xFx”要为真，世界得是什么样子呢？倘若爱丽丝是友善的，这似乎就足以使“◇∃xFx”为真。如果爱丽丝是友善的，那么就有人是友善的，所以，“有人是友善的”一定起码是可能的。(现实的东西没法不可能。)可要是事实表明，现实存在的人谁也不友善，情况又会怎样？“◇∃xFx”这个模态论断好像还是为真。毕竟，“友善的人”这个观念没什么矛盾。所以，就断定了可能性的模态论断而言，我们得对它们的缔真项有更一般的了解，了解是什么可以使“◇∃xFx”为真，即便现实中谁也不友善。

如今有一种理解模态论断的套路很常见，那便是所谓的**“可能世界模态分析”**（possible worlds analysis of modality）。这套观念的历史起源溯及莱布尼茨的工作，可归结为如下两个论断：

“◇A”为真，当且仅当有一个可能世界，其中“A”为真。[3]

“□A”为真，当且仅当“A”在所有可能世界均为真。

196 于是，按照可能世界模态分析，“这是可能的：有人是友善的”为真，仅当至少有一个可能世界，其中有人是友善的。不必有任何现实存在的友善者，只要某个可能世界有友善的人就行。

同理，按照可能世界模态分析，“这是必然的：没有圆的方”为真，是由于“没有圆的方”在所有的可能世界为真。没有哪个可能世界有圆的方。

我说过，可能世界分析是如今相当常见的理解模态论断的套路。然而，这种分析理应立刻让形而上学家挑眉讶异。这些可能世界是什么呢？这些世界应该是在字面意义上存在的额外的宇宙吗？要是如此，我说可能世界模态分析极其常见，那岂不是在说，多数哲学家只要接受了“可能地：有人是友善的”为真，就得承认额外的宇宙存在？

我们的回答很简洁：“这得看你说的‘宇宙’有何意义。”有的形而上学家认为，他们有特别的方法来理解可能世界，可能世界由此并非字面意义上的宇宙。这种想法棘手而有争议；不过，我们还是先想想过去三十多年来，最具挑逗性也引发了最多热议的模态观吧，那便是大卫·刘易斯的观点：可能世界模态分析所诉诸的可能世界就是字面意义上的宇宙，恰如我们自己的宇宙一样实在。这种观点名为**“模态实在论”**（modal realism）。

刘易斯在 1986 年出版的《论世界的多元性》一书中，对这种观点做了声名最著的捍卫。他在此书中把世界定义为“极大关联的时空区域”。任何与我们有时空关联的东西都是我们世界的一部分。所以，他用“世界”一词，意谓的可不是某个和我们自己的行星——地球——一样小的东西，反倒是与我们有任意时空距离的一切存在物。这就囊括了全部其他行星，就连我们通常所说的“我们的宇宙”的其余部分，也确实一并被包含在内。

每个其他的世界均位于它自身的时空之中。刘易斯认为，诸世界皆是具体的[4]，与我们的世界在相同的意义上存在。位于这些其他世界的汽车、行星和人，并不比位于我们世界的那些东西更不实在。这些位于别的世界的东西，既不是我们心中的观念，也不是什么虚构。因此，说我们的世界是现实的，而别的世界是纯可能的，无非是说：那些别的世界含有的诸部分没被纳入我们自己的时空中。在刘易斯看来，“现实的”（actual）就和“我”或“这里”一样，是个索引词：对于某人来说何为现实，取决于他自己的视角，取决于他自己所在的时空是什么情况。

刘易斯的模态实在论有一点无疑很吸引人：该理论提供的模态分析是何等清晰啊。要是你想知道，是什么使“这是可能的：猪会飞”为真，刘易斯的回答很简单。该命题为真，是因为在某个别的可能世界，即某个与我们自己的时空没有关联的时空，在字面意义上有飞猪存在。要是你还想知道，是什么使"必然地：三角形有三条边"为真，他的回答同样很明了。该句为真，是因为在每个单独的世界，即每个时空区域，我们的世界也好，一切别的世界也罢，从来就没有边非三条的三角形存在。

**图 7.2　惊疑一瞥**

刘易斯承认，他的观点虽然清晰，可还是有许多人觉得离谱。刘易斯在《论世界的多元性》中写过一段名文，指出他的观点遇到了一个他回答不了的反驳，那就是"惊疑一瞥"(incredulous stare)。[①] 不过他认定，模态实在论无论听起来有多疯狂，他还是有极好的理由去相信。这是因为，他的具体可能世界能干的理论活儿可太多了。我们不妨稍提几句。

刘易斯把世界的多元性称作"哲学家的乐土"。他指出，这之所以是哲学家的乐土，是因为一旦相信了额外的可能世界真正存在，便能把它们用于分析，帮我们搞懂许多本来令人费解的现象。我们将会关注三大现象：(1) 模态；(2) 属性；(3) 内容。然而，这实在是冰山一角，因为只要说明了这三大现象，大量在哲学家看来既有趣又难解的其他现象也就迎刃而解了。

我们先从模态谈起。我们已经见识到，模态实在论给我们支了一招，教我们既采纳可能世界模态分析，又在字面意义上诠释模态，从而揭开了

① "惊疑一瞥"反驳，是指模态实在论极度反常识，以至于很多初次接触该理论的读者，除了满腹疑惑地投下诧异的一瞥，很难给出什么更恰当的反应。关于模态实在论与常识的关系，感兴趣的读者可参阅《论世界的多元性》第 2.8 节的相关讨论。

模态言谈的神秘面纱。模态实在论者能够把模态逻辑的方框和菱形符号理解为伪装的量词，它们对可能的宇宙进行了量化。要是我们让变项 w 在可能世界的范围内取值，那么：

> "◇A" 可被理解为等同于：∃w(A 在 w 为真)。
> "□A" 可被理解为等同于：∀w(A 在 w 为真)。

不过，相信可能世界的存在，在分析若干别的模态概念上也能帮上忙。例如，我们认为有的命题是偶然的；换言之，有可能这些命题为真，也有可
198 能这些命题不为真。举个例子，我们觉得曼联队（Manchester United）身穿红色队服是个偶然事实。曼联队员身穿红色队服（因为是现实，所以）是可能的。但是，也有可能这些队员不穿红衣，而是穿其他颜色——比方说绿色——的队服。偶然性这下可被分析为：

> A 是偶然的，仅当 ∃w(A 在 w 为真) 并且 ∃w(A 在 w 不为真)。

还有若干特殊种类的论断，如反事实句（counterfactual），刘易斯的分析也能帮我们理解得更好。反事实句是断言"如果事情变得不一样，那么情况本将会是（would have been）怎样"的条件论断。[①] 例如，请想想：

> 如果世界贸易中心（World Trade Center）[②] 袭击事件没发

---

① 反事实（条件）句，有时又称虚拟条件句（subjunctive conditional），有两点值得读者注意：

其一，反事实条件句的真值条件不同于实质条件句（material conditional）：前件为假的实质条件句总是为真，但前件为假的反事实条件句却可以为假。例如，"如果鲁迅没写过任何作品，那么他还是个著名的文学家"是个反事实条件句，前件"鲁迅没写过任何作品"为假（因为历史事实与此相悖），并且整个条件句也为假。

其二，英文一般是借助动词的时态来标示反事实条件句，例如，If Ming **hadn't done** his homework last night，Mr. Wang **would have censured** him today（注意加粗的时态表达式）。中文则独有一些地道的标记方式，同一个英文句子用中文可以写成（注意加点的标记）：

"要不是小明昨晚写了作业，王老师今天早就批评他了。"

"小明昨晚若是没写过作业，王老师今天早就批评他了。"

"小明昨晚真的没写作业的话，王老师今天早就批评他了。"

② 世界贸易中心（World Trade Center），原位于美国纽约市曼哈顿区南端，于 2001 年 9 月 11 日被恐怖分子驾机撞毁。

生过，那么机场的安检本将会更薄弱。

我们可以用符号“□→”来表示这种条件句，在此：

“A□→B”可被读作：如果A的情况成立，那么B的情况将会成立。

那么，假定A发生过了，**反事实句**“¬A□→B”可被读作：

如果A没发生过，那么B的情况将会成立。

刘易斯诉诸那些与现实世界最相似的世界的实情，提出了对反事实条件句的分析，另一位哲学家罗伯特·斯塔尔纳克（Robert Stalnaker）也提出了这样的分析。例如：

“¬A□→B”为真，当且仅当在A不发生的且与现实世界最相似的一切可能世界，B发生了。

刘易斯和斯塔尔纳克所谓的“相似的”世界，意指这样的世界：它尽可能多地包括了例示同类属性及同类关系的同类对象（但发生了必要的变化，好让A在该世界为假）。于是，按照如上分析，“如果世界贸易中心袭击事件没发生过，那么机场的安检本将会更薄弱”为真，仅当在世界贸易中心袭击事件从未发生且与现实最相似的一切世界，机场的安检更薄弱了。

同理，我们可以使用刘易斯最喜欢的例句之一：

如果袋鼠没尾巴，它们将会倒下。

要是我们假定了模态实在论，以及刘易斯-斯塔尔纳克式反事实句分析，那么该句要为真，一定是这样的情况：在所有与我们的宇宙最相似但袋鼠没尾巴的其他宇宙中，袋鼠倒下了。

还有不少别的模态概念，我们在此无暇探讨了；要是可以假定可能世

199 界的存在，它们也会得到清晰的阐释：比如倾向、依随、物理主义等，不一而足。你可以在《论世界的多元性》（Lewis 1986）的第一章找到进一步的讨论。

倘若我们获允对别的可能世界进行量化，就还有一个主题将得到阐明，那便是属性。第二章探讨过类唯名论。这种观点是说，属性就是其例子的类。于是，红色性就是红色东西的类，睿智性就是睿智东西的类，等等。类唯名论会吸引一批形而上学家，他们（也许是出于不可或缺性论证）想要相信类的存在，却由于这样那样的理由觉得共相的存在难以置信。

在前面的第二章，我们注意到类唯名论有个问题：同外延反驳。请读者回想一下，问题在于：两个不同的属性有相同外延的情况似乎是有的。例如，要是红色东西的类恰好同一于圆东西的类，就是这样的情形。可就算如此，我们也不想说，属性“是红色”和属性“是圆的”就是同一个属性。可要是有人宣称，属性就是其例子的类，那么在以上情形中，红色性和圆性到头来就成同一个属性了。刘易斯的模态实在论在此帮得上忙。我们如果相信，除了我们宇宙中的对象，还有对象存在，那么就可以分清红色性和圆性了。纵然事实表明，一切红色的东西实际上都是圆的，也可能有些红色的东西不是圆的。在刘易斯看来，这不过意味着，存在其他的可能世界，其中有些红色的东西不是圆的。如此一来，类唯名论者就可以把属性等同于实际例示了属性以及可能例示属性的全部对象的集合。于是，红色性和圆性就被区分开了。类唯名论者认为，同外延反驳看来就这样被解决掉了。然而，要是你不相信有纯可能的对象，即仅在别的可能世界存在的对象的话，这个回应好像就不可取了。

我们若是相信可能世界，就还能对思想和语言的内容提出有趣的说明。出于本节的目的，不妨只聚焦于思想的内容好了。假设在特定时间 t，你对某个主题一无所知。比方说，你想知道意大利哪年建国，但尚未知道这一点。你此时相信有（意大利）这个国家，也相信它在某年建国，可对于该国具体在哪年建立的，就是没有一丁点儿信念。我们可以把你的心理状态描述如下。你相信，你存在于一个可能世界，该世界属于一个可能世界集，集合里的世界都有意大利存在。只不过，你没法进一步缩小你所在世界的可能范围。

现在假设你下定决心，要找出意大利建国的时间。你上网浏览，发现意大利于 1861 年建国。有人也许会说，你这样做，就把那些按照你的信念算得上现实世界的世界的集合，给缩得更小了。说得再一般些，你形成的信念越来越多，那些算得上现实世界的世界的集合，就收拢得越来越小。

鉴于刘易斯是可能世界实在论者，他就可以说，在字面意义上，某人的信念的内容就是一个其信念为真的可能世界的集合。“意大利于 1861 年 200 建国”这一信念的内容，是意大利于 1861 年建国的世界的集合。此信念为真，仅当现实世界是该世界集的一员。此信念为假，仅当现实世界不是该世界集的一员。于是，模态实在论不仅给我们支了招，教我们理解（1）模态和（2）属性的本性，还向我们提供了（3）对心理内容的直观又明确的分析。



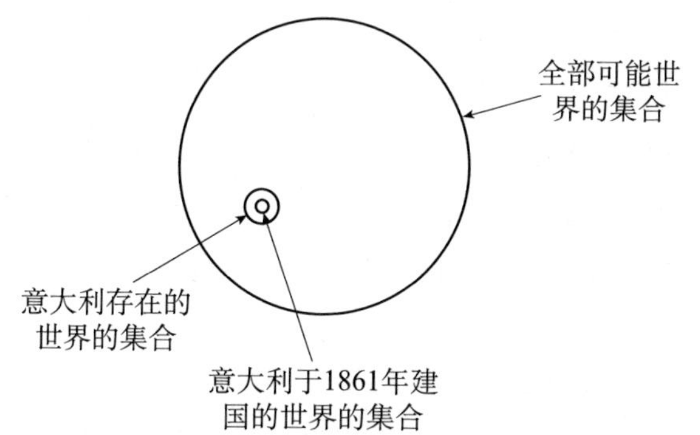


**图 7.3 信念内容之为可能世界集**

**练习 7.3 信念内容之为可能世界集**

信念的内容就是信念为真的可能世界的集合，这个理论乍一看相当直观。某人形成的信念越多，他当成现实世界的那些世界的集合就收拢得越小，很多人都觉得这讲得通。不过，这种观点还是有一些问题。比如说，很多人认为数学真理是必然的。π 是无理数，这是个必然真理。π 是有理数的可能世界不存在。[5]“信念内容就是信念为真的可能世界的集合”，这种观点为什么碰上必然的数学真理，就会出问题呢？模态实在论者为了纾难解困，可以做点儿什么？

我提到过，模态实在论有不少有用的理论应用，之前不过是抛砖引玉而已。要说异于我们宇宙的这些宇宙真的全都存在，实在有点儿大胆，也惹人
201 非议；不过，刘易斯主张，正因为这些世界之存在的假说让我们（在理解模态、属性和内容等方面）做出了如此多的解释工作，所以我们才有理由相信它。我们在第一章考察过蒯因的观点，而刘易斯和蒯因一样，相信本体论的选择应当与科学理论的选择极为类似。形而上学家和科学家的作风相仿：为了达成简单有力的解释，先假定一个涵盖了必要对象的域；然后，再找出能以最少的可能词项解释最多东西的假说。刘易斯就做了个好榜样：他只是推设了别的可能世界，便能解释范围极广的令人费解的理论现象。

不过，刘易斯并未说服大多数哲学家，让他们相信属实有别的可能宇宙这类东西，这一点实属意料之中。而且，这又引出了一个问题：理解可能世界可不可以走别的路子，既制约了本体论承诺，同时又能实现刘易斯框架的全部解释力？有一种策略是这样的：假定有可能世界，却不把它们设想成额外的具体宇宙，而是当作别的什么东西。采纳这类观点的哲学家获称**“仿代模态实在论者”**（ersatz modal realists，“仿代”意为“仿造的”）。这种立场及其面临的挑战，便是下一节的主题。

**工具箱 7.2　模态实在论与多重宇宙**

你要是熟悉近来宇宙学的进展，便会注意到刘易斯的提议——存在多个可能世界，即多个与我们的时空没有关联但其居民却与我们同样实在的时空——与宇宙学如今捍卫的那种多重宇宙（multiverse）假说，具有很强的相似性。很多人的确认为，膨胀假说（the inflationary hypothesis）对我们的早期宇宙的说明最有前途，它直接蕴涵：有许许多多宇宙与我们没有关联，所以我们从来都观测不到它们。

模态实在论与多重宇宙假说无疑有某种相似性。刘易斯为了支持他的假说，采用了哲学的理由，（很多人认为）是纯先验的；而宇宙学家为了支持多重宇宙假说，却采用了科学的理由，（很多人认为）大体上是经验性的；有鉴于此，二者的相似性相当引人注意。不过，刘易斯的哲学提议与这些科学提议还是有实实在在的区别。首先，尽管当代宇宙学假设的额外的宇宙好像在因果上彼此分离，但它们可不像刘易斯式宇

宙那样，真的在时空关系上没什么关联。再者，有一点看来很清楚：宇宙学家提出这些额外的宇宙，不是把它们当成什么备选的可能性，或事物本可能的模样，而是把它们视为对事物的实际模样的补充。在膨胀宇宙学家看来，多重宇宙可不是单纯的可能性，倒是现实多出来的部分。因此，要是把多重宇宙纳入刘易斯的模态分析中，刘易斯究竟满不满意，我们就不清楚了。

## 仿代模态实在论

仿代模态实在论有多种不同的形式。彼得·福里斯特（Peter For- 202
rest)、阿尔文·普兰汀格（Alvin Plantinga)、罗伯特·斯塔尔纳克，还有很多其他哲学家，都提出了该理论的备选版本。这些哲学家一般采取一个共同的策略：接受对于模态（和反事实句、属性及内容等）的可能世界分析，却不在字面意义上认为出现在这些分析中的“世界”就是额外的具体宇宙。他们反倒认为，这些世界是从我们已经相信的东西中构造出来的对象，还存在于现实世界。仿代模态实在论者的一贯作风是，把可能世界解释为抽象物，而非具体物。① 把这些世界当成语言项，当成描述了事物本可能所是的其他模样的句子（相当长的句子），这样想相当自然，也是本节的焦点所在。要是读者还想找到哲学家思考这些仿代世界（ersatz worlds）的其他套路，请查阅章末的“进阶阅读建议”。

仿代模态实在论者从现实存在的事物中构造出了可能世界，所以不必相信任何纯可能的东西。于是，仿代模态实在论也就成了坚守**现实论**(actualism）的一个方法。现实论是说，存在的一切皆现实存在。（至于接受现实论却否认仿代模态实在论的其他路数，下一节会聊到。）现实论与**可能论**（possibilism）相左，后者声称：至少有些纯可能的东西。可能论自然是刘易斯的立场，因为他相信有些东西是非现实的：在那些与我们时空没有关联的时空中，一切存在物都是非现实的。

本节讨论的这种**语言仿代论**（linguistic ersatzism，即“语言仿代模态

① 仿代论者接受可能世界分析，却把刘易斯式的具体可能世界替换为作用相仿的“仿代品”或“仿造品”（如极大一致句）。

实在论”的简写）在《论世界的多元性》中遭到了刘易斯的批判。我们马上会讨论他的批判；不过，语言仿代论是何等直观，这一点有必要先指出来。语言仿代论收获了刘易斯取得的一切成就，却不必纳入模态实在论的本体论承诺；不仅如此，语言仿代论本身就相当自然。你或许立刻就扪心自问：说某个命题可能或不可能，有什么意义吗？例如，“可能有说话的驴”，或者“不可能有圆的方”，这样说意义何在？这些问题有个很自然的答复：前者之所以是可能的，是因为如果你说“有说话的驴”，就算说了假话，也没有自相矛盾；可要是你说“有圆的方”，那你就是在说一些矛盾的话了。



语言仿代论抓住了这种直觉，把可能世界设想为极大一致句（maximal consistent sentences），即形如“A ∧ B ∧ C ∧ D ∧ …”的长合取句（conjunctive sentences）。这类语句是极大的，意思是说：在构造出这类语句的语言中，对于任意的基本语句或原子语句（A、B、C 等），或者是它，或者是它的否定，作为一个合取支（conjunct）被纳入这类语句中。按照语言仿代论者的说法，命题 p 是可能真的，仅当根据某个可能世界，p 为真；也就是说，当且仅当在仿代论者的造世语言（worldmaking language）中，某个极大一致句说到了 p。

203 语言仿代论者理解可能世界模态分析的方式

“◇A”为真，当且仅当：在仿代论者的造世语言中，某个极大一致句说到了 A。

“□A”为真，当且仅当：在仿代论者的造世语言中，每个极大一致句都说到了 A。

(a) 语言仿代论者想要如何理解这些语句，是当成抽象的，还是当成具体的；还有，(b) 她想用哪门语言来筑造世界——这些都由她本人说了算。不过，她得有一门足够丰富的语言，才造得出那些极大一致句，对世界可能所是的全部模样予以描述：这一点会很重要。语言仿代论者首先就遇上了一个明显的问题：她不能用英语或日语等自然语言来构造世界，因为没有哪门自然语言命名了每一个存在的现实对象，遑论每一个可以存在的可能对象了。

**工具箱 7.3　寻觅造世语言**

刘易斯提议，仿代论者要想找到一门含有充足词项、描述一切可能性的造世语言，得用这样一门语言，其中各类的全部物项都充作自己的名字。在《格列佛游记》（*Gulliver's Travels*）① 中，格列佛造访了城镇拉格多，那里的居民把对象用作它们自己的名字。于是，刘易斯提议把这种语言称为“拉格多式语言”。仿代论者使用拉格多式语言，起码可以命名每一个现实的对象或属性。有的仿代论者觉得这就够了。但其他仿代论者可能会想，我们不但需要命名一切现实物，还需要命名一切可以存在的纯可能物。(a) 这就需要更多的语言资源，拉格多式语言可提供不了。

注　释

(a) 参见阿姆斯特朗的著作《可能性的组合论》（*A Combinatorial Theory of Possibility*）。至于有没有真正的可能性会牵涉到异世的（alien，即其他世界的、纯可能的）属性，刘易斯和阿姆斯特朗各执一词。

刘易斯觉得，语言仿代论有一个最紧迫的问题，我们在此探讨一番。问题是这样的：刘易斯本人的观点诉诸“存在”和“时空”等先前已获理解的概念，真正提供了一种对可能性的分析；然而，语言仿代论可不一样，它没这样做，反倒预设了一种对模态的见解。若是如此，语言仿代论就解决不了 204
模态形而上学家关注的问题：我们说起某事是可能或不可能的、必然或偶然的，究竟有何意义，这要如何解释呢？刘易斯向仿代论者提出了一个两难，表明语言仿代论何以分析不了模态，反倒预设了一种对模态的见解。语言仿代论者只要选一门语言来构造可能世界，就面临如下选择：一方面，她可以使用刘易斯所说的“饶造世语言”（rich worldmaking language）；另一方面，她也可以用刘易斯所说的“瘠造世语言”（poor worldmaking language）。可是，仿代论者怎么选都会出问题。我们就从第一个选项上手吧。

---

① 《格列佛游记》（*Gulliver's Travels*），英国作家乔纳森·斯威夫特（Jonathan Swift，1667—1745）所作的著名讽刺小说。书中讲述了主人公格列佛在小人国利立浦特（Lilliput）、大人国布罗卜丁奈格（Brobdingnag）、飞岛国拉勒皮他（Laputa）和慧骃国（Land of the Houyhnhnms）等地的所见所闻。拉格多（Lagado）是格列佛造访过的巴尔尼巴比国（Balnibarbi）的首都。

说仿代论者在用一门饶造世语言，就是说她的世界是用这样一门语言筑造起来的：我们认为有各种各样的可能性，而该语言丰富到足以简单直接地把这一切可能性都陈述出来。例如，假设如下句子全都是可能真的：

(1) 有说话的驴。

(2) 世界贸易中心袭击事件没发生过。

(3) 有独角兽。

(4) 贝拉克·奥巴马是世界级网球运动员。

假定这些句子全都实际为假，但可能为真。那么，按照仿代论者的说法，对于以上每一个句子，一定有一个可能世界，也就是造世语言中的一个极大一致句，说那个句子为真。要是仿代论者用上了一门饶造世语言，其结构足以简单直接地陈述以上可能性，那么，这门语言便会有某些极大一致句，而（1）—（4）里的每一个句子都会被它们所含的合取支说起。于是，在这些极大一致句中，会有某个句子的一个合取支说“有说话的驴”，还会有另一个句子的一个合取支说“贝拉克·奥巴马是世界级网球运动员”，诸如此类。

到目前为止还没出什么问题。可要是我们问，是什么决定了哪些可能世界存在、哪些不存在，换言之，是什么决定了极大一致句有哪些，麻烦就来了。请回顾语言仿代论者的分析：

“◇A”为真，当且仅当：在仿代论者的造世语言中，某个极大一致句说到了A。

“□A”为真，当且仅当：在仿代论者的造世语言中，每个极大一致句都说到了A。

我们要想识别麻烦所在，可以这样问：按照仿代论者的说法，有没有一个可能世界说到了如下句子呢？

(O) 贝拉克·奥巴马是世界级网球运动员，但贝拉克·奥巴马一生从未拾起过球拍。

从直觉上讲，问题的答案应该是“没有”。作为世界级网球运动员是需要
拾起球拍的，因为拾起球拍、挥拍击球，就是我们打网球的方式。没有哪 205
个极大一致句会说到句子（O），因为（O）含有矛盾。①

然而，仿代论者要是不诉诸“可能性”概念，就很难说明是什么使句子（O）不一致。要是该句含有逻辑矛盾，即形如“A∧¬A”的东西，那么，仿代论者应用一条规则就了事了，即她的语言从不出现那样形式的东西。可麻烦在于，虽然从不拾拍就不可能当上世界级网球运动员，但这个不可能性却不是由于这个想法本身有什么逻辑矛盾。仿代论者也没法在她的说明中给出这样的主张：极大一致句就是那些可能的句子。仿代论者要是这样做，就放弃了她设法解释“某事是可能的”有何意义的计划了。

不过，仿代论者倒是可以给出一个回应。仿代论者可以说，她的全部世界还包括了一集我们可称为“形而上学真理”的东西。要是我们把这些真理嵌入极大句中，就可以直截了当地消除矛盾，因为这些真理蕴涵了逻辑不一致性。举个例子，有人也许会建议，把“对于所有的 x，如果 x 是世界级网球运动员，那么 x 已经拾起过网球拍”当作一个形而上学真理，如此一来便蕴涵：仿代论者的语言中就不会有哪个极大一致句说到（O）了。不过，还有个问题：这个发现全部形而上学真理的计划行不行得通？无论如何，在完成这个计划之前，我们好像都得推迟模态的分析计划。

于是，我们走向了刘易斯两难的另一端。语言仿代论者还有一个选项，就是用刘易斯所说的“瘠造世语言”来构造仿代世界。这门语言包括一小集基本词项，那些词项足以构造出所有的可能性。我们前面考虑过一些句子，我们希望仿代论者可以让那些句子还是可能真的（“有说话的驴”“世界贸易中心袭击事件从未发生过”，等等）。不过，这不是用



① 请读者留意，此处的“矛盾”（contradiction）并非狭义的“逻辑矛盾”（A∧¬A），而是一种广义的“不一致性”（inconsistency），意为“不可能一并为真（could not all be true together）”。广义的“不一致性”“一致性”“矛盾”等概念得用“可能性”概念予以说明，因此都是模态概念。要是仿代论者的模态分析又用到了这些模态概念，那么他们的分析就是乞题的（question-begging）。在下面两段，作者提到了一个可能的补救措施，就是引入形而上学真理的集合。这项措施的用意在于，一旦引入相关的形而上学真理，（O）这样的语句就不仅仅有广义的、模态意义上的“不一致性”，更有纯形式的、非模态意义上的“逻辑矛盾”。于是，仿代论者就可以用非乞题的方式来说明为什么没有极大一致句会说到（O）这样的句子。

一门简单直接地表达这些论断的造世语言就能办到的事。之所以用更贫瘠的造世语言，动机便在于避免我们刚才考虑过的问题，直截了当地说明造世语言中的哪些句子是一致的，哪些是不一致的。仿代论者转向瘠造世语言，就是在尝试对模态进行还原分析，用非模态词项来说明一切模态论断。

要创立一门瘠造世语言，有好几招可以一试。有一招是这样的：先给出一份名字的清单，用“$a_1$”和“$a_2$”等名字指称世界上的所有基础对象（也许正是基本粒子）；再给出一份谓词的清单，用“$F_1$”和“$F_2$”等谓词指称所有存在的基础属性及关系。如此一来，每个句子（每一个仿代世界）就成了基本语句的合取式，说的是：对于每个基础对象，对于每个基础属性，该对象有没有该属性。



刘易斯还考虑了另一种瘠造世语言，那种语言用实数来指示时空位
206 置。于是，仿代世界便是从有序对的集合中构造出来的，有序对的第一个元素是一个命名了某时空位置的数；第二个元素是 0 或 1，取决于那个位置有没有物质占据着。这门造世语言的句子都是集合。一个极大的世界语句会有成分对应于那个世界的每一处时空位置。于是，打个比方，该语言中的一个仿代世界可被写成：$\{\langle 0.0001,0\rangle,\langle 0.0002,0\rangle,\ldots,\langle 1.0001,1\rangle,\langle 1.0002,1\rangle,\langle 1.0003,1\rangle,\ldots\}$。

使用瘠造世语言的优势在于：仿代论者要是如此这般构造其世界，不必诉诸我们对可能性和不可能性的前理论理解，就能说清哪些世界或极大句是一致的，哪些又是不一致的。仿代论者可以根据她选取的造世语言，简单明了地说明一致性相当于什么。在第一门语言中，仿代论者可以说，一致的句子是这样的句子：对于每个名字 $a_i$ 和每个谓词 $F_i$，或者 $F_i a_i$，或者 $\neg F_i a_i$，会作为合取支出现在句中，但二者不会一起出现。一致性由此被还原成逻辑一致性。在我们考虑过的第二例瘠造世语言中，一致的句子则是这样的句子：没有哪个指示时空位置的数会既与 0 配对，又与 1 配对。这个说明也是直截了当的，没有先于理论预设什么对可能性和不可能性的理解。

不过，语言仿代论者要是诉诸瘠造世语言，倒会遇上另一种问题。请回想一下，语言仿代论者想说的是：

> “◇A”为真，当且仅当：在仿代论者的造世语言中，某个极大一致句说到了 A。
>
> “□A”为真，当且仅当：在仿代论者的造世语言中，每个极大一致句都说到了 A。

可这要是对的，并且我们还用了上面的一门瘠造世语言的话，那么，前文考虑过的那些事实就没一个会是可能的。还记得那些事实是：

> （1）有说话的驴。
>
> （2）世界贸易中心袭击事件没发生过。
>
> （3）有独角兽。
>
> （4）贝拉克·奥巴马是世界级网球运动员。

至少就前文考虑过的两门瘠造世语言来讲，它们的仿代世界可没有什么部分说到了上面的任意一件事。两门语言中的句子要么谈论基础粒子及其属性，要么谈论时空点及其被占与否。这些句子可是一丁点儿也没有说到驴、独角兽或网球运动员。

从直觉上讲，喜欢瘠造世语言的仿代论者会想说：就算她的世界没有多谈在那些世界上有独角兽或说话的驴，可还是有一些世界是如此这般， 207
*蕴涵*了有关独角兽或说话的驴存在的事实。这些世界要么描述了基础对象所例示的基础属性的正确排列布置，要么描述了被占据的时空的正确模式。可事到如今，模态实在论者会强调“蕴涵”这个概念。蕴涵本就是个模态概念。要说被占据的时空有个模式蕴涵了一头说话的驴存在，意思就是：如果没有一头说话的驴存在，被占据的时空就*不可能有*这样一个模式。因此，语言仿代论者要是用瘠造世语言来构造世界，似乎还是在模态说明中预设了模态。

就和饶造世语言的情况一样，仿代论者也可以给出回应。仿代论者可能希望，就基础质料的哪些模式与哪些非基础可能性对应这一点，可以给出一份相关的事实清单，再在其分析中加入这份事实清单就行。（比方说，被占时空的某某模式对应于一头说话的驴，被占时空的某某模式又对应于一只独角兽，等等。）不过，这也会是一项艰巨的任务。这样的任务是否可行犹未可知；即便可行，它也不过是把模态分析推迟了而已。①

因此，尽管模态实在论的仿代版本是个热门选项，但这样的观点的确有众所周知的难处。况且，克服这些难处的最好办法反而使仿代论变得远不如刘易斯本人的观点那么清晰有效，这又是一大问题。

## 驳斥可能世界分析

在形而上学和更一般的哲学中，可能世界模态分析到现在为止一直根深蒂固。鉴于哲学家常常有理由用模态概念进行分析，可能世界分析在语言哲学、认识论、伦理学、科学哲学和其他领域均有广泛的运用。从事这些子学科研究的哲学家往往会在无意之中，时而谈论可能的东西，时而又改口说这个或那个可能世界的存在物；时而谈论必定如是的东西，时而又改口说所有可能世界皆然的情形。但是，我们现在已经见识到，诉诸可能世界的语言引起了不少深刻的形而上学问题。我们必须二选一：要么采纳刘易斯的模态实在论，迎来一个饱含众多额外宇宙的、颇具争议的本体论；要么找到别的某种清晰明了的套路，把这些可能世界理解成从语句或其他现实物中构造出来的东西。

两个选项都有问题。有的形而上学家因此认定，有关可能世界的一切言说虽然方便，但一定不是分析模态语言的正确方式。可能世界的言说作为一种言说方式（façon de parler），可以很有用，也耐人寻味，可我们不该把它当成比言说方式更深刻的东西。说起某某事态是可能或必然的，这究竟有何意义？要找出意义，就得寻求另一种分析。

208 模态**虚构主义**大概是在可能世界模态分析以外，当代最流行（起码也最知名）的备选套路了。我们在第五章就已经遇到过虚构主义。[6] 再说一遍，虚构主义是一种理解某领域的论断的真值条件的方式：那些论断看似带有本体论承诺，但虚构主义却规避了那些本体论承诺。我们就考虑一个版本，即吉迪恩·罗森（Gideon Rosen）提出的版本好了［参见其文《模态虚构主义》（“Modal Fictionalism”）］。

① 总的来说，刘易斯的两难是：语言仿代论者要么用饶造世语言，要么用瘠造世语言。饶造世语言具有丰富的表达力，但有乞题的风险；瘠造世语言尽可能规避了乞题的风险，但代价是表达力不够，很难说清非基础的日常事实何以可能。

虚构主义者的主要动机是，规避对额外的可能世界的本体论承诺。没有如刘易斯设想的具体的额外的宇宙，也没有仿代世界。因此，我们一定得否认如下分析：

> 可能世界模态分析
>
> A 是可能的，仅当有一个可能世界，其中 A 为真。
>
> A 是必然的，仅当 A 在每个可能世界皆为真。

不过，虚构主义者还是相信，有许许多多真模态论断，即有关何者可能、何者必然的真论断。而且，虚构主义者也的确承认，可能世界的言说作为思考可能与必然的方式，既有用又耐人寻味。于是，虚构主义者建议，我们可以谈论可能世界，但应该把可能世界模态分析替换为下面的虚构主义模态分析：

> 虚构主义模态分析
>
> A 是可能的，仅当：根据内有可能世界的虚构作品，有一个可能世界，其中 A 为真。
>
> A 是必然的，仅当：根据内有可能世界的虚构作品，A 在所有可能世界皆为真。

请注意：按照这个分析，若要有模态真理，可能世界是不需要存在的，只要有关乎可能世界存在的虚构作品和故事就够了。当然，谁也不会质疑这样的故事存在。罗森调皮地指出，刘易斯本人的《论世界的多元性》就是这样一部虚构作品。

关于模态虚构主义是否妥当地说明了模态论断，已经引起了许多问题。有的形而上学家提问：有关可能世界的现存虚构作品（包括刘易斯的书在内）说得够不够多，有没有真的给出一个对所有模态真理的完备说明？还有一个常问的问题是：从罗森的说明中能否推出，在刘易斯的书 1986 年出版前，没有任何关于可能性或必然性的事实？（罗森说，这是推不出的。）

**练习 7.4　拒不承认可能世界**

209 你认为，罗森与其他哲学家为什么怀疑可能世界的存在？哲学家又有什么理由怀疑仿代可能世界的存在？支持怀疑论的这些理由是不是驳斥模态实在论或仿代模态实在论的好理由？你更喜欢哪种观点？

虚构主义是一种理解可能性与必然性的策略，它规避了对于（真正的或仿代的）可能世界的承诺。还有一种策略在 20 世纪七八十年代前占据过统治地位，本章开头已有所提及，那便是**约定主义**（conventionalism）。约定主义者企图把模态论断归约为一类事实，这类事实关系到：按照我们语言的约定，什么为真，什么又不为真。约定主义的模态说明彻底避开了有关可能世界的言说。那些必然的句子，反倒是为构成那些句子的词项之意义所蕴涵的句子。例如：

> 三角形有三条边。
> 所有单身汉都是未婚的。

这两句是必然真理，因为它们为“三角形”“单身汉”“未婚的”等词项的意义所蕴涵。同理，以下句子则是偶然真理：

> 没有粉色的驴。
> 欧盟的全部成员国都位于赤道以北。

在约定主义者看来，这两句的偶然性在于这个事实：我们语言的约定本身不蕴涵这两句的真假。没有粉色的驴，是与“驴”一词的用法一致的。而有粉色的驴，也是与我们语言的约定一致的。驴是不是粉色的呢？“驴”一词的意义可解决不了这个问题。一个句子是偶然的，如果它之为真，(除了有关我们如何使用语言的事实外，) 只取决于世界是何模样的话。另外，请想想：

> 有圆的方存在。

 210 这倒是个必然假或不可能的句子。约定主义者还会用有关我们语言的机制的事实，对该事实予以解释。约定主义者会说，鉴于我们赋予“圆的”和“方形”等词的意义，某物是方形就排除了它是圆的。于是，该句不仅为假，还是不可能的。

约定主义者的模态说明吸引了一批人，他们认为：可能性、必然性或偶然性的归予与世界上有何种事物存在以及它们是何模样无关，反而关系到我们的语言，关系到我们的语言让我们说或不让我们说的那几类事。要是你正好搞懂了我们语言的机制，那么原则上你就可以明白一切的必然真理，还有可能和不可能的事项。

约定主义在今天饱受争议，缘由可溯及20世纪70年代发展出的一些论证，那些论证是索尔·克里普克［Saul Kripke，参见《命名与必然性》(*Naming and Necessity*)］和希拉里·普特南［参见《“意义”之意义》(“The Meaning of ‘Meaning’”)］两位哲学家提出的。约定主义者认为，必然真理应该是仅为我们词项的意义所蕴涵的真理。但是，克里普克和普特南指出，有一类必然真理是**后验必然的**（necessary a posteriori），靠内含词项的意义还知道不了呢。我们不得不靠经验来发现这些必然真理。尽管它们是必然真理，但它们的缔真项却不是有关我们语言的事实，反倒是有关我们世界的事实。请读者想一想：

> 金的原子序数是79。
> 水是$H_2O$。

这两句都是必然真理。如果组成某物的原子没有79个质子，那么该物不可能是金。我们对金的化学结构的了解便是如此。类似地，如果一个实体不是由仅含两个氢原子和一个氧原子的分子组成的，那么该实体也不可能是水。不过，“金”和“水”这两个词的意义可没有包含这两个事实。“金”和“水”这两个词被用了好几百年，就算我们从未发现现代化学，它们也可被一直沿用下去。你要理解它们的意义，使用这两个词，要完全理解某个戒指是金的、某个杯子里有水，犯不着去弄懂有关化学的事实。鉴于这两个例句，必然真理就不可能仅仅是凭借词项之意义和用法之约定而成立的真理。只反思“金”和“水”的意义，还有这两个词的用法，是从来不能发现上述模态事实的。

还有一种**先验偶然的**（contingent a priori）论断也威胁到了约定主义。

约定主义者想说，偶然真理单靠我们语言的约定可真不了，还（独立于我们的用词方式，）取决于世界所是之模样。不过，克里普克提出了如下例句，它似乎是一个偶然论断，可我们单靠反思词项的意义便能发现它：

标准米尺一米长。

211 标准米尺是一个物件，存放于国际计量局（International Bureau of Weights and Measures，BIPM），地点就在法国的塞夫尔（Sèvres）。该物已用于定义词项“一米长”所指的长度。有鉴于此，“标准米尺一米长”只靠内含词项的意义便为真。



可与此同时，该米尺有这么长（一米长），这还是与它相关的偶然事实。情况本来可能是这样的：标准米尺这个物件根本就没充当过米制的标准，反倒服务于某个别的目的。它本可被用来锤钉子，然后断成了两半，因而就不会有一米长了。标准米尺这个物件有这么长，这是个偶然事实。于是，即便句子“标准米尺一米长”凭借词项“一米长”的实际用法而为真，它也不是必然真理。

因此，尽管约定主义乍一看是个好主意，但如此这般的案例似乎表明，有关必然性和偶然性的事实（至少在某些情形中），好像不仅涉及关乎词项的实际用法的事实，还涉及别的什么东西。约定主义者要是还想把模态还原为有关语言的事实，就得找个办法，驳倒这些案例。

**练习 7.5　后验必然与先验偶然**

关于后验必然与先验偶然，你还能想出别的例子吗？请分别再提供一个例子。

## 本质主义和反本质主义

我们这下终于可以讨论涉物模态，讨论对象的模态特性（如果有的话）是什么了。想必读者还记得，涉物模态与涉述模态的主题相对，后者说的是哪些命题是可能的、必然的或偶然的。本节聚焦于最核心的问题，即**本质主义**（essentialism）的问题。我们用“本质主义”一词指示这样的观点：对象本身就有本质属性，这一点不依赖于我们看待对象或把对象加以归类的任何方式。一个本质属性是某对象持有的如此这般的属性：如果该对象未持有该属性，那么该对象就会不复存在。本质属性是对象若要存在就必定持有的属性。

本质主义是一种古老的哲学观，可追溯至亚里士多德：他在《形而上学》（*Metaphysics*）一书中说到了对象持有本质，而本质是对象出于 212
本性就持有的特性。本质主义一直延续至近代，勒内·笛卡尔有一个论断就很出名：心灵的本质是思想，物体的本质是在空间中延展。约翰·洛克（John Locke，1632—1704）也谈到了对象的**实在本质**（real essences）：那些特性让对象成为其所是的那类对象，还解释了对象的可观察特性。



不过，到了20世纪中叶，由于逻辑实证主义的影响，再加上自然主义形而上学的转向，哲学家开始怀疑本质属性的存在。蒯因对“涉物模态”这整个概念的批判大概是最出名的，所以，本节会聊聊他的批判，还有他为什么也许算得上是当代最有影响力的“反本质主义者”。

蒯因在《语词和对象》（*Word and Object*，1960）一书中对“涉物模态”的观念表示不解。他让我们考虑某个人［叫他“琼斯”（Jones）好了］的情况：琼斯既是数学家，又是自行车手。蒯因表示，想必以下论断都是真的：

> 数学家必然有理性，不必然有双腿。
> 自行车手必然有双腿，不必然有理性。

可是，对于琼斯及其本质特性来说，这意味着什么呢？蒯因抱怨说，当然，“把他的某些特性当成必然的，另一些特性当成偶然的，这没有丝毫意义可言”①。

请读者注意：蒯因好像并不对模态算子的一般应用深感困惑。相对于某个概念架构，或某个把对象加以归类的方式，说某个体在本质上有理

① 英文原文出自：W. V. O. Quine. *Word and Object*. Cambridge，MA：MIT Press，1960，Chapter VI，Section 41，p. 199。这里的问题在于，既然琼斯是数学家，那么他必然有理性；但琼斯也是自行车手，那么他不必然有理性。如此一来，琼斯本人既必然有理性，又不必然有理性，这似乎是矛盾的。

性，或在本质上有双腿，这是完全讲得通的。可要是你断定，对象独立于我们看待它们的方式，不相对于特定的分类，本身就可以有某些本质属性，困惑就来了。我们可以这样形容蒯因：他呢，尤其困惑于涉物模态以及对本质主义的承诺。

“如果某人是数学家，那么，必然地：他有理性”这个论断有两种规整方式，我们考虑一番，便可以更清楚地看出差别。我们使用第三节引入的“□”，并用“Mx”表示“x是数学家（mathematician）”，“Rx”表示“x有理性（rational）”，便可以考虑下面两种解释：

(DD) $\Box\forall x(Mx\supset Rx)$

(DR) $\forall x(Mx\supset\Box Rx)$

第一个论断（DD）是形而上学家以为的涉述（de dicto）解读。它说的是：所有数学家都有理性，这是个必然真理。我们要采纳这种解读，无须认为有任何对象持有本质属性，即若不持有则对象就存在不了的属性。相反，我们只需认为“所有数学家都有理性”是个必然真理就行。这一点凭
213 借以下事实即可为真：在每个可能世界，如果某物是数学家，那么它恰好也有理性。

另外，第二个论断（DR）是形而上学家以为的涉物（de re）解读。我们看得出来，涉述解读和涉物解读的差异，对应于量词和模态算子的相对摆放位置的差异。在涉物解读中，量词有超出模态算子的宽辖域。而在涉述解读中，量词则有窄辖域，位于模态算子内。唯有第二种涉物解读才蕴涵了本质属性的例示（假定数学家存在的话）。因为（DR）说的是，如果一位数学家存在，那么这位数学家就具有“本质上有理性”这一属性。这就意味着，在该对象x存在的任何世界（无论x在那个世界是不是数学家），x都具有“有理性”这个属性。你要是怀疑本质主义，那么也应该怀疑像（DR）这样的、量词有超出模态算子的宽辖域的论断之为真。

## 本质主义今日谈

本质主义如今争议尚存，但并非所有哲学家都想引蒯因为同道，拒斥

本质主义。事实上，索尔·克里普克就在《命名与必然性》（1980）一书中为本质主义申辩，该书是当代分析哲学的一部杰作。

从这个方面来讲，克里普克最有意思的论断之一便是所谓的**“起源本质主义”**（origins essentialism）。这个论断是说，桌、椅等物质对象的起源，还有连同人类在内的生物体的起源，对于它们都是本质的。举个例子，请想想英国女王伊丽莎白二世（Elizabeth II）。克里普克请读者考虑一下：伊丽莎白女王这个人本可能存在，却可能有不同于现实的父母双亲，这说不说得过去呢？比方说，伊丽莎白女王的父母是哈里·杜鲁门（Harry Truman）夫妇，情况有没有可能本来是这样的呢？[7] 克里普克认为没有可能：

> 我们是否还可以设想一种情形：这个女人（女王）本来会是杜鲁门夫妇所生的？这对夫妇本可能有个孩子，在许多属性上皆与女王相似。在某个可能世界，杜鲁门夫妇甚至或许有过一个孩子，那个孩子实际上即位为英国女王，甚至还偷梁换柱，当了别的父母的孩子。可这种情形依旧不是我们称为“伊丽莎白二世”的*这个女人*是杜鲁门夫妇的孩子的情形，至少我是这样看的。该情形是这样的：有某个别的女人，她有许多属性其实也为伊丽莎白所拥有……我觉得任何起源不同的东西，都不会是这个对象。
>
> （Kripke 1980，pp. 112 - 113）

克里普克不仅把这个论证拓展到人类及其起源上，还拓展到物质对象上。他要求我们思考一张特定的木桌，并猜测我们会赞成他的观点：这同一个 214
对象在字面意义上存在，但却起源于一块不同的木头，这种情形是不可能被设想出来的。这张木桌要是由一块不同的木头制成，就成了一张不同的桌子，而非同一张桌子。因此，这张桌子在本质上有其起源。

我们先前见识过，有的哲学家，尤其是蒯因，会怀疑克里普克的起源本质主义这样的论断。克里普克觉得很明显：女王这个人或桌子这个对象要是没有相同的起源，本就不可能存在。但是，蒯因却想知道，是什么可以使这样的论断为真。以女王的情况为例。蒯因会说，没错，我们要是用一种特别的方式，比如说，相对于特定生物体这个分类，对女王这个对象进行思考，那么便可以认为：她是这对特定父母［乔治六世（George Ⅵ）

和约克公爵夫人伊丽莎白（Elizabeth，Duchess of York）]① 之女，这就是她的一个本质特性。这就好比是琼斯一样的情况。相对于一种思考琼斯的特定方式，即把他当作数学家来看，我们倾向于把他的某些特征当成本质特性。不过，我们可以换一种方式来看待女王，女王身为起源于某特定精子和卵子的生物体这一点无须多虑，就把她简单当成（比方说在 2012 年钻禧纪念之际）在位逾 60 年的英国女王就好。② 如此一来，我们就可以说，今日的女王有这对特定的父母是无关其本质的，唯有她的那些使其在位如此长久的特征才关乎本质。[8]

时至今日，在本质主义分歧的两边，常常都见得到形而上学家的身影。有的形而上学家认为，克里普克对极了：要是女王不是相同的父母所生，那么她本不能是同一个人，这一点不依赖于我们思考女王的任何方式。另一些形而上学家却觉得，诉诸我们在某些语境中思考这些对象的方式，可以更好地说明克里普克的直觉。

“对象有其他若干种没那么牢固的本质属性”，这个论断引起的风波略小一点儿。例如，采取**分类本质主义**（sortal essentialism）的观点，即“对象是什么种类的东西，对于对象是本质的”，争议或许就没那么大。照此看来，女王不是人就不可能存在。这张桌子、这个对象，倘若不是桌子，本来是不可能存在的。

“对象必然地具有自身同一性（self-identity）”，这个论断面临的争议甚至也许会更小。的确，必然地：每个对象同一于自身。这是否意味着，每个对象起码有“是自身同一的”（being self-identical）这个本质属性呢？这一点看起来当然很不足道，不是吗？又或者，难道不是每个对象都必然地有“是如此这般于是 2+2=4”的特性吗？诸如此类的论断岂不是让本质主义在不足道的意义上为真了？露丝·巴坎·马库斯主张，把一类“传统的”本质主义论题，与别的这些更弱的乃至蒯因分子都该接受的本质主义论题区分开。传统本质主义论题的特色在于，它们断言：有某些特性对于某些对象来说是必然的，但不是对于一切对象来说都是必然的。[9]

---

① 乔治六世（George Ⅵ，1895—1952），患有严重口吃，电影《国王的演讲》（*The King's Speech*）讲述了他克服口吃、发表二战演讲的故事。约克公爵夫人伊丽莎白（Elizabeth，Duchess of York，1900—2002），乔治六世的王后，伊丽莎白二世的母亲。

② 2012 年钻禧纪念（Diamond Jubilee in 2012），指 2012 年举办的一系列庆祝英国女王伊丽莎白二世登基 60 周年的活动。

即便如此，我们还是应该把对于以上论断的涉述解释和涉物解释区分开。请想想这个论断：每个对象都必然地是自身同一的。该论断可被符号化为：

（=DD）　　　$\Box\forall x\ (x=x)$　　　215

或者：

（=DR）　　　$\forall x\Box\ (x=x)$

第一个涉述论断只是说，每个对象都是自身同一的，这是一个必然真理。该论断可不像第二个论断那样，推设了个体对象的任何本质特性。第二个涉物论断倒是可被读成：随意选取任何对象，那个对象都具有“是自身同一的”这个本质特性。涉物模态的怀疑论者可以说，“万物都必然地是自身同一的”这个论断为真，可以这样来理解：它还原成了（=DD）为真，因此规避了对任何本质属性的承诺。

## 本质与必然性之关系

最后，为了结束本章，有一点值得一提：尽管在过去数十年里，把本质主义的问题当成“对象若存在就必然地持有哪些属性”的问题，这样想很是寻常的，但还有另一种传统，另一种思考本质的方式，却不把本质和必然性就这样联系在一起。

基特·法恩在《本质与模态》（“Essence and Modality”）一文中主张，把对象本质的问题从关乎必然性的诸多问题中剥离出来。法恩觉得，认为本质主要是抓住了对象自身之所是，抓住了对象之存有（being），这样想要好一些。对象自身之所是，当然会影响到对象必然所是的某个样子；但对象必然是某个样子，并不使对象是其所是。

我们受益于这种思考方式，就可以认为：在“本质”一词的任何意义上，“是如此这般于是 2+2=4”等不足道的属性与本质主义无关。的确，“是如此这般于是 2+2=4”是任何对象都必然地具有的特性。可是，这个特性并未因此而成为对象本质的一部分，成为抓住了对象之所是的东西。在法恩看来，我们应当把本质更多地理解为定义，理解为定义了对象之所是的说明。

## 进阶阅读建议

刘易斯和斯塔尔纳克两人都有反事实条件句理论，请参阅斯塔尔纳克的论文《一种条件句理论》（“A Theory of Conditionals”），以及刘易斯的论文《反事实句和比较的相似性》（“Counterfactuals and Comparative Similarity”）。读者要是想进一步了解模态实在论者和仿代论者之争，还请参阅菲利普·布里克（Phillip Bricker）和约瑟夫·米利亚（Joseph Melia）两人各自的论文，文章可在西奥多·赛德、约翰·霍索恩和迪安·齐默尔曼主编的文集《形而上学当代论争》中找到。阿尔文·普兰汀格的著作《必然性之本性》（*The Nature of Necessity*）描述了仿代论的一个影响广泛的版本，还为之做了辩护。戴维·阿姆斯特朗的著作《可能性的组合论》、彼得·福里斯特的论文《世界可是之模样》（“Ways Worlds Could Be”）
216 以及罗伯特·斯塔尔纳克的论文《可能世界》（“Possible Worlds”）则分别捍卫了仿代论的其他版本。迈克尔·路克斯主编的选集《可能与现实》（*The Possible and the Actual*）收录了这场论争中涌现的诸多经典文献。读者要是还想多了解本质主义，请参阅理查德·卡特赖特（Richard Cartwright）的论文《本质主义述评》（“Some Remarks on Essentialism”），以及劳丽·保罗的论文《为本质主义申辩》（“In Defense of Essentialism”）。马库斯的《回看》（“A Backward Look”）一文，就蒯因对涉物模态逐渐发展起来的不信任态度做了有益的概述，并予以批判。模态认识论研究我们是怎么可以知道何为可能（或何为必然）的，相关的探讨见于塔玛·绍博·格德勒（Tamar Szabó Gendler）和约翰·霍索恩合编的文集《可设想性和可能性》（*Conceivability and Possibility*）中收录的论文。

## 注　释

［1］有时候“逻辑可能性”一词专用于那些仅凭自身的逻辑形式，不蕴涵任何矛盾式的命题。换言之，某命题是逻辑可能的，当且仅当：单靠逻辑，从该命题中演绎不出形如“$A \wedge \neg A$”的式子。既然你为了从关于四边三角形或圆的方存在的陈述中演绎出矛盾式，不得不额外假设一些有

关"三角形"或"方形"的意义的事实，那么，就这个狭义的"逻辑可能性"而言，关于四边三角形或圆的方存在的陈述不是逻辑不可能的。不过，"逻辑可能性"这一短语通常在更宽松的意义上被使用：在这个意义上，逻辑可能的语句，就是那些根据自身的逻辑形式外加关乎内含概念之意义的事实，还不蕴涵矛盾式的语句。

[2] 第五章讨论过阿瑟·普赖尔的时态逻辑，它的基础就是 C.I. 刘易斯的这种模态逻辑。

[3] 在这里，相关的世界可以是现实世界。

[4] 刘易斯不是很喜欢"具体的"（concrete）这个词。他出于第二章讨论过的那些理由，认为这个词没有清楚的、定义明确的意义。刘易斯引入具体性，不过是为了强调：这些额外的世界与我们的世界一样实在，与我们的世界在相同的意义上存在。

[5] 说一个数是无理数，就是说这个数不能被表示为两个整数之比，例如 1/2、2/3，等等。

[6] 参见工具箱 5.2。

[7] 哈里·杜鲁门在 1945 年到 1953 年间担任过美国总统。

[8] 也请参阅佩内洛普·麦基（Penelope Mackie）的著作《事物的可能模样》（*How Things Might Have Been*）。关于我们如何误入歧途，认为对象和生物体在本质上有其起源，该书提供了另一种说明。

[9] 参阅马库斯的论文《模态逻辑中的本质主义》（"Essentialism in Modal Logic"）。

# 第八章　因果性

### 撮　要

217 ■ 展示历史上的因果观。

■ 介绍因果性的常则论、反事实论、概率论、初始论及物理论。

■ 对支持这些不同理论的论证予以评估。

■ 辨别因果理论的目标，并予以评价。

## 哲学史上的因果性

多数人相信，我们的世界充斥着原因和结果。东西可不仅仅是随机发生的；哪怕不是大多数时候，但东西是其所是的模样，或者说事件发生，常常是因为有别的东西或事件做了它们的原因。厨房有扇窗碎成了一百片，在窗外发现了一块石头。饼干罐空了，在罐子下面找到了洒落的碎屑。这些事件都不是随机的，而是有解释，有因果解释的。

哲学家大卫·休谟（David Hume，1711—1776）把因果性称为“宇宙的黏合剂”。因果性把发生的各种不同的东西联系在一起。尽管当代形而上学大多关注本体论问题，但是，从形而上学学科创立伊始，哲学家也着迷于世界上的各种对象及事件有何关联，还有东西是其所是的模样有何缘由等问题。要是你追求对我们宇宙之本性及模样的完备说明，光是列出有哪几类物项存在，如对象、属性和事件等，好像远远不够。我们还想知道这些对象及事件之间的关系的本性，想了解哪些东西与哪些别的东西有因果联系，以及这些因果关联是什么。

我们在论持存的第六章见识到了，亚里士多德诉诸形式和质料的区分，解释了物质对象的行为表现，解释了它们何以能经受变化而持续存在，还有那些变化是什么。按照亚里士多德的观点，日常的变化在于：一 218
个实体或某质料采取了新的形式。可是，亚里士多德也认为，要想提供关于东西为什么是其所是之模样的完备的解释，还需要更多的理论要素。完备的解释理应说明对象的所谓“动力因”（efficient cause），还有其目的论原因或目的因。

**目的因或目的论原因**（final or teleological cause）关系到对象或事件的终极目标（telos）或目的（purpose）。对象的终极目标就是对象为之产生、为之制成的目的，是对象存在，或在特定时间是其所是之模样的缘由。目的论原因提供了对象或事件的标的、目的或目标。例如，窗户的目的因是透光。我今天骑自行车的目的因是去学校。时至今日，特别是由于自然主义，还有对科学解释中的目的的一般怀疑态度的影响，很多形而上学家都倾向于否认，对象——尤其是自然对象——有目的因。我们最好的科学理论，往往不诉诸目的或目标来解释东西为什么发生，以及对象为什么是其所是之模样；有鉴于此，自然主义者声称，我们也不该在形而上学中诉诸目的论原因。有神论信仰更强的哲学家对目的因的怀疑往往更少一些。不过，本章将要重点讨论的因果性，却是自然主义和有神论两边的形而上学家最常论及的那种。对象有没有目的或目的因，可以解释它们为何是其所是之模样？这个问题固然有趣得很，但我们还是把目的因果性暂时搁在一旁。

当代的因果性讨论通常关注的主题，更像是亚里士多德的动力因果性。对象或事件的**动力因**解释了在对象或事件的历史上，是什么使其得以生成。通常来说，排除时间旅行这类奇特的情形，要找出对象或事件的动力因，得回顾过去。对象的动力因就是使对象生成的过程：就器物而言，是某种制造过程；就人类而言，是精子和卵子的结合。事件的动力因，则见于别的事件或行动。窗破了、饼干罐空了，这二者的动力因可能是两个关系到某顽童的事件。

**工具箱 8.1　因果关系的关系项**

大家一贯认为，因果性是物项之间的关系，可究竟是哪种物项呢？什么类型的物项是原因，什么类型的物项是结果呢？因果关系的关系项（relata）是事件，这种看法很常见。例如，我们说一个事件，即弗兰茨·斐迪南（Franz Ferdinand）遇刺，因果地导致了另一个事件，即第一次世界大战。① 又如，我们可以把一道特定的电击（一个事件），指认为一场特定野火（另一个事件）的原因。关于事件的本性有多种不同
219 的观点，但有两种最为常见。一种观点与唐纳德·戴维森挂钩：事件是一种具体的殊相，涉及在特定时空区域发生的变化；例如，一扇窗在特定的时间、地点破了，就是一个事件。另一种观点则与金在权联系在一起：事件不过是对象在特定时间对属性的例示；例如，一扇窗在特定时间持有“破碎”这个属性，就是一个事件。

有的哲学家主张，把因果性当成特普②或属性个例之间的关系，这样思考因果性更好一些。然而，鉴于特普与金式（Kimean）事件的相似性，多数人觉得，这种观点与“因果关系的关系项是事件”的标准观点没什么差别。

还有一些哲学家（例如戴维·阿姆斯特朗）主张，原因是事实，而非事件。事件是发生的东西（things that happen），而事实是情况如此的东西（things that are the case）。此外，大家常以为事实的个体化要比事件来得精细。这就意味着：哪怕只有一个事件，我们或许也会认为有两个以上的对应事实。例如，请考虑［某个球在时间 t 穿过了一张特定的网］这个事件。我们可以用若干不同的方式来描述该事件，于是可以认为，该事件对应于若干不同的事实：

情况就是（It being the case that）这个球在时间 t 穿过了这张网。

情况就是在时间 t 进了一球得分。

情况就是在时间 t 进了决胜球得分。

① 弗兰茨·斐迪南（Franz Ferdinand，1863—1914），奥匈帝国皇储，1914 年 6 月 28 日在萨拉热窝（Sarajevo）遭塞尔维亚青年加夫里洛·普林西普（Gavrilo Princip，1894—1918）刺杀，当场身亡。该事件又称“萨拉热窝事件”。

② 特普即抽象的殊相，请读者回顾本书第二章对特普论的讨论。

还有一种争议更大的立场是：因果关系的关系项是实体而非事件。举个例子，在某些情况比如自由行动的情况下，有人觉得特定种类的实体如人类能动者（human agents）当了原因，这很重要。这便是**能动者因果性**（agent causation）的观点。① 不过，许多哲学家怀疑，援引实体作为原因（或结果）是否真说得通。请考虑因果性的一个案例，实体因果性或能动者因果性的捍卫者觉得它特有意思：在该例中，有个政客自由地下定决心，要投出一张选票，于是举起了手臂。视事件为原因的捍卫者可能会说，该例中的原因是政客投票的决心；然而，视实体为原因的捍卫者却会说，政客举起手臂的原因（或至少原因之一）正是她本人。可如果这样说是对的，原因就是政客本人，既不是她下的任何具体决心，也不是她体内、心中发生的任何别的事件，那么，为什么手臂的举起发生于那个特定的时间，而不提早一点儿呢？这个政客可不是在手臂举起之时突然诞生的，她此前大概就存活了好多年；可如果原因正是该实体本身，而非她这边的什么特定的决心或事件，那么，为什么这个结果不是该实体一存在就产生了呢？

**表 8.1 对象和事件的区分**

| 对象 | 事件 |
| --- | --- |
| 一扇特定的窗 | 一扇窗在时间 t 碎了 |
| 一块特定的石头 | 一块石头在时间 t-1 击中了一扇窗 |
| 米开朗基罗（Michelangelo）② 的大卫像 | 大卫像的脚趾 1991 年有了个缺口③ |
| 贝拉克·奥巴马 | 贝拉克·奥巴马 2009 年 1 月 20 日宣誓就职 |

① “agent”也可译为“行动者”或“行为者”，本书取“能动者”的译法。相应地，“agency”一词可译成“能动性”。

② 米开朗基罗（Michelangelo，1475—1564），又译“米开朗琪罗”，扬名于文艺复兴时期的意大利艺术天才，代表作有雕像作品《大卫》，西斯廷教堂的天顶画《创世记》和《最后的审判》等。

③ 1991 年，精神错乱的艺术家皮耶罗·坎纳塔（Piero Cannata）用锤子砸坏了大卫像的左脚第二根脚趾。

## 休谟的经验主义

220 本节考察有关因果性之本性的一个难题，这个难题发端于哲学史较近的时期，持续影响着如今对因果性主题的探讨。它问的是：我们如何才能了解因果关系呢？

这个哲学问题是大卫·休谟提出的。休谟捍卫**经验主义**（empiricism）。经验主义是说，我们关于世界的知识和理解完全发端于经验。从柏拉图和亚里士多德直至笛卡尔和莱布尼茨，这些哲学家前辈都认为我们关于世界的知识有的是先验的，是先于经验、凭纯粹的推理即可取得的；但是，休谟这样的经验主义者却怀疑我们有任何不源于经验的、关于世界的观念或知识。



休谟采取了经验主义的一种特别严格的形式：我们的全部观念，我们拥有的组织起思想的全部概念，还有我们可知的一切，都是从简单感官印象的摹本（copies）中构建出来的。比方说，我们之所以可以形成蓝色东西或方形东西的观念，也可以形成响东西或软东西的观念，是因为我们有这种种感官印象。[蓝色性或方性（squareness）、响性（loudness）或软性（softness）的] 简单观念，就是我们的心灵就这些基本感官印象所制成的摹本。休谟认为，并不是说实际上瞧不见、听不到、闻不着、尝不到或摸不了的东西，我们就形成不了有关它们的观念。观念倒是形成得了，但形成的任何新观念最终一定是复合观念（complex ideas），是从我们早已经验过的东西的观念中构建出来的。举个例子，尽管谁也没见过独角兽，但我们把见过的东西的观念组合起来，把马和角的观念组合起来，就可以轻而易举地得到独角兽的观念。就算你从没见过一颗直径一英里的金球，但你把“金色性”“圆性”“直径一英里”等简单观念组合起来，即可轻松获得直径一英里的金球的观念。

倘若这种形式的经验主义不仅吸引了休谟，还吸引了你，那么，你可能会像休谟一样，担心我们如何才形成得了有关对象之间的因果关系的观念。我们当然可以知觉到对象及事件，我们要是想学休谟那样讲话，就可以说，我们形成了有关对象及事件的感官印象；可是，对象及事件之间的因果关系，我们有没有直接知觉到呢？我们有没有形成一个关于“因果导致”本身的感觉印象呢？举个简单的例子好了，比方说你朋友与你对桌而坐，一下子喝掉了一品脱啤酒。[1]他随后就满脸通红，醉意上涌，走起路来东倒西歪。要是还有什么算因果性案例的话，这就是一个明确的因果性案例：你朋友饮酒，因果地导致他脸红并走得东倒西歪。不过，就算你知觉得了他饮酒，也知觉得了他随后脸红并走得东倒西歪，可是，这回饮酒与这次脸红及东倒西歪之间的因果联系，你知觉得了吗？那种因果联系看起来甚至会是什么样的呢？可要是休谟说对了，我们的全部观念都是从更简单的观念中构建出来的，而更简单的观念又是从我们已有的感官印象那里摹拟来的，那么，把这回饮酒和这次脸红及东倒西歪联系起来的因果关系的观念，我们怎么可能会有呢？

“因果性”概念给经验主义者造成了麻烦，关键的一部分在于：我们 221
一般把因果性当成事件之间的必然关联。结果似乎是必然从原因那里来的事件。结果不仅追随原因，而且只要原因发生，结果就必定随之发生。如果你朋友一下子喝掉了一品脱啤酒，那么，如果这回饮酒正是他随后脸红并走得东倒西歪的原因的话，［他一喝那啤酒就会脸红并走得东倒西歪］这件事就板上钉钉了，整个宇宙都为之作保。[2]可是，我们即便知觉得了结果紧随着原因，也很难明白我们如何知觉得了结果必然地紧随着原因，恰如原因不仅发生于结果之前，而且真的使结果发生一样。

关于休谟在此如何作想，还有他认不认为原因一定就是把结果必然化的事件，历史上有一场激动人心的论战。有些哲学家认为休谟就是这样想的，于是就把他们觉得休谟所持的因果观定名为“疑存实在论”（skeptical realism）——这种观点主张，就算因果关系在世界上确实存在，还是事件之间的必然关联，我们也没法真的理解这个“因果性”概念，于是，因果关系的本性总是会超出我们的认知范围。就哪些事件会紧随哪些事件而言，我们只给得出带有似然性（likelihood）的预测；至于发生的事件之间的隐藏关联或“秘密”关联，我们却见识不了。[3]

不过我们发现，哲学史家还有一种更普遍的见解：“因果性是事件之间的必然关联”，这个想法休谟最终舍弃了。休谟反而想出了一招，好让我们的“因果性”概念可以脱胎于更简单的、源自感官印象的观念的组合。一个事件如何紧随着另一个事件，我们观察起来没什么问题，于是，我们可以用“一个事件紧随着另一个事件”这样的复合观念构建出“因果性”概念。我们可以认为，“一类事件是另一类事件的原因”这个观念，是由关于这种种事件的常则接续（regular succession）观念构成的，这样想很自然。如果特定种类的一个事件只有一次紧随着另一事件，我们也许不会认为这个序列显示了什么因果联系；可要是这种情况恒常地（regularly，即一次又一次地、屡次三番地）发生，那么好像就表明：我们看到的是一例因果关系。回到前面的例子，我们本可能观察到，一品脱啤酒一下子喝完，之后跟着的都是脸红和东倒西歪，这种情况可不止一次，过去还有好几次；也就是说，脸红和东倒西歪恒常地紧随着饮酒。如此一来，我们就可以推断出，一下子喝完数品脱啤酒是脸红和东倒西歪的一个原因。

经验主义对“因果性”概念的一种分析，由此可见。A类型的一个事件（比方说饮一回酒）是B类型的一个事件（比方说东倒西歪了一回）的一个原因，仅当A类事件恒常地被B类事件紧随着。对“因果性”概念的这番见解，要求把作为必然关联的因果性观念替换为更亲合经验主义的观念，也就是把因果性当成事件的常则接续。这便是**因果常则论**（regularity theory of causation）的一个简单版本。哲学家往往把休谟看成因果
222 常则论的创始人。[4]按照这种观点，说一个特定事件a是另一个特定事件b的原因，就是说：事件a和事件b都发生了，a是A类事件，b是B类事件，并且A类事件恒常地被B类事件紧随着。

如果常则论才是正轨，你或许会好奇：为什么有人会觉得，原因一开始就把其结果必然化了，他们怎么会这样想呢？我们过去怎么就误入了歧途，竟以为我们有“事件之间的必然关联”这个观念？这观念从哪里来的？休谟为了回答这个问题，提出了如下看法：我们看到事件的一个常则序列——一个B类事件屡次三番地紧随着一个A类事件，我们的心灵受此指引，此后一观察到一个A类事件，就期待一个B类事件将要发生。我们的这个印象，这个一经验到一个事件就觉得另一个事件将要发生的感觉，就是“事件之间的必然关联”这般东西的观念的源头。然而，我们却误会了心里的这个印象，以为它对应于某个在事件之间的外在必然化力量。

**练习 8.1　从经验中摹拟出观念**

你赞不赞同休谟的见解：我们没有直接观察到事件之间的因果关系？哪种例子可以表明情况并非如此？除了因果性以外，还有什么别的概念是我们好像持有，却不是从摹拟感官印象而来的观念中构建出来的？

“我们的全部观念都是从更简单的、摹拟感官印象而来的观念中构建出来的”，这种在休谟那里发现的严格经验主义，今天可是难以找到赞同它的哲学家了。我们应不应该把因果性当成事件之间的必然关联呢？如若不该，还有什么别的“因果性”概念是可能的呢？这些问题当然还是存在。不过，即便今时今日还在担忧作为必然关联的因果性，理由也不同于彼时休谟的理由了。例如，自然主义者可能会想，我们依托数学或科学的理论化活动，便能领会多种新概念；这样做一般不要求我们从更简单的、摹拟感官印象而来的观念中构建出概念。可是，自然主义者也许还在担心，“必然性”这般概念既然没有在自然科学中出现，那么或许也该在我们最好的哲学理论中予以回避。别的哲学家用起“事件之间的必然关联”概念来，也许心安理得，却还是想要一种还原分析，可以诉诸更基本、更好懂的概念，对这般概念进行解释。我们这就来考察还原分析的前景。



## 因果还原三论

因果还原论和休谟的理论一样，利用非因果的词项来解释一个事件因果地导致另一个事件是怎么回事。[5]本节会讨论三种最常见的因果还原论，分别是因果常则论、因果反事实论（counterfactual theory of causation）和因果概率论（probabilistic theory of causation）。 223

因果常则论可采取多种形式，我们就从休谟探讨过的简单版本着手吧：

> 素朴常则论（simple regularity theory）：一个 A 类事件 a 因果地导致了一个 B 类事件 b，仅当 a 和 b 实际发生了，且 A 类事件恒常地被 B 类事件紧随着。

看得出来，这是对因果性的还原分析，因为“仅当”右边的解释没用到任何因果相关的概念。素朴常则论作为因果常则论的初尝试还不错，但你可能会担心，仅有常则接续还不足以造就真正的因果性。比方说，每当你心心念念的足球队赢了比赛，第二天太阳就升起，这一点毋庸置疑。你的主队赢球恒常地被太阳升起紧随着。但这推不出：那些日子太阳升起的原因就是你的主队赢了球。

针对这样的情形，有一个回应很自然：因果性不能仅仅是常则接续，一定还涉及别的东西。结果一定紧随着原因，这不光是巧合，而是原因蕴涵了结果。可是，我们想要什么意义上的蕴涵呢？逻辑蕴涵未免要求过多（的确，这好像把我们带回到作为事件之间的必然关联的因果性观念上去了）。要想弄明白为什么因和果之间的逻辑蕴涵无论如何似乎都不为因果性所需，还请想想因果性的如下范例：

> 时间 t 的一道电击因果地导致了时间 t′的一场大火
>
> 一块石头在 t 被扔向一扇窗因果地导致了那扇窗在 t′破碎



在这两例中，因和果之间均无逻辑蕴涵。如果电击和大火或者扔石头和窗破之间有某种关系，那不是逻辑关系，而是某种别的关系。

许多常则理论家反而提议，因果性需要原因蕴涵结果，但这无关逻辑，倒是自然规律所致。比方说，这种常则论可能看起来是这样的：

> 律则常则论（nomic regularity theory）：一个 A 类事件 a 因果地导致了一个 B 类事件 b，仅当 a 和 b 实际发生了，且自然规律蕴涵了 A 类事件恒常地被 B 类事件紧随着。

224 自然规律既不蕴涵太阳明天升起，也不蕴涵如果你的足球主队今天赢了球，那么太阳明天升起。这个修补手段可以排除那种为难素朴常则论的情况，一般也可以避免把碰巧接续的情形当成因果性的情形。至于我们通常认为是因果性的情形，律则常则论似乎也很好地抓住了——饮酒导致脸红和东倒西歪，往下丢物件因果地导致了物件下落，电击导致大火，扔石砸窗因果地导致了窗破，凡此种种，凭自然规律好像都推得出来。很多哲学家已经认同了一种常则论的版本，把符合规律的蕴涵纳入其中。[6]

可是，到了 20 世纪 70 年代，大卫·刘易斯指出了因果常则论面临的若干难题，很多哲学家因此重新掂量了这个立场。刘易斯独辟蹊径，提出了一种独特的因果还原论，即**因果反事实论**。[7] 刘易斯的理论从那时起，不光对哲学，还对心理学和社会科学思考因果性的方式产生了极其深远的影响。[8]

刘易斯针对常则论提出了两大问题，分别是副现象（epiphenomena）

问题和预制（preemption）① 问题。[9]我们聊起**副现象**，说的是由其他事件所致但自身却无结果的事件。刘易斯主张，有可能一个事件 a 可以满足某因果常则论的要求，算得上另一个事件 b 的一个原因，但 a 实际上却不是 b 的原因。如果 a 是个副现象，又可溯及 b 的因果历史上的某个其他事件，这种情况就可能发生。例如，我们不妨再次考量你朋友饮酒导致他脸红和东倒西歪的案例。我们可以表示该情形的因果结构，如图 8.1 所示，其中圆点表示事件，箭头表示因果影响关系。

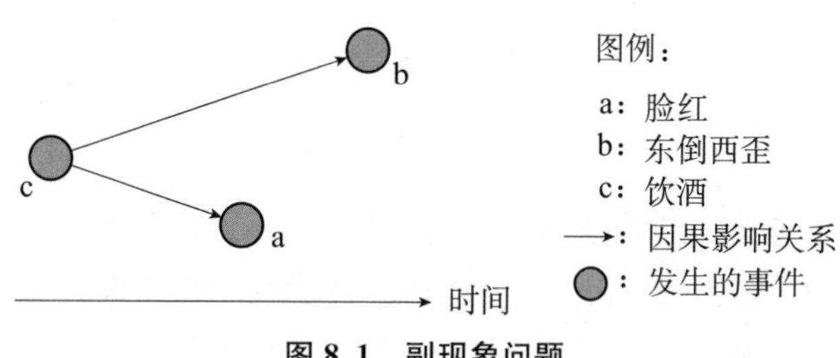


**图 8.1　副现象问题**

就此例而言，这回饮酒（c）既是这次脸红（a）的原因，也是这次东倒西歪（b）的原因。酒饮了，脸红先发生，接着是东倒西歪。但这次脸红可没有因果地导致这次东倒西歪。尽管事实如此，但常则论却会把这次脸红当成这次东倒西歪的一个原因。因为自然规律蕴涵：饮酒先被脸红紧随着，再被东倒西歪紧随着，所以，规律也蕴涵了：脸红将会被东倒西歪紧随着。于是，按照常则理论家的说法，这就足以让这次脸红成为这次东倒西歪的一个原因。然而，这次脸红是个副现象。因果链（causal chain）上更早的某事件（这回饮酒）因果地导致了这次脸红，但这次脸红本身没有任何结果。所以，常则论惹了麻烦，把副现象算作原因了。 225

常则论遇到的另一个问题是预制问题。假设比利（Billy）和苏姿（Suzy）这两个顽童正在扔石头，想要砸破一扇窗户。比利先扔石头，他小心地对准方向，使出足以砸破窗户的劲儿，把石头扔了出去。可正当比利的石头脱手而出时，苏姿扔出了石头，恰好把比利的石头弹出了它的飞行轨道。苏姿的石头从比利的石头那里反弹到了窗户上，因而砸破了它。本例明摆着说，苏姿扔石头是那扇窗户破碎的原因。比利扔石头本来可以是原因，但事实上却不是，因为苏姿扔石头预制了比利扔石头，让它成不

① “preemption”还有其他中文译名，如“预定”“先发制人”“挤占”“占先”“抢先”，等等。

了那扇窗户破碎的原因。如图 8.2 所示：那条因果链本来会从比利扔石头导向那扇窗户破碎，但上边的步骤却被苏姿扔石头抑制住了。[10]

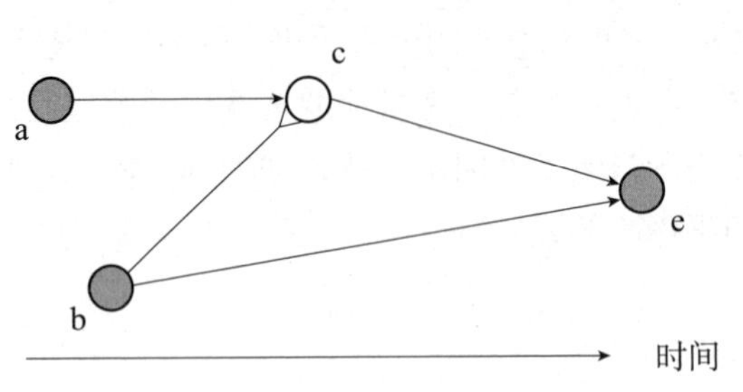


**图 8.2　预制问题**

我们先来看看，为什么预制给常则论出了一道难题。上述案例之所以是预制，在于比利扔石头这个受预制的原因，就其本身而言，似乎有条件因果地导致窗户破碎。该事件发生，结果发生，并且根据规律，比利扔石头这样的事件恒常地被窗户破碎紧随着。于是，按照常则论，比利扔石头算得上窗户破碎的一个原因。可是，该事件并非窗户破碎的原因，唯有苏姿扔石头才是。所以，常则论又惹了麻烦，把受预制的原因算作原因了。

刘易斯提出了一种说明，替换了因果常则论；他的说明始于“事件之间的反事实依赖（counterfactual dependence）”这个概念。请读者回顾第七章，反事实句是假设某事之发生异于现实的条件句。反事实句的一些例子有：

> 如果袋鼠没尾巴，那么它们将会倒下。
> 如果巴黎位于英国，那么当地人会说英语。
> 如果苏姿没扔过石头，那么那扇窗户还是会破。

刘易斯提议，诉诸反事实依赖来分析因果性：一个事件 e 反事实依赖于另
226 一个事件 c，仅当如果 c 没发生过，那么 e 也本不会发生。请注意：刘易斯*根据*反事实依赖来分析因果性。但他可没把因果性分析*成*反事实依赖。刘易斯在 1973 年发表了《因果性》（“Causation”）一文，提出了他最初的因果说明，大意如下：

c因果地导致了e，仅当：

(i) 事件c和e实际上都发生了，并且

(ii) 有一条从c至e的反事实依赖链（chain of counterfactual dependence）。

所谓“有一条从c至e的反事实依赖链”，是说有某个始于c、终于e的事件序列，序列中的每个事件都反事实依赖于序列中那个正在它之前的事件。在某些情况下，该链条只包含c和e。就此而言，凭借c和e都发生，且如下反事实句为真，c便会是e的一个原因：

如果c没发生过，那么e也本不会发生。

不过，在别的情况下，可能就没有e对c的直接依赖。

因果预制的案例其实是很棒的例子，可被用来说明：为什么刘易斯之流的反事实理论家认为，我们应当诉诸反事实依赖链的在场，对因果性进行分析。我们已经指出，比利和苏姿的案例给因果常则论出了道难题，因为像比利那样扔石头和窗户破碎之间有常则律则接续（regular nomic succession），但比利扔石头却不是窗户破碎的一个原因。

不过，由这样的预制案例足见，素朴的因果反事实论为什么也真不了；这个理论说的是，因果性需要一个事件e反事实依赖于另一个事件c。素朴的反事实论就能说清比利扔石头并非那扇窗户破碎的原因。毕竟，下面的反事实句为假：

如果比利没扔过石头，那扇窗户本来不会破。

该句为假，因为如果比利没扔过石头，苏姿还是会在那里扔石头。于是，就算比利没扔过石头，那扇窗户本来还是会破。对于素朴反事实论来说，这是好事一桩。但是，该理论也有个糟糕的后果：它竟然没把苏姿扔石头算作那扇窗户破碎的一个原因。这是由于如下反事实句也为假：

如果苏姿没扔过石头，那扇窗户本来不会破。

该反事实句为假，是因为比利在场，还扔了石头。如果苏姿没扔过石头，可由于比利扔了，所以那扇窗户本来还是会破。

227 刘易斯深化反事实论，使之要求的不是原因 c 和结果 e 之间有反事实依赖，而是 c 和 e 之间有一条反事实依赖链，一个主要的理由便在于此。尽管那扇窗户破碎对于苏姿扔石头没有直接的反事实依赖，但是，有一条反事实依赖链从苏姿扔石头导向了那扇窗户破碎。我们往上一张插图里多添些细节，就看得出这链条了，如图 8.3 所示：

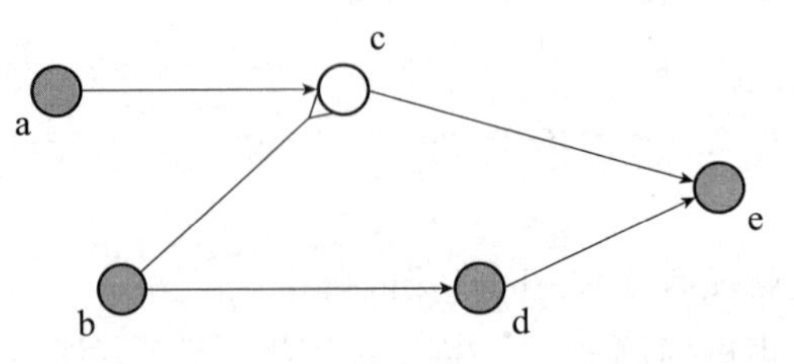


**图 8.3　比利和苏姿（细节）**

纵然以下反事实句为假：

> 如果苏姿没扔过石头，那扇窗户本来不会破。

但下列反事实句都为真：

> 如果苏姿没扔过石头，那么她的石头本不会沿着击中窗户的路径飞去。

（即如果 b 没发生过，那么 d 本不会发生。）

> 如果苏姿的石头没有沿着那条路径飞去，那扇窗户本来不会破。

（即如果 d 没发生过，那么 e 本不会发生。）

既然以上两个反事实句为真，那么就有了一条把 b 和 e 联系在一起的反事实依赖链。于是，刘易斯的说明就把苏姿扔石头算作那扇窗户破碎的一个原因了。

如上所述，许多哲学家着迷于因果反事实论的想法。这个想法如此自然，就连休谟（虽然他提出了另一种理论）谈起“因果性”的意义时，也说它的意义是这样的想法：如果 c 没发生过，那么 e 本不会发生。不过，反事实论并非没有问题，尤其从 20 世纪 90 年代到 21 世纪初，兴起了一个哲学小作坊产业，一边制造刘易斯理论的反例，另一边又提出更精致的因果反事实论来规避反例。事实上，刘易斯在 1986 年出版了文集《哲学文选：卷二》(*Philosophical Papers Volume II*) 收录了《因果性》一文的最终版本，还把一系列附记纳入其中。刘易斯在附记中探讨了很多有问题的案例，提出了一 228
个更精致的模型（最终还是拒斥了）来弥补理论的过失。[11]



**练习 8.2　因果性的常则论和反事实论**

请判定以下四个因果论分别会对每个案例说些什么：(i) 素朴常则论；(ii) 律则常则论；(iii) 素朴反事实论；(iv) 刘易斯的反事实论。

A. 每当托尼（Tony）穿白衬衫，他都会把咖啡溅到衬衫前襟上。这种情况在他穿其他颜色的衬衫时也常常发生，但在他穿白衬衫时却每次都发生。托尼穿白衬衫是他把咖啡溅到自己身上的一个原因吗?

B. 两个刺客怀特（White）和斯卡丽特（Scarlet）都受雇谋杀博迪先生。两人执行起谋杀任务来，都技巧娴熟、办事可靠。这一次怀特首先找到了目标。正当怀特马上要用绳索勒死博迪时，斯卡丽特走进屋来，朝博迪的胸口开了一枪，博迪当场就断了气。斯卡丽特开枪是博迪先生死亡的一个原因吗?①

C. 迈克尔（Micheal）即将参加一场大型乒乓球锦标赛。决赛前夜，他被绊了一下，跌了一跤，摔断了右手。于是，他只好改用左手。这可太让人郁闷，迈克尔是个右利手，不习惯用左手打乒乓球。不可思议的是，迈克尔只用左手击球，竟夺了冠。迈克尔决赛前夜跌倒是他夺冠的一个原因吗?

① 怀特（女）、斯卡丽特（女）和博迪都是美国桌面游戏《妙探寻凶》中的角色。

除了常则论和反事实论，还有第三种已成气候的因果还原论。有的哲学家宁可不拿常则、规律或反事实句，反倒诉诸概率来分析因果性。因果概率论有一个简单的版本，说原因就是概率提升项（probability-raisers）。说得更准确一些，c 是 e 的一个原因，仅当 c 的发生提升了 e 发生的概率。也就是说，e 在 c 发生的条件下的概率高于 e 在 c 不发生的条件下的概率。

229 概率观已经吸引了一批哲学家，理由有几点。首先，你可能认为，概率观这一招抓住了常则说明背后的直觉，却不需要像“因和果之间的蕴涵”那样严格的概念。回到前面的案例，我们可能会想，哪怕规律并不严格蕴涵那次东倒西歪会发生，只是让它变得大有可能，那回饮酒还是因果地导致了那次东倒西歪。其次，概率观之所以流行起来，也是因为概率或统计的相关性（probabilistic or statistical correlation）好像就是在多门科学（自然科学和社会科学）中行之有效的“因果性”概念。在医学中，某事物被认为是某疾病的原因，如果它提升了患该病的概率的话。在社会学中，某事物被认为是一个原因，如果它是有统计学意义的要素的话。

不过，概率理论并非一点儿问题也没有。首先，如何把“概率”概念应用于事件，甚至是那些我们非常确信有其原因的事件，并不总是很清楚。例如，你朋友在喝了一品脱啤酒的情况下东倒西歪，或是他在没喝一品脱啤酒的情况下东倒西歪，这真的可能被指派什么明确的概率值吗？就算我们找得着办法，商定了一个明确的概率值，还把它指派给了你朋友在某特定场合的东倒西歪，但是，这个概率指派很可能会依赖于我们就此情形做出的大量其他假定，因此也依赖于我们思考该情形的方式。这便是所谓的**“参照类问题”**（reference class problem）。我们为特定事件的发生指派了概率，但那些概率不像是事件持有的客观特性；它们似乎取决于我们在特定场合对事件形成概念的偶然方式。

**工具箱 8.2　范弗拉森的正方块工厂**

巴斯·范弗拉森（Bas van Fraassen）提出过一个巧妙的案例，说明了把哪些概率指派给一类事件的发生是合理的，取决于我们选择如何思考那个情形（van Fraassen 1989，p. 303）。假设有家工厂专门生产各种尺寸的正方块。我们想知道，在某个周一，工厂制造某特定尺寸的正方块的概率有多大。以下对这个情形做了一番描述：

> 这家工厂有机器可以制造2厘米内任意棱长的正方块。对于2厘米内的任意棱长，工厂制造棱那么长的正方块，在周一是机会均等的。**周一，工厂制造棱长在1厘米内的正方块的概率是多少呢?**

想想吧。既然工厂造得出棱长2厘米内的任意尺寸的正方块，并且2厘米以内的可能棱长有一半都小于1厘米，那么，该问题的正确答案看来会是 230
1/2。就是说，在周一，工厂制造棱长小于1厘米的正方块的概率似乎是1/2。

不过，我们还可以描述以下两个另外的情形，再问出如下两个问题：

> 这家工厂有机器造得出4平方厘米内任意单面面积的正方块。对于4平方厘米内的任意单面面积，工厂制造单面面积那么大的正方块，在周一是机会均等的。**周一，工厂制造单面面积在1平方厘米内的正方块的概率是多少呢?**
>
> 这家工厂有机器造得出8立方厘米内任意体积的正方块。对于8立方厘米内的任意体积，工厂制造体积那么大的正方块，在周一是机会均等的。**周一，工厂制造体积在1立方厘米内的正方块的概率是多少呢?**

这下你该困惑得直挠头了吧。第二个和第三个问题的答案好像与第一个问题的答案不一样。第二个问题的答案似乎是1/4。第三个问题的答案似乎是1/8。可麻烦在于：每一段话都在描述同一个场景，还就那个场景问出了同一个问题。我们的工厂造得出棱长2厘米内的正方块，我们的工厂造得出单面面积4平方厘米内的正方块，以及我们的工厂造得出体积8立方厘米内的正方块，说的全是一回事。而且，问工厂生产棱长1厘米内的正方块的概率，就是在问工厂生产单面面积1平方厘米内的正方块的概率，这也不过是换了个方式，问工厂生产体积1立方厘米内的正方块的概率。

我们指派哪个概率给某个特定的情形，好像取决于我们如何描述那个情形，以及我们用了什么概念来思考那个情形。这便是**参照类问题**。该问题之所以有此名头，是因为它与一个问题有关：找到正确的参照类，并借此比较特定的可能性——本例要比较的，分别是具有其他可能的棱长的正方块，具有其他可能的单面面积的正方块，以及具有其他可能的体积的正方块。

可是，因果性理应是关乎事件之间的关系的客观现象。一个事件是不是另一个事件的原因，似乎压根儿就不依赖于我们如何思考这些事件，也不依赖于我们有没有想到这些事件。

概率理论面临的另一个问题是，好像有这样一些情形：c 因果地导致了 e，但 c 的发生显然降低而非提升了 e 发生的概率。刘易斯考虑了这样一个情况：我们有两个合适的系统，均可以触发特定的事件 e。A 系统是可靠的，会把 e 发生的概率提升至 99%。B 系统没那么可靠，使 e 发生的概率为 50%。假设某人拨动开关，关掉了 A 系统，打开了 B 系统。随后 B 系统运作了起来，结果事件 e 发生了。拨动开关降低了 e 发生的概率，但从直觉上
231 讲，这还是 e 发生的一个原因。由这样的情形可见，原因有时并没有提升某事件发生的概率。这是否意味着概率理论应该被彻底抛弃，或受到修正，抑或辅以额外的标准，在因果哲学中还是个悬而未决的问题。

## 对因果还原论的一个反驳

我们现已领教了因果还原论——设法用非因果词项来说明因果性的理论——的三大发展路径：(a) 常则论，设法拿关乎事件的常则序列，或许还有规律的事实，来分析因果性的事实；(b) 反事实论，设法拿关于“在推定的原因没发生的情况下，本将会发生什么”的事实，来分析因果性的事实；(c) 概率论，诉诸概率相关的概念来分析因果性。这三种说明一直很有影响，如今依然十分惹人关注。不过，“把因果性事实还原为非因果事实”这个想法，有的哲学家很怀疑。想品品他们的反驳是什么滋味，至少领教一例反驳还是值得的。

哲学家迈克尔·图利（Michael Tooley）提出了一集反驳［例如，参见他 1990 年发表的《因果性：还原论与实在论》（“Causation: Reductionism vs. Realism”）一文］。图利捍卫一种**因果初始论**（primitivist theory of causation）。按照该理论的说法，因果事实不可还原为任何非因果事实，而非因果事实囊括了关乎常则、规律、反事实句或概率的事实。图利本人把这种观点称为“因果实在论”，不过这样的称呼当然是有争议的。戴维森、刘易斯，还有别的哲学家已经发展了因果还原论并提供了支持，他们也认为自己是关乎因果性的“实在论者”，即便他们主张因果观念最终可用更基本的词项进行解释。因此，用“初始论”来称呼图利的观点要更中立一些。

图利给出了不少案例，其中一例涉及一个仅有两条基础规律的简单世界。[12]该世界的第一条规律是：

> （$L_1$）对于任意对象 x，x 在时间 t 有属性 P 因果地导致了 x 在 $t'$获得属性 Q 或属性 R 中的一个。

第二条规律是：

> （$L_2$）对于任意对象 x，x 在时间 t 有属性 S 因果地导致了 x 在 $t'$获得属性 Q 或属性 R 中的一个。

请注意：这两条规律都是非决定性的（indeterministic）规律。二者没有一口咬定哪类事件必然地来自哪些别的事件，而是对可能紧随的东西（要么 Q 要么 R）下了更弱的断言。

假设某单个对象在某时有属性 P，然后继续获得了 Q（或 R）。如此一来，我们就可以用任意一种还原理论，加上 $L_1$ 推断出：正是该对象有 P，才因果地导致了它获得 Q（或 R）。同理，倘若某对象在某时有属性 S，然 232
后获得了 Q（或 R），我们就可以用任意一种还原理论，加上 $L_2$ 推断出：正是该对象有 S，才因果地导致了它获得 Q（或 R）。图利指出，要是有下面这样的情况，麻烦就来了：

| 时间 t | 时间 $t'$ |
|---|---|
| 对象 a 有属性 P 和 S。 | 对象 a 有属性 Q 和 R。 |

这下一些真正的问题出现了。以上规律蕴涵 P 的例示因果地导致了 Q 或 R

的例示，也蕴涵 S 的例示因果地导致了 Q 或 R 的例示。可碰上这个情况，是 a 对 P 的例示因果地导致了 a 持有 Q 呢？还是 a 对 S 的例示因果地导致了 a 持有 Q 呢？我们同样可以就 a 在 t′对 R 的例示提问。是 a 持有 P，还是 a 持有 S，因果地导致了 a 在 t′持有 R 呢？

图利认为，碰到上面的情况，关乎规律的事实欠定（underdetermine）① 了关乎因果性的事实。[13]所以，我们不能用律则式的常则（nomic regularities）来分析因果性的事实。图利也不认为诉诸反事实句就可以把因果性的事实分析妥当。规律 $L_1$ 和 $L_2$ 也可以给我们证据，以表明哪些反事实句为真。可是，这还是决定不了 Pa 或 Sa 哪一个促成了 Qa，也决定不了 Pa 或 Sa 哪一个促成了 Ra。② 循此思路，图利下了结论：我们应当把关于因果性的事实当成额外的事实，它们不可还原为任何有关常则、反事实句或概率的事实。因果事实没法还原为任何更基础的事实。因果事实是"初始的"（primitive）。

**练习 8.3　图利对因果还原论的反驳**

请选取你认为最有戏的因果还原论。要想捍卫该理论，应该如何回应图利所说的反例呢？

## 因果物理论

到目前为止，我们已经介绍了若干种不同的因果论：常则论、反事实论、概率论和初始论。还有一类重要的因果论没讲，就是因果过程论（process theories of causation）。因果过程论设法用物理过程的发生对因果性进行说明。

① "underdetermine"（名词形式为"underdetermination"）也经常被译为"非充分决定"或"不充分决定"。这个概念的意思是：一集事实不足以决定另一集事实，或（在科学哲学中）一集不充分的证据没法决定目标理论的真假。相对的概念是"overdetermine"（名词形式为"overdetermination"），可被译为"溢定"，也有译为"过决定"或"过度决定"的。"溢定"的意思是：有多个物项，每一个都可以单独决定目标物项；要是这些物项同时决定了目标物项，那么，这种"决定"就是"溢出的"或"过度的"。例如，要是有个倒霉蛋不幸同时身中数枪，且枪枪致命，这就是一个溢定的情形。

② Pa 是对"对象 a 有属性 P"的符号化，Sa、Qa 和 Ra 同理。

过程论的捍卫者并不总想分析因果性的一切情形。过程理论家往往只声称，自己要分析物理因果性涉及的那几种过程。不过，近来也有一些因果过程论者不光想描述物理因果性涉及的那种过程，还想多做些活儿。他们甚至想拿物理过程来阐释因果性（在一切情形中）究竟是什么。有鉴于此，这些哲学家的理论常常获称“因果物理论”（physical theories of causation）。 233

菲尔·道（Phil Dowe）在2000年出版了一本叫《物理因果性》（*Physical Causation*）的书，提出了一种因果物理论，这大概是如今被讨论得最多的因果物理论了。此书的因果性说明深受韦斯利·萨蒙（Wesley Salmon，1925—2001）和汉斯·赖欣巴哈（Hans Reichenbach，1891—1953）两人过往工作的影响。菲尔·道的理论始于对两个核心因果概念的说明，一个是“因果过程”（causal process），另一个是“因果互动”（causal interaction）。



首先，菲尔·道从狭义相对论那里借来了“对象的**世界线**（worldline）”这一概念。任何对象穿行于时空中的路径就是它的世界线。道利用“世界线”概念，又从物理学那里搬来了“守恒量”（conserved quantity）概念，发展出一个一般因果论：

> 因果过程是显示了一个守恒量的对象的世界线；
>
> 因果互动是世界线相交，涉及守恒量的交换（exchange）；
>
> 交换是这样的情况：至少一个前入过程与至少一个后出过程①显示出那个守恒量的值起了变化。[14]

守恒量是总值不随时间变化的物理量。举个例子，能量守恒原理说，封闭系统（不与外部环境互动的系统）的总能量从不随时间而变化。个体对象却可以随时间而获得能量或失去能量。可如果能量是个守恒量，一个对象的任何能量损失必定为另一个对象的能量增益所弥补。

大家普遍认为，菲尔·道的说明是当前摆上台面的最精致且最完善的因果物理论。不过，该理论还是遇到了不同方面的许多反对意见。

---

① 按照菲尔·道的观点，我们可以用时空图中的过去光锥和未来光锥来标示前入过程和后出过程。

一方面，关于用物理过程来理解因果性的计划，有一些哲学家持一般的怀疑态度。好几位形而上学家已经抱怨说，因果性有很多情形不涉及物理过程，反倒涉及物理过程的**缺席**（absence），但物理论忽视了这些情形。① 举个例子，很多人相信，有一些因果情形是疏漏（omission）引起的，例如：

（1）X没给植物浇水，因果地导致了植物枯死。

至于因果地导致了缺席，好像也有令人信服的情形：

234 （2）X系上了安全带，因果地导致了她没从车座上弹出去。

原因和结果均涉及物理过程的缺席，这样的情形甚至好像也有：

（3）X没发邀请函，因果地导致了Y没在聚会上露面。

在上述的所有情形中，因果论断好像没有描述涉及守恒量交换的物理过程，反倒描述了物理过程的缺席。碰到这些情形，既然过程没发生，那么也就不可能有过程论似乎要求的守恒量交换。这些情形通常是被用来支持因果反事实论的。就上述诸例而言，我们有相应的反事实句，它们为真好像不要求有什么物理过程发生：

（$1_{CF}$）如果X给植物浇过水，植物本不会枯死。
（$2_{CF}$）如果X没系上安全带，她本会从车座上弹出去。
（$3_{CF}$）如果X给Y发过邀请函，Y本会参加聚会。

反事实理论家可以指出，因果论断（1）—（3）为真，靠的是这些反事实句（$1_{CF}$）—（$3_{CF}$）为真。既然有些真正的因果情形连一般的物理论都解释不了，那么菲尔·道的那种物理论作为因果论也一定不妥当。

① “absence”也可被译为“缺失”或“不在场”，与“presence”（在场）相对。

**练习 8.4　缺席因果性与因果物理论**

物理过程论的捍卫者一般有两招，可以回应那些诉诸缺席因果性案例的反驳。他们可以（a）宣称，相关的案例并非真正的因果性案例；也可以（b）宣称，就相关案例而言，我们可以指出有物理过程底定了因果事实。请围绕（1）—(3)，来判定物理过程论者怎么回应最妥。

有些哲学家原则上倒是赞同因果物理过程论的发展计划，但还是对 235
菲尔·道的理论提了一些反对意见。有的科学哲学家就担心，我们在最好的物理理论中找到了全方面的因果过程及因果互动，可菲尔·道的说明并未把它们通通抓住。比方说，现代物理学描述了一些不涉及世界线相交的因果互动。对象与对象一般隔着一定距离，以场为中介进行互动，它们的世界线实际上并不相交。由此可见，要更好地理解物理因果过程，得多下功夫才行。这没什么奇怪的。我们的因果物理论也应随着物理学的不断发展而发展。

## 因果哲学的两大计划

以上所有针锋相对的因果说明彼此地位如何，是现阶段值得考虑的问题。虽然因果性的常则论、反事实论、概率论、初始论及物理论常常表现得像是在相互角力，但我们认为，一个因果论可以兼顾许多不同的目标。有鉴于此，要评价一个因果理论，牢记该理论究竟想解释什么，兹事体大。要是某些因果理论旨在说明不同的现象，那么它们其实是可以彼此相容的，这一点倒很有可能。

举个例子，在刘易斯有关因果性的工作中，有一点显而易见：他一心想提出一种说明，表明我们在日常场合断言的大多数因果论断为真。因此，他的因果反事实论意在成为对因果性的**分析性说明**（analytic account），说明形如“c 因果地导致了 e”这样的句子有何意义。刘易斯承认，有可能他的说明在某些情形中，没能抓住我们通常可能会说的话；也有可能在某些情形（即哲学家提出的精巧繁复的案例）中，我们的直觉就是确定不了正确的答案是什么，但这无伤大雅。总之，刘易斯追求的是一种正确把握了我们的多数日常言论的说明；至于那些古怪复杂的情形，就留给“赢家通吃”吧。不管哪一种说明，只要处理好大多数情形，处理好我们的直觉一清二楚的情形，就有办法确定，直觉提供不了明白意见的那些情形怎么说才算对。

我们在下因果论断时想要表达什么，反事实论倒很适合说明，这一点赢得了广泛的认同。如今大多数因果哲学家都赞同卡罗莱娜·萨尔托约(Carolina Sartorio)所说的“差异造成性直觉”(the difference-making intuition)。想法是这样的：原因就是对其结果造成差异的事件。[15]如果e反事实依赖于c，那么这就是说：如果c没发生过，那么e也本不会发生。c可以用这种明显的方式对e造成差异。要是我们有关因果性的日常言谈假定了原因是差异造成者(difference-makers)，那么这一假定似乎也支持了
236 因果概率论。这是因为，c的发生提升了e发生的概率，就是c对e造成差异的另一种方式。

另外，菲尔·道在《物理因果性》一书中的意思很明白：他的说明不意在成为一种分析性说明，即抓住我们做出的日常因果论断的意义，甚至还表明我们做出的大多数因果论断为真。相反，菲尔·道设法发展一种对因果性的准确的经验性说明(empirical account)。他想方设法，就是要依托我们最好的科学理论来阐明世界上的因果性是什么。我们最好的科学理论往往可以告诉我们一些有悖于日常直觉的事情，可以讲一些无论我们知道与否，也许常常在日常场合予以断定的事情。由此可见，菲尔·道在提出因果说明时心心念念的计划，与刘易斯从事的计划迥然不同。

因此，在对因果性的终极完备的哲学说明中，很可能有多种理论都可以占有一席之地。我们也许从我们最好的科学理论中获知，世界上有好几种不同的物理过程，它们都具有因果性的特点。可要是我们企图刻画大多数日常因果论断的真值条件，恰当的说明可能就是另一种。不少人认为，因果反事实论最能胜任这项任务。为了应对挑战，当然已有很多精致的反事实论被提了出来。不过，图利的那些论证旨在说明：任何还原论最终皆不足以抓住我们的因果论断的意义，这倒还是有可能的。

## 进阶阅读建议

两种主要的事件理论分别见于金在权的《事件之为属性例示》(“Events as Property Exemplifications”)和唐纳德·戴维森的《事件之为

殊相》（"Events as Particulars"）二文。亚里士多德的"四因"（质料因、形式因、动力因和目的因），见于他的著作《物理学》第二卷第3章，还有《形而上学》第五卷第2章。有一种对目的论因果性的辩护很有意思，请参阅约翰·霍索恩和丹尼尔·诺兰的论文《目的论因果性会是什么呢?》（"What Would Teleological Causation Be?"）。休谟的因果论，可以在他的《人类理解研究》（*Enquiry Concerning Human Understanding*）的第4节到第7节中找到。至于我们是否直接经验到了因果关系，最近的讨论请见苏珊娜·西格尔的著作《视觉经验的内容》。

欧内斯特·索萨（Ernest Sosa）和迈克尔·图利合编的《因果性》（*Causality*）是一部绝佳的文选：本章讨论过的众多经典之作，包括戴维森、刘易斯和图利等人的论文都被收入其中。约翰·柯林斯（John Collins）、内德·霍尔（Ned Hall）和劳丽·保罗在2004年合编了一本选集《因果性和反事实句》（*Causation and Counterfactuals*），收录了多篇讨论因果反事实论的最重要的近作，涵盖了戴维·阿姆斯特朗和蒂姆·莫德林（Tim Maudlin）的批判文章，还有大卫·刘易斯、劳丽·保罗和斯蒂芬·亚布罗（Stephen Yablo）等人提出的新版反事实论。至于因果性的物理论和概率论，读者可查阅韦斯利·萨蒙的数篇论文，收录在索萨和图利合编的选集中。菲尔·道的《物理因果性》一书中找得着的那类物理论，其前身可见于赖欣巴哈的著作《时间的方向》（*The Direction of* 237
*Time*），还有萨蒙的论文《无反事实句的因果性》（"Causality without Counterfactuals"）。另外还有两种重要的因果论，篇幅有限，本章就不予以考察了。其一为INUS条件说明，是J. L. 麦基（J. L. Mackie）在1980年出版的《宇宙的黏合剂》（*The Cement of the Universe*）一书中提出的。这是常则论的一个更精致的版本。原因据认为是"INUS条件"，这些条件是一个对于结果充分不必要的条件之中的那些必要不充分的部分（insufficient but necessary parts of a condition which is itself unnecessary but sufficient for the result）。还有一种因果说明近年来变得相当流行，在科学哲学家中备受欢迎，那便是干预主义的说明：詹姆斯·伍德沃德（James Woodward）在2003年出版了《生事》（*Making Things Happen*）一书，普及推广了这种说明。干预主义（interventionism）是反事实论的一个精致版本，该理论诉诸对系统的各种干预有何后果的事实，提供了对因果性的一种说明。

## 注 释

[1] 这一品脱酒可是苏格兰的布瑞美斯特（Brewmeister）公司产的蛇毒牌（Snake Venom）啤酒。这款啤酒的酒精浓度为67.5%，是全世界最烈的啤酒。

[2] 严格来说，仅仅因为你朋友一下子喝掉一品脱蛇毒牌啤酒，并不能绝对确保他将会脸红并走得东倒西歪，你或许有此一虑。你朋友本可能在喝一品脱酒之前，马上吃掉一整条面包，企图吸收他将要喝下的酒精。他本来也可能喝完酒立马就酣然入梦，根本没机会走得东倒西歪。不管是哪一种情况，视因果性为事件间的必然关联的捍卫者都会主张，我们要找出脸红和东倒西歪的完全原因，得给这个情形多补充一些背景条件才行（例如，他饮酒前腹中空空，同时神志清醒）。

[3] 盖伦·斯特劳森（Galen Strawson）在《秘密关联》（*The Secret Connexion*）一书中捍卫了这样的观点：休谟是关乎因果性的疑存实在论者。

[4] 休谟也为他的常则论添上了接近性（contiguity）的限制。原因必定接近其结果，意思是说：原因必定发生于靠近或紧邻其结果的空间位置。

[5] 真要说得准确一点儿，我们应该区分两种理论：一种试图分析类型因果性（type causation），另一种试图分析殊例因果性（token causation）。类型因果性是指一类事件因果地导致了另一类事件（比方说，抽烟因果地导致了癌症，结婚因果地导致了幸福）；殊例因果性是说，一个殊例事件需要满足什么条件，方为另一个殊例事件的原因［比如说，吉姆（Jim）抽烟因果地导致了他患上癌症，杰克（Jack）和吉尔（Jill）结婚因果地导致了他们很幸福］。为保证本章便于阅读，下文会把我们的注意力限制在殊例因果性的理论上。

[6] 律则常则论有一个版本颇有影响，见于唐纳德·戴维森的论文《因果关系》（“Causal Relations”）。

[7] 刘易斯在1973年发表了《因果性》一文，首倡因果反事实论。后来，刘易斯在1986年出版了《哲学文选：卷二》一书，重印了这篇论文，还增补了数篇附记，对这个因果说明做了修正。2000年，刘易斯发

表了《因果性之为影响》（“Causation as Influence”）一文，最后一次修正了他的理论。

［8］举个例子，认知科学家朱迪亚·珀尔（Judea Pearl）有一本同主 238
题著作《因果性》（*Causality*）很有影响力，该书坦率承认了刘易斯理论的影响。

［9］值得注意的是，尽管由于刘易斯的工作，因果反事实论如今无疑常见得多，但常则论并未彻底消失。迈克尔·斯特雷文斯（Michael Strevens）的《重组麦基理论》（“Mackie Remixed”）是一篇精彩的论文，该文提出了一种律则常则论，回应了刘易斯的担忧。

［10］若读者想多了解怎么使用和解释这些图，请参阅内德·霍尔和劳丽·保罗合著的《因果性使用指南》（*Causation：A User's Guide*）一书。

［11］约翰·柯林斯、内德·霍尔和劳丽·保罗合编的《因果性和反事实句》一书收录了很多这个方面的工作。

［12］为了表述方便，对图利的例子略有修改。

［13］图利提供了另一个案例，该例中的规律囊括了概率相关的事实。比方说，$L_1$ 可被修改为：一个对象有属性 P 提升了它后来有 Q 或 R 的概率。$L_2$ 可被修改为：一个对象有属性 S 提升了它后来有 Q 或 R 的概率。图利宣称，由这个例子可见，概率相关的事实欠定了关乎因果性的事实。

［14］菲尔·道还为这些定义补上了对因果关联的说明，此处从略。

［15］参阅萨尔托约在《原因之为差异造成者》（“Causes as Difference-Makers”）一文中的讨论。

# 第九章　自由意志

**撮　要**

239 ■ 介绍当代哲学文献中出现的各种重要的自由意志观，以及它们与包括道德责任在内的其他重要主题的关联。

■ 考察自由意志与决定论之间假定存在的冲突，以及各种消解冲突的办法。

■ 对支持和反对决定论的论据予以评估。

■ 对那些否认“我们有自由意志”这一论断的观点予以考察。

## 何为自由意志？

我们迄今一直关注的形而上学问题，涉及在相当普遍的意义上的对象。我们探讨过本体论、时间本性、模态及因果性等方面的根本问题。然而，形而上学还有许多别的问题，它们没那么普遍，而是关系到范围更窄的一类物项的某些重要特性。几百年来，哲学家一直非常着迷于一个形而上学问题：人可不可能有自由意志呢？我们这等凡夫俗子的一举一动，真的由我们自己来决定吗？我们做了哪类事，是哪种人，我们掌控得了吗？

一般来讲，以上哲学问题肇始于这样的担忧：我们的自由意志受到了某种威胁。有时候，威胁以上帝或其他神祇的形式出现：据说，他们也许在操纵我们的本性，还有我们行为处事的决心。另外的时候，威胁肇始于客观普遍的、支配着发生的一切的自然规律，这便是本章关心的问题。于是，我们的形而上学议题是：怎么把“我们是自由能动者”的感觉与上帝或规律的存在加以调和？要是这样做行不通，哲学家就得转而评估：我们必须看待自己的方式，还有我们与环境和周遭人等的关系，因此受到了什么重要的影响？

所以，本章的主要问题是：在任何重要的意义上，我们的任何决心或 240
行动取不取决于我们呢？“一个能动者的行动或决心是自由的”，说的是这么个意思：行动或决心取决于能动者，发端于她而非别的什么人或东西。哲学家罗伯特·凯恩（Robert Kane）主张，有不同种类的自由，我们可加以区分：一方面是他所说的**“浅自由”**（surface freedom）；另一方面是一种更深刻形式的自由，又称**“终极自由”**（ultimate freedom）。[1]大多数探讨自由意志主题的形而上学家都同意：这对区分存在，我们也确实应该关心那种更深刻意义上的自由。

要看出这对区分，请想象你有天无事可做，也没什么外在的责任要耗时耗力。再想象一下，你这天下定了决心要随心所欲。你一觉醒来，躺到想起床了才下床。只吃想吃的，只喝想喝的。你投身于让你开心的活动中。你或许去看了你最爱的运动队的比赛；或许沐浴在阳光下，读了一整天书；又或许骑自行车去了心爱之地。从某种意义上说，你这天做的事是最大程度的自由。你看来没受到什么制约，逼自己做不想做的事。相反，你做事完全随心所欲。凯恩的“浅自由”的意思，恰恰是这种随心所欲、满足自己的能力。你可能会想，可能还缺点儿什么？意志自由难道还能有更多的要素吗？

为了展示还有一种更深刻的自由，我们必须问：你一开始凭什么有这些欲望？这些欲望的终极来源是你，还是说它们发端于你控制不了的别的什么东西？要厘清可能是怎么回事，请考虑前述情景的科幻版本：你那天的确随心所欲，那些活动也确实让你很开心，可那些欲望和心愿全是一个邪恶的神经科学家植入你体内的。所以，那天的活动确实给了你想要的东西，也实在是让你开心；可要是你没有被植入那般想法，那些东西就非你所愿，那些活动也不会让你开心。

由此可见，浅自由对于真正的意志自由来说并不充分。不过，你可能会说，这不过是个科幻情景而已，谁在乎呢？我其实没有受到邪恶的神经科学家的操纵，我的欲望就是我自己的。

但是，我们也可以思考前述情景的另一个版本——一个科幻味没那么重的版本。不少哲学家担心，或许你也担心：哪怕是我们中的那些快乐分子，那些似乎觉得自己过上了想要的生活的人，也在一个影响他们生活的特征及价值的重要意义上缺乏自由。就算可能没有邪恶的神经科学家在操纵我在乎的一切，操纵让我开心的东西，我的欲望和倾向还是由我自己控制不了的因素塑造的。我孩提时的成长环境、所处社会的规范、迄今所受的教育，还有读过的书和看过的电影，所有这些东西都制约了我现在是哪类人，都对为我所欲、让我开心的东西产生了影响。要是我没有受到这些
241 制约，我还会欲我所欲吗，那些东西还会让我开心吗？这很难说，但我们也很难不认为，可能有一种更深刻的意志自由。说起我们是自己的意志和行动的终极来源，意谓的正是这种更深刻的自由感。不过，我们也有理由认为，即便我们有办法知道，我们不受控于邪恶的科学家，环境也没有以什么成问题的方式塑造我们，我们还是缺乏这种自由。现在，我们就来好好想想这个理由。



## 自由意志与决定论的问题

如今的形而上学家担心我们的自由意志受到了威胁。他们担心，主要的威胁源于制约我们的选择和行动的宇宙规律。这个担忧出于这样的**认知可能性**（episptemic possibility，在我们认知范围内的可能性）：宇宙的基本规律是**决定性的**（deterministic）。意思是说，宇宙规律是如此这般，以至于给定宇宙在某时的任意完全状态，以及关于规律为何的事实，原则上就可能演绎出宇宙在任意后续时间的完全状态会是怎样的。给定宇宙的任意过去或当下的状态，规律就决定了未来是什么样子。

规律决定论怎么会威胁到自由意志呢？大致的想法相当简单。如果决定论为真，那么这就意味着：你现在做出的选择、下定的决心，甚至你做过的一切，都取决于你出生很久前发生的宇宙状态。如果决定论为真，并且由宇宙学可见，137 亿年前有过一次宇宙大爆炸，那么你是哪种人，此刻会做些什么，其实早就决定好了。于是，有关你的个性和处事方式的这些事实，似乎全都不取决于你。给定规律以及关乎这一宇宙早期状态的事实，你本不可

能是实际模样之外的样子；你本不可能做任何有别于实际的事。

彼得·范因瓦根提出了一个著名的论证，即后果论证（consequence argument），非常明确地阐述了以上推理。该论证的目标是，证明自由意志和决定论不相容。我们可以这样提出这个论证：

后果论证

1. 我们现在无力改变过去。

2. 我们现在无力改变自然规律。

因此，

3. 我们现在无力改变过去和自然规律。

4. 如果决定论为真，那么我们当下的行动就是过去和自然规律二者的必然后果。

因此， 242

5. 如果决定论为真，那么我们现在无力改变这一事实：我们当下的行动是过去和自然规律二者的必然后果。[由（4）可得]

因此，

6. 如果决定论为真，那么我们现在无力改变这一事实：我们当下的行动发生了。[由（3）和（5）可得]

因此，

7. 如果决定论为真，那么谁也无力去做有别于实际所作所为的事。[由（6）可得]

8. 自由意志要求有力量做别的事（do otherwise）。

因此，

9. 如果决定论为真，那么谁也没有自由意志。[由（7）和（8）可得]

范因瓦根的论证看来是有效的，只依赖于几个似乎全都难以否认的基本假定。我们现在无力改变过去，也无力改变自然规律，这一点有谁否认得了呢？论证从（4）到（7）这几步，好像同样是直观且难以否认的。

范因瓦根的前提（8）倒是实质性的，牵涉到一种有关自由意志要求什么的特殊看法。前提（8）假定：一个行动若要是自由的，仅仅是符合你欲望的行动还不够，还得是你有能力避而不做（refrain from doing）的行动才行。不过，这个假定倒也很直观。想一想你的任何假定是自由的行动吧。比方说，你早餐吃了碗麦片粥。你今早不一定要吃那碗麦片粥的。你本来可以吃鸡蛋或喝奶昔的。你也本来可以这些东西通通不吃，不吃早点就开启一天的生活。可要是结果表明，你本不能做别的事，又当如何呢？某种东西那时在制约着你，让你不得不吃那碗麦片粥。如此一来，有个念头在直觉上就很有吸引力：也许这个行动毕竟不是真正自由的。该行动并非真的取决于你。

后果论证旨在说明，如果规律是决定性的，那么给定宇宙的过去状态以及这些规律，你其实本不能做别的事。要是你早餐吃了麦片粥，你早餐就不得不吃麦片粥。由此似乎会推出：吃麦片粥恰如你的所有其他行动一样，并不真的自由，并非真的取决于你。

**练习 9.1　后果论证**

243 请考虑该论证的每一个前提，还有从前提导向小结论或大结论的每一步。再请选出你相信该论证最容易受到抨击的两个地方，并解释为什么。

后果论证并未说服所有哲学家。不过，我们在考察你会碰上的几类主要回应前，应该想办法弄清楚：倘若你接受了该论证的前提，还有在范因瓦根看来那些前提所导出的结论，那么你得承认些什么？

就自由意志而言，哲学家如今持有两大类立场：有些哲学家（和范因瓦根同样）认为，自由意志与规律的决定论不相容；另一些哲学家却认为，自由意志相容于决定论。采纳前一种立场的哲学家获称**“不相容论者”**（incompatibilists），采纳后一种立场的哲学家则是**“相容论者”**（compatibilists）。你要是认为自由意志与决定论不相容，那么还有一个问题要回答，该问题与“我们有没有自由意志”的问题息息相关，那便是：决定论为真吗？这标志着自由意志哲学的另一个重大分歧。一方面，有哲学家认为，我们有好的理由接受决定论。这些哲学家最终成为自由意志的怀疑论者。他们常常获称**“刚性决定论者”**（hard determinists）。由这个名号可见，这些哲学家赞成决定论，还认为决定论严重地影响了我们的自由感。获称**“柔性决定论”**（soft determinism）的立场与此针锋相对。采纳柔性决定论的哲学家赞成决定论，却相信相容论；也就是说，他们不觉得决定论与“我们有自由意志”这一点不相容。最后，你若是不相容论者，那么还有一个选择，也是范因瓦根赞成的立场，即**意动论**（libertarianism）。[2]意动论者相信，自由意志与决定论不相容，但不否认自由意志存在，反而拒斥了决定论。意动论者认为，他们知道自己是自由的，知道自己经常或起码时而有能力做别的事，所以否定了“宇宙规律是决定性的”这一论断。我们可以表示这些不同的立场，如图 9.1 所示。

既然你采信哪种自由意志观在很大程度上取决于你认不认为规律是决 244
定性的，那么我们不妨探讨一下，有什么理由认为决定论为真。要是有什
么理由表明了决定论为真呢？我们相信决定论能得到辩护吗？

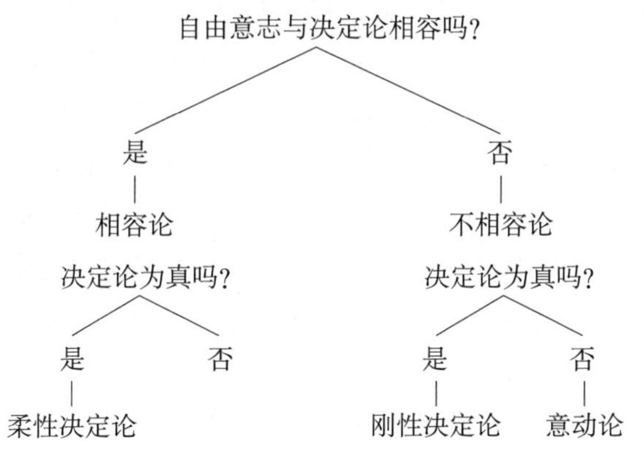


**图 9.1　自由意志论争的主要观点**

## 决定论

决定论是一种与自然规律的特性有关的观点。这种观点随着科学的进步而受到鼓舞，在牛顿力学框架形成后更是如此。决定论让我们有理由相信，有一集基础的物理规律支配着整个宇宙。想法是这样的：如果我们能知道宇宙中的一切基础粒子在哪里，以及它们的基本特性是什么（质量、速度等），那么我们就能用基础的物理规律预测出未来所有时间将会发生的一切。19 世纪初，牛顿物理学准确预测物理系统之行为表现的能力，让皮埃尔-西蒙·拉普拉斯（Pierre-Simon Laplace，1749—1827）深受触动，他由此想象可能有一位强大无比的智者，能用牛顿物理学体系预测未来的一切行为表现：

> 我们可以把宇宙当下的状态，看成它的过去导致的结果，以及促成它的未来的原因。假如有一位智者，在某一刻洞察了把大自然周转起来的全部的力，以及合成了大自然的一切物项的位置，倘若它的智慧还广大到足以分析这些数据，它定能只用一个公式，就把上至宇宙中最大天体、下至最小原子的运动囊括进去。在这位智者看来，没有什么是不确定的，未来和过去一样会呈现在它眼前。
>
> （Laplace 1951，p. 4）



现在将这位假想中的智者定名为“拉普拉斯妖”（Laplace's Demon）。拉普拉斯既然如此欣赏牛顿力学，那么想必会更欣赏接替了牛顿力学的基础
245 物理理论。狭义和广义的相对论与量子力学都取得了经验上的成功，这是任何过往的物理理论都无法比拟的。我们知道相对论和量子理论都不是终极理论，因为二者最终得统一为一个更包罗万象的观点；不过，我们最终还是可以期望发现基础规律。也许一旦我们知道了这些规律，又有能力描述宇宙的初始状态的话，假定算力充足，我们就能如拉普拉斯想象的那样，十分精确地预测出将会发生的一切。

现在还有一些与自由意志问题无关的理由，让我们觉得决定论也许是不对的。就拿量子力学来说吧，该理论难道没有告诉我们，自然规律从根本上是非决定性的吗？于是，就算我们可以越来越接近于发现宇宙的基本规律，这也不意味着我们就离准确预测未来的一切的能力越来越近了。

量子力学和**非决定论**（indeterminism）的关系可以大说特说。我的讨论仅限于两点，不过我们还是先把“非决定论”一词的意思弄得清楚一点儿再谈。非决定论和决定论一样，也是一种与规律的特性有关的观点。非决定论被简单地定义为对决定论的否定；因此，非决定论是这样的观点：规律是如此这般，就算给定宇宙在某时的任意完全状态，以及关于规律为何的事实，这也逻辑蕴涵不了宇宙在任意后续时间的完全状态会是怎样的。从很多理由可以看出，非决定论可能是对的。我们谈三种可能性。首先，可能是因为压根儿就没有什么自然规律。有可能宇宙就是一个充满了随机事实的杂乱无章之地，就“规律”一词任何说得过去的意义而言，根本没有规律这样的东西。[3]其次，可能有自然规律，但它们并未涵盖我们宇宙中可能出现的一切类型的情形（自然规律也许谈到了对象不受力时会

如何表现，却没描述受力时会发生什么）。又或者，也许有自然规律，但这些规律是定域的（local）规律，描述的是宇宙的这个或那个部分（例如，在地球这里，或者在我们观察得了的宇宙的这个部分）发生了什么。可是，宇宙中还有其他部分，甚至连定域的规律都不适用。最后，还有一种可能性，很多物理学家和哲学家都认为可以从量子理论中推出：有普遍的规律支配着在任何地方和任何类型的情况下发生的一切，可这些规律没有把未来发生的事描述为必然发生的。相反，它们只把未来发生的一切描述为机会（chances）使然。我们不妨看看，量子力学是否真的蕴涵了规律在这种意义上是非决定性的。

真相是：尽管量子力学几乎在一个世纪前，也就是在20世纪20年代就形成了，但对量子力学的诠释仍旧广受争议。量子力学的核心动力定律，不管是薛定谔方程也好，还是它的相对论变种也罢，都是纯决定性的规律；这些规律完全不涉及机会。不过，有人认为，薛定谔方程不可能是量子力学的全部，一定还有某些另外的规律，描述了所谓“波函数坍缩”
（collapse of the wave function）出现的机会。[4]如果这种观点是正确的， 246
一定有支配波函数坍缩的概率规律的话，那么宇宙的规律的确会是非决定性的了。然而，这绝非定论。有一种很流行的量子力学诠释叫“多世界诠释”（the many worlds interpretation），很多物理学家和哲学家都很重视它，这种诠释否认量子力学还需要增补什么非决定性的规律。①

尽管关于基础物理规律是决定性的还是非决定性的尚存争议，但有人主张，就算规律是非决定性的，这还是不能帮我们规避那种威胁到我们的自由意志的决定论。理由在于，那些在量子物理学的规律中找到的概率，对亚原子物质和辐射的行为表现有重要的影响；可一旦涉及宏观尺度上的对象的行为表现，那些概率的影响就微乎其微了。[5]要是我们考虑和人一样大甚至和人体细胞一样大的粒子系统，量子规律中的概率就“擦干抹

① 哥本哈根诠释（the Copenhagen interpretation）是对量子力学的一种经典诠释。根据哥本哈根诠释，微观物理事件是概率性的。微观系统在观测前处于多个量子态的叠加，其中每个量子态都是概率性的可能状态，可以用波函数来表述；一旦对该系统进行观测，就会导致“波函数的坍缩”，也就是说，叠加起来的多个概率性量子态在观测后会坍缩为一个确定的量子态。20世纪后半叶，出现了一种新的诠释，叫“多世界诠释”。多世界诠释假设了无穷多平行世界的存在。叠加起来的量子态不是概率性的可能状态，而是真实存在的状态，每一个都对应于一个明确的世界。观测行为没有导致“波函数的坍缩”，而只是让观测者进入了与观测到的量子态相应的世界中。

净”了，就有可能知晓多数系统下一次会有何表现了。严格来讲，这样说不大对。如果量子规律果真是非决定性的，那么就连（比如说）人这么大的大型系统，我们也总有微小的机会观测到某个出乎意料的量子效应。不过，这些效应出现的机会如此微小，它们是如此不大可能，因此不足以给我们自由，也不足以给我们想要的对日常选择的掌控。起码这种观点是很普遍的。后面有一节专论意动论，我们会了解到有的哲学家是如何开动脑筋，利用量子不确定性来挽救自由意志的，尽管量子不确定性在人类生活中罕有什么显著的意义。

## 相容论



因此，决定论就算不是既定的物理学特性，也是有生命力的选项。至少在人类及其交互的中等及大型对象这一宏观层面，决定论好像是成立的。如果这样说是对的，并且我们还接受范因瓦根的论证导出的结论，那么，看来我们身为人就从未掌控过自己的决心和行动。我们从来不是自由的，因为我们所想所做的一切都取决于我们出生前很久发生的事件和自然规律。不过，我们应该接受范因瓦根的论证导出的结论吗？为数众多的形而上学家都认为我们不应该——这些哲学家正是关乎自由意志的相容论者，并且他们有各种各样的办法来回应后果论证。本节只讨论相容论的两种回应，以及这两种回应对于我们应该如何理解自由意志有何影响。

有的相容论者觉得，有一种回应似乎显而易见，就是质疑范因瓦根从第五个前提到第六个前提的推导是否有效：

> 5. 如果决定论为真，那么我们现在无力改变这一事实：我们当下的行动是过去和自然规律二者的必然后果。
>
> 247 6. 如果决定论为真，那么我们现在无力改变这一事实：我们当下的行动发生了。

导出前提（6）的这个推理不光是从（5）推出来的，还是从更前面的前提（3）——谁也无力改变过去和自然规律——推出来的。范因瓦根说，给定一个“无力性传递”（transfer of powerlessness）的原则，从（3）和（5）到（6）的推理成立。这个原则是说：如果你对 X 无能为力，又对［Y 是

X 的必然后果］这一事实无能为力，那么你就对 Y 无能为力。

这看来确实很直观，但大卫·刘易斯在《我们可以自由违反规律吗?》（“Are We Free to Break the Laws?”）一文中宣称以上推理是失败的。我们要想明白为何如此，不妨把决定论定为背景，只问还需要什么，你才能真的改变你的某个当下行动发生与否的事实。我们先前考虑过某人（比如你）今早吃了早餐的例子。现在问：要想改变你今早早餐吃的东西，你能做些什么？既然早餐已经吃过了，那么你当然对这件事无能为力。不过，真正的问题，也就是与自由意志问题相关的问题是：就在你正要吃麦片粥的时候（我们就把那时叫作“t”好了），你本来是不是可以做些什么，好让你不吃麦片粥？于是，刘易斯便问：是什么会让你今早不吃那碗麦片粥呢？你今早不吃麦片粥，这可能吗？

现在就“可能”一词的任何通常含义来说，这当然是有可能的。[6]当然**有可能**你今早没吃麦片粥，而是喝了（比方说）奶昔。但你可能想问：如果我今早不吃麦片粥，并且直到我拿定那个主意的时候为止，世界上的一切都保持不变，这可能吗？刘易斯还是会说“可能”：你的过去历史直到时刻 t 为止都保持不变，然后你选了奶昔没选麦片粥，这里面确实没矛盾。

现在有一点倒是真的：在这样的情况下，总有东西维持不下去。倘若决定论为真（请读者牢记：这是我们正在做出的背景假定），那么直到 t 为止的事情本就不可能一个样儿，**毕竟**规律和我们世界上的规律一模一样，**但是**你却选了奶昔。可问题不在这里。问题在于，有没有一个可能世界，其中直到 t 为止的事情就是一模一样的，但你却喝了奶昔？这也是可能的。我们只好承认，这个可能世界有不一样的自然规律。可是，这不意味着有什么怪诞的事情发生了，不意味着你不知怎的就有了超能力，可以违反这个可能世界的自然规律。你选了奶昔的这个可能世界，不过是个规律不一样的世界而已。

到了这里，不相容者范因瓦根和相容论者刘易斯之间还有一个从未化解的分歧。不相容论者一般认为，刘易斯误解了前提（6）的要害所在。不相容论者觉得要害在于：假定决定论、直到 t 为止的事态进展、**现实的**
规律这三样，我们没有任何力量不去吃麦片粥。刘易斯却认为，要理解我 248
们的自由，我们必须明白，在自由的行动中不可或缺的，正是我们在某种意义上有违反规律的自由：这不是说，我们创造了现实的自然规律的例外［前提（2）否认了这种可能］；而是说，我们如此这般行动，乃至于世界的规律与它们本来的样子不一样了。双方分歧的很大一部分，很可能源于他们对何为自然规律的看法不同。刘易斯认为，自然规律是那种由一个宇宙中实际发生的事情决定好的东西。因此，要是人们在某个世界的行为处事变得不一样了，这就蕴涵着该世界的规律也不一样了。范因瓦根倒像是把另一种规律论设为了背景。根据那种理论，规律最终不可能为人们选择做出的行为所左右。



**工具箱 9.1　规律休谟主义**

我们现在已经看出，在形而上学的好几场核心论争中，自然规律都占有一席之地。因此，有必要略加勾勒一下有关这些规律之本性的若干理论。就自然规律而言，有一种普遍的观点，目前被称为**"规律休谟主义"**。休谟分子（Humeans）相信，关于规律为何的事实，最终可凭借有关一个世界发生了什么的事实来解释，或者说可还原为这类事实；这类事实关系到有哪些种类的对象和事件，以及对象和事件在时空中是如何分布的。反休谟分子（Anti-Humeans）却认为，关于规律为何的事实不可还原为关于何者发生的事实。关乎规律的事实反而是在一个世界发生的事情之上的额外的事实。它们倒是解释了那些发生的事情。

休谟主义因大卫·休谟而得名；正是休谟认为，不同的物项之间没有必然关联。可如果规律是根本的，那么这就意味着发生的事件之间有根本的必然关联；所以，休谟分子想拿更基本的、有关实际上（而非必然地）发生了什么的事实，对看似是必然关联的东西做出解释。

刘易斯在《共相理论新说》一文中概述了他特别的休谟式规律论。戴维·阿姆斯特朗的《自然规律何为？》(*What Is a Law of Nature?*）一书中全面批判了各种版本的休谟主义，还捍卫了一种针锋相对的反休谟主义立场。

249 以上便是相容论者就后果论证提出的一个问题。还有一种批判大概更常见，真正触及了"意志自由牵涉到什么"这一问题的核心，它指向了范因瓦根的第八个前提：

8. 自由意志要求有力量做别的事。

很多哲学家已经质疑了这个前提，不少人提出了有趣的思想实验来向我们说明，我们可以自如地设想一些案例：某人拿主意或行事完全是自由的，但结果却表明，他下不了别的决心，也做不出别的行为。有个古老的例子来自哲学家约翰·洛克。洛克设想了这样的情形：男人在屋里醒来，他不知屋子被从外面锁住了。男人自己下了决心，要待在屋里。男人的决心和行动都是自由的，但他也没能力做别的事。

哲学家哈利·法兰克福（Harry Frankfurt）在1969年发表了一篇论文，构造了另一个案例。在许多哲学家看来，这个案例似乎更有力地阐明了一个事实：能动者就算没能力做别的事，也是可以自由行事的。[7]这种案例如今被泛称为**"法兰克福案例"**（Frankfurt case）。法兰克福案例具有如下特征：

> 有个能动者下了决心，要在某个时刻t参与某行动A，然后在不受外界干预的情况下，依此决心办事。
>
> 这个能动者有所不知，有个外界人士很关注他做没做A。这个外界人士已经在能动者的头里植入了一个装置，确保能动者要是到了t不自愿选择做A的话，装置就会逼着他的身体动起来，无论如何都把A完成了。可要是能动者到了t，确实下决心做A，那么装置就不生效。

举个例子，假设有个叫爱丽丝的刺客受黑帮雇用，去杀政界大腕碧翠丝（Beatrice）。卡洛（Carlo）是雇用了爱丽丝的黑帮老大，他觉得这个刺杀行动的成功执行非常重要，但他不是很信任爱丽丝，于是趁爱丽丝无意识的时候，瞒着她把一个装置植入了她的头里。装置的用途是，一旦爱丽丝想要退出刺杀行动，装置就运转起来，确保爱丽丝无论如何都会执行刺杀任务。正巧，爱丽丝按计划完成了刺杀。她自愿下决心杀死碧翠丝，谋杀发生了，而那个被秘密植入的装置从不需要干预爱丽丝的身体。尽管由于装置在场，让这个情形看起来像是能动者无力做别的事，但很多人还是认为，这是个自由行动的范例。

这个案例和洛克的例子一样，重要且机巧之处在于一个事实：就算有

些限制也许妨碍了能动者去做不同于她的选择的事，这些限制最终也没有
250 生效，在实际情况下没有影响能动者的行动。我们这下有了两个明确的案
例，能动者都是直接出于自己的决心而行事的。因此，仅仅是能动者的行
动受到制约的可能性，为什么就该影响到行为（和决心）在所考察情况下
的自由与否，这实在叫人困惑。

现在，由爱丽丝的案例可见后果论证的前提（8）为何为假，所以，该案例本身就足以破坏后果论证。于是，不相容论者下了一番苦功，想方设法地说明这些法兰克福案例为什么有所混淆。本章就不深入不相容论者的挑战中去了，还请读者查阅章末列出的进阶读物。



**练习 9.2　法兰克福案例**

你可以如何应对前文描述的法兰克福案例，捍卫“自由意志要求有能力做别的事”这个原则呢？

我们不如转而思考一下：在相容论者看来，要是自由意志不要求有能力做别的事，那么它究竟要求什么呢？相容论的核心观念是，即便我们的行动在一种真正的意义上取决于宇宙的先前状态和自然规律，但是那些确实由能动者决定的和那些不由能动者决定的选择及行动仍然有重要的区别。制约（constraint）是相容论者很看重的概念。很多相容论者追随 A. J. 艾耶尔，偏爱把自由的意志和行动理解成不受制约的意志和行动。[8] 制约相当于什么呢？艾耶尔给了若干例子来表达心中所想。某人可能如此制约你的行动：用手枪顶住你的头，或者对你占有“一贯的支配地位”(habitual ascendancy)，用不着逼你，你就乖乖领命了。难以自制的冲动也可能制约你。偷窃狂情不自禁地偷东西，一偷东西就心满意足，但这些不是自由的行动，不是受她控制的行动。这几个例子似乎有一个共同点：尽管能动者在做事，但她没在做自己最终想做的事。她的行动与她的欲望、与她偏爱去做的事不符。艾耶尔的观点大概是最素朴的相容论观点了：行为是自由的，仅当它是不受制约的。

相容论者认为，就算我们的行动是宇宙的先前状态和规律二者的结果，我们也可以有自由意志。在相容论者看来，决定论没有妨碍自由，因为就我们的“自由”概念而言，真正重要的是，我们的行动发端于我们，

符合我们的心之所想而不受制约。其实，很多相容论者主张，不但自由与规律决定论没有冲突，我们的自由感还严重地依赖于规律是决定性的。倘 251
若规律不是决定性的，那么，给定你的心愿和选择，也没法确保这些选择最终使你对发生的事情有所掌控。我们仰仗规律决定论，为的是有能力预测何种行为将会导致何种后果。

我把艾耶尔的观点称为一种素朴形式的相容论，它也确实是这么一回事。我们在前面讨论了意志的浅自由和深自由的区分，你回想起来，可能会担心艾耶尔的观点没有充分抓住我们最关切的自由感。一个特定的行动是不受制约的——意思是，这是符合我们的欲望的行动——和它的终极来源不是我们的真个性，这两种说法是相容的。你可能向相容论者建议，她应该调整观点，只把那些符合更自省、更理性的人心中所想的行动称为"自由的"。比方说，我是那种想拿全部时间来睡觉和看电视的人。这些欲望事实上都是我的现实欲望，但我也意识到，我倘若要成为我真正想成为的人，就会有别的事想做，因此，这些欲望就不再成为我的欲望了。你也许会努力寻求这样一种对自由的说明：仅仅符合你的欲望，或者发端于你的欲望的行动，可不算自由行动；那些与涉及你的心理的某个更深刻事实相称的行动，才算自由行动。

艾耶尔就何为自由提出了素朴的相容论说明，要修正他的说明，容纳一种更深刻的自由感，有好几个办法。法兰克福提出过一个建议：不谈日常的一阶欲望（对于做某行动 A 的欲望），转而去谈二阶欲望（对于做某行动 A 的欲望的欲望）。我可能非常想成天睡觉和看电视。但这个欲望可能不是我想要（desire）的。倘若如此，你可能会想，我是真正自由的，仅当我的行动符合这些高阶的欲望。别的相容论者主张，与其用欲望来说明自由的行动，倒不如诉诸能动者的理性在行动选择上的运用。你也许会担心，要想不把偷窃狂的行动算作自由的，切不可承认：自由的行动就是那些仅仅符合我们的所欲所想的行动。偷窃狂可能真想偷东西。然而，真的自由行动的独特之处在于，它们是能动者先理性评估、再根据赞成行动的理由选择去做的那类行动。这种呼应理由的（reasons-responsive）相容论已经由哲学家约翰·马丁·费舍尔（John Martin Fischer）发展出来了。[9]

**练习 9.3　自由相容论**

252 行动要是自由的、真正取决于能动者的，需要一些条件，你会如何陈说这些条件呢？请给出一个自由行动的例子，再给出一个不自由行动的例子，说明你的说法是怎么把这两个例子搞对（get the cases right）的。行动可以在你的意义上是自由的，同时又取决于自然规律和宇宙的过去状态吗？

## 意动论



如今有相当多的相容论者。他们认为，即便规律是决定性的，我们也有自由意志。不过，可没有多少相容论者大言不惭，竟说相容论就是哲学界关于自由意志主题的正统观点，甚至是最流行的观点。相容论者有很多，赞成意动论的哲学家也不少。相容论者说我们有自由意志，这些意动论者不反对这一点；至于我们有自由意志需要什么条件，意动论者可是有不同看法的。意动论者认为，我们的行动若要是自由的，发端于欲望、高阶欲望、目标或理由还远远不够。行动若要自由，一定不要为规律所左右。在很多哲学家看来，这样说是因为我们在范因瓦根的论证中见识到，自由要求有能力做别的事。所以，意动论者才主张，决定论一定为假。

然而，要是你否认了决定论，立刻就有一个问题出现。我们在上一节已经简单触及这个问题了。如果决定论为假，那么这就意味着，给定世界在某时处于一个特定的状态，却确保不了世界在某个后续时间将会是另一副确定的样子。于是，你也许有了具体的意向，下决心以某种方式行事，可如果规律是非决定性的，那么你就无法确保行动会如你期待的那样，从这些意向和决心中生成。这些心理状态与你后续的行为以及由此而产生的世界最终状态之间的关联，似乎是你控制不了的。倘若决定论为假，你的行动固然不会为规律所左右，但也不取决于你。

意动论者面临的主要挑战便是要解释：如果规律是非决定性的，你的行动如何可以在事关自由意志的意义上取决于你——你的行动为什么不仅仅是任意的、机会使然的、随机的或不受控的。面对这个挑战，意动论者做了很多种尝试，我们就谈其中两种好了。



这第一种办法是意动论的一种形式，形而上学家罗德里克·齐硕姆

(Roderick Chisholm）对它的捍卫很有影响力。[10]这种观点获名**“能动者因果意动论”**（agent causal libertarianism），又名**“能动者因果论”**（agent 253
causation view），它背后的主要想法是这样的：当你因果地直接导致了你的行动，你的行动就可以是自由的，既非机会使然的，也不是随机的。齐硕姆认为，倘若你的行动是任何先前的事件或状态，甚至是你自己的心理状态的结果，那么这些行动就不可能真正归属于你，因为这样一来，在某种意义上你最终是没法控制它们的。一旦欲望或意向形成，行动就自发地随之产生了。就是这番见解，让齐硕姆成了不相容论者。不过他也承认，要说自由行动没有什么原因，就是凭空出现，那也不行。要是那样，我们的行动不自由，甚至好像就更明显了。还有一招是说，任何自由行动都有原因，不过这个原因可不是什么先前的事件或状态，甚至心理状态。自由行动的原因，必定在自然规律支配的事件因果序列之外。自由的行动要求能动者如此这般行事，超越事件因果链，直接给世界带来变化。

有的哲学家觉得，齐硕姆的推理和能动者因果论非常吸引人，甚至可以说显而易见。可是，多数哲学家还是认为，这种理论神秘莫测。我们可以问：这些能动者以某种方式，超出了规律造就的因果序列中的事件次序，可他们是什么呢？他们不利用支配我们宇宙的规律，不凭规律行事，又如何办成事呢？齐硕姆的观点特别受心身二元论者欢迎，你听到这一点大概并不吃惊，尤其是如果你已经学过了一点儿心灵哲学的话。笛卡尔那样的二元论者认为，心理实体（心灵、灵魂）和物理实体（身体、物质）之间有个根本的区分，我们身为人（persons），等同于心理实体而非物理实体。如果有人是这样看待能动者的，把能动者当成非物理实体，那么，他接受“行动者行事可以超越规律支配的事件链”这一想法似乎也就没什么大不了的了。[11]

上面一番话并不意味着，一定得拒斥物理主义，才能做关乎自由意志的意动论者。还有一种立场叫“事件因果意动论”（event causal libertarianism），该立场设法说清非决定性世界上的自由，而且还坚守这样的观点：唯一可以当原因和结果的物项种类，就是某种事件或状态。于是，两种意动论者就何为因果关系的关系项（参见工具箱 8.1），有了根本的形而上学分歧。事件因果意动论者认为，因果关系总是只把事件或世界的状态联系起来；能动者因果意动论者却认为，某些种类的实体至少有时候可以当原因，尤其是就自由行动而言，能动者是可以作为原因的。

事件因果意动论有许多版本可供选择。为了让读者一览其中一些观点的风貌，我就表述一个在自由意志的文献中探讨良多的版本好了。那便是凯恩版本的事件因果意动论。有人认为，非决定论是量子力学的后承；凯恩利用了非决定论，说明我们的某些行动何以可能是自由的。他讨论了一类重要的生命指导行动，也就是他所说的**"自形成行动"**（self-forming actions），而他的自由说明便是围绕这番讨论展开的。

254 凯恩认为，要是意动论者设法论证说：就自由意志而言，在一种与我们关系重大的深刻意义上，我们日常生活中的大多数行动都是自由的；那么，他们这样做既没必要，也站不住脚。我们每天做的事数不胜数，常常没有细想过我们在做什么。我们行事或一时兴起，或出于习惯，或出于责任感，或是欲望使然，要坚持完成过去定下的计划。我醒来，刷牙，吃早餐。我操练乐器，做课堂指定的阅读，去健身房。这些行动有的很重要，很多还是我所是的或者我想成为的那种人的构成要素。不过，凯恩会说，大多数这样的行动在任何深刻的意义上都不自由。因此，他可以做出让步，说宇宙的先前状态（也许包含了先前的心理状态）因果地导致了这些行动，这些活动为规律所左右，这倒还可以接受。



然而，有一点对凯恩很重要，对意动论者一般也很重要，那便是：的确有一些行动在一种深刻的意义上是自由的，因而不是宇宙的先前状态和规律二者的结果。这些行动是使我们成为我们这种人的行动，也就是自形成行动。我们要想阐明凯恩心中所想的这种行动，可以想想让-保罗·萨特（Jean-Paul Sartre，1905—1980）在论及自我和自由行动时描述的一个著名案例。[12]第二次世界大战期间，萨特在被德国占领的法国著书立说。他述说了一个青年学生的例子：这个学生参加了法国抵抗运动（the French Resistance movement）①，迫切地想投身于为解放祖国而战的事业中。为此，他需要离家出走。那时他的母亲病重，需要他从旁照顾，因此他特别难拿定主意。如果这个学生出走，同抵抗运动者并肩作战，他的母亲铁定会病情加重，也许还会死去。萨特最想用这个案例证明一件事：尽管我们是哪种人——萨特说，这便是我们的本质——有最确凿的相关事

① 法国抵抗运动（the French Resistance movement），是法国人民在第二次世界大战期间，自发组织的一系列反法西斯活动的统称。

实，但这些事实不取决于外在之物，既不取决于我们出生前就定下的东西，也不取决于神或天赋（innate）本性这样的超越之物。正是我们对我们的本质负责，对我们是哪种人负责。其实，萨特就是这样界定他最知名的观点**存在主义**（existentialism）的。萨特把存在主义刻画为这样的观点：存在先于本质，反之不然。并不是说，先有关于我们是哪种人的事实，然后，因为我们是怎样的人已经定下来了，所以我们就如此这般行事（这倒是本质先于存在了）。相反，我们以某种方式行事，我们的所作所为成就了我们这种人。就拿那个学生来说，他下定决心要为抵抗运动而战，因此成就了他这种人，这种把政治事业置于强力的家庭纽带之上的人。正是学生的行动使他成为他这种人，反之不然。

凯恩最感兴趣的便是这些类型的行动。你也许从来不必在照顾患病的母亲和离家作战之间做选择，但凯恩（还有萨特）会说，在你一生中的某些时候，你不得不下定重要的决心。你有两条以上的人生之路可走：走这
些路，就会成为不同种类的人。你选了一条路，然后这条路塑造了你，成 255
就了你这种人，引得你后来又做出了很多更平凡的举动。要是这些自形成行动你一个也没做过，那么，在与我们之为人应该关系重大的意义上，你就不是真正自由的。

在凯恩眼里，对自由意志的说明理应关注的那类行动，我们现在的理解也许更透彻了；可是，面对调和自由与非决定论的意动论难题，凯恩的解决建议如何，我们还一点儿都没说呢。凯恩的说明有两大主要部分。第一，凯恩必须清楚地说明：这些自形成行动在哪方面不由宇宙的先前状态及规律决定。第二，他必须解释：不被这般决定的行动怎么可能不是随机或任意的，而是理性能动者的自由行动。

关于第一个问题，凯恩指出了能动者在做自形成行动的那些情形的特点。凯恩推测，在这些情形中，大脑中可能有两个以上的过程发生。以萨特的学生为例，可能有一种神经活动在常态下会导致参战的决心和行动，也可能有另一种神经活动在常态下会导致学生在家照顾母亲。由于这两个神经过程导致了不相容的行为，所以二者不可能最终都导致了行动。可以说，必有一个胜出。非决定论就在这里进入了我们的视野。凯恩推测，碰到这般情形，在科学家的专业意义上，大脑中的活动可被表述为“混沌的”（chaotic）。混沌过程的一个特征是不可预测性。这些过程的不可预测性经常可以追溯到它们在极小细节上的变动。[13]这个变动也许是一个微小

的、非决定性的量子过程。就自形成行动而言，给定能动者的大脑的先前状态，事情本可以这样或那样发展。虽然这是非决定性的过程，可这样的一个事实确保了无论产生的行动是哪个，都不是在威胁到自由意志的意义上被决定的。

如此一来，只剩下一件事，就是凯恩得解释：这般未被决定的行为怎么可能是自由的。要是能动者先前的心理状态没有**因果地**导致行动，而事情本可以这样或那样发展，那么行动在什么意义上可以是真正自由的呢？凯恩在此指出了自形成行动的这些特殊情况的本性。并不是说量子非决定性引起的任何行动都是自由的；但是，我们在这些情况下可以看到，只有少数的行动本可能产生。不管产生的行动是哪个，只要行动发生了，源头就在能动者那里，因为它们都发端于那几种构造自我的活动。

关于这两个意动论的自由行动模型，即齐硕姆的能动者因果意动论和凯恩的事件因果版本，可以说的话有很多。的确，哲学家已经对这两种说明提出了许多反驳。可要是你想弄清楚，我们起码有一些行动如何可能是自由的，却又觉得自由与决定论不相容，那么，你就不得不提出某个意动论说明。但这是个艰巨幽深的任务。有鉴于此，有的不相容论者，特别是
256 范因瓦根，就断言自由意志是一个谜，并且将总是一个谜。要领会自由何以可能与决定论相容，就需要大费周章了；而要明了自由何以可能与非决定论相容，同样难如登天。

## 自由意志的怀疑论

我们最终由此走向了你能发现的最后一组自由意志观。这组观点彻底否定了自由意志的现象。我们已经表述了一种名为“刚性决定论”的观点。请读者回想一下：刚性决定论是不相容论的一个版本。支持者相信决定论为真，还因为后果论证这般推理，就下结论说自由意志不存在。还有一种更强的观点与刚性决定论相容，哲学家德克·佩雷布姆（Derk Pereboom）称之为**“刚性不相容论”**（hard incompatibilism）。刚性不相容论是说：没错，自由意志与决定论不相容；但是，自由意志也与非决定论不相容，因为在非决定性的世界里，发生的一切都是任意的或机会使然的，因而不受任何人控制。自然规律是决定性的还是非决定性的，刚性不相容论者无须发表什么见解。他会说，不管怎样，自由意志

皆不能存在。

有的学者认真考虑过这个问题，却不感到非常困扰。例如，心理学家丹尼尔·韦格纳（Daniel Wegner）在《有意识的意志之为幻觉》（*The Illusion of Conscious Will*）一书中宣称，我们没有自由意志，但我们可以忍受这一点，因为对我们的生活真正重要的是，我们身为人类，保有“我们是自由能动者”的幻觉。这个幻觉足以让我们持续投入生活，并把自己的生活视为有意义的。

不过，你也许会担心，要是我们迫不得已，不再把自己和别人看作自由能动者，那么代价也太大了。最大的问题在于：哲学家几乎一致赞成，自由意志和道德责任有必然的关联。人们会认为自己或别人在道德上为其行动负责，仅当那些行动由其决定。倘若某人的行动不归属于自己，那么，责备那个人（要是你判断这些行动是道德错误的）或赞扬那个人（要是你判断这些行动是善的）就是不合理的。

自由意志与道德责任息息相关，这不是什么秘传的哲学奥义。我们与小孩子、病人或发育障碍者有日常互动，从中熟知了一个道理：某人有时做了你不喜欢的事，但责备那个人是不对的，因为他的行为并未在一种重要的意义上真的由他决定。这些人对自己的所作所为无可奈何。我们同样也都知道：我们有时做事，不是因为我们想做，也不是因为这些行动真的是我们的自由选择的结果；碰到这种情况，我们就不该真的为这些行动负道德责任。我们也不该因为这些行动而得到赞扬。要是你每周费尽心机给你爷爷打电话，不是因为你真的想打，而是因为你爸妈放出话来，你不打电话，就不给你每月的零花钱，那么，你不大可能因为装成孝顺孙子就值得被褒奖一番。

佩雷布姆在《无自由意志的生活》（*Living Without Free Will*）一书 257
中坦率承认，缺失道德责任似乎会对我们的生活，也会对我们同他人的交往，带来很多深切的影响。要是我们的行动真的都不由我们决定，因此我们一律没有道德责任，那么这就意味着：我们没法合理地赞扬或责备任何人做的任何事。你没理由为你生活中的成就感到自豪。你不可能合理地责备小偷、杀人犯或强奸犯。你也不可能看到，你生命中重要的人际关系，你的友谊和你的爱，全是由于别人自由地下定了与你共度时光的决心，还为你做出了牺牲。

有的哲学家或许因此重新思考，要不要从根本上否认自由意志。毕竟，这样做我们舍弃的太多了。可是，佩雷布姆主张，尽管这样看待自己既惊人又充满了挑战，但由于自由意志既不与决定论相容，又不与非决定论相容，而决定论和非决定论是仅有的两个形而上学选项（非决定论毕竟不过是对决定论的否定!），所以，我们必须舍弃自由意志。那么，纵然自由意志不存在，我们如何可以继续认为我们的生活和人际关系有价值呢？纵然人们实际上不为他们的任何举动负道德责任，那我们把人关进监狱或对其施加其他的惩罚，又如何能得到辩护呢？佩雷布姆在他的书中施展了一番手段，解释了这些问题。

**练习 9.4　相容论、意动论、刚性决定论，还是刚性不相容论?**

我们现在已经领教了自由意志主题的四种主要观点。你觉得哪种观点最有说服力，为什么？你认为哪种观点又是它最强劲的对手？为什么你相信的观点比那种相对的观点更可取？

## 进阶阅读建议

长期以来，自由意志一直是当代形而上学最活跃的研究领域之一。该主题已有大量著述，还与心灵和行动哲学，以及因果哲学的相关主题多有关联；当然，它与道德责任伦理学的相关主题的关联也不少。有几本佳作介绍了自由意志的主题，托马斯·平克（Thomas Pink）的《自由意志短论》（*Free Will: A Very Short Introduction*）和罗伯特·凯恩的《当代自由意志导论》（*A Contemporary Introduction to Free Will*）尤其值得一读。约翰·马丁·费舍尔、罗伯特·凯恩、德克·佩雷布姆和曼纽尔·瓦尔加斯（Manuel Vargas）合写了《自由意志四论》（*Four Views on Free*
258 *Will*）一书，分别捍卫了自由意志主题的四种立场，也就是相容论、意动论、自由意志的怀疑论和修正主义（即曼纽尔·瓦尔加斯的观点：我们关于自由意志的常识观念无须抛弃，但是得做出实质性的修正才行）。范因瓦根在《自由意志论》（*An Essay on Free Will*）一书中提出了他的后果论证。

## 注 释

［1］浅自由和终极自由的区分，可以在凯恩的《当代自由意志导论》的第一章里找到。

［2］意动论与政治自由主义的立场（即赞成有限政府的观点）除了同名，没有别的关系。

［3］对于规律不存在的可能性的有趣探讨（及捍卫!），请查阅南希·卡特赖特（Nancy Cartwright）的杰作《斑杂的世界》（*The Dappled World*）。

［4］对量子力学诠释之争的清晰全面的讨论，参见大卫·Z. 阿尔伯特（David Z. Albert）的著作《量子力学与经验》（*Quantum Mechanics and Experience*）。

［5］宏观对象是大到裸眼可见的对象。

［6］第七章讨论过，“可能的”一词有两个重要的哲学含义：逻辑可能的以及律则可能的。刘易斯似乎在强调一点：你今早吃早餐是逻辑可能的。

［7］法兰克福实际上把他的案例当成了他所说的“替代可能性原则”（the Principle of Alternative Possibilities）的反例。该原则是说，一个人为一个行为**在道德上负责**，仅当他有能力做别的事。因此，严格地讲，这不是关乎自由的原则，倒是关乎道德责任的原则。不过，我们在最后一节做了更深入的讨论，足见自由和道德责任这两个现象关联紧密。

［8］请参阅艾耶尔的论文《自由与必然性》（“Freedom and Necessity”）。

［9］请参阅费舍尔的著作《自由意志形而上学》（*The Metaphysics of Free Will*）。

［10］请参阅齐硕姆的论文《人类自由与自我》（“Human Freedom and the Self”）。

［11］并不是说，这就意味着“行动者行事可以超越规律支配的事件链”这一观点就没问题了，或者明白易懂了。真的，哪怕在笛卡尔的时代（17 世纪），哲学家都不明白非物理的心理实体如何影响得了物理世界的任何东西。例如，请参阅笛卡尔与波希米亚公主伊丽莎白（Princess Elisabeth of Bohemia)[①] 的通信。

[12] 见于萨特的《存在主义是一种人道主义》（“Existentialism is a Humanism”）一文。

[13] 蝴蝶效应[②] 是常被用来阐述混沌行为的例子。

① 波希米亚公主伊丽莎白（Princess Elisabeth of Bohemia，1618—1680），是欧洲历史上的国家波希米亚的公主，与哲学家笛卡尔就哲学、物理学和政治学等话题进行过一系列通信。伊丽莎白公主在通信中对笛卡尔的心身二元论感到困惑。

② 蝴蝶效应，是指动态系统的初始条件的微小变化，可能会在整个系统中引起重大的连锁反应。“蝴蝶效应”的通俗表达是：亚马孙雨林的一只蝴蝶扇一扇翅膀，就可能引起美国得克萨斯州两周后的一场飓风。

# 第十章　种族形而上学

## （合作者：艾伦·黑兹利特）

**撮　要**

■ 介绍自然物和社会建构物的区分。 259

■ 开展社会本体论的个案研究，考察种族范畴的本体论地位。

■ 评估种族形而上学的三种观点。

## 种族：社会本体论的主题

纯虚构物如飞马珀伽索斯不存在，自然科学描述之物如马却存在，就假设我们对这番见解心满意足好了。现在请想一想婚姻。婚姻属于哪个范畴呢？一方面，要是说婚姻如珀伽索斯一样不存在，好像不对。婚姻是真实的现象，可不是珀伽索斯那样的纯虚构物。但另一方面，要是说婚姻像马一样存在，好像也不对。婚姻并不独立于我们的社会实践、制度和习俗而存在——约翰·塞尔（John Searle）说过，婚姻似乎只是因为我们相信其存在才存在。[1]那么，婚姻到底是哪种物项呢？

有些物项或现象一方面不能被斥为纯虚构的，另一方面又不是独立于心灵的客观世界的一部分，各学科的学者碰到这类物项或现象，就冠以“社会建构”（social construction）之名。据说社会建构出来的东西，除了婚姻，还有性别、知识、科学、自然和种族。这样的物项或现象是社会实在（social reality）的一部分，而社会实在在某种有待说明的意义上，是依托社会实践、制度和习俗而存在的。对社会建构和社会实在的这番议论，引起了许多有趣的形而上学问题。有没有社会建构物呢？如果有，哪些物项是社会建构的呢？万物都是社会建构的吗？社会建构物和别的物项有什么关系？“社会实在”和实在又有什么关联？

260 本章会考察一例常被说成社会建构的东西——种族，借以介绍上述问题。关注种族的道理在于，据说有大量风格迥异之物都是社会建构物。要是不先考虑一个具体的（推定）案例，恐怕不可能对一般的社会建构有什么合理的说法。所以，我们接下来就思考“种族是社会建构”的想法，再想想除了这个想法以外，还有什么别的形而上学观点。



**练习 10.1　自然物和社会建构物**

请分别就社会建构的和非社会建构的物项（或物项类型），各举五例。

## 自然种类与社会种类

豪尔赫·路易斯·博尔赫斯（Jorge Luis Borges）[①] 在随笔《约翰·威尔金斯的分析语言》（“The Analytical Language of John Wilkins”）中，要我们设想一本百科全书，其中

> 动物被划分为：（a）皇帝专属的动物；（b）防腐处理过的动物；（c）驯化的动物；（d）乳猪；（e）人鱼；（f）极品动物；

① 博尔赫斯（Jorge Luis Borges，1899—1986），享誉世界的阿根廷文学家，代表作有小说《小径分岔的花园》（*El jardín de senderos que se bifurcan*）和一系列随笔。这里提到的“一本百科全书”名为《天朝仁学广览》，是博尔赫斯虚构出来的一本中国古代百科全书。他想借此说明，对世间万物的任何分类都免不了任意和模糊。

> (g) 流浪狗；(h) 归入本类的动物；(i) 疯狂抖动的动物；(j) 不计其数的动物；(k) 用精细的驼毛笔描绘的动物；(l) 其他动物；(m) 刚打破花瓶的动物；(n) 远观如蝇的动物。

哲学家但凡对“社会建构”这一观念感兴趣，就对这段文字着迷。我们把博尔赫斯设想的百科全书中的动物分类，与现代生物学中的动物分类比较一下，就能渐渐明白哲学家为何着迷了。现代生物学按照门（phylum）、纲（class）、目（order）、科（family）和种（species），对动物进行分类。[①] 采用博尔赫斯百科的范畴的人，与采用现代生物学的范畴的人，会就相同的个体动物提出不同的划分。采用现代生物学的范畴的人拿出了图 10.1。

与此相对，采用博尔赫斯百科的范畴的人却拿出了图 10.2。 261

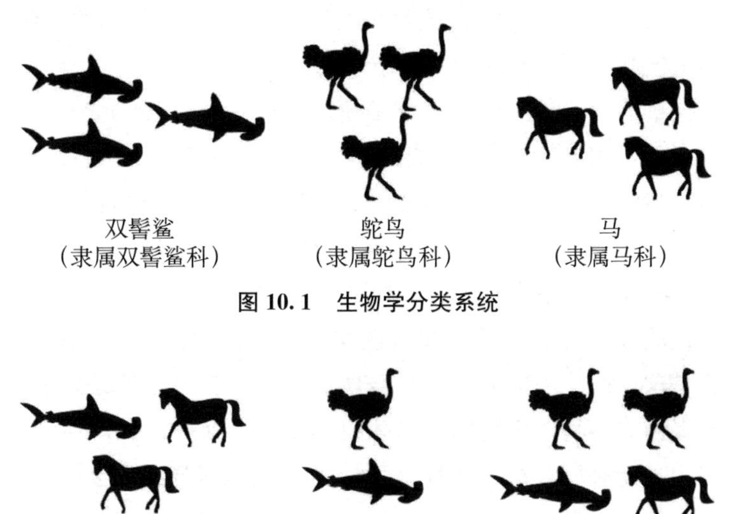


**图 10.1　生物学分类系统**



**图 10.2　博尔赫斯式分类系统**

这一切之所以有趣，理由在于：起码乍看之下，这两个分类系统似乎有形而上的区别。可要准确表述这个区别，倒不容易。有一种表述方式溯及柏拉图的《斐德罗篇》(*Phaedrus*)：生物学的分类系统似乎“顺着关节

① 现代生物学在“科”和“种”之间，还插入了一个“属”(genus)。

剖分了自然”（carve nature at the joints）①，但博尔赫斯式系统却没做到。也就是说，一种分类法是按照世界上的客观区别来划分物项的，但另一种却不是。（或者说，生物学分类系统追踪的区别，看起来起码比博尔赫斯式系统追踪的区别来得客观。）再拿元素周期表——一个推设了百种化学范畴（氢、碳、金、钡等）的化学分类系统——和某个随机任意的对象分类做个对比，后者把你卧室里的所有东西算作一种化学元素，又把你厨房里的所有东西算作另一种元素，等等。客观的区别在我们还没产生兴趣前就已存在于世，化学家至少认为，他们用周期表，就是在按照这些客观的区别对东西加以划分；可方才描述的另一个化学分类系统却没在做这样的事。[2]

换一种方式表述目前的观点，便是：生物学系统把动物分成了一个个**自然种类**（natural kind），可博尔赫斯式系统没这样分。蒯因在《自然种类》（“Natural Kinds”）一文中主张，自然种类的观念与相似性的观念紧
262 密相关。生物学的分类系统把彼此相似的动物分在一起，而博尔赫斯式分类系统却把彼此不相似的动物归到了一块儿。

且慢！皇帝专属的动物虽然在形态（morphology）——形式或结构——上彼此不相似，但它们有相似的所有者。双髻鲨虽然在形态上彼此相似，但一涉及所有权（ownership）（又或者说，涉及它们可能有的好些属性，如待在哪里、最爱吃哪种鱼等），彼此就不相似了。按照形态划分动物，凭什么比按照所有权划分动物更“自然”呢？

我们在此或许可以利用内在属性和外在属性的区分。② 请回想一下，这对区分是这样的：一边是事物自身所有、仅凭自身之所是便有的属性，另一边是事物靠与其他事物的关系才有的属性。“是方形”的属性是内在属性，因为某物有没有这一属性，只依赖于该物本身是什么模样；然而，“距拉各斯（Lagos）③ 十英里远”的属性是外在属性，因为某物有没有这一属性，取决于该物与拉各斯的关系。看来，动物的形态学属性——如体型、体色等属性——是内在的，而“皇帝专属的”等属性是外在的。于是，我们的两个分类系统，一个是“自然的”，另一个不是“自然的”，二

---

① 语出《斐德罗篇》的265e，意思是指把现象的整体划分得恰如其分、分毫不差。柏拉图拿屠夫分肉做了比较，不免让人想起我国“庖丁解牛”的典故（当然，庄子的旨趣与柏拉图的大不相同）。

② 请读者回顾第六章“暂时内在属性问题”一节。

③ 拉各斯（Lagos），非洲国家尼日利亚最大的城市，也是非洲人口第二多的城市。

者的形而上的差异或许就说得清了：生物学系统把彼此内在相似的动物分在一起，而博尔赫斯式分类系统却把彼此内在不相似的动物归到了一块儿，即便那些动物是外在相似的。

不过，用好这一招没那么简单，现代生物学可不是按照形态对生物体——至少是动物——进行分类的。双髻鲨之所以被归到一块儿，可不是形式和内部结构相同的缘故。个体动物是某生物物种的一员，靠的是与该物种其他成员的关系。那些双髻鲨之所以被分在一起，是因为它们有相同的祖先，还能一起传宗接代。因此，就算现代生物学系统是“自然的”，而博尔赫斯式系统不是，理由也不是现代生物学系统把内在相似的动物分在了一起，但博尔赫斯式系统却没这样做。

你也许可以回应这一切，否认生物学系统和博尔赫斯式系统有形而上的差异。可是，多数人始终有个直觉：生物学系统追踪客观的区别，而博尔赫斯式系统没有；又或者说，生物学系统追踪的区别，起码比博尔赫斯式系统追踪的区别来得客观。所以，我们还是动动脑筋，讲明生物学分类及其他自然分类，比起博尔赫斯百科全书所暗含的分类系统，到底独特在哪里。

要领会自然类的特色，倒是可以拿自然种类和我们所说的**“社会种类”**（social kind）比一比。社会种类的成员资格（membership）[①] 的标准涉及社会实践、制度和习俗，如文化和语言等。说某群对象构成一个社会种类而非自然种类，就是说它们的相似性是依赖社会实践、制度和习俗的。仅当社会实践、制度和习俗刚好就是这样，有这样一个偶然的事实，群成员才是彼此相似的。相比之下，你可能会想，自然种类的成员可不一样：不管社会实践、制度和习俗存不存在，双髻鲨都是彼此相似的。 263

生物物种和周期表里的化学元素似乎都是自然种类，资产阶级和教授等群体倒像是社会种类。为人妻者、为人夫者还有单身者，似乎都构成了社会种类（婚姻也许在这个意义上是社会建构）。最后，借用萨利·哈斯兰格举的一例，很酷的人好像也构成了一个社会种类：

> 很酷的人和不酷的人……的区分……没抓住人与人的内在差异；相反，这个区分倒标示了某些社会关系——也就是彰显了内

① 一个种类的成员资格，是指种类成员隶属或属于该类所需满足的条件。

团体（in-group）① 中的地位……这一区分除了展现那些人与我的关系（是我喜欢的，还是我不喜欢的）之外，什么所谓的个体差异均无体现。不是个体的内在的或客观的酷性（coolness），而是建立团体的社会任务，决定了这一区分是如何被用于当前语境的。

(Haslanger 1995，pp. 99 - 100)

既然把人分为很酷和不酷的分类系统依赖于我们的社会实践，那么很酷的人和不酷的人这两个范畴就是社会种类。于是，如果一个范畴或属性的成员构成一个社会种类，我们就可以把该范畴或属性当作**“社会建构”**。



决定某特定群体构成社会种类还是自然种类至关重要，理由与必然性和偶然性息息相关。[3]社会种类的存在依托社会实践、制度和习俗。可关键在于，任何一集特定的社会实践、制度和习俗本可能不同样。社会种类与自然种类不同，既不是必然的，也不是不容变更的。这个特质深刻地影响了我们对这些群体的理解。从历史角度看，有一个特定的社会种类（或社会种类集合）存在，并非历史本可以采取的唯一可能路线；而从政治角度看，一个特定的社会种类（或社会种类集合）存不存在是可以商量的，原则上改得了。在历史和政治的双重意义上，就社会建构的群体来说，事情本来可以不一样。

## 种族三论

264 我们秉持这种社会建构观，不妨来考虑一下“种族是社会建构”的说法。我们会把这个说法理解成：种族分类是社会建构；种族范畴是社会建构出来的；特定的种族或种族团体——白种人、黑种人、美洲印第安人、萨摩亚人（Samoan）② 等[4]——都是社会种类。“种族化的”（racialized）个人——也就是说，归为某种族成员的人（详见下文）——是否在某种意义上是社会建构的？种族的观念是不是社会建构的？这两个问题可以相提

① “内团体”与下文提到的“外团体”都是心理学术语：“内团体”是指人在其中有身份认同感的群体，如家庭、同好会、宗教团体等；“外团体”与之相对，指的是人在其中没有身份认同感的群体。

② 萨摩亚人（Samoan），萨摩亚群岛的主体民族。大部分萨摩亚人居住在萨摩亚独立国。

并论。并且，我们会在第二章谈过的共相问题上保持中立。倘若问起种族范畴是不是社会建构出来的，我们问的可能是：有没有共相与那些依赖社会关系的种族范畴相符呢？可我们要是更喜欢唯名论，就可以这样问：有没有多少有点儿自然的类与这些范畴相符呢？①

当代有很多学者赞成“种族是社会种类”的论断。不过，该论断在哲学史上罕有辩护，还与不少人的常识相抵触。[5]“种族是自然种类”，这是古往今来学界外的大众共识。该共识最有影响的版本说，种族是生物学范畴。

是什么使某物成为一个生物学范畴呢？地理隔离的出现导致了排他性交配，最后造就了一群个体，没法与群体外的任何个体繁育出可存活的后代，生物物种就这样演化了出来。不过，排他性交配的过程也可能造成别的遗传变异，还没有到与群体外的生物繁育不出可存活后代的程度。比方说不同品种的狗。一切品种的所有狗都隶属于同一个物种即灰狼，因此彼此能繁育出可存活的后代；每个品种的狗都是形态相似的、基因相似的、历史相似的，却与其他品种的狗不类同。物种灰狼不仅包含狼，还包含一个统摄了家养狗的亚种，即家犬。家犬囊括了灵缇犬、金毛寻回犬、腊肠犬及其他。尽管不同品种的狗可以杂交，但我们得承认，各品种的狗由于各自在形态、遗传和历史上的相似性，因而隶属于不同的生物学范畴。所以，物种是一种生物学范畴，但我们也承认，还有分得更细的生物学范畴（你或许会好奇，生物学范畴究竟可以分得多细）。

“种族是生物学范畴”的论点可被表述如下：

> **种族生物实在论**（biological realism about race）：种族是自然种类；具体地说，种族范畴是生物学范畴，类似于亚种（subspecies）或品种（breeds）（但也许不尽相同）。

生物实在论者认为，种族类似于物种、亚种或品种。在这个意义上，种族相当于大自然中的客观实在的范畴。

可在社会建构论者（social constructivist）——宣扬种族是社会建构的理论家——眼中，种族像什么东西呢？很酷的和不酷的人的例子在此很有启发 265

① 请读者回顾第二章有关“类唯名论”的讨论。

意义。社会建构论者可以主张，种族分类在本质上是等级制的；换言之，本质上是种族歧视的。你说某人“不酷”，免不了有不喜欢那人的意思；社会建构论者同样会说，表示有色种族的词在意义里就含有种族歧视的内涵。种族分类系统是专为施行白人至上的社会等级制度而设计的。有人论证说，种族观念，还有由此而来的对诸如白种人和有色人种的范畴划分，诞生于 17、18 世纪的欧洲学界，那时非洲奴隶制正在欧洲的新大陆（New World）[①] 殖民地上迅猛发展。酷性的划归（attributions）是用来标记内团体人群，从而将其与外团体（out-group）区分开；该论证也说，种族的划归也一样，是将白人确立为基准，把有色人群归为“其他”的。

哈斯兰格清晰表述了关乎种族的社会建构论。根据该理论，“种族是按照地理联系，伴随可见的体型而划分出来的团体，这些联系还对应该如何审视并对待团体成员有评价性意义”（Haslanger 2000，p. 44）。为了彰显社会建构论，第二个从句最为重要：在哈斯兰格看来，成为某种族的一员就是被种族化，就是系统性地屈居人下或享受特权，这是由于在大家眼中，你“适当地占有了某些种类的社会地位”（p. 44）。种族分类不排斥生物学特征的加入。这样的社会区别至少有一部分归因于你我的某些形态学特征。不过，按照社会建构论的说法，种族分类可不仅仅是生物学分类的事。社会因素在其中起着本质作用。

社会建构论者认为，比一比种族分类系统和印度的种姓体系颇有好处。人的种姓（caste）就如同种族一般，承继自父母且不容变更。从传统来看，种姓是按照等级结构组织起来的，某些人因此比另一些人拥有更高的社会地位，意味着某些行当只有他们干得了，某些人际圈子只有他们进得去。比方说，过去婆罗门是祭司，达利特却是低贱得多的种姓。[②] 在外人看来，种姓不过是个社会建构，所以种姓的区分可能没有真正标示出人与人的客观的（例如生物学的）差异。可在那些在种姓制社会浸润已久的人看来，种姓不像是纯粹的“社会实在”，倒是别的什么东西。然而，这个表象把人引入了歧途。社会建构论者主张，种族的情况是类似的。种族的区分看似标示出了人与人的生物学差异，但种族的差异其实无非是社会实在的一部分而已。所

① “新大陆”（New World）是美洲大陆的旧称。在地理大发现时代（15—17 世纪），当时的欧洲人把非洲、欧洲和亚洲统称为“旧世界”，把美洲大陆称为“新世界”。

② 印度的种姓制度包含婆罗门（Brahmin）、刹帝利（Kshatriya）、吠舍（Vaishya）、首陀罗（Shudra）等四大阶层，还有达利特（Dalit，意为“贱民”）。

以，我们应当把种族生物实在论与如下观点区分开来：

> 种族社会建构论（social constructivism about race）：种族是社会种类，更像是种姓或很酷的人那样。

按照社会建构论者的说法，种族在生物学意义上不实在，因此不对应于大自然中的客观分类。种族只作为社会实在的一部分而存在。

我们还得考虑第三个选项，再来领教那些支持和反对上述两种观点的论 266
证。从某种意义上讲，生物实在论者和社会建构论者都赞成种族是实在的。(比方说）有的人是白种人，有的人是黑种人，双方都这样看；可在讨论种族范畴的本性为何时，两方就有了分歧：种族范畴选出的是自然种类，还是社会种类呢？你也许连“种族是实在的”这一普遍的假定都想反对。

我们有时会在用过的范畴上出岔子，就连社会建构论者也认同这一点：一个范畴明明选出的是个社会种类，我们却可能误以为它选出了一个自然种类。不过，我们有时也用空范畴，也就是压根儿没选出任何真实种类的范畴。请想想女巫这个范畴吧。在近代早期，欧洲和北美大约有五万名女性因为被说是女巫，就被处死了。[①] 对巫术的指控，如同对不酷性（uncoolness）或种姓地位的划归一般，在某些情况下可被用来施行社会等级制度，或者标记外团体。不过，我们虽然也许不愿意说没有不酷的人、没有达利特，但却愿意说现在没有女巫，从未有过女巫。取消论者（eliminativist）把我们关于女巫范畴想说的话，又对种族范畴说了一遍。虽然有过叫“女巫”的人，但现在没有女巫，从未有过女巫。取消论者说，虽然过去有过、现在也有叫“黑人”和“白人”的人，但现在没有黑人和白人，从未有过黑人和白人。于是，我们可以把第三种观点添进我们的选项列表里：

> 种族取消论（eliminativism about race）：没有种族。种族的划归是虚假的。种族的情形类同于女巫的情形：没有女巫，对女巫的指控也是虚假的。种族既非生物实在，又非社会实在。

---

① 从15到18世纪，在长达三百年的时间里，发生了一场席卷欧美的“猎巫行动”（witch-hunt），有大量无辜女性被武断地定性为“女巫”，惨遭迫害。

社会建构论者和取消论者都认为，种族不是自然种类。可双方就种族是否实在起了冲突，且待最后一节分说。

**练习 10.2　社会建构论与取消论**

多数人觉得，说没有女巫，听来在理；可是说没有很酷的人，却听来不对。这是为什么呢？既然“女巫”和“很酷的人”这两个范畴都不自然，那么在什么意义上，一个范畴可以算“实在的”，而另一个却不算？这样划归实在可能意味了什么呢？

## 遗传学论证

267 种族生物实在论看似显然为真。我们难道就看不出大家有种族差异吗？伏尔泰（Voltaire）写到，谁不信有不同的种族，那他就是个瞎子。[①]本节和下两节考察三个反对种族生物实在论的论证，这些论证起码削弱了“生物实在论显然为真”的想法。至于上一节概述的三种观点哪个对哪个错，我们不表态；我们的用意不过是让大家了解，支持和反对这些观点的因素有哪些。

生物实在论者主张种族是生物学范畴；我们首先得搞清楚，生物实在论者这样说得承诺些什么。倘若种族是自然种类，那么，种族范畴就不是对人们的随机任意的分类。生物实在论似乎承认了夸梅·安东尼·阿皮亚（Kwame Anthony Appiah）所说的**“种族论”**（racialism）：

> 该观点宣称……有些遗传特征为我们这个物种的成员所持有，允许我们把大家划分为一小批种族，各种族的全体成员因此互相享有某些特质和倾向，却不与任何外族成员分享它们。
>
> （Appiah 1992，p. 13）

---

① 伏尔泰（Voltaire，1694—1778），原名弗朗梭阿·马利·阿鲁埃（François-Marie Arouet），法国启蒙运动的领袖，著名文学家和哲学家，代表作有《哲学通信》（*Lettres philosophiques sur les Anglais*）、《风俗论》（*Essay on Universal History，the Manners，and Spirit of Nations*）和《老实人》（*Candide*）等。此处的英文引文出自《风俗论》的“不同的人种”（Of the Different Races of Men）一节。

重要的是，种族论不单是说，人们可以按照形态差异来分类。毕竟人人——哪怕是社会建构论者和取消论者——都赞成，人们可以按照形态差异来分类（但是，大家都会补充说，三种人的存在给以形态学为准的种族分类带来了麻烦：隶属于混血种族的人；“冒充”似乎并非自己所属的种族的人；还有自认是或被认成某特定种族的一员，却没有该种族的独特形态学特征的人[6]）。可要是种族歧视分子无计可施，辨不出他们的歧视对象，那么种族压迫也就几乎不可能存在了吧！

我们可以承认人与人有形态差异，同时反对种族生物实在论。请回顾很酷的人和不酷的人的分类。这是社会分类的范例。不过，还是有些形态学特征把很酷的人和不酷的人区分开：很酷的人留着某种发型，穿着适当的衣服，诸如此类——这些人可以从外表识别出来；很酷的人和不酷的人的分别，在很多情况下显而易见。可是，很酷的人并未构成一个自然种类，因为该范畴的成员资格取决于这些形态学特征以外的东西。生物实在论的批评者对种族的说法也是一样，但也不否认大家在形态上千差万别，这些差别或许可以由我们的种族范畴大致展现出来。

想一想随便某个形态学范畴，比方说，有个选出了红发带雀斑者的范畴。诚如阿皮亚所言，该范畴不是生物学范畴，因为该范畴成员资格的形态学标准与人的任何重要生物特征无关。种族论倒是认为，种族差异追踪 268
的不单是纯形态差异，还有别的东西：种族成员资格的形态学标准暗示了一系列根本的生物特征——一集“特质和倾向”，其中不仅有形态学特征，还有简单观察披露不了的遗传特征，例如某些基因是有还是无。

事实上，阿皮亚宣称，根据生物学家的遗传学知识，种族范畴缺乏自然种类范畴具备的一个关键属性：

> 我们倾向于按照皮肤、毛发、骨架等方面的可见形态学特征，为人们指派……种族范畴，可除了这些特征之外……很少有什么在英国人群里找得到的遗传特征，却是在扎伊尔（Zaire）①或中国的类似人群那里找不着的……只给出一个人隶属的种族，很难说他或她会有什么生物特征（全人类共享的那些除外），也

① 扎伊尔（Zaire），刚果民主共和国［简称“刚果（金）”］在1971—1997年的曾用名。1997年5月17日，该国推翻了独裁者蒙博托的统治，把国号恢复为“刚果民主共和国”。

就只能说说“较为明显”的肤色、毛发和骨架的特征了吧……

(Appiah 1992，pp. 35 - 36)

种族范畴的确追踪了某些形态差异。“不过，”阿皮亚说，“这不是生物学事实，倒是个逻辑事实”（Appiah 1992，p. 36)，因为种族范畴的分类标准无非就是形态学标准。隶属于红发带雀斑者的群体，与该群体的成员资格采取了形态学标准有关，可该群体不是自然种类，没有对应于什么重要的生物学差异。要是“真”种族在相关的方方面面，均与红发带雀斑者的群体别无二致，那么种族同样也不是自然种类。换言之：

遗传学论证（the Argument from Genetics)

1. 如果种族范畴是生物学范畴，那么种族之间除了形态学相关的差异，还会有遗传差异。

2. 种族之间没有遗传差异，只有形态学相关的差异。

因此，

3. 种族范畴不是生物学范畴。

生物实在论者可以如何反对该论证呢？质疑第二个前提是一种可能。想一想循族医学（race-based medicine)① 的成就吧。举个相当简单的例子，黑人患镰状细胞病（sickle-cell disease)② 的概率更高。由于携带镰状细胞病的致病基因也降低了携带者患疟疾的几率，所以，祖上在疟疾相对多发
269 的地区演化至今的那些人，携带镰状细胞病的致病基因的几率也更高。因为疟疾在撒哈拉沙漠以南的非洲最常见，所以，祖上在疟疾多发地区演化至今的，就属黑人更有可能了。这就是一个相关的遗传差异，而不仅仅与形态学有关。要否认遗传学论证的第二个前提，这似乎是个好理由。

生物实在论者还有一招，就是反对遗传学论证的第一个前提。例如，罗宾·安德烈亚森（Robin Andreasen）就宣称，种族是“有共同起源的繁殖种群的祖先-后代序列，又或是这般序列的组群”[7]。依她之见，按照“亚种的支序分类法”，种族是智人的亚种（Andreasen 1998，p. 200)。在

① 循族医学，是指在临床诊治和医学研究中，把种族当作关键要素予以处理。

② 镰状细胞病，是一种血液遗传病，其中最常见的一个分支为“镰状细胞贫血症”。

现代生物学中，**支序分类学**（cladistics）是占主导地位的分类法，它划分范畴的根据是众多个体的共同演化史以及（由此导致的）共同的基因图谱。支序分类系统依托演化史和基因图谱，对生物体进行分类。安德烈亚森提出的系统，可不是基于形态学和遗传学的种族分类系统（那倒是阿皮亚极力针对的），反倒是基于共同的历史（及基因图谱）来划分个体的系统。我们稍后会回来谈她的提议。

**练习 10.3　遗传学论证**

请评价遗传学论证。该论证是否可靠？

## 相对性论证

自然种类如若存在，便是绝对的。如果化学元素是自然种类，那么就有一份绝对正确的周期表，而不是有许多同等正确的周期表：一份在我看来是对的，另一份在你看来是对的，等等；又或者，一份是我的文化以为然的，另一份是你的文化以为然的，等等。正确的周期表是唯一的。然而，种族分类系统不像是这么回事：看起来有相当多同样正确的系统。

我们试着列举一下各种族，就能看出问题了。17 世纪的作家弗朗索瓦·贝尼耶（François Bernier）① 是最早谈论种族的作者之一，他认为有四大种族：由欧洲人、北非人、印度人和美洲人组成的种族，非洲人种族，亚洲人种族，“拉普人”②。伏尔泰在 1765 年提出了七大种族说：白种人、黑种人、阿尔比诺人、霍屯督人、拉普兰人、华人、美洲人③；康德（Kant，1724—1804）在 1777 年列出了一份表单，包含了四大种族

---

① 弗朗索瓦·贝尼耶（François Bernier，1620—1688），法国医生和旅行家。他在 1684 年发表的一篇短文中把“人种”概念加以推广，对全人类进行种族分类。

② 拉普人（the Lapps），又称“拉普兰人”（the Laplanders），现在多被称为“萨米人”（The Sámi），是北欧斯堪的纳维亚半岛的原住民，人口为 8 万～10 万。贝尼耶和伏尔泰的种族分类都包括了这个少数部族。

③ 伏尔泰的种族分类，参见他的著作《风俗论》之“不同的人种”一节。伏尔泰把“阿尔比诺人”（the Albinoes）描述为居住在非洲中部的白人种族，但依该书中译者的注释，“阿尔比诺人”并非单独的人种，伏尔泰的说法不确（伏尔泰．风俗论：上册．梁守锵，译．北京：商务印书馆，1994：19）。霍屯督人（the Hottentots），现称“科伊科伊人”（the Khoikhoi），非洲西南部的一个民族。

(并非贝尼耶的那四种)：白人(也包括阿拉伯人、土耳其人和波斯人)、“黑人”、“匈奴人”，还有“印度人”。W. E. B. 杜波依斯(W. E. B. Du
270 Bois)① (在 1897 年) 列举了八大种族：“东欧的斯拉夫人、中欧的条顿人、大不列颠和北美的英语语族人、南欧和西欧的罗曼语族人、非洲和美洲的黑人、西亚和北非的闪米特人、中亚的印度人，以及东亚的蒙古人。”[8]不同的作者就这一问题倾向于给出不同的答案。我们来看看 2010 年美国人口普查表中蕴含的种族分类系统，如图 10.3 所示。

**9. 第一位人士的种族是什么？**(请在一个或多个框中标记 ☒。)

☐ 白种人
☐ 黑种人、非洲裔美国人或黑人
☐ 美洲印第安人或阿拉斯加原住民——请用正楷填写登记的名称或主要部族。

☐ 亚洲印度人　☐ 日本人　☐ 夏威夷土著
☐ 中国人　☐ 韩国人　☐ 关岛人或查莫罗人
☐ 菲律宾人　☐ 越南人　☐ 萨摩亚人
☐ 其他亚洲人——请用正楷填写种族，如苗人、老挝人、泰国人、巴基斯坦人、柬埔寨人等。
☐ 其他太平洋岛上的居民——请用正楷填写种族，如斐济群岛人、汤加人等。

☐ 其他种族——请用正楷填写

**图 10.3　2010 年美国人口普查表**

其他国家开展人口普查，用的是不一样的种族列表。比如说，南非在 2011 年提供了四个选项：非洲黑人、有色人种(即“混血种族”)、印度裔或亚裔人、白种人。巴西在 2000 年提供了五个选项：白种人、黑种人、黄种人、棕种人② 以及原住民。有的人口普查谈及“族群”(ethnicity)而非“种族”。于是，2001 年，保加利亚的人口普查把三种“族群”列为选项，即保加利亚人、土耳其人和吉卜赛人；而英国给出了如下选项，即

---

① W. E. B. 杜波依斯(W. E. B. Du Bois，1868—1963)，美国历史学家、民权运动家，是 20 世纪上半叶最有影响的黑人知识分子之一。

② 棕种人(葡萄牙语为“pardo”)，多指混血巴西人。

白种人、混合种族、亚洲人或亚裔英国人、黑种人或非裔英国人、华人、"任何其他族群"。2010 年美国人口普查表有个单独的问题，问一个人是不是"南美洲西班牙人、拉丁美洲西班牙人或西班牙后裔"①，这通常被理解成一个关乎族群而非种族的问题（族群和种族的区分是有点儿含糊的）。

在以上不同的种族分类系统中，有没有哪个可以是唯一正确的，就像元素周期表是唯一正确的化学分类系统一样？你可能觉得问题的答案是"没有"。倘若是这么回事，种族分类就不是绝对的——没有唯一正确的方法把人们按照种族分门别类。此外，即便我们达成共识，有了一份共同的范畴列表，可一旦涉及不同种族的成员资格，差异就又来了。贝尼耶把印 271
度人和美洲人（即美洲印第安人）纳入白种人种族，因为在他看来，这两类人皮肤较黑，不过是本地环境日照较强所致。"亚洲人"在巴西指印度人和巴基斯坦人，但在美国只指东亚人。

**练习 10.4　种族**

你觉得哪一种拟订种族范畴列表的方式是正确的？

这一切讨论的结果是，不同的人使用不同的种族分类系统，当代的系统与历史上的系统有别，各地同一时期使用的当代系统亦有差异。不过——这是重点——这些系统好像都不比任何其他系统更正确。我们凭什么可以说，就描述"种族"而言，这些系统中有一个对了呢？它们对人进行分类，看起来全都一样好（或一样坏）。没有哪个种族系统唯一正确地剖分了实在，这和周期表可不一样。可如果种族是自然种类，那么就会有这样一个系统。换言之：

相对性论证（the Argument from Relativity）

1. 如果种族是自然种类，那么就会有唯一正确的种族分类系统。

2. 有多个同样正确的种族分类系统。

因此，

---

① 这里采用了 2010 年美国人口普查表对"of Hispanic, Latino, or Spanish origin"的官方翻译。"Latino"在后文还会被提到多次，此后皆译作"拉美人"。

3. 种族不是自然种类。

我们照样可以质疑该论证的两个前提。特别是安德烈亚森那样的实在论者，也许会挑战第二个前提。安德烈亚森鉴于遗传学家关于人类演化的研究工作，提出了种族分类的支序分类系统，如图 10.4 所示：

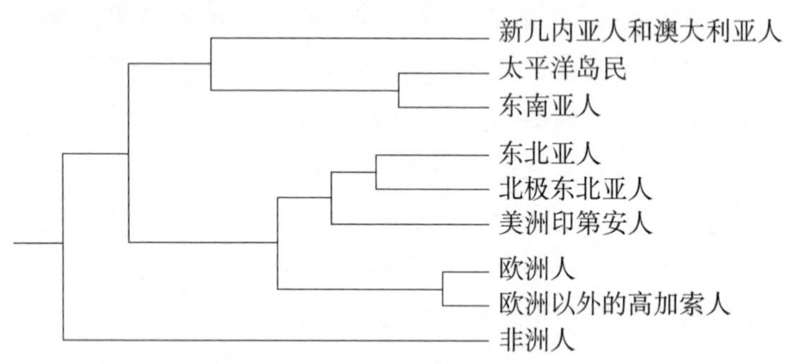


**图 10.4　种族分类的支序分类系统**

图 10.4 表征了关乎人类历史演化的最好理论。与上述的那些分类系统不一样，这个系统是以我们最好的科学为准的，所以有资格说是众多竞争理论中唯一正确的那个。安德烈亚森的洞见在于，把这些支序上的群体当作种族。她的系统有两个重要的特征值得注意。第一，该系统与大多数
272 人使用的种族分类系统不一致。安德烈亚森也承认，"'亚洲人'这个民间范畴并非支序上的种族"（Andreasen 1998，p. 212）。第二，种族若是亚种——又或是像现代生物学的其他范畴那样的东西，便会是动态的，也就是说，可能随时间的推移而发生变化。人类有不间断的群体内交配史（就是说，大多数人最有可能与全人类的某个子集中的人交配），原因多种多样，涉及地理和文化等。种族正是依托这一不间断的历史而存在的。要是隔离群体交配的实践走到了头（只要全球旅行变得日益普遍，似乎就很可能如此），种族就不复存在了。人人最终都会共享一集相同的祖先。按照含蓄一点儿的说法，生物实在论者认为，有哪些种族，这也许会变：今日的种族或许就不是明日的种族了。这样的见解与常识种族观大相径庭。

安德烈亚森主张，这不成问题，因为"生物种族的存在可不依赖于民间分类的正确与否"（Andreasen 1998，p. 213）。生物实在论的批评者倒是可以质疑这个假定。科学的确常常纠正常识，反对常识性的分类。"鱼"

这个范畴沿用了几百甚至几千年，一贯包括了某些哺乳动物（鲸）和水生软体动物（章鱼、鱿鱼），（有时还把）人鱼也算在内。然而，按照现代生物学，这些通通不是鱼。科学就此纠正了常识。可你或许会以为，要是科学范畴与民间范畴的差异过大，那我们就不是在纠正常识范畴，倒是在否认常识范畴了。

我们要是想想两个旨在解释人类行为并加以预测的分类系统，分别是占星家推设的十二星座和心理学家推设的人格五因素模型（five-factor model of personality），便能明白科学否认常识的原则是如何发挥作用的了。十二星座按照出生日期把人们分为 12 个群体（如双鱼座、狮子座、双子座等），基于黄道十二宫，为人类行为提供解释和预测。人格五因素 273
模型则依据五种人格特质（开放性、尽责性、外倾性、宜人性、神经质）对人们进行分类，还在上述分类的基础上解释并预测人类行为。① 五因素模型在预测并解释人类行为这个方面，管用得不得了。心理学家已经发现，先不说别的，五因素的人格差异就与各式各样的心理健康和遗传差异息息相关。相比之下，就预测并解释人类行为而论，十二星座完全派不上用场。这里的要点在于，谁也不会说十二星座不实在，而只会说占星家弄错了：十二星座与你的出生日期无关；人没有 12 种，而只有 5 种；并非人人都有一个星座，而是人人都在某种程度上享有五大人格特质中的每一个；等等。现代生物学修正了关于鱼的常识理论，告诉我们鱼其实是什么；但是，心理学的五因素模型并未以同样的方式修正占星术，向我们揭示十二星座的实质。五因素模型反倒代替了占星术。

可眼下我们不得不拿主意：现代遗传学和演化生物学提出的人类划分修正了我们的民间种族理论（folk theory of race），揭露了哪些种族真的存在吗？还是说，这一划分代替了民间种族理论，告诉我们“种族”概念纯属胡说呢？生物实在论的批评者支持第二种看法。[9] 现代生物学并未显示种族与我们印象中的种族大相径庭，反倒表明了在生物学的范围内没有种族这样的东西。



① 大致地讲，开放性（openness）是指个人有没有好奇心和创造力；尽责性（conscientiousness）是指个人自不自律；外倾性（extraversion）是指个人愿不愿意与外人互动、融入群体；宜人性（agreeableness）是指个人愿不愿意为他人考虑，诚以待人；神经质（neuroticism）是指个人容不容易受到负面情绪和压力的影响，又如何抗压。

**练习 10.5　民间种族理论与生物学的种族理论**

现代遗传学可以修正民间种族理论，告诉我们哪些种族真的存在吗？还是说，现代遗传学代替了我们的民间理论呢？你如何能确定这两个问题的答案？这对相对性论证又有何意义呢？

## 反种族歧视论证

“种族是自然种类”，这是古往今来学界以外的大众共识。可是，这种观点过去一直与别的各种虚假的、有悖伦理的种族观同流合污。“种族”概念伴随着（不间断的）种族歧视史，这一事实有时据说摧毁了生物实在论的魅力。

274 请考虑种族论[10]的一个版本——文化种族论（cultural racialism）。按照该理论的主张，参与不同的文化实践，事关各种族的本质。想想看，拉美人特别热情、特别情绪化，这是我们的刻板印象。文化种族论者认为，参与种族特色实践的种族成员是他们这个种族的典范，而不参与那些实践的种族成员则被以例外论之。宣扬种族生物实在论的，就有很多是文化种族论者。但是，文化种族论为假。再引阿皮亚的一段话：“人与人在语言、道德情感、审美态度、（和）政治意识形态等方面的差异……并不显著地取决于生物学因素”（Appiah 1992，p. 35）。此外，无论过去还是当下，宣扬生物实在论的人中有很多还是**种族歧视分子**——这些人认为某些种族比其他种族更优越。[11] 从历史上看，白人至上主义者（white supremacists）就常常为生物实在论辩护。种族——这里理解成人类的一种生物学划分——的概念史，很难与种族歧视（racism）的历史切割开来。如此一来，生物实在论就经常与各种谬论、各种有悖伦理的意识形态纠缠在一起，后者还常常是前者的诱因。

不过，生物实在论真的摆脱不了这些纠缠和诱因吗？想想当代的口号“种族无非是一张皮”（race is only skin deep）吧。① 难道谁也不能融贯地相信有实实在在的种族差异——差异或许如口号所说，事关形态，又或许

① 这个口号的意思是，种族之分非常肤浅。

事关历史和遗传——同时又反对文化种族论和种族歧视吗?

种族范畴能不能摆脱文化种族论或种族歧视的任何预设，在此好像就有了分别。预设有时是嵌入词义中的。你如果说某人是“女巫”，就是在暗示她和魔鬼做了交易。鉴于生物实在论从古至今与文化种族论和种族歧视的联系，你可能会想，表示种族的语词也有类似的情况。“女巫”一词摆脱不了有关魔鬼的预设，你也许会认为，“拉美人”一词同样摆脱不了文化种族论和种族歧视的预设。我们知道种族蔑称（racial slurs）自然摆脱不掉那些预设，可鉴于带种族歧视色彩的种族概念史，你也许会觉得一切有关种族的语言都是这么回事。这个论证就叫“反种族歧视论证”（the argument from anti-racism）好了。

生物实在论的批评者可以进一步阐述这个论证。古往今来，常识种族观饱含混淆。前文就谈过两处这样的混淆了：（a）从古至今的常识均假定种族是静态的，可一切现代生物学的范畴都是动态的；（b）在常识性的种族分类中，有些情况与真正的生物学范畴不符，比方说美国人通常以为“亚洲人”是一个种族，但其实没有这样一个生物学范畴。

就民间种族观来说，一幅遍布谬误和种族歧视假定的图画展露无遗。不过，我们要否定与范畴“女巫”的应用相伴相随的那些假定，就一定要否认女巫存在；同理，我们要反对错谬百出、有悖伦理的民间种族观，似乎起码得否认种族在生物学层面是实在的。就算 17 世纪那些遭到施巫术 275
指控的女人真的有什么共同点，就算她们的共同点与她们遭到施巫术的指控真的有什么关联，我们也不会承认，这就证明了巫术的实在。关于女巫的民间理论满是谬误和有悖伦理的假定，让我们接受不了女巫是实在的。生物实在论的批评者说，关于种族的民间理论也如出一辙。

**练习 10.6　反种族歧视论证**

如何用编号前提形式来陈述反种族歧视论证？生物实在论者又会如何回应反种族歧视论证呢？

表示种族的语词带有种族歧视的含义，这个事实威胁到了种族的生物学实在，这样想可能惹人非议。生物实在论者也许会认可这个想法，却还是主张表示种族的语词选出了自然种类。想想“傻子”（retard）这个蔑称吧，它一贯是被用来诋毁发育障碍者的。假设发育障碍者群体形成了一个自然种类。按照这个假定，[“傻子”是蔑称]这一事实（正因如此，如今有很多运动呼吁大家不用这词），也冲击不了“该词选出了一个自然种类”这一论断。你可以宣称，虽然我们有关种族的语言充满了错谬的、有悖伦理的隐含意义，但这个事实与种族是不是自然种类的问题没什么交集。

## 反取消论的因果论证

前几节提到了若干反对生物实在论的论证，即便有一个论证说服了你，你还是得二选一：是选社会建构论，还是选取消论呢？社会建构论说，种族是实在的，但不是自然种类；取消论则彻底否认种族范畴是实在的。我们回想起与“种族”概念携手并进的种种混淆和有悖伦理的意识形态，取消论者描绘的图景就渐渐迷人起来：我们过去认为有种族这样的自然种类，可结果表明没有这样的东西，仿佛没有女巫一般。关于“种族”
276 概念的种种预设，就和关于“女巫”概念的预设一样，不过是虚假的。本节就来考察一个反对取消论的论证，并看看取消论者如何作答。

很多形而上学家都认可一个名为**“亚历山大箴言”**（Alexander's dictum）的原则。该原则主张，所有带有因果力（causal powers）的物项都存在，并且只有这些物项存在。[12]出于本节的目的，我们考虑亚历山大箴言的“所有”那半句就够了。如果某物带有因果力，我们就应当认为它存在，这样说好像几乎否认不了。如果对某事件或某现象的正确因果解释把x引为原因，那么x一定存在。要是不存在，如何做得了原因呢？这样的想法可作用于种族：如果种族有因果力——如果种族成为正确的因果解释的一环，那么，我们就应当承认种族是实在的。

至少有两个办法可以让人认为种族有因果力。第一，请想想由真实事件构成的不间断的种族歧视史和种族压迫史。例如，假设银行经理萨拉（Sarah）在潜意识里对萨摩亚人有种族偏见。萨拉手下有个萨摩亚裔员工叫玛丽亚（Maria），在银行内提出了升迁的请求。但萨拉拒绝了玛丽亚的申请。我们可能会问：为什么玛丽亚的申请遭到了拒绝呢？在这个案例中，[玛丽亚是萨摩亚人]的事实看来完全有可能是她申请遭拒的一个原因。这个事实加上萨拉对萨摩亚人的内隐偏见，一并导致了玛丽亚的申请遭拒。可要是[玛丽亚是萨摩亚人]的事实因果地导致了她的申请遭拒，那么种族就有因果力。而要是种族有因果力，那么我们就该认为种族存在。如此一来，我们应当偏向社会建构论而非取消论。

第二，种族范畴有个探讨良多的重要特征，就是种族范畴经常，甚至不可避免地成为个人同一性（identity）① 的一环。一个社会要是采用了种族分类系统，该社会的成员就会把自己视为特定种族的一员。自我概念（self-conception）是对于自己是谁的见解；在很多情况下，一个人所属的种族就是他或她的自我概念深处的一部分。我们隶属于哪个种族，似乎会对我们从第一人称视角（first-person perspective）来展开自我审视的这种方式造成差异。有的人觉得，这种差异深刻又富有意义。对个人同一性如此要紧的东西，怎么可以不实在呢？如果［你是萨摩亚人］的事实是你的自我感的本质要素，那么，你难道还能真如取消论者所言，其实不是个萨摩亚人吗？种族似乎不仅成了对种族压迫的正确因果解释的一环（玛丽亚的案例便是如此），还成了对个人同一性的正确因果解释的一环。可如此这般的因果解释，取消论者却不得不予以反对。

种族取消论者可以如此作答，即赞成“种族成不了正确因果解释的一环”的结论，并另行解释相关的事件和现象。拿种族压迫来说，取消论者可以主张，［玛丽亚的申请遭拒］这一事实的正确因果解释，会援引另一个事实，即萨拉觉得玛丽亚是萨摩亚人。这便足以解释我们想拿“玛丽亚实际上是萨摩亚人”来解释的一切了。既然利用猎巫参与者关于女巫的假 277
信念就可以解释他们的行为，那么利用种族压迫分子关于种族的假信念就一样可以解释他们的行径。至于种族同一性，取消论者可以给出类似的论证：一个人的同一性可奠基于虚假的自我概念。按照某些历史说法，塞勒姆（Salem）② 一地有多人遭到施巫术的指控，其中一人实际上还相信自己和魔鬼做过交易，相信自己其实是个女巫。我们还可以设想有人不但相信这样的指控，还把指控内化（internalize）了，于是当女巫就成了她的同一性的一环。取消论者可以把虚假分类系统的内化，充作种族同一性的合理解释。

有关种族形而上学的这番探讨，至少可以得出两个重要结论。第一，

---

① “同一性”（identity）在这个语境下也可被译成“身份”。不过，形而上学本来就有个人同一性的主题，所以本章还是把“identity”译为“同一性”。

② 塞勒姆（Salem），美国马萨诸塞州的沿海城市。在 1692—1693 年，当地两名女孩得了怪病，医生判断她们中了巫术，于是，一场揪出女巫的运动席卷全城，多名妇女遭到了施巫术的指控，这就是骇人听闻的“塞勒姆女巫审判案”。

要是不仔细考量我们当代最卓越的科学学问，诸如遗传学、演化生物学、人类学和社会学等，就回答不了种族实在与否的形而上学问题。第二，要回答这些关于种族的问题，还得思考（应用）语言哲学的议题：种族歧视的含义是种族相关词汇的意义的一部分吗？表示种族的语词更近于“女巫”之类的空洞语词，还是更近于“鱼”那般有意义的语词，尽管其民间的延伸需由科学予以修正？我们不探究语言哲学、语言学、生物学及其他学科的问题，就探究不了种族形而上学问题。要是关于种族的形而上学论争还代表了关于一般社会建构的论争，那么结论就可被推而广之：社会建构的问题需要多学科的投入，自然科学、社会科学、语言哲学和语言学都得参与进来。

我们一直假定，没什么东西既是社会种类，又是自然种类；这个假定底定了我们的社会建构观。这番见解催生了自然范畴、社会建构范畴和空范畴的三重区分，正好对应于前文表述的种族三论：生物实在论、社会建构论和取消论。不过，我们可以质疑“没什么东西既是社会种类，又是自然种类”的假定。你可以指出，社会科学的范畴既是社会建构范畴，又是自然范畴。

有的哲学家还有一种见解：一切范畴皆为社会建构，包括（但不限于）科学家推设的那些范畴。不过，要接受这般见解，接受引出该见解的无论什么“社会建构”观，我们都该步步为营，马虎不得。例如，我们不应说，因为我们借以谈论万物的语言是社会建构的，所以万物就是社会建构的。只要我们还能融贯地区分自然种类和社会种类（正如我们在前文设法做的那样），抛弃本章采用的社会建构观，转而支持另一种观点，消除这对看似有趣的区分，就未免操之过急。提出这样的区分，正是形而上学家的一项重要使命。

## 进阶阅读建议

278 罗伯特·贝纳斯科尼（Robert Bernasconi）和汤米·L. 洛特（Tommy L. Lott）主编的文集《种族的观念》（*The Idea of Race*），以及伯纳德·博克西尔（Bernard Boxill）的著作《种族和种族主义》（*Race and Racism*），是关于种族哲学的两份不可或缺的参考资源。对于种族实在问题的概述，请参阅乔舒亚·格拉斯哥（Joshua Glasgow）的《种族理论》

(*A Theory of Race*)一书第1章，还有查尔斯·米尔斯(Charles Mills)的论文《可你究竟是什么呢?：种族形而上学》("But What Are You Really?：The Metaphysics of Race")，该文载于他的文集《可视之黑：哲学与种族文集》(*Blackness Visible*：*Essays on Philosophy and Race*)。关于自然种类，请参阅W. V. O. 蒯因的论文《自然种类》的第114－138页，以及纳尔逊·古德曼的《事实、虚构和预测》(*Fact*，*Fiction*，*and Forecast*)一书。

至于一般的社会建构，请参阅伊恩·哈金(Ian Hacking)的著作《社会建构的是什么?》(*The Social Construction of What*?)、萨利·哈斯兰格的论文《本体论与社会建构》("Ontology and Social Construction")，还有罗恩·马伦(Ron Mallon)的论文《社会建构实地指南》("A Field Guide to Social Construction")。对种族社会建构论的辩护，请参阅卢修斯·T. 奥特洛(Lucius T. Outlaw)的著作《论种族与哲学》(*On Race and Philosophy*)、查尔斯·米尔斯的文集《可视之黑：哲学与种族文集》，还有萨利·哈斯兰格的论文《性别和种族：存在吗，是什么?我们想要它们存在吗，又想让它们是什么?》["Gender and Race：(What) Are They?(What) Do We Want Them To Be?"]。

对种族取消论的辩护，请参阅夸梅·安东尼·阿皮亚的著作《吾父之宅：文化哲学里的非洲》(*In My Father's House*：*Africa in the Philosophy of Culture*)和娜奥米·扎克(Naomi Zack)的著作《种族和混合种族》(*Race and Mixed Race*)。对种族生物实在论的辩护，请参阅乔舒亚·格拉斯哥的《种族理论》。读者若想了解有关种族形而上学论争的医学和遗传科学，还请参阅M. J. 巴姆沙德(M. J. Bamshad)和S. E. 奥尔森(S. E. Olson)的论文《种族存在吗?》("Does Race Exist?")

## 注　释

[1] 塞尔的说法见于《实在的社会建构》(*Social Construction of Reality*)一书。

[2] 请读者回顾第二章对属性的贫瘠论和丰饶论的区分。

[3] 请参阅哈金《社会建构的是什么?》一书，第5－9页；还有马伦的论文《社会建构实地指南》，第94－95页。

[4] 种族的这些实例，取自 2010 年美国人口普查表中的一个有关种族的问题。当代美国文化公认有三个（有时是四个）主要的种族——白种人、黑种人、亚洲人，（有时）还有拉美人。还有多种不同的种族分类系统。我们会在谈相对性论证的一节见识到，我们承认有哪些不同的种族，会对哪种形而上学观站得住脚造成影响。生物实在论用于亚洲人或拉美人的范畴是说不通的。

[5] 20 世纪前，大卫·休谟是最接近于捍卫“种族是社会种类”这一论断的哲学家。休谟在 1748 年发表了《民族性》（“Of National Characters”）一文，主张“民族性”是“道德”（即文化）原因所致，而非“物理”（即地理）原因所致。可是，尽管休谟似乎认为欧洲人的差异仅仅是文化上的，但他的先见之明没有延伸到别的种族。

[6] 种族的成员资格似乎依赖一些要素，这些要素却不会波及生物学范畴的成员资格。比方说，贝拉克·奥巴马是“黑人”，而泰格·伍兹（Tiger Woods）是“多种族人”（multiracial）。① 这好像和奥巴马自认是
279 “黑人”，而伍兹自认是“多种族人”有关，却和二人的种族背景无关。生物学范畴可没这么主观。

[7]《种族论争新视野》（“A New Perspective on the Race Debate”），第 200 页。

[8] 请参阅 R. 贝纳斯科尼和 T. L. 洛特主编的文集《种族的观念》中的参考文献。

[9] 请参阅乔舒亚·格拉斯哥的《种族理论》一书，第 5 章。人类学家阿什利·蒙塔古（Ashley Montagu）把种族比作“燃素”（phlogiston），这个比方很有名——17 世纪的科学家为了解释燃烧过程，推设了燃素这种非存在的实体。

[10] 回想一下，种族论是这样的观点：人类可被划分为一小批种族，每个种族的成员互相享有某些特质和倾向，却不与任何外族成员分享它们。

[11] 我们说种族歧视分子“认为”某些种族比其他种族更优越，并非有意暗示种族歧视（racism）完全是认知问题，甚至必然如是。在个人

① 泰格·伍兹（Tiger Woods，1975— ），著名美国高尔夫球运动员，据说身兼高加索人、亚洲人、黑人和美洲印第安人等多种族的血统。

可以当种族歧视分子的意义上，种族歧视是一集认知、情感和实践的倾向。不过，“种族歧视”也发人深省地命名了一系列维持种族压迫的意识形态、实践及制度。

［12］亚历山大箴言因英国哲学家塞缪尔·亚历山大（Samuel Alexander，1859—1938）而得名。

# 术语释义表

## A

280 **Abstract**（抽象的）：物项的一类，例子有属性或数学对象。

**Abstraction**（抽象）：（1）指一种考虑对象同时又忽略其某些特性的心理过程；例如，忽略一张桌子的其他一切特性（颜色、材料、质地），只考虑大小；（2）指“一个东西是另一个东西的抽象者”这种形而上的关系，前者正似后者那般，只是缺少后者的某些特性。

**Abundant ontology**（丰饶本体论）：推设了相当多物项类型的本体论。

**Abundant theory of universals or properties**（共相丰饶论或属性丰饶论）：共相（或属性）实在论的一个版本，它推设了相当多不同的共相（或属性）；在极端情形中，任意适用于众多物项的词项，都有一个与之对应的共相（或属性）存在。

**Actualism**（现实论）：该观点认为，存在的一切皆现实存在，没有什么东西是纯可能的。

**A-features**（A 特性）：事件的时态特性，诸如“发生在过去”“发生在当下”“发生在未来”。

**Agent causal libertarianism**（能动者因果意动论）：见词条“**能动者因果性**”。

**Agent causation**（能动者因果性）：该观点认为，人类能动者有时做了原因。

**Alexander's dictum**（亚历山大箴言）：所有带有因果力的物项都存在，并且只有这些物项存在。

**Analytic**（分析的）：见词条“**分析和综合的区分**”。

**Analytic account**（分析性说明）：对我们意谓了什么的说明。

**The analytic/synthetic distinction**（分析和综合的区分）：在证实（verify）陈述的分析（或逻辑）方法和综合（或经验）方法之间的区分。

**A posteriori method**（后验方法）：一种知道事实或命题的经验方法，涉及观察或感觉经验。

**A priori method**（先验方法）：一种知道事实或命题的方法，不涉及观察或感觉经验。

**Argument**（论证）：为了捍卫某个论断而提出理由的一系列陈述。 281

**A-series**（A 序列）：根据“是过去（或更远的过去）”“是当下”“是未来（或更远的未来）”等性质对事件所做的排序。

**Atheism**（无神论）：上帝不存在的论题。

**A-theory of time**（关乎时间的 A 理论）：该观点认为，A 事实不可还原为 B 事实。

## B

**B-features**（B 特性）：事件的无时态的时间特性，例如，一个事件的“比另一事件早或晚发生五年”的性质。

**Biological realism about race**（种族生物实在论）：种族范畴是生物学范畴。

**Block universe view**（块状宇宙说）：关乎时间的 B 理论和永恒论的组合。

**Bound variable**（约束变项）：处于某量词短语的**辖域**内的变项。

**Brutal composition**（直鲁合成论）：该观点认为，**特殊合成问题**没有为真、有趣且有穷的解答。

**B-series**（B 序列）：根据日期、时间及“早于”“晚于”“彼此同时”等恒常关系，对事件所做的排序。

**B-theory of time**（关乎时间的 B 理论）：该观点认为，关乎时间的 A 事实可还原为 B 事实。

## C

**Categorical features**（范畴特性）：仅关乎对象本身在某时的实际模样的特性。

**Cladistics**（支序分类学）：现代生物学的一种分类法，它划分范畴的根据是众多个体的共同演化史以及（由此导致的）共同的基因图谱。

**Class nominalism**（类唯名论）：该观点认为，属性等同于例示它们的对象的类。

**Compatibilism**（相容论）：该观点认为，自由意志相容于决定论。

**Conceptualism**（概念主义）：该观点认为，共相存在，但却是有赖于我们的心灵去领会的东西。

**Conclusion**（结论）：论证所主张的且得到理由支持的陈述。

**Concrete**（具体的）：物项的一个非抽象分类，例子有桌子、行星和石头等物质对象。

**Contingent**（偶然的）：既非必然的，又非不可能的。

**Contingent a priori**（先验偶然的）：既非必然又非不可能的真理，只靠反思内含词项或概念的意义，便能发现。

282 **Contradiction**（矛盾式）：任何形如“P 和非 P”的句子或陈述。

**Conventionalism**（约定主义）：该观点试图把模态论断归约为一类事实，这类事实关系到：从我们语言的约定中推得出什么，又推不出什么。

**Counterexample**（反例）：以某种方式说明论证的前提为真但结论却为假，进而表明该论证无效的例子；又或者是，以某种方式说明陈述可为假，进而表明该陈述确实为假的例子。

**Counterfactual**（反事实句）：断言“如果事情的走向与我们假设的实际走向不同，那么情况本将会是怎样”的条件句。

**Counterfactual theory of causation**（因果反事实论）：该理论把因果性事实还原为另一类事实，后者关系到在各种反事实情形中本可能发生的状况。

**Counterpart**（对应物）：物项 x 的对应物，是一个与 x 在某种程度上显著相似且与 x 因果相关的物项。

## D

**De dicto modality**（涉述模态）：涉及命题（或宣称）的模态状态，命题（或宣称）或是可能的，或是必然的，又或是偶然的。

**Deductively invalid**（演绎无效的）：如果论证的前提全为真、结论却为假的情况有可能出现，那么该论证是演绎无效的。

**Deductively valid**（演绎有效的）：如果论证的前提全为真、结论却为假的情况不可能出现，那么该论证是演绎有效的。换言之，该论证的前提逻辑蕴涵结论。

**De re modality**（涉物模态）：涉及个体之特性的模态状态，例如，个体的某个特性是本质的，或是偶然的。

**Determinism**（决定论）：该论点宣称，规律是如此这般，以至于给定宇宙的任意状态，我们就能凭规律确确实实地预测出宇宙在其他任何时候的状态。

**Diachronic identity**（历时同一性）：跨时间的同一性。

**Dilemma**（两难）：两个选项中选一个，可每个选项都有不受欢迎的后果。

**Dispositional features**（倾向特性）：与对象在不同情形中的可能表现有关的特性。

**Domain of quantification**（量化论域）：量词在特定语境中所取到的对象的集合，即变项能取到的可能值的集合。

## E

**Efficient cause**（动力因）：使对象或事件得以生成的原因。

**Empiricism**（经验主义）：该观点主张，我们关于世界的知识和理解完全发端于经验。

**Endurantism**（整存论）：该观点主张，持存相当于严格的跨时间数字同一性。

**Enthymeme**（省略论证）：表述不完整且无效的论证，但是要补全使 283
论证有效所需的缺失前提，其实不难。作者用到省略论证，略去缺失的前提，生怕惹烦了读者，或者侮辱了读者的才智。

**Epiphenomenon**（副现象）：由另一事件所致、但自身却无结果的事件。

**Epistemicism**（认知主义）：该观点认为，模糊性即为无知；模糊性既不是世界上的基础不确定性，也不是语词或概念应用于何物的不确定性，而是我们对于语词或概念应用于何物的无知。

**Epistemic possibility**（认知可能性）：与某人的全部知识相容的东西。

**Epistemological**（认识论的）：与我们所能知道的，或有辩护地相信的东西有关。

**Epistemology**（认识论）：关于知识和辩护的理论。

**Equivalence relation**（等价关系）：自返、对称且传递的关系。

**Ersatz modal realism**（仿代模态实在论）：该观点认为，可能世界（即与模态实在论者的具体世界作用相仿的世界）存在，但这些世界并不是与我们的宇宙同样实在的额外的宇宙。

**Essentialism**（本质主义）：该观点认为，对象本身就必然地持有某些属性，这一点不依赖于我们把对象加以归类的任何方式。

**Essential properties，essences**（本质属性，或本质）：个体必然地持有的属性，这些属性使个体是其所是的那类东西。

**Eternalism**（永恒论）：该观点认为，过去、当下和未来的对象及事件都是同等实在的。

**Exdurantism，the stage view**（即存论，或阶段说）：我们通常认为的持存着的熟悉的物质对象等同于暂时的阶段。

**Existentialism**（存在主义）：该观点认为，我们的种种作为决定了我们的本质，决定了我们是哪种人。我们没有可以决定我们的个性和未来处事的天赋本质。

**Existential quantifier**（存在量词）：∃，一阶谓词逻辑的一个符号。当与一个**变项**组合在一起时，可用于表征一种陈述，大意是说：存在某物，该物是某个样子。

**External question**（外部问题）：见词条“**内部和外部的区分**”。

**External statement**（外部陈述）：见词条“**内部和外部的区分**”。

**External time**（外部时间）：在大卫·刘易斯对时间旅行的说明中，外部时间与个人时间有别，恰为时间本身。

**F**

**Fictionalism**（虚构主义）：要理解某特定论域中的语句为真需要什么

条件，得和关乎虚构作品的真理做类比才行。

**Final cause**（目的因）：对象存在的目的或目标，或者对象在特定时间 284
是其所是之模样的缘由。

**Forms**（理式）：构成柏拉图本体论之基础物项的共相。

**Four dimensionalism**（四维主义）：时间部分的学说，主张对象不仅有空间部分，还有时间部分。

**Framework (Carnapian)**［框架（卡尔纳普式的）］：一个包含语法规则和意义规则在内的语言系统。

**Frankfurt case**（法兰克福案例）：在这类案例中，从直观的角度来看，某人自由行动并因此对行动负有道德责任，但他却无力做别的事。

**Fundamental metaphysical theory**（基础形而上学理论）：追求如下意义的完备性的理论：每个关于世界的事实，要么是该理论的一部分，要么可以诉诸该理论而获得完备的解释。

**Fusion**（融合物）：见词条**"偏全和"**。

## G

**Grounding**（底定关系）：当一集事实形而上地解释了另一集事实时，两集事实间存在的一种关系。

**Growing block theory**（涨块论）：该观点认为，过去和当下的对象及事件是实在的；未来的对象及事件是不实在的。

## H

**Hard determinism**（刚性决定论）：该观点认为，自由意志与决定论不相容，因此人类没有自由意志。

**Hard incompatibilism**（刚性不相容论）：该观点认为，自由意志与决定论和非决定论均不相容，因此自由意志是不可能的。

**Humeanism about laws**（规律休谟主义）：该观点认为，关乎自然规律的事实可还原为关乎常则的事实，常则呈现于我们这个宇宙发生的事物之中。

**Hylomorphism**（形质论）：亚里士多德式理论，认为实体是由质料和形式组成的复合对象。

## I

**Idealization**（理想化）：为了让理论更易用，引入理论中的虚假预设。

**Identity of Indiscernibles**（不可分别物同一）：该形而上学原则主张，必然地：如果任意多个对象都是定性复本，那么它们便是同一的。

**Immanent**（内蕴的）：例示于空间和时间中的东西。

**Incompatibilism**（不相容论）：该观点认为，自由意志与决定论不相容。

**Indeterminism**（非决定论）：对**决定论**的否定。

**Indiscernibility of Identicals**（同一物不可分别）：见词条“**莱布尼茨律**”。

**Indispensability argument**（不可或缺性论证）：一个支持数学物项实
285 在论（柏拉图主义）的论证，前提有二：（1）我们应该承认且仅承认所有对于我们最好的科学理论不可或缺的物项；（2）数学物项对于我们最好的科学理论不可或缺。

**Instantiation**（例示）：一个属性和一个具有该属性的物项之间的关系。

**Internal question**（内部问题）：见词条“**内部和外部的区分**”。

**Internal statement**（内部陈述）：见词条“**内部和外部的区分**”。

**The internal/external distinction**（内部和外部的区分）：对于在语言框架内进行评估的问题或陈述，以及在框架外进行评估的、可能涉及框架本身的问题或陈述所做的区分。

**Intrinsic properties**（内在属性）：对象仅凭自身之所是、不靠与其他事物的关系就拥有的属性。

**Invalid**（无效的）：见词条“**演绎无效的**”。

## L

**Leibniz's law**（莱布尼茨律）：该形而上学原则主张，必然地：如果 a 和 b 是同一的，那么它们必定共享所有相同的属性。

**Libertarianism**（意动论）：该观点认为，自由意志与决定论不相容，所以决定论为假。

**Linguistic ersatzism**（语言仿代论）：仿代模态实在论的一种形式，把可能世界解释成语句或别的语言项。

**Linguistic，or semantic vagueness**（语言的，或语义的模糊性）：此种模糊性是语义不确定的产物；即不存在相应的事实，可以精准地决定词项在一切场合用于何物。

**Logical connectives**（逻辑联结词）：用于从简单命题中构造复合命题的符号。

**Logical positivism**（逻辑实证主义）：20 世纪 20 年代发端于奥地利和德国的一场哲学运动，以批判形而上学为要旨，主张关乎世界的全部知识必定肇始于感官经验和逻辑。

**Logical possibility**（逻辑可能性）：不蕴涵任何矛盾的东西。

**Logicism**（逻辑主义）：该观点认为，数学可还原为逻辑。

## M

**Major conclusion**（大结论）：论证的最终结论。

**Maximal property**（极大属性）：属性 F 是极大的，如果一个 F 所含有的任何大部分都不是 F。

**Mereological atom**（偏全原子）：没有任何真部分的对象。

**Mereological nihilism**（偏全虚无论）：该观点认为，没有偏全复合对象，唯有单体存在。

**Mereological relations**（偏全关系）：部分和整体的关系。

**Mereological sum**（偏全和）：对象 $x_1$，$x_2$，…，$x_n$ 的偏全和，是一个 286
仅以 $x_1$，$x_2$，…，$x_n$ 为部分的对象。

**Mereological universalism**（偏全万有论）：该观点认为，任意多个在空间中不相交的对象（无论是什么）都会发生合成。

**Meta-ontology**（元本体论）：研究哲学家参与本体论论争时做了什么或应该做什么。

**Metaphysical explanation**（形而上学解释）：见词条“**底定关系**”。

**Metaphysical vagueness**（形而上模糊性）：此种模糊性肇始于世界所是的客观模样，而非我们思考或谈论世界的方式；换言之，形而上模糊性是关乎何物存在或事物有何特性的基础不确定性。

**Mind-body dualism**（心身二元论）：该观点认为，存在两种实体，一种是心灵（心理实体），另一种是身体（物质实体）。

**Minor conclusion**（小结论）：为了支持论证的大结论而主张的陈述。

**Modal claims**（模态论断）：表达关于可能性、不可能性、必然性或偶然性的事实的论断。

**Modal logic**（模态逻辑）：表征模态论断的逻辑分支。

**Modal properties**（模态属性）：与可能性、不可能性、必然性或偶然性相关的属性。

**Modal realism**（模态实在论）：该观点认为，除了现实世界外，还存在别的额外的宇宙或可能世界，恰与我们自己的宇宙一样实在；我们的模态论断，正是凭借这些宇宙之本性才有真假。

**Model**（模型）：一个理论结构，包含了一集基本表征工具，是用来说明资料集的。

**Modus ponens**（肯定前件）：该逻辑形式为：

> 如果 A，那么 B
> A
> 因此，
> B

其中，A 和 B 可以是任何命题。

**Moving spotlight view**（移动光标论）：一种结合了永恒论和关乎时间的 A 理论的观点。

## N

**Naturalism**（自然主义）：该观点认为，实在正是在科学本身中，才得以被辨识并描述出来。

**Natural kind**（自然种类）：一个对象群，该群的每个成员都有某种独立于心灵的客观相似性。

**Necessary a posteriori**（后验必然的）：由经验观察而知的必然真理。

287 **Nominalism**（唯名论）：(1) 一种认为抽象物这类东西不存在的观点；(2) 一种认为共相这类东西不存在的观点；(3) 一种认为数学物项这类东西不存在的观点。

**Nomological possibility or necessity**（律则的可能性或必然性）：以自然规律为根据的可能性或必然性。

**Numbered premise form**（编号前提形式）：一种陈述论证的方式，即为每个前提和结论编号，并一行行地呈列它们。

**Numerical identity, or identity in the strict sense**（数字同一性，或严格同一性）：一性；“a 同一于 b”的一种含义，意思是：a 和 b 是同一个对象，它们就是“一”。

## O

**Objection from coextension**（同外延反驳）：一个反对类唯名论的论证，该论证是说：由于两个谓词可以有相同的外延，但却指称两个不同的属性，所以，存在的属性远比类唯名论者承认的更多。

**Objective**（客观的）：不依赖于任何个体视角的，即绝对的。

**Ockham's Razor**（奥卡姆剃刀）：该原则宣称，如无必要，勿增本体论承诺。

**One over many**（众中之一）：一个支持共相实在论的论证，它以一群对象的某些相似之处为前提，推论出有一个遍历这些个体对象（“众”）的共相（一个“一”）。

**Ontological commitments**（本体论承诺）：某人为接受某些语句而应相信的物项类型。

**Ontological dependence**（本体依赖）：一物为了持续存在而依赖于另一物。

**Ontology**（本体论）：（1）关于何物存在的研究；（2）一种关于哪些物项类型存在的特殊理论。

**Openness of the future**（未来的开放性）：该观点认为，不存在任何关于未来的确定事实。

**Origins essentialism**（起源本质主义）：该观点认为，物质对象和生物体的起源对于它们都是本质的。

**Ostrich nominalism**（鸵鸟唯名论）：唯名论的一个版本，不仅否认属性的存在，还拒绝回答如下问题：各对象凭什么彼此相似，又凭什么才好像具有了某些特性呢？

## P

**Particular**（殊相）：指任何不会被多重例示的物项。

**Perdurantism（the worm view）**［分存论（蠕虫说）］：该观点认为，物质对象的持存就是在不同的时间都有时间部分。

**Personal time**（个人时间）：在大卫·刘易斯对时间旅行的说明中，个人时间与外部时间有别，是依据物理对象的常规行为表现（手表滴答作响和人类的衰老过程等）进行测量的消逝时间。

288 **Physicalism**（物理主义）：该观点认为，物理学能独立提供一个完备的描述，说明我们的世界有何物存在，以及世界是何模样。

**Platonism**（柏拉图主义）：（1）一种认为柏拉图式**理式**这类东西存在的观点；（2）一种认为抽象数学物项这类东西存在的观点。

**Possibilism**（可能论）：该观点认为，至少有些东西不是现实的，而是纯可能的。

**Possible worlds analysis of modality**（可能世界模态分析）：诉诸不同的可能世界（包括现实世界）的实情，对有关可能性和必然性的论断所做的一种分析。

**Predicate nominalism**（谓词唯名论）：一种否认属性存在的观点。谓词可能被对象满足，也可能不被满足；但要解释这一事实，无需属性的存在。

**Premise**（前提）：作为论证的一部分的陈述，是我们接受某个论断的理由。

**Presentism**（当下论）：该观点认为，唯有当下存在的对象及事件是实在的。

**Primitivist theory of causation**（因果初始论）：该理论主张，因果事实不可还原为任何非因果事实，而非因果事实囊括了关乎常则、规律、反事实句或概率的事实。

**Principle of charity**（厚道原则）：哲学论争中的一个约定，即在合理的情况下，应该设法把对手的论断解释为真的，把其论证解释为有效的。

**Principle of naturalistic closure**（自然主义闭合原则）：该原则是说，凡是在某时某刻值得严肃考虑的形而上学论断，其理论动机应该是它将要提供的如下服务，也就是说明：两个以上的科学假说（至少有一个出自基础物理学）共同解释的事项，怎么会比这些假说各自解释的事项加起来还要多。

**Problem of temporary intrinsics**（暂时内在属性问题）：大卫·刘易斯针对整存论提出的一个问题，他宣称，整存论者没法说明对象的内在属性的变化。

**Problem of the Many**（一多问题）：一个关于物质对象之存在和同一性的哲学问题，由哲学家彼得·昂格尔于 1980 年提出。该问题肇始于［日常物质对象（诸如人、石头、桌子和星辰）似乎没有定义明确的物理边界］这个事实。对于任意日常物质对象，有多个得到精确定义、有着确定边界的对象可能与之相关。这就引发了一个问题：如果在这些得到精确定义的对象中，有任何一个同一于该日常物质对象，那么是哪一个呢？

**Proper part**（真部分）：x 是 y 的一个真部分，仅当 x 是 y 的一个部分，并且 x 不同一于 y。

**Protocol statement**（记录陈述）：可由感官经验直接证实的陈述。

## Q

**Qualitative identity**（定性同一性）："a 同一于 b"的一种含义，意思 *289*
是：a 和 b 共享所有相同的性质（指二者同色、同形状、同大小等）。

## R

**Racialism**（种族论）：该观点认为，有些遗传特征为我们这个物种的成员所持有，可以把我们划分为一小批种族。

**Realism about universals**（共相实在论）：该观点认为，共相存在，并且共相是独立于心灵的东西。

**Realization relations**（实现关系）：一个或多个对象实现了另一个对象，即前者起到了执行后者的作用，例如，一些硬件组件执行了一个特定的程序。

**Reductio ad absurdum**（归谬法）：证明论断的一种方法，做法是论证该论断的否定会蕴涵矛盾（悖谬）。

**Reference class problem**（参照类问题）：该问题是说，我们指派给一个事件的概率，似乎依赖于我们在特定场合对该事件形成概念（即为它设置一个参照类）的方式。这可能随语境而变化，因此不好说该事件的概率究竟是多少。

**Regimentation**（规整）：一种用符号逻辑表征陈述的程序，目的是尽可能清晰地展现陈述的推论。

**Regularity theory of causation**（因果常则论）：诉诸事件模式的恒常发生来解释因果关系的因果论。

## S

**Scope, of a quantifier**（量词的辖域）：含有受量词约束的变项的语句部分。在符号逻辑中，量词的辖域要么是（在一个像是"∃xFx"这样的简单句中）紧跟在量词短语后的语句部分；要么是紧跟量词短语，且包含在括号中的语句部分。[例如，在句子"∃x（Fx∧Gx）∧Hx"中，出现在"Fx"和"Gx"中的x都是处于量词的辖域内的，但出现在"Hx"中的x则不在量词的辖域内。]

**Self-forming actions**（自形成行动）：在一个人的一生中，决定了他或她会是哪种人的重要行动。

**Semantic ascent**（语义上溯）：哲学家为了处理一个问题，会"上溯到语义层面"，首先去处理另一个问题，后者牵涉到出现在原问题中的某些关键词项的意义。

**Semantic theory**（语义理论）：关于命题或命题集的意义和真值条件的说明。

**Sentential operator**（语句算子）：作用于语句或命题，从而生成更复杂的语句或命题的逻辑记号。

**Set nominalism**（集唯名论）：见词条**"类唯名论"**。

**Shrinking block theory**（缩块论）：该观点认为，当下和未来的对象及事件是实在的；过去的对象及事件是不实在的。

**Simple**（单体）：见词条**"偏全原子"**。

290 **Social construction**（社会建构）：使其成员构成社会种类的一种分类。

**Social kind**（社会种类）：一个对象群，该群的每个成员基于既有的社会实践、制度或习俗，具有某种相似性。

**Soft determinism**（柔性决定论）：该观点认为，决定论为真，并与自由意志的存在相容。

**Sortal essentialism**（分类本质主义）：该观点认为，对象是什么种类的东西，对于对象是本质的。

**Sortal predicate**（分类谓词）：把对象归作某个种（或类）之成员的谓词。

**Sound**（可靠的）：一个论证是可靠的，仅当它的前提全为真，并且它是演绎有效的。

**Sparse ontology**（贫瘠本体论）：推设了相当少物项类型的本体论。

**Sparse theory of universals or properties**（共相贫瘠论或属性贫瘠论）：共相（或属性）实在论的一个版本，它推设了相当少的不同的共相（或属性）；在极端情形中，唯有对应于基础物理理论所承认的那些类型，共相才会存在。

**Special Composition Question**（特殊合成问题）：该问题问的是，对于任意一些 x，何时存在一个 y，使这些 x 合成 y。

**Surface freedom**（浅自由）：行事可以满足自己的欲望。

**Supervenience**（依随）：关于一类物项（那些 A）的一集事实依随于关于另一类物项（那些 B）的一集事实，是指如果 B 相关的事实没有相应的变化，那么 A 相关的事实也不会有变化。

**Synchronic identity**（共时同一性）：单一时间的同一性。

**Synthetic**（综合的）：见词条**“分析和综合的区分”**。

## T

**Teleological cause**（目的论原因）：见词条**“目的因”**。

**Theism**（有神论）：上帝存在的论题。

**Theory of abstract particulars**（抽象殊相论）：见词条**“特普论”**。

**Thought experiment**（思想实验）：一个虚构的情形，用于引申出一些结果，便于构建科学理论或哲学理论。

**Three dimensionalism**（三维主义）：该观点认为，对象可以有空间部分，却从未有时间部分。

**Transcendent**（超越的）：超越的物项是不位于空间或时间中的物项。

**Trope**（特普）：抽象的殊相，例如，帝国大厦的形状。 291

**Trope theory**（特普论）：该理论主张，属性即特普，也就是抽象的殊相。

**Truthmaker theory**（缔真项理论）：该理论主张，真语句均有缔真项，也就是使语句为真的某些物项或物项集。

**Two Object View**（双对象说）：该观点认为，物质对象与组成它们的物质是数字不同的。

## U

**Ultimate freedom of the will**（意志的终极自由）：（意志）有能力满足

欲望，并构成那些欲望的终极来源。

**Universal**（共相）：一类可重复的物项，可由多个不同物项在多个位置同时例示。

**Universal quantifier**（全称量词）：∀，一阶谓词逻辑的一个符号。当与一个**变项**组合在一起时，可用于表征一种陈述，大意是说：所有的事物都是某个样子。

**Use/mention distinction**（使用和提及的区分）：对于词或短语在句子中出现的两种方式所做的区分。句子可能会使用语言项（linguistic item），让它发挥自身的典型语义作用（是名字，就命名某个对象；是形容词，就修饰某个对象；诸如此类）。又或者，句子可能会提及语言项，让它指向自身。在提及而非使用语言项的场合，有一个哲学约定，就是把相关的词或短语置于双引号内。



## V

**Valid**（有效的）：见词条“**演绎有效的**”。

**Variables**（变项）：诸如 x、y、z 等符号，可用于代替句子中的其他东西（又称“变项的值”）。

**Verificationist theory of meaning**（意义证实论）：陈述的证实条件给出了陈述的意义。

**Verificationist theory of truth**（真理证实论）：语句可以有真有假，仅当它可以被证实，或者可以被证伪。

## W

**To be wholly present at a time**（完整呈现于一时）：自身的所有部分都存在于那时。

**World-line**（世界线）：任何对象穿行于时空中的路径。

# 参考文献


Albert, David Z. 1992. *Quantum Mechanics and Experience*. Cambridge, MA: Harvard University Press. 292

Alston, William P. 1958. Ontological Commitments. *Philosophical Studies*. 9 (1－2): 8－17.

Andreasen, Robin. 1998. A New Perspective on the Race Debate. *British Journal for the Philosophy of Science*. 49 (2): 199－225.

Annas, Julia. 1981. *An Introduction to Plato's Republic*. Oxford: Oxford University Press.

Appiah, Kwame Anthony. 1992. In *My Father's House: Africa in the Philosophy of Culture*. Oxford: Oxford University Press.

Aristotle. 1984. *The Complete Works of Aristotle*. J. Barnes, ed. Princeton, NJ: Princeton University Press.

Armstrong, D. M. 1978. *Universals and Scientific Realism* (Two Volumes). Cambridge: Cambridge University Press.

Armstrong, D. M. 1983. *What Is a Law of Nature?* Cambridge: Cambridge University Press.

Armstrong, D. M. 1989a. *A Combinatorial Theory of Possibility*. Cambridge: Cambridge University Press.

Armstrong, D. M. 1989b. *Universals: An Opinionated Introduction*. Boulder, CO: Westview Press.

Armstrong, D. M. 1997. *A World of States of Affairs*. Cambridge: Cambridge University Press.

Ayer, A. J. 1936. *Language, Truth, and Logic*. London: Gollancz.

Ayer, A. J., ed. 1959. *Logical Positivism*. New York: The Free Press.

Ayer, A. J. 1969. Freedom and Necessity. In *Philosophical Essays*. London: Macmillan.

Baker, Alan. 2005. Are There Genuine Mathematical Explanations of Physical Phenomena? *Mind*. 114 (454): 223 - 238.

Baker, Alan. 2013. Simplicity. *The Stanford Encyclopedia of Philosophy* (Fall 2013 Edition). E. Zalta, ed. URL=<http://plato.stanford.edu/archives/fall2013/entries/simplicity/>.

Barnes, Elizabeth. 2010. Ontic Vagueness: A Guide for the Perplexed. *Noûs*. 44 (4): 601 - 627.

Barnes, Elizabeth. 2012. Emergence and Fundamentality. *Mind*. 121 (484): 873 - 901.

Barnshad, M. J. and S. E. Olson. 2003. Does Race Exist? *Scientific American*. December.

Benacerraf, Paul. 1973. Mathematical Truth. *Journal of Philosophy*. 70 (19): 661 - 679.

293 Benacerraf, Paul and Hilary Putnam, eds. 1983. *Philosophy of Mathematics: Selected Readings*. Cambridge: Cambridge University Press.

Bennett, Karen. 2011. Construction Area (No Hard Hat Required). *Philosophical Studies*. 154 (1): 79 - 104.

Bennett, Karen. 2017. *Making Things Up*. Oxford: Oxford University Press.

Bergmann, Merrie, James Moor, and Jack Nelson. 2008. *The Logic Book* (Fifth Edition). New York: McGraw-Hill.

Bernasconi, Robert and Tommy L. Lott, eds. 2000. *The Idea of Race*. London: Hackett.

Black, Max. 1952. The Identity of Indiscernibles. *Mind*. 61 (242): 153 - 164.

Boolos, George. 1984. To Be is to be a Value of a Variable (or to be Some Values of Some Variables). *Journal of Philosophy*. 81 (8): 430 - 449.

Borges, Jorge Luis. 1964. The Analytical Language of John Wilkins. In *Other Inquisitions 1937—1952*. Austin: University of Texas Press.

Boxill, Bernard, ed. 2001. *Race and Racism*. Oxford: Oxford University Press.

Carnap, Rudolf. 1932. The Elimination of Metaphysics through the Logical Analysis of Language. *Erkenntnis*: 60 - 81.

Carnap, Rudolf. 1950. Empiricism, Semantics, and Ontology. *Revue Internationale de Philosophie*. 4: 20 – 40. Reprinted in *Meaning and Necessity*. Chicago, IL: University of Chicago Press, 1956.

Cartwright, Nancy. 1999. *The Dappled World: A Study of the Boundaries of Science*. Cambridge: Cambridge University Press.

Cartwright, Richard. 1968. Some Remarks on Essentialism. *Journal of Philosophy*. 65 (20): 615 – 626.

Chalmers, David, David Manley, and Ryan Wasserman, eds. 2009. *Metametaphysics: New Essays on the Foundations of Ontology*. Oxford: Oxford University Press.

Chisholm, Roderick. 1964. Human Freedom and the Self. Lindley Lecture. University of Kansas.

Collins, John, Ned Hall, and L. A. Paul, eds. 2004. *Causation and Counterfactuals*. Cambridge, MA: MIT Press.

Colyvan. Mark. 2003. *The Indispensability of Mathematics*. Oxford: Oxford University Press.

Craig, William Lane. 2000a. *The Tensed Theory of Time: A Critical Examination*. Dordrecht: Kluwer.

Craig, William Lane. 2000b. *Time and the Metaphysics of Relativity*. London: Springer.

Davidson, Donald. 1967a. The Logical Form of Action Sentences. In *The Logic of Decision and Action*. N. Rescher, ed. Pittsburgh, PA: University of Pittsburgh Press.

Davidson, Donald. 1967b. Causal Relations. *Journal of Philosophy*. 64 (21): 691 – 703.

Davidson, Donald. 1970. Events as Particulars. *Noûs*. 4 (1): 25 – 32.

Descartes, René and Princess Elisabeth of Bohemia. 2007. *The Correspondence between Princess Elisabeth of Bohemia and René Descartes*. Chicago, IL: University of Chicago Press.

Dowe, Phil. 2000. *Physical Causation*. Cambridge: Cambridge University Press.

Einstein, Albert. 2013. *Relativity: The Special and General Theory*. New York: Empire Books.

Feldman, Richard. 1998. *Reason and Argument* (Second Edition). New York: 294
Prentice Hall.

Field, Hartry. 1980. *Science Without Numbers*. Princeton, NJ: Princeton University Press.

Fine，Kit. 1994. Essence and Modality. *Philosophical Perspectives*. 8：1－16.

Fine，Kit. 2001. The Question of Realism. *Philosophers' Imprint*. 1（2）：1－30.

Fine，Kit. 2009. The Question of Ontology. In *Metametaphysics：New Essays on the Foundations of Ontology*. D. Chalmers，D. Manley，and R. Wasserman，eds. Oxford：Oxford University Press.

Fischer，John Martin. 1994. *The Metaphysics of Free Will*. Oxford：Blackwell.

Fischer，John Martin，Robert Kane，Derk Pereboom，and Manuel Vargas. 2007. *Four Views on Free Will*. Oxford：Blackwell.

Forrest，Peter. 1986. Ways Worlds Could Be. *Australasian Journal of Philosophy*. 64（1）：15－24.

Frankfurt，Harry. 1969. Alternative Possibilities and Moral Responsibility. *Journal of Philosophy*. 66（3）：829－839.

French，Steven and Kerry McKenzie. 2012. Thinking Outside the Toolbox. *European Journal of Analytic Philosophy*. 8（1）：42－59.

Gendler，Tamar Szabó and John Hawthorne，eds. 2002. *Conceivability and Possibility*. Oxford：Oxford University Press.

Glasgow，Joshua. 2009. *A Theory of Race*. London：Routledge.

Goodman，Nelson. 1983. *Fact，Fiction，and Forecast*. Cambridge，MA：Harvard University Press.

Hacking，Ian. 1999. *The Social Construction of What?* Cambridge，MA：Harvard University Press.

Hall，Ned and L. A. Paul. 2013. *Causation：A User's Guide*. Oxford：Oxford University Press.

Hardegree，Gary. 1999. *Symbolic Logic：A First Course*（Third Edition）. New York：McGraw-Hill.

Haslanger，Sally. 1995. Ontology and Social Construction. *Philosophical Topics*. 23（2）：95－124.

Haslanger，Sally. 2000. Gender and Race：（What）Are They?（What）Do We Want Them to Be? *Noûs*. 34（1）：31－55.

Haslanger，Sally. 2003. Persistence through Time. In *The Oxford Handbook of Metaphysics*. M. Loux and D. Zimmerman，eds. Oxford：Oxford University Press.

Haslanger，Sally and Roxanne Marie Kurtz. 2006. *Persistence：Contemporary Readings*. Cambridge，MA：MIT Press.

Hawley，Katherine. 2010. Temporal Parts. *The Stanford Encyclopedia of Philosophy*

(Winter 2010 Edition). E. Zalta, ed. URL=<http://plato.stanford.edu/archives/win2010/entries/temporal-parts/>.

Hawthorne, John and Daniel Nolan. 2006. What Would Teleological Causation Be? In *Metaphysical Essays*. Oxford: Oxford University Press.

Heidegger, Martin. 1993. What is Metaphysics? In *Martin Heidegger: Basic Writings*. D. F. Krell, ed. London: Routledge.

Heil, John. 2012. *The Universe As We Find It*. Oxford: Oxford University Press.

Heller, Mark. 1990. *The Ontology of Physical Objects: Four-Dimensional Hunks of Matter*. Cambridge: Cambridge University Press.

Heller, Mark. 2005. Anti-Essentialism and Counterpart Theory. *The Monist*. 88 295
(4): 600-618.

Hinchliff, Mark. 2000. A Defense of Presentism in a Relativistic Setting. *Philosophy of Science*. 67(3): 586.

Hirsch, Eli. 2010. *Quantifier Variance and Realism: Essays in Metaontology*. Oxford: Oxford University Press.

Horwich, Paul. 1975. On Some Alleged Paradoxes of Time Travel. *Journal of Philosophy*. 72(14): 432-444.

Hume, David. 2000. *An Enquiry Concerning Human Understanding*. Oxford: Oxford University Press.

Hume, David. 2006. Of Natural Characters. In *Essays: Moral, Political and Literary*. New York: Cosimo.

Hylton, Peter. 2007. *Quine*. London: Routledge.

Ismael, Jenann. 2003. Closed Causal Loops and the Bilking Argument. *Synthese*. 136(3): 305-320.

Jackson, Frank. 1977. Statements about Universals. *Mind*. 86(343): 427-429. Reprinted in *Properties*. D. H. Mellor and A. Oliver, eds. Oxford: Oxford University Press, 1997.

Kalderon, Mark Eli, ed. 2005. *Fictionalism in Metaphysics*. Oxford: Clarendon.

Kane, Robert. 2005. *A Contemporary Introduction to Free Will*. Oxford: Oxford University Press.

Keefe, Rosanna and Peter Smith, eds. 1997. *Vagueness: A Reader*. Cambridge, MA: MIT Press.

Keller, Simon. 2004. Presentism and Truthmaking. *Oxford Studies in Metaphysics, Volume 1*. Oxford: Oxford University Press, 83-104.

Keller, Simon and Michael Nelson. 2001. Presentists Should Believe in Time-Travel. *Australasian Journal of Philosophy*. 79(3): 333 - 345.

Kenny, Anthony. 1963. *Action, Emotion, and Will*. New York: Humanities Press.

Kim, Jaegwon. 1976. Events as Property Exemplifications. In *Action Theory*. M. Brand and D. Walton, eds. Dordrecht: Reidel.

Kim, Jaegwon. 1984. Concepts of Supervenience. *Philosophy and Phenomenological Research*. 45: 153 - 176.

Kim, Jaegwon. 2010. *Philosophy of Mind* (Third Edition). Boulder, CO: Westview Press.

Koslicki, Kathrin. 2010. *The Structure of Objects*. Oxford: Oxford University Press.

Kripke, Saul. 1980. *Naming and Necessity*. Cambridge, MA: Harvard University Press.

Kuhn, Thomas. 1977. Objectivity, Value Judgment, and Theory Choice. In *The Essential Tension*. Chicago, IL: University of Chicago Press.

Ladyman, James. 2007. Does Physics Answer Metaphysical Questions? *Royal Institute of Philosophy Supplements*. 82(61): 179 - 201.

Ladyman, James and Don Ross. 2007. *Every Thing Must Go: Metaphysics Naturalized*. Oxford: Oxford University Press.

Langton, Rae and David Lewis. 1998. Defining "Intrinsic." *Philosophy and Phenomenological Research*. 58(2): 333 - 345.

Laplace, Pierre-Simon. 1951. *A Philosophical Essay on Probabilities*. New York: Dover.

Leonard, Henry S. and Nelson Goodman. 1940. The Calculus of Individuals and its Uses. *Journal of Symbolic Logic*. 5(2): 45 - 55.

296 Le Poidevin, Robin and Murray MacBeath. 1993. *The Philosophy of Time*. Oxford: Oxford University Press.

Lewis, David. 1973a. Counterfactuals and Comparative Similarity. *Journal of Philosophical Logic*. 2(4): 418 - 446.

Lewis, David. 1973b. Causation. *Journal of Philosophy*. 70(17): 556 - 567. Reprinted with postscripts in *Philosophical Papers: Volume II*. Oxford: Oxford University Press, 1986, 159 - 213.

Lewis, David. 1976. The Paradoxes of Time Travel. *American Philosophical Quarterly*. 13(2): 145 - 152. Reprinted in *Philosophical Papers: Volume II*. Oxford: Oxford University Press, 1986, 67 - 80.

Lewis, David. 1978. Truth in Fiction. *American Philosophical Quarterly*. 15(1): 37 - 46.

Lewis, David. 1981. Are We Free to Break the Laws? *Theoria*. 47(3): 113 - 121.

Lewis, David. 1983. New Work for a Theory of Universals. *Australasian Journal of Philosophy*. 61: 343 - 377.

Lewis, David. 1986. *On the Plurality of Worlds*. Oxford: Blackwell.

Lewis, David. 1993. Many, but Almost One. In *Ontology, Causality, and Mind: Essays on the Philosophy of D. M. Armstrong*. K. Campbell, J. Bacon, and L. Reinhardt, eds. Cambridge: Cambridge University Press.

Lewis, David. 2000. Causation as Influence. *Journal of Philosophy*. 97(4): 182 - 197.

Loux, Michael J. ed. 1979. *The Possible and the Actual: Readings in the Metaphysics of Modality*. Ithaca, NY: Cornell University Press.

Loux, Michael and Dean Zimmerman, eds. 2003. *The Oxford Handbook of Metaphysics*. Oxford: Oxford University Press.

McDaniel, Kris. 2007. Extended Simples. *Philosophical Studies*. 133(1): 131 -141.

McKay, Thomas. 1999. *Reasons, Explanations, and Decisions: Guidelines for Critical Thinking*. London: Wadsworth.

Mackie, J. L. 1980. *The Cement of the Universe*. Oxford: Clarendon.

Mackie, Penelope. 2006. *How Things Might Have Been: Individuals, Kinds, and Essential Properties*. Oxford: Oxford University Press.

McTaggart, J. M. E. 1908. The Unreality of Time. *Mind*. 17(68): 457 - 474.

Maddy, Penelope. 1992. Indispensability and Practice. *Journal of Philosophy*. 89(6): 275 - 289.

Mallon, Ron. 2007. A Field Guide to Social Construction. *Philosophy Compass*. 2(1): 93 - 108.

Marcus, Ruth Barcan. 1967. Essentialism in Modal Logic. *Noûs*. 1(1): 91 - 96.

Marcus, Ruth Barcan. 1990. A Backward Look at Quine's Animadversions on Modalities. In *Perspectives on Quine*. R. Barrett and R. Gibson, eds. Oxford: Blackwell, 230 - 243.

Markosian, Ned. 1998. Brutal Composition. *Philosophical Studies*. 92(3): 211 - 249.

Markosian, Ned. 2004. A Defense of Presentism. *Oxford Studies in Metaphys-*

*ics*, *Volume 1*. Oxford: Oxford University Press, 47 - 82.

Meiland, Jack. 1974. A Two-Dimensional Passage Model of Time for Time Travel. *Philosophical Studies*. 26(3 - 4): 153 - 173.

Mellor, D. H. and Alex Oliver, eds. 1997. *Properties*. Oxford: Oxford University Press.

Mills, Charles. 1998. *Blackness Visible*: *Essays on Philosophy and Race*. Ithaca, NY: Cornell University Press.

Montero, Barbara. 1999. The Body Problem. *Noûs*. 33(2): 183 -200.

297 Outlaw, Lucius T. 1996. *On Race and Philosophy*. London: Routledge.

Papineau, David. 2012. *Philosophical Devices*: *Proofs*, *Probabilities*, *Possibilities*, *and Sets*. Oxford: Oxford University Press.

Paul, L. A. 2006. In Defense of Essentialism. *Philosophical Perspectives*. 20(1): 333 - 372.

Paul, L. A. 2012. Metaphysics as Modeling: The Handmaiden's Tale. *Philosophical Studies*. 160(1): 1 - 29.

Pearl, Judea. 2000. *Causality*: *Models*, *Reasoning*, *and Inference*. Cambridge: Cambridge University Press.

Peirce, Charles S. 1877. The Fixation of Belief. *Popular Science Monthly*. 12: 1 - 15.

Pereboom, Derk. 2001. *Living Without Free Will*. Cambridge: Cambridge University Press.

Pink, Thomas. 2004. *Free Will*: *A Very Short Introduction*. Oxford: Oxford University Press.

Plantinga, Alvin. 1992. *The Nature of Necessity*. Oxford: Clarendon.

Plato. 2005. *The Collected Dialogues*. E. Hamilton and H. Cairns, eds. Princeton, NJ: Princeton University Press.

Pojman, Louis P. and Michael Rea. 2011. *Philosophy of Religion*: *An Anthology*(Sixth Edition). Stamford, CT: Cengage Learning.

Putnam, Hilary. 1967. Time and Physical Geometry. *Journal of Philosophy*. 64(8): 240 - 247.

Putnam, Hilary. 1972. *Philosophy of Logic*. London: Allen and Unwin.

Putnam, Hilary. 1975. The Meaning of "Meaning." *Minnesota Studies in the Philosophy of Science*. 7: 131 - 193.

Quine, W. V. O. 1948. On What There Is. *Review of Metaphysics*. 2(5): 21 - 36. Reprinted in *From a Logical Point of View*. Cambridge, MA: Harvard University Press, 1980.

Quine, W. V. O. 1950. Identity, Ostension, and Hypostasis. *Journal of Philosophy*. 47(22): 621－633. Reprinted in *From a Logical Point of View*. Cambridge, MA: Harvard University Press, 1980.

Quine, W. V. O. 1951a. Two Dogmas of Empiricism. *Philosophical Review*. 60(1): 20－43. Reprinted in *From a Logical Point of View*. Cambridge, MA: Harvard University Press, 1980.

Quine, W. V. O. 1951b. On Carnap's Views on Ontology. *Philosophical Studies*. 2(5): 65－72.

Quine, W. V. O. 1960. *Word and Object*. Cambridge, MA: MIT Press.

Quine, W. V. O. 1969. Natural Kinds. In *Ontological Relativity and Other Essays*. New York: Columbia University Press.

Quine, W. V. O. 1980. *From a Logical Point of View*. Cambridge, MA: Harvard University Press.

Quine, W. V. O. 1981. *Theories and Things*. Cambridge, MA: Harvard University Press.

Rea, Michael, ed. 1997. *Material Constitution*. Lanham, MD: Rowman and Littlefield.

Reichenbach, Hans. 1956. *The Direction of Time*. Berkeley: University of California Press.

Rosen, Gideon. 1990. *Modal Fictionalism*. *Mind*. 99(395): 327－354.

Routley, Richard. 1982. On What There Is Not. *Philosophy and Phenomenological Research*. 43(2): 151－177.

Russell, Bertrand. 1905. On Denoting. *Mind*. 14(56): 479－493.

Russell, Bertrand. 1912/2002. *The Problems of Philosophy*. Oxford: Oxford 298
University Press.

Russell, Gillian. 2008. *Truth in Virtue of Meaning*. Oxford: Oxford University Press.

Salmon, Wesley. 1994. Causality without Counterfactuals. *Philosophy of Science*. 61(2): 297－312.

Sartorio, Carolina. 2005. Causes as Difference-Makers. *Philosophical Studies*. 123(1－2): 71－96.

Sartre, Jean-Paul. 2007. Existentialism is a Humanism. In *Existentialism is a Humanism*. New Haven, CT: Yale University Press.

Schaffer, Jonathan. 2003. Is There a Fundamental Level? *Noûs*. 37(3): 498－

517.

Schaffer, Jonathan. 2004. Two Conceptions of Sparse Properties. *Pacific Philosophical Quarterly*. 85(1): 92 - 102.

Schaffer, Jonathan. 2009. On What Grounds What. In *Metametaphysics: New Essays on the Foundations of Ontology*. D. Chalmers, D. Manley, and R. Wasserman, eds. Oxford: Oxford University Press.

Schaffer, Jonathan. 2010. Monism: The Priority of the Whole. *Philosophical Review*. 119(1): 31 - 76.

Schneider, Susan, ed. 2009. *Science Fiction and Philosophy*. London: Wiley-Blackwell.

Searle, John. 1995. *The Social Construction of Reality*. London: Penguin.

Sider, Theodore. 1993. Van Inwagen and the Possibility of Gunk. *Analysis*. 53(4): 285 - 289.

Sider, Theodore. 1996. All the World's a Stage. *Australasian Journal of Philosophy*. 74(3): 433 - 453.

Sider, Theodore. 2001. *Four Dimensionalism*. Oxford: Oxford University Press.

Sider, Theodore. 2003. Maximality and Microphysical Supervenience. *Philosophy and Phenomenological Research*. 66(1): 139 - 149.

Sider, Theodore. 2011. *Writing the Book of the World*. Oxford: Oxford University Press.

Sider, Theodore. 2013. Against Parthood. *Oxford Studies in Metaphysics, Volume 8*. Oxford: Oxford University Press, 237 - 293.

Sider, Theodore, John Hawthorne, and Dean Zimmerman, eds. 2008. *Contemporary Debates in Metaphysics*. Oxford: Blackwell.

Siegel, Susanna. 2011. *The Contents of Visual Experience*. Oxford: Oxford University Press.

Sklar, Lawrence. 1974. *Space, Time, and Spacetime*. Berkeley: University of California Press.

Sklar, Lawrence. 1992. *The Philosophy of Physics*. Boulder, CO: Westview.

Skow, Bradford. 2015. *Objective Becoming*. Oxford: Oxford University Press.

Smart, J. J. C. 1963. *Philosophy and Scientific Realism*. London: Humanities Press.

Sosa, Ernest and Michael Tooley, eds. 1993. *Causality*. Oxford: Oxford University Press.

Stalnaker, Robert. 1968. A Theory of Conditionals. In *Studies in Logical Theo-*

ry. N. Rescher, ed. Oxford: Blackwell.

Stalnaker, Robert. 1976. Possible Worlds. *Noûs*. 10(1): 65-75.

Strawson, Galen. 1989. *The Secret Connexion: Causation, Realism, and David Hume*. Oxford: Oxford University Press.

Strawson, P. F. 1959. *Individuals: An Essay in Descriptive Metaphysics*. 299
London: Routledge.

Strevens, Michael. 2007. Mackie Remixed. In *Causation and Explanation*. J. Campbell, M. O'Rourke, and H. Silverstein, eds. Cambridge, MA: MIT Press.

Szabó, Zoltán. 2003. Nominalism. In *The Oxford Handbook of Metaphysics*. M. Loux and D. Zimmerman, eds. Oxford: Oxford University Press.

Thomasson, Amie. 2010. *Ordinary Objects*. Oxford: Oxford University Press.

Tooley, Michael. 1990. Causation: Reductionism vs. Realism. *Philosophy and Phenomenological Research*. 50: 215-236.

Trogdon, Kelly. 2013. An Introduction to Grounding. In *Varieties of Dependence: Ontological Dependence, Supervenience, and Response-Dependence*. B. Schnieder, A. Steinberg, and M. Hoeltje, eds. Munich: Philosophia Verlag, 97-122.

Unger, Peter. 1980. The Problem of the Many. *Midwest Studies in Philosophy*. 5(1): 411-468.

Van Fraassen, Bas. 1989. *Laws and Symmetry*. Oxford: Oxford University Press.

Van Inwagen, Peter. 1986. *An Essay on Free Will*. Oxford: Oxford University Press.

Van Inwagen, Peter. 1990. *Material Beings*. Ithaca, NY: Cornell University Press.

Van Inwagen, Peter. 1998. Meta-Ontology. *Erkenntnis*. 48(2/3): 233-250.

Van Inwagen, Peter. 2000. Temporal Parts and Identity across Time. *The Monist*. 83(3): 437-459.

Van Inwagen, Peter. 2009. Being, Existence, and Ontological Commitment. In *Metametaphysics: New Essays on the Foundations of Ontology*. D. Chalmers, D. Manley, and R. Wasserman, eds. Oxford: Oxford University Press.

Wegner, Daniel. 2003. *The Illusion of Conscious Will*. Cambridge, MA: MIT Press.

Wiggins, David. 1980. *Sameness and Substance*. Cambridge, MA: Harvard University Press.

Wiggins, David. 2001. *Sameness and Substance Renewed*. Cambridge: Cambridge University Press.

Williams, D. C. 1951. The Myth of Passage. *Journal of Philosophy*. 48(15):

457 - 472.

Williams. D. C. 1953. On the Elements of Being: I and II. *Review of Metaphysics*. 7(1 - 2): 3 - 18, 171 - 192.

Williamson, Timothy. 1994. *Vagueness*. London: Routledge.

Wilson, Jessica. 2006. On Characterizing the Physical. *Philosophical Studies*. 131(1): 61 - 99.

Wittgenstein, Ludwig. 1922. *Tractatus Logico: Philosophicus*. London: Harcourt, Brace and Company.

Wittgenstein, Ludwig. 1953. *Philosophical Investigations*. G. E. M. Anscombe and R. Rhees, eds. Oxford: Blackwell.

Woodward, James. 2003. *Making Things Happen*. Oxford: Oxford University Press.

Zack, Naomi. 1993. *Race and Mixed Race*. Philadelphia, PA: Temple University Press.

Zimmerman, Dean. 2008. The Privileged Present: Defending the "A-Theory" of Time. In *Contemporary Debates in Metaphysics*. T. Sider, J. Hawthorne, and D. Zimmerman, eds. Oxford: Blackwell, 211 - 225.

# 索　引*





* 斜体页码标识图表，粗体页码标识术语，页码均为英文原书页码，即本书边码。

## B

C

## D



## E

**F**

## G



## H

M

N

## O

## Q

## R

## S

## T

U



V

## Z

# 译后记

小孩子作为人生游戏的新手，面对周遭陌生的一切，迫切地想多了解一些。可是，他们缺乏足够的经验，于是只好用自己掌握的少量概念，向父母提出一个个抽象的问题："死是怎么一回事？""人和动物有什么不一样吗？""东西为什么会变呢？"这些其实都是形而上学的问题。所以，在某种程度上，形而上学是没有门槛的，人人都可以发问，人人都可以思考。只不过，很多人缺乏把形而上学问题厘清的手段，再加上与具体事物的交集日益密切，也就渐渐偏离了形而上学。

读者要是偶尔想起了自己的童年，想拾起这种抽象的趣味，本书就帮得上忙。作者用逻辑分析的方法，澄清了一个个困难又有趣的形而上学问题。分析方法是当代哲学的主流方法之一，以现代数理逻辑为根本，借助符号化等手段，梳理问题和论证的结构，提出解决方案。初窥门径的读者也许不知符号化的奥妙，看到符号就头疼。有一句名言说："每多一个数学方程，便会吓跑一半的读者。"恐怕在很多人心中，逻辑差不多也是这样（《爱丽丝漫游奇境记》中倒是说过："没有插图和对话的书有什么用呢？"还好，本书的插图不算少）。可是，要严格地讨论哲学，有时还真缺不了符号化。作者深知符号化的必要，也明了读者畏难的情绪，于是特地准备了一章介绍逻辑，帮读者"上道"。读者随着作者的引领，一步步深入逻辑，深入形而上学，兴许会惊奇地发现：原来看起来如此艰深的问题，竟能表达得这么清楚！

“坐在安乐椅上，只用头脑通达整个宇宙。”这既是历史上不少哲学家的理想，也是大众对哲学家的刻板印象。哲学家似乎是不食人间烟火的。逻辑分析的方法可能进一步加深了人们的这种印象。不过，哲学作为人类知识的一个行当，免不了与别的行当产生关联。作者凭借深厚的哲学和科学功底，在书中反复申说了哲学、常识和科学三者的联系。全书大量运用了科学和科学史的知识，对相关的哲学问题做了辨析。作者的态度很明确：不细思现代科学的成就，把哲学孤立起来，是提不出什么有价值的哲学意见的。

关于本书的翻译，译者想说的还有如下四点：

(1) 作者在做符号化的时候，采用的大小写符号其实都是从相应的英文单词缩略而来。例如，Vh 是一个符号化结果，说的是“谦虚是美德”(Humility is a virtue)。不难发现，表示“是美德”的大写字母 V 取自单词“virtue”的第一个字母，而表示“谦虚”的小写字母 h 取自单词“humility”的第一个字母。译者在全书涉及符号化的地方，哪怕单词再简单，也标了出来，就是想让读者明白内里的关联。

(2) 原书出版时，有部分排印错误。译者征得作者的同意，直接在译文里订正了不少。可还有一些，因为作者工作繁忙，无暇审阅，译者只好酌情自行做了处理。

(3) 译者查阅了大量资料，添加了不少译者注，以页下注的方式呈现。一部分是文化常识的介绍，一部分是译名选取的说明，还有一部分是哲学背景的解说。

(4) 逻辑术语的翻译，主要参考了徐明教授的《符号逻辑讲义》(武汉大学出版社，2008) 一书；人名的翻译，除了常见的以外，主要参考了《英语姓名译名手册（第 4 版）》(商务印书馆，2004)。

最后，感谢苏德超和潘磊两位教授推荐了本书。蒙谭琪、韦程和王倩如等朋友与我交流讨论，提供了不少实用的意见，感荷实深。遇到译名拿捏不准之处，还蒙程炼教授出了主意，谨致谢忱。当然，译文的责任是由我一人负的，若有不妥之处，望读者不吝赐教。

Metaphysics: An Introduction by Alyssa Ney
ISBN: 9780415640756


北京市版权局著作权合同登记号：01－2021－2110

**图书在版编目(CIP)数据**

形而上学导论 / ( ) 阿莉莎·奈伊 (Alyssa Ney) 著 ; 谢沛宏译. -- 北京 : 中国人民大学出版社, 2024.6

(哲学课)

ISBN 978-7-300-32817-1

Ⅰ. ①形… Ⅱ. ①阿… ②谢… Ⅲ. ①形而上学-研究 Ⅳ. ①B081.1

中国国家版本馆 CIP 数据核字 (2024) 第 096244 号

哲学课

**形而上学导论**

阿莉莎·奈伊 (Alyssa Ney) 著

谢沛宏 译

Xing'ershangxue Daolun

| | | | |
|---|---|---|---|
| **出版发行** | 中国人民大学出版社 | | |
| **社　　址** | 北京中关村大街 31 号 | **邮政编码** | 100080 |
| **电　　话** | 010－62511242 (总编室) | | 010－62511770 (质管部) |
| | 010－82501766 (邮购部) | | 010－62514148 (门市部) |
| | 010－62511173 (发行公司) | | 010－62515275 (盗版举报) |
| **网　　址** | http://www.crup.com.cn | | |
| **经　　销** | 新华书店 | | |
| **印　　刷** | 涿州市星河印刷有限公司 | | |
| **开　　本** | 720 mm×1000 mm　1/16 | **版　　次** | 2024 年 6 月第 1 版 |
| **印　　张** | 25.5 插页 2 | **印　　次** | 2025 年 6 月第 2 次印刷 |
| **字　　数** | 407 000 | **定　　价** | 78.00 元 |